Rapport final de la quarante-cinquième Réunion consultative du Traité sur l'Antarctique

RÉUNION CONSULTATIVE
DU TRAITÉ SUR L'ANTARCTIQUE

Rapport final de la quarante-cinquième Réunion consultative du Traité sur l'Antarctique

Helsinki, Finlande
29 mai - 8 juin 2023

Volume I

Secrétariat du Traité sur l'Antarctique
Buenos Aires
2023

Réunion consultative du Traité sur l'Antarctique (45e : 2023 : Helsinki)
Rapport final de la quarante-cinquième Réunion consultative du Traité sur l'Antarctique. Helsinki, Finlande, 29 mai - 8 juin 2023.
Buenos Aires : Secrétariat du Traité sur l'Antarctique, 2023.
305 p.

ISBN 978-987-8929-28-6

1.Droit international – Questions environnementales. 2. Système du Traité sur l'Antarctique. 3. Droit environnemental – Antarctique. 4. Protection de l'environnement – Antarctique.

DDC 341.762 5

Publié par :

Secretariat of the Antarctic Treaty
Secrétariat du Traité sur l' Antarctique
Секретариат Договора об Антарктике
Secretaría del Tratado Antártico

Maipú 757, Piso 4
C1006ACI - Buenos Aires
Argentina
Tel: +54 11 3991 4250
ats@ats.aq

Ce rapport est également disponible à : *www.ats.aq* (version numérique) et exemplaires achetés en ligne.

ISSN 2346-9900
ISBN 978-987-8929-28-6

Table des matières

VOLUME I

3. Résolutions 291

Des documents supplémentaires issus de cette réunion, notamment les remarques d'ouverture et de clôture, les rapports des dépositaires et des observateurs, une liste des participants et d'autres documents, sont disponibles dans la section Rapports finaux du site web du STA. Les plans de gestion adoptés lors de cette réunion sont disponibles en pièces jointes dans la base de données du Traité sur l'Antarctique.

Acronymes et abréviations

ACAP	Accord sur la conservation des albatros et des pétrels
AMP	Aires marines protégées
ANC	Autorité nationale compétente
ASOC	Coalition sur l'Antarctique et l'océan Austral
BP	Document de contexte
CCAMLR	Convention sur la conservation de la faune et de la flore marines de l'Antarctique et/ou Commission pour la conservation de la faune et de la flore marines de l'Antarctique
CCAS	Convention pour la protection des phoques de l'Antarctique
CCNUCC	Convention-cadre des Nations Unies sur les changements climatiques
CCS	Centre de coordination des opérations de sauvetage
Clubs IGP&I	Groupe international des clubs de protection et d'indemnisation
COI	Commission océanographique intergouvernementale
COMNAP	Conseil des directeurs des programmes antarctiques nationaux
CPE	Comité pour la protection de l'environnement
CS-CAMLR	Comité scientifique de la CCAMLR
EGIE	Évaluation globale d'impact sur l'environnement
EIE	Évaluation d'impact sur l'environnement
EPIE	Évaluation préliminaire d'impact sur l'environnement
FIPOL	Fonds d'indemnisation pour les dommages dus à la pollution par les hydrocarbures
GCI	Groupe de contact intersessions
GIEC	Groupe intergouvernemental d'experts sur l'évolution du climat
GSPG	Groupe subsidiaire sur les plans de gestion
GSRCC	Groupe subsidiaire chargé de la réponse au changement climatique
HCA	Comité hydrographique sur l'Antarctique
IAATO	Association internationale des organisateurs de voyages dans l'Antarctique
IP	Document d'information
OACI	Organisation de l'aviation civile internationale
OHI	Organisation hydrographique internationale
OMT	Organisation mondiale du tourisme
OMI	Organisation maritime internationale
OMM	Organisation météorologique mondiale
PCTA	Partie consultative au Traité sur l'Antarctique
PNUE	Programme des Nations unies pour l'environnement
PTRCC	Programme de travail en réponse au changement climatique
RCBA	Région de conservation biogéographique de l'Antarctique
RCTA	Réunion consultative du Traité sur l'Antarctique
RETA	Réunion d'experts du Traité sur l'Antarctique
SAR / R&S	Recherche et sauvetage
SCAR	Comité scientifique pour la recherche en Antarctique
SEEI	Système électronique d'échange d'informations
SMH	Sites et monuments historiques
SOLAS	Convention internationale pour la sauvegarde de la vie humaine en mer
SOOS	Système d'observation de l'océan Austral

SP	Document du Secrétariat
STA	Système du Traité sur l'Antarctique ou Secrétariat du Traité sur l'Antarctique
ToR	Mandats
UAV/RPAS	Véhicules aériens sans pilote / systèmes d'aéronefs pilotés à distance
UICN	Union internationale pour la conservation de la nature
VSSOS	Séjour court par voie maritime d'une nuitée sur site
WP	Document de travail
ZGSA	Zone gérée spéciale de l'Antarctique
ZICO	Zones importantes pour la conservation des oiseaux
ZSPA	Zone spécialement protégée de l'Antarctique

PARTIE I

Rapport Final

1. Rapport final de la RCTA XLV

Rapport final de la quarante-cinquième Réunion consultative du Traité sur l'Antarctique

Helsinki, Finlande, 30 mai – 8 juin 2023

(1) Conformément aux dispositions de l'article IX du traité sur l'Antarctique, les représentants des parties consultatives (Afrique du Sud, Allemagne, Argentine, Australie, Belgique, Brésil, Bulgarie, Chili, Chine, Équateur Espagne, États-Unis d'Amérique, Fédération de Russie, Finlande, France, Inde, Italie, Japon, Norvège, Nouvelle-Zélande, Pays-Bas, Pérou, Pologne, République de Corée, Royaume-Uni de Grande-Bretagne et d'Irlande du Nord, Suède, Tchéquie, Ukraine et Uruguay) se sont réunis à Helsinki du 30 mai au 8 juin 2023 afin d'échanger des informations, tenir des consultations, examiner et recommander à leurs gouvernements des mesures destinées à assurer le respect des principes et la réalisation des objectifs du Traité. La Réunion s'est tenue en personne devant un public virtuel.

(2) Ont également assisté à la Réunion des délégations des Parties contractantes au traité sur l'Antarctique qui ne sont pas des Parties consultatives : le Bélarus, le Canada, la Colombie, l'Estonie, la Malaisie, Monaco, le Portugal, la Roumanie, la Slovaquie, la Suisse, la Türkiye et le Venezuela.

(3) Conformément aux articles 2 et 31 du Règlement intérieur, des observateurs de la Commission pour la conservation de la faune et de la flore marines de l'Antarctique (CCAMLR), le Comité scientifique pour la recherche en Antarctique (SCAR) et le Conseil des directeurs de programmes antarctiques nationaux (COMNAP) ont également assisté à la Réunion.

(4) Conformément à l'article 39 du Règlement intérieur, des Experts des organisations internationales et non gouvernementales suivantes ont assisté à la Réunion : la Coalition pour l'Antarctique et l'océan Austral (ASOC), l'Association internationale des organisateurs de voyages dans l'Antarctique (IAATO), l'Association hydrographique internationale (OHI), l'Union internationale pour la conservation de la nature (UICN), le Programme des Nations Unies pour l'environnement (PNUE) et l'Organisation météorologique mondiale (OMM).

(5) Le pays hôte, la Finlande, a rempli ses obligations d'information envers les Parties contractantes, les Observateurs et les Experts par le biais du Secrétariat, de circulaires, de lettres et d'un site Web dédié.

Point 1 : Ouverture de la réunion

(6) La Réunion a officiellement débuté le 30 mai 2023. Au nom du gouvernement du pays hôte, conformément aux articles 5 et 6 du Règlement intérieur, la responsable du Secrétariat du gouvernement du pays hôte, Mme Tiina Jortikka-Laitinen, a ouvert la séance et a proposé la candidature de Mme Päivi Kaukoranta au poste de Présidente de la XLVe RCTA. La proposition a été acceptée, et Mme Päivi Kaukoranta a été élue Présidente de la XLVe RCTA conformément à l'article 6.

(7) La Présidente a chaleureusement souhaité la bienvenue à l'ensemble des Parties, Observateurs et Experts à Helsinki. La Présidente a exprimé l'espoir que les Parties coopèrent de manière productive pour le bien de l'Antarctique et pour le traité sur l'Antarctique.

(8) Les délégués ont observé une minute de silence en l'honneur d'amis, de collègues et de militaires actifs dans la communauté antarctique et décédés l'année précédente.

(9) La Présidente a pris acte du fait que la XLVe RCTA serait tenue en personne devant un public virtuel.

(10) La Fédération de Russie a noté que le pays hôte n'avait pas délivré de visas à certains membres, notamment son chef de délégation, créant ainsi des conditions inégales pour la délégation russe. La Fédération de Russie a souligné le fait que, en ce qui concerne la réunion des Parties contractantes, l'article IX faisait référence à toutes les Parties contractantes nommées dans le préambule et a exprimé l'espoir que toutes les Parties puissent assister à la Réunion à l'avenir conformément au Traité et sur un pied d'égalité.

(11) Mme Johanna Sumuvuori, sous-ministre aux Affaires étrangères, a souhaité la bienvenue aux délégués en Finlande, qui accueillait la RCTA pour la première fois. Notant son statut de nation arctique et de leader mondial en matière de capacité de déglaçage, Mme Sumuvuori a mentionné le fait que le rôle de la Finlande dans l'Arctique faisait partie d'une stratégie nationale pertinente pour l'ensemble du pays. Elle s'est appuyée sur l'expérience de la Finlande au sein du Conseil de l'Arctique, qui a souligné l'importance de la protection de l'environnement et du maintien de l'Arctique à l'abri des tensions géopolitiques. Elle a déclaré que l'invasion russe illégale de l'Ukraine avait violé les principes de la Charte des Nations Unies et de l'Organisation pour la sécurité et la coopération en Europe (OSCE) et avait entravé la coopération dans l'Arctique. Elle a salué le traité sur l'Antarctique comme un grand succès de la coopération internationale fondée sur des traités. Elle a souligné le fait que le traité sur l'Antarctique était un instrument puissant pour la protection de l'environnement, la coopération, la recherche scientifique et la paix. Elle a observé qu'une Partie consultative menaçait cette coopération en empêchant une autre de réaliser ses ambitions antarctiques. Elle a noté que la Finlande était solidaire de l'Ukraine. Mme Sumuvuori a souligné le fait que les questions liées au changement climatique avaient pris de l'importance et a noté avec satisfaction que la réunion d'Helsinki consacrait une journée entière au sujet. Elle a souligné que les informations scientifiques étaient extrêmement importantes pour trouver des solutions aux enjeux auxquels le monde était confronté. Elle a résumé la mission de la réunion d'Helsinki dans le slogan « De l'urgence à l'action » et a exhorté les Parties à trouver des solutions pour l'avenir et à envoyer un message puissant aux processus intergouvernementaux en cours.

(12) Mme Terhi Lehtonen, secrétaire d'État auprès du ministère de l'Environnement, a pris acte du rôle du traité sur l'Antarctique dans le maintien de la paix dans la région ainsi que de celui du Protocole relatif à la protection de l'environnement dans la création d'un cadre global pour la protection de l'environnement en Antarctique. Elle a noté que la séance conjointe CPE / RCTA sur le changement climatique serait l'occasion d'une discussion indispensable et que les effets du changement climatique dans les régions polaires auraient des conséquences dramatiques pour le reste du monde. Elle a noté que la Finlande encourageait la collaboration entre les Parties et la Convention-cadre des Nations Unies sur les changements climatiques (CCNUCC) et que les Parties devaient travailler ensemble au développement durable pour l'ensemble de la société. Elle a exprimé l'espoir que cette Réunion envoie un message fort sur l'action mondiale pour le changement climatique au reste du monde.

(13) Mme Helena Gualinga, une militante écologiste finno-équatorienne, a attiré l'attention de la Réunion sur ses maisons dans la forêt tropicale amazonienne et en Finlande, notant que, bien que leurs environnements puissent sembler différents, leurs écosystèmes étaient profondément interconnectés. Mme Gualinga a noté que ce qui s'est passé dans les pôles n'est pas resté dans les pôles, soulignant les inondations destructrices en Amazonie pendant la pandémie de COVID-19. Elle a indiqué que son militantisme était motivé par son désir de construire un monde meilleur et de faire en sorte que les générations futures puissent profiter de la beauté du monde naturel qu'elle avait appris à aimer en grandissant. Elle a également souhaité que les jeunes aient leur mot à dire dans la prise de décisions concernant le changement climatique et les dommages environnementaux.

Mme Gualinga a réaffirmé le fait que les jeunes comptaient sur les participants à la Réunion pour se tenir à leurs côtés et leur laisser un héritage justifié et durable.

(14) La Présidente a remercié les intervenants pour leurs messages et Mme Gualinga pour ses paroles touchantes et le message des jeunes.

(15) La Fédération de Russie a répondu aux commentaires de Mme Johanna Sumuvuori en déclarant que ses commentaires concernant l'Ukraine étaient politiques et sans rapport avec la Réunion. La Fédération de Russie a rappelé des discussions similaires lors de la XLIVe RCTA, a souligné que la déclaration présentait un défi pour le Système du traité sur l'Antarctique et a invité les Parties à s'abstenir de politiser la RCTA. Elle a déclaré que son opération militaire spéciale visait à éliminer les menaces militaires en provenance d'Ukraine et à démilitariser la région. La Fédération de Russie a rappelé que le pays hôte n'avait pas accordé de visas à certains membres de la délégation de la Fédération de Russie, notamment son chef de délégation, pour la Réunion. La Fédération de Russie a suggéré que le pays hôte avait enfreint le Règlement intérieur révisé de la RCTA (2016) et a exprimé son espoir que cela ne deviendrait pas un problème systémique et que toutes les Parties seraient en mesure d'assister à la Réunion à l'avenir.

(16) L'Ukraine a déclaré que le traité sur l'Antarctique existait dans le contexte du système de traités et de règles des Nations Unies et que, lorsqu'une Partie enfreignait ces règles, cette Partie ne pouvait pas dire qu'il s'agissait simplement de politisation. Elle a affirmé que le bombardement du siège du programme antarctique national ukrainien par un missile balistique avait eu un impact profond sur les activités antarctiques de l'Ukraine. L'Ukraine a également noté que nombre de ses scientifiques n'étaient pas en mesure de participer aux activités antarctiques parce qu'ils luttaient pour leur patrie et leurs familles.

(17) De nombreuses Parties ont réitéré leur condamnation de la guerre non provoquée de la Fédération de Russie contre l'Ukraine et ont réaffirmé leur soutien indéfectible à la souveraineté et à l'intégrité territoriale de l'Ukraine. Beaucoup ont noté les violations par la Fédération de Russie du droit et des normes internationales et ont déclaré que la Fédération de Russie devait cesser sa guerre et retirer toutes ses forces militaires d'Ukraine. Certaines Parties ont également condamné le soutien du Bélarus à la guerre. De nombreuses Parties ont noté que cette guerre entre les Parties consultatives avait un impact sur tous les programmes nationaux de recherche antarctique opérant sur le continent. Il a également été noté que les commentaires de Mme Johanna Sumuvuori énonçaient simplement les faits qu'une Partie consultative avait envahi une autre Partie consultative et que cette invasion avait eu un impact sur le programme antarctique ukrainien et ne pouvait donc pas être considérée comme une politisation de la Réunion. De nombreuses Parties ont noté le fait que la coopération internationale, qui était la pierre angulaire du Système du traité sur l'Antarctique et des travaux de la RCTA, était directement remise en cause par les actions de la Fédération de Russie.

(18) La Chine a déclaré que la RCTA n'était pas un cadre approprié pour discuter des questions géopolitiques, et a averti la Réunion de ne pas outrepasser son mandat. La Chine a souligné que les Parties devraient se concentrer sur la coopération et ne discuter que des questions en lien avec l'Antarctique.

Point 2 : Élection des membres du Bureau et création de groupes de travail

(19) Le Dr Muthalagu Ravichandran, chef de la délégation indienne, pays hôte de la XLVIe RCTA, a été élu vice-président. Conformément à l'article 7 du Règlement intérieur, M. Albert Lluberas Bonaba, secrétaire exécutif du Secrétariat du traité sur l'Antarctique, a assuré la fonction de secrétaire de la Réunion. Mme Tiina Jortikka-

Laitinen, responsable du Secrétariat du pays hôte, a assuré la fonction de secrétaire adjoint.

(20) La Réunion a noté que la réunion du Comité pour la protection de l'environnement était dirigée par sa Présidente, Mme Birgit Njåstad, représentante de la Norvège.

(21) Deux groupes de travail ont été créés :

- Groupe de travail 1 : Questions politiques, juridiques et institutionnelles ;
- Groupe de travail 2 : Fonctionnement, science et tourisme ; et

(22) Les présidents des groupes de travail suivants ont été élus :

- Groupe de travail 1 : M. Theodore Kill, représentant des États-Unis ;
- Groupe de travail 2 : Mme Sonia Ramos Garcia, représentante de l'Espagne, et le Dr Phillip Tracey, représentant de l'Australie.

Point 3 : Adoption de l'ordre du jour et répartition des points aux Groupes de travail

(23) L'ordre du jour suivant a été adopté :

1. Ouverture de la réunion
2. Élection des membres du Bureau et création de groupes de travail
3. Adoption de l'ordre du jour et répartition des points aux Groupes de travail
4. Fonctionnement du Système du traité sur l'Antarctique : Rapports des Parties, des Observateurs et des Experts
5. Rapport du Comité pour la protection de l'environnement
6. Fonctionnement du Système du traité sur l'Antarctique
   a. Requête du Bélarus en vue de devenir une Partie consultative
   b. Requête du Canada pour devenir une Partie consultative
   c. Mise en œuvre du Code polaire de l'OMI
   d. Changement climatique
   e. Questions diverses
7. Fonctionnement du Système du traité sur l'Antarctique : Questions liées au Secrétariat
8. Responsabilité
9. Prospection biologique en Antarctique
10. Échange d'informations
11. Questions éducatives
12. Plan de travail stratégique pluriannuel
    a. Priorités politiques, juridiques et institutionnelles
    b. Priorités scientifiques, opérationnelles et touristiques
13. Sécurité et opérations en Antarctique
14. Inspections effectuées en vertu du traité sur l'Antarctique et du Protocole relatif à la protection de l'environnement
15. Questions scientifiques, défis scientifiques à venir, coopération et facilitation scientifiques
16. Répercussions du changement climatique sur la gestion de la Zone du traité sur l'Antarctique
17. Tourisme et activités non gouvernementales dans la zone du Traité sur l'Antarctique, y compris les questions relatives aux autorités compétentes
18. Préparation de la XLVIe Réunion

19. Autres questions
20. Adoption du rapport final
21. Clôture de la réunion

(24) La Réunion a adopté la répartition suivante des points à l'ordre du jour :

- Plénière : Points 1, 2, 3, 4, 5, 6a, 6b, 6c, 6d, 18, 19, 20, 21.
- Groupe de travail 1 : Points 6e, 7, 8, 9, 10, 11, 12a.
- Groupe de travail 2 : 12b, 13, 14, 15, 16, 17.

(25) La Réunion a également décidé de confier les projets d'instruments issus des travaux du Comité pour la protection de l'environnement et des Groupes de travail à un groupe de rédaction juridique pour examen de leurs aspects juridiques et institutionnels.

Point 4 : Fonctionnement du Système du traité sur l'Antarctique : Rapports des Parties, des Observateurs et des Experts

(26) Conformément à la recommandation XIII-2, la Réunion a reçu des rapports des gouvernements dépositaires et des secrétariats.

(27) Les États-Unis, en leur qualité de gouvernement dépositaire du traité sur l'Antarctique et de son Protocole relatif à la protection de l'environnement, ont rendu compte de l'état du traité sur l'Antarctique et du Protocole relatif à la protection de l'environnement au traité sur l'Antarctique (IP 4). Depuis le dernier rapport, deux pays ont adhéré au traité sur l'Antarctique. Le Costa Rica avait déposé son instrument d'adhésion le 11 août 2022, et Saint-Marin avait déposé le sien le 14 février 2023. Le traité sur l'Antarctique était entré en vigueur pour le Costa Rica et Saint-Marin, respectivement, aux dates de dépôt de leurs instruments d'adhésion. Aucune mesure n'avait été prise concernant le Protocole au traité sur l'Antarctique relatif à la protection de l'environnement et ses annexes. Les États-Unis notent qu'il y a actuellement 56 Parties contractantes au Traité et 42 Parties au Protocole et rappellent que la Zone du traité sur l'Antarctique est réservée à la paix et à la science.

(28) En sa qualité d'État dépositaire de la Convention sur la conservation de la faune et de la flore marines de l'Antarctique (CCAMLR), l'Australie a rappelé que, depuis la XLIVe RCTA, l'Équateur avait adhéré à la Convention le 24 juillet 2022. Elle a indiqué que la Convention comptait actuellement 37 Parties (IP 14).

(29) En sa qualité d'État dépositaire de la Convention pour la protection des phoques de l'Antarctique (CCAS), le Royaume-Uni a fait savoir qu'il n'avait reçu aucune nouvelle demande d'adhésion à cette Convention ni d'instrument d'adhésion depuis la XLIVe RCTA (IP 3 rev. 1). Le Royaume-Uni a rappelé aux Parties contractantes à la CCAS que l'échange d'informations pour la période de rapport du 1er mars 2022 au 28 février 2023 devait être effectué au plus tard le 30 juin 2023. Le Royaume-Uni a invité toutes les Parties contractantes à la CCAS à soumettre leurs résultats dans les délais impartis.

(30) En sa qualité d'État dépositaire de l'Accord sur la conservation des albatros et des pétrels (ACAP), l'Australie a fait savoir qu'aucune nouvelle adhésion à l'Accord n'avait été enregistrée depuis la XLIVe RCTA, le nombre de Parties à l'Accord demeurant actuellement à 13 (IP 13). L'Australie a encouragé les Parties à adhérer à l'Accord.

(31) La CCAMLR a présenté le document d'information IP 2 *Rapport de l'observateur de la CCAMLR à la quarante-cinquième Réunion consultative du traité sur l'Antarctique*, qui rend compte de la 41e Réunion annuelle de la Commission pour la conservation de la faune et flore marines de l'Antarctique (CCAMLR-41) qui s'est tenue à Hobart, en Australie, du 24 octobre au 4 novembre 2022. La CCAMLR a indiqué que la Commission avait élaboré son approche de gestion du krill et était convenue d'une nouvelle résolution sur le changement climatique. La Commission a indiqué que la

mortalité accidentelle d'oiseaux dans les pêcheries à la palangre en 2022 était la plus faible jamais enregistrée. La Commission n'était pas parvenue à un consensus concernant l'approbation des plans de gestion révisés pour les zones spécialement protégées de l'Antarctique (ZSPA)n° 152 et n° 153, qui lui avaient été transmis conformément à la Décision 9 de la RCTA (2005). La Commission est convenue de tenir une Réunion extraordinaire sur l'aménagement du territoire et les AMP du 19 au 23 juin à Santiago, au Chili, en 2023. La XLIIe Réunion de la Commission se tiendrait à Hobart, en Australie, du 16 au 27 octobre 2023. La CCAMLR a noté que l'Ukraine (M. V. Tsymabliuk) assurerait la présidence de la Commission en 2023 et 2024.

(32) La Réunion a remercié la CCAMLR pour son rapport, a souligné l'importance de la prochaine Réunion spéciale de la CCAMLR sur les aires marines protégées et a accueilli favorablement la nouvelle résolution de la Commission sur le changement climatique.

(33) Le SCAR a présenté le document IP 10 rev.1 *Rapport annuel 2023 du Comité scientifique pour la recherche antarctique à la XLVe Réunion consultative du traité sur l'Antarctique*, qui résume ses travaux récents pour promouvoir les connaissances scientifiques, la compréhension et l'éducation sur l'Antarctique, ainsi que sa position en tant que principal point d'échange de la communauté scientifique de l'Antarctique. Sur son portail des environnements antarctiques (IP 75), le SCAR a fourni des informations impartiales fondées sur les meilleures données scientifiques disponibles pour soutenir une discussion éclairée sur des questions pertinentes pour le CPE et les parties prenantes au sens large. Il a rendu compte du lancement de son nouveau plan stratégique quinquennal pour 2023-2028 (IP 47) et des activités clés, notamment l'organisation d'ateliers et d'événements universitaires sur la conservation et la gestion de l'Antarctique et de l'océan Austral. La 10e conférence scientifique ouverte (OSC) du SCAR s'est tenue en ligne en août 2022 alors que la XXXVIIe Réunion des délégués du SCAR s'est tenue en septembre 2022 à Goa, en Inde, dans un format hybride. Le Luxembourg a été admis en tant que nouveau membre associé, le professeur Steven Chown a été nommé membre honoraire, et le Dr Marcelo Leppe (Chili) et le professeur Burcu Özsoy (Türkiye) ont été élus vice-présidents. Le SCAR a également noté ce qui suit : sa politique et ses efforts de sensibilisation tels que les conseils à la CCAMLR et les événements parallèles à la COP27 de la CCNUCC en Égypte ; le matériel de communication pour les experts et pour le grand public et un certain nombre d'activités de groupes scientifiques ; le fait qu'il avait accordé cinq bourses de début de carrière ; ses préparatifs pour une cinquième Année polaire internationale en 2032-2033 ; et la promotion continue des actions d'égalité, de diversité et d'inclusion par son groupe d'action dédié.

(34) La Réunion a remercié le SCAR pour son rapport, rappelant l'importance du rôle du SCAR dans la fourniture d'avis objectifs et indépendants, et a remercié le SCAR pour l'hébergement et la gestion continus du portail des environnements antarctiques.

(35) Le COMNAP a présenté le document IP 7 *Rapport annuel 2022/23 du Conseil des directeurs de programmes antarctiques nationaux*. Le COMNAP a signalé le fait que, depuis la XLIVe RCTA, le Canada est devenu membre en juillet 2022. Le COMNAP a également signalé que ses 32 Membres et 5 Observateurs des programmes nationaux de recherche antarctique rendaient possible et dirigeaient des initiatives de recherche internationales clés, notamment par l'extraction de la glace la plus ancienne de la planète, son envoi aux instituts et dépôts pertinents, la recherche sur le sujet et l'étude des aspects logistiques de la chose afin d'informer les modèles climatiques essentiels. Le COMNAP a noté que l'infrastructure, les actifs et l'expertise du personnel des programmes nationaux de recherche antarctique étaient essentiels à la mise à disposition des données critiques sur l'Antarctique. L'AGA 2022 du COMNAP avait approuvé le projet de politique « Welcoming the Power of Diversity within our Membership » [Accueillir le pouvoir de la diversité au sein de nos membres] avec un engagement à contribuer à un changement positif et à garantir que tous ceux qui travaillent en Antarctique se sentent en sécurité, respectés et accueillis. Le COMNAP a indiqué que, grâce à ses dernières

années de travaux sur la préparation et la réaction au COVID-19 tout au long de la pandémie mondiale, aucun décès n'est survenu dans la Zone du traité sur l'Antarctique, un véritable exemple de collaboration internationale. Le COMNAP a continué d'élaborer et de relayer des pratiques exemplaires sur une série de sujets importants pour les programmes nationaux de recherche antarctique. La RCTA a été remémorée des projets de collaboration internationale qui dépendaient de l'action collective des membres du COMNAP, du 5e atelier de secours et de recherche antarctique, du 20e colloque du COMNAP et des travaux sur les risques naturels et les interventions connexes.

(36) La Réunion a reconnu et remercié le COMNAP pour son rapport, notant la coopération étroite entre les programmes nationaux de recherche antarctique en appui à la science et à la sécurité des opérations en Antarctique, et les importantes mesures de sécurité que le COMNAP avait mises en œuvre pendant la pandémie.

(37) La Réunion a reçu des rapports d'autres organisations internationales en lien avec l'article III-2 du traité sur l'Antarctique.

(38) L'OMM a présenté le document IP 16 intitulé *Rapport annuel de l'Organisation météorologique mondiale (OMM)*. L'OMM a rappelé aux Parties que ses travaux couvraient une série d'activités pertinentes pour le Système du traité sur l'Antarctique en lien avec différents aspects de la science, des observations et de l'infrastructure. Elle a rapporté des informations relatives à plusieurs activités de recherche et de modélisation entreprises dans le cadre du Programme mondial de recherche sur le climat, notamment CORDEX Antarctique et Projections des contributions de la couche de glace à l'élévation du niveau de la mer pour l'Antarctique 2300, ainsi que les activités du *Climate and Cryosphere Core Project* et l'Année de prévision polaire dans l'hémisphère sud du Programme mondial de recherche météorologique. Notant la nature collaborative de ses travaux, notamment avec le SCAR, l'OMM a attiré l'attention sur ses efforts en cours pour établir des réseaux pertinents pour les travaux des Parties, ainsi que sur ses travaux avec le PNUE coparrainant le GIEC. L'OMM a noté que son rapport attirait l'attention sur la politique unifiée de l'OMM en matière de données. Elle a également souligné ses contributions aux services de sécurité maritime de l'Antarctique, ses services régionaux d'alerte météorologique et ses travaux consistant à rendre les informations de navigation dans les glaces accessibles aux navigateurs. L'OMM a pris note de ses publications de haut niveau relatives à la science de l'Antarctique et au climat et s'est félicitée de la collaboration positive et mutuellement bénéfique avec les Parties.

(39) L'ASOC a présenté le document IP 115 intitulé *Rapport de l'ASOC à la RCTA* qui résumait les activités de l'ASOC afin de promouvoir la conservation de l'Antarctique au cours de l'année écoulée. L'ASOC et ses membres ont soutenu la tenue d'ateliers sur la science et la politique de l'Antarctique et ont participé à des activités de sensibilisation du public, notamment la première Journée mondiale du krill. L'ASOC a invité la communauté antarctique à participer à la prochaine Journée mondiale du krill le 11 août 2023. L'ASOC a également participé à des réunions pertinentes pour les travaux de la RCTA et du CPE visant à promouvoir la conservation de l'Antarctique, notamment des réunions de la conférence des parties à la CCNUCC et des réunions de l'Organisation maritime internationale. L'ASOC et ses membres ont soutenu une série de travaux scientifiques pertinents pour les politiques sur le changement climatique, la pêche, les aires marines protégées, le krill et les écosystèmes marins vulnérables. Enfin, l'ASOC a contribué aux discussions intersessions lors des forums en ligne de la RCTA et du CPE, et a participé au récent atelier sur le tourisme à Paris. L'ASOC a conclu en notant qu'il était urgent d'utiliser efficacement les outils du Protocole en établissant de nouvelles aires protégées, en réglementant le tourisme et la navigation, en réduisant l'empreinte des activités humaines et en protégeant les espèces vulnérables. L'ASOC a fait écho aux

commentaires de la vice-ministre Sumuvuori en exhortant les Parties à passer de la discussion à l'action.

(40) L'IAATO a présenté le document IP 55 intitulé *Rapport de l'Association internationale des organisateurs de voyage dans l'Antarctique 2022-2023*, qui rend compte des activités qu'elle a menées au cours de l'année précédente. L'IAATO a souligné sa mission qui consiste à encourager le secteur privé à organiser des voyages sûrs et respectueux de l'environnement dans l'Antarctique. Elle a indiqué que ses membres comprenaient actuellement 109 opérateurs et associés. Après avoir connu une baisse d'activité pendant la pandémie de COVID-19, puis une reprise modeste des opérations au cours de la saison 2021-2022, les opérateurs avaient connu au cours de la saison 2022-2023 une reprise significative des opérations, avec un nombre total de 104 897 visiteurs. Au cours de la saison 2022-2023, trois incidents de tourisme ont eu lieu, entraînant le décès de quatre personnes voyageant avec des opérateurs de l'IAATO. L'IAATO a noté que ces incidents ont été ressentis non seulement par les opérateurs de l'Antarctique, mais aussi par toutes les parties prenantes de l'Antarctique, qu'elle a remerciées pour leur soutien. L'IAATO a noté que, lors de sa récente réunion annuelle, elle avait adopté un nouveau plan stratégique quinquennal et qu'elle était convenue de mesures pour soutenir sa mission, notamment la révision de ses procédures opérationnelles pour l'observation de la faune et flore sauvages, l'expansion des zones de ralentissement géoclôturées pour les baleines et le recours à un fournisseur tiers pour aider à mettre en œuvre l'engagement climatique de l'IAATO. Elle a souligné le fait que bon nombre de ces activités reposaient sur la collaboration, laquelle est essentielle pour aller de l'avant pendant que l'IAATO poursuivait la révision de ses procédures. Elle a en outre noté que toutes les Parties étaient invitées à se joindre aux séances publiques de ces réunions, qui offraient l'occasion d'aider à promouvoir une gestion rationnelle du tourisme en Antarctique. L'IAATO a signalé qu'elle avait participé à un certain nombre de réunions et d'initiatives collaboratives avec des observateurs et des experts, et qu'elle continuait de fournir un soutien aérien et maritime aux programmes nationaux de recherche antarctique.

(41) La Réunion a remercié l'OMM, l'ASOC et l'IAATO pour leurs rapports.

Point 5 : Rapport du Comité pour la protection de l'environnement

(42) Mme Birgit Njåstad, Présidente du Comité pour la protection de l'environnement, a présenté le rapport de la XXVe réunion du CPE. Le CPE a examiné 44 documents de travail et 69 documents d'information, notant la constance de la charge de travail au cours des dernières années. Mme Njåstad a noté que 39 des 42 membres avaient assisté à la XXVe Réunion du CPE.

(43) La présidente du CPE a indiqué qu'il n'y avait eu aucune nouvelle adhésion au Protocole depuis la dernière réunion et que le CPE comptait toujours 42 membres.

Débats stratégiques sur les travaux à venir du CPE (point 3 de l'ordre du jour du CPE)

(44) La présidente du CPE a indiqué que le Comité avait discuté des résultats d'un atelier informel tenu à Helsinki juste avant le début de la XXVe réunion du CPE, qui avait examiné les priorités stratégiques et le plan de travail quinquennal du CPE. Le Comité avait noté la valeur du plan de travail quinquennal en tant qu'outil central pour encadrer le travail du CPE et les membres avaient souligné que les discussions sur les priorités stratégiques du CPE avaient été importantes et constructives, aboutissant à des réflexions

et des échanges pertinents sur la manière de promouvoir l'efficacité et d'améliorer les travaux du Comité.

(45) La présidente du CPE a signalé que, malgré les nombreuses réalisations au cours des 25 dernières années, les Membres avaient noté qu'il restait beaucoup à faire pour atteindre les objectifs du Protocole au traité sur l'Antarctique relatif à la protection de l'environnement. Le Comité était convenu de créer un GCI pour poursuivre ces discussions et élaborer un plan de travail quinquennal révisé qui ferait l'objet de discussions et serait adopté lors de la XXVIe réunion du CPE. Sur la base des résultats de l'atelier informel du CPE, le Comité avait également encouragé les Membres à poursuivre l'élaboration d'un cadre qui pourrait guider le CPE dans ses efforts pour définir et suivre les besoins en connaissances à l'avenir. Le Comité avait salué la proposition de la Norvège d'assurer le rôle d'animateur du GCI.

(46) La présidente du CPE a indiqué que le Comité avait actualisé son plan de travail quinquennal afin d'y intégrer des actions ayant émergé lors de la XXVe réunion du CPE.

(47) La Réunion a réaffirmé l'importance pour le CPE de fournir des avis et des recommandations indépendants à la RCTA, fondés sur les meilleures données scientifiques disponibles. Elle a salué les travaux continus du CPE et son initiative de révision de son plan de travail quinquennal et ses fonctions, et a réaffirmé qu'il s'agissait d'une entité distincte de la RCTA, chargée de fournir des avis à la RCTA, et a encouragé le CPE à poursuivre son travail stratégique.

(48) Certaines Parties ont suggéré que la RCTA examine comment elle peut continuer de renforcer le flux d'avis du CPE à l'attention de la RCTA, notamment en déterminant s'il serait approprié de débattre de la scission temporelle des deux réunions afin d'accorder aux Parties un délai suffisant pour examiner l'avis du Comité avant ses délibérations, et si le ressourcement du Comité était envisageable. Certaines Parties ont souligné le fait que l'examen du plan de travail quinquennal serait l'occasion de déterminer comment relier le plus efficacement les avis du Comité à la RCTA. Certaines Parties ont également soulevé une question sur les liens possibles entre le plan de travail quinquennal et le plan de travail stratégique pluriannuel. Plusieurs parties ont noté l'urgence de tenir compte du changement climatique dans les futurs travaux du Comité.

(49) En réponse aux questions soulevées, la présidente du CPE a noté que la programmation des réunions du CPE méritait d'être examinée et pourrait être intégrée aux discussions du CPE et de la RCTA. Elle a également noté que les opinions des Parties sur la question seraient importantes pour les discussions du CPE. La présidente du CPE a reconnu le fait que des liens entre le plan de travail quinquennal et le plan de travail stratégique pluriannuel étaient probables, et que ces questions pourraient être abordées lors des discussions intersessions et des réunions à venir dans le contexte des discussions continues sur les priorités stratégiques et le plan de travail quinquennal.

Fonctionnement du CPE (point 4 de l'ordre du jour du CPE)

(50) La présidente du CPE a indiqué que, sur la base de l'expérience acquise au cours des dernières années, le Comité avait discuté et était convenu de réviser sa procédure d'examen intersessions des projets d'EGIE en clarifiant les procédures concernant la notification en temps opportun des soumissions prévues, en établissant des procédures de communication claires en ce qui concerne la soumission et en permettant la mise à disposition en temps opportun des documents traduits.

(51) La présidente du CPE a noté que le Comité était convenu d'informer la RCTA de la mise à jour de sa procédure d'examen des projets d'EGIE par le CPE (annexe 2 du rapport du CPE). Le Comité était également convenu d'attirer l'attention de la RCTA sur les

dispositions reflétant le rôle du Secrétariat pour faciliter le traitement et la traduction des projets d'EGIE.

(52) La présidente du CPE a indiqué que le Comité avait également examiné et approuvé une proposition visant à ajouter à son Règlement intérieur des lignes directrices sur les procédures de nomination et d'élection du président et des vice-présidents du CPE. Le Comité avait également noté plusieurs références sexospécifiques dans le Règlement intérieur du CPE et avait convenu de mettre à jour ces références dans un langage épicène. Le Comité avait transmis la version révisée du Règlement intérieur du CPE à la RCTA pour approbation par le biais d'une décision.

(53) La Réunion a félicité le CPE pour la mise à jour du Règlement intérieur afin d'y intégrer les procédures de nomination et d'élection du président et des vice-présidents du CPE, notant que cela assurerait clarté et transparence. La Réunion s'est félicitée du Règlement intérieur mis à jour avec un langage épicène et inclusif, ce qu'elle considérait comme une avancée opportune. Elle a en outre encouragé le CPE à déterminer si les documents sous-tendant les nouvelles procédures nécessitaient une mise à jour et à informer la RCTA de toute harmonisation éventuellement nécessaire.

(54) La Réunion a adopté la Décision 1 (2023) *Règlement intérieur révisé du Comité pour la protection de l'environnement (2023).*

Coopération avec d'autres organisations (point 5 de l'ordre du jour du CPE)

(55) La présidente du CPE a indiqué que le Comité avait reçu des rapports annuels de ses Observateurs. Le Comité avait nommé des représentants du CPE pour assister aux réunions d'autres organisations au cours de l'année à venir.

(56) La Présidente a également souligné le fait que le Comité avait noté l'importance des Observateurs dans le cadre du travail du CPE, et avait noté l'esprit de coopération et de communauté qui s'était exprimé et développé ces dernières années parmi les Observateurs.

Conséquences du changement climatique pour l'environnement : Approche stratégique (point 7 de l'ordre du jour du CPE)

Approche stratégique

(57) La présidente du CPE a rappelé qu'un rapport et des avis issus des discussions et des accords du CPE au titre du point 7 avaient été présentés aux parties lors de la séance conjointe sur le changement climatique de la semaine précédente. La présidente du CPE a noté qu'au titre de ce point, le Comité avait examiné les informations du SCAR sur la mise à jour décennale de 2022 de son rapport sur le changement climatique et l'environnement en Antarctique (ACCE). Le Comité avait félicité le SCAR pour son engagement continu à fournir des mises à jour fondées sur les meilleures données scientifiques disponibles. Le Comité avait noté que les informations scientifiques du SCAR étaient fondamentales dans son travail pour comprendre et aborder la gestion environnementale en Antarctique à la lumière du changement climatique, et qu'elles renforçaient la nécessité des efforts de mise en œuvre du Programme de travail en réponse au changement climatique (PTRCC) à titre d'enjeu prioritaire.

(58) La présidente du CPE a indiqué que le Comité avait également examiné un rapport sur les perspectives du COMNAP concernant la mise en œuvre des recommandations de l'ACCE. Le Comité avait noté le rôle important des programmes nationaux de recherche antarctique dans la gestion des implications du changement climatique pour les activités humaines et l'environnement en Antarctique.

(59) La présidente du CPE a en outre indiqué que le Comité avait accueilli favorablement l'invitation de la Finlande à rédiger un paragraphe pour le projet de déclaration

d'Helsinki sur le changement climatique et l'Antarctique, ce qui permettrait au Comité de souligner son engagement à l'égard des objectifs de la Déclaration.

(60) La Réunion a remercié le CPE d'avoir soumis un paragraphe opérationnel sur son travail sur le climat à ajouter à la déclaration d'Helsinki, notant qu'une grande partie du travail de fond de la Réunion en lien avec le changement climatique provenait du CPE.

Mise en œuvre et examen du Programme de travail en réponse au changement climatique

(61) La présidente du CPE a noté que le Comité avait examiné un rapport du Groupe subsidiaire chargé de la réponse au changement climatique (GSRCC), qui décrivait les travaux et les résultats du GSRCC pendant la période intersessions. Il était convenu de conseiller la RCTA de poursuivre ses travaux pour mettre en œuvre le PTRCC et a noté que, lors de sa Réunion, le CPE avait discuté de nombreuses actions qui avaient été menées ou qui concernaient des recherches en cours pertinentes dans le contexte du PTRCC. La Présidente a noté que cette liste d'actions montrait que le Comité réalisait des progrès sur un large éventail de sujets par l'intermédiaire du PTRCC. Elle a en outre noté que le Comité était convenu d'approuver six activités prioritaires à faire progresser au cours de la prochaine période intersessions. Le Comité avait également poursuivi la préparation du prochain atelier conjoint CPE / SC-CAMLR et a adopté le mandat de cet atelier, ainsi qu'une marche à suivre pour travailler avec le SC-CAMLR afin d'en préparer la mise en œuvre. Le Comité était en outre convenu de demander l'appui du Secrétariat et que les Parties envisagent des options de financement pour l'atelier, rappelant qu'un mécanisme était en place pour que le CPE demande un financement au cas par cas.

(62) La Réunion a remercié le CPE pour son excellent travail en cours dans la mise en œuvre prioritaire du PTRCC, conformément à la Résolution 4 (2015), et a encouragé une large participation des Membres à ce travail. La Réunion a remercié le GSRCC pour son important travail au cours de la période intersessions et a reconnu la liste substantielle de questions à traiter au cours de la période intersessions à venir, demandant ce que la RCTA pourrait faire pour le soutenir en la matière. Elle s'est également félicitée de l'étroite collaboration qui perdure entre le CPE et le SC-CAMLR dans les domaines d'intérêt commun, notant que le prochain atelier avec le SC-CAMLR sur le changement climatique pourrait être un moyen important de relier les travaux dans l'ensemble du Système du traité sur l'Antarctique.

(63) De nombreuses Parties ont également souligné la tâche du Comité consistant à soutenir les travaux visant à évaluer l'état des espèces antarctiques vulnérables au climat, soulignant la nécessité de continuer à déployer les outils du Protocole dans le contexte du changement climatique.

(64) En réponse à une question, la présidente du CPE a précisé que la mise en œuvre de mesures correctives avait été jugée prioritaire dans le cadre des travaux sur le changement climatique, car la nécessité de ces mesures pourrait être influencée en raison des risques croissants liés au changement climatique.

Évaluation d'impact sur l'environnement (EIE) (point 8 de l'ordre du jour du CPE)

Projets d'évaluations globales d'impact sur l'environnement

(65) La présidente du CPE a rapporté que le Comité avait examiné le projet d'EGIE soumis par l'Argentine pour le réaménagement de la base Petrel, île Dundee, Antarctique (WP 61 rev. 1) ainsi que le rapport d'un GCI dirigé par la Nouvelle-Zélande pour examiner le

projet d'EGIE (WP 32). Le Comité s'était félicité de l'engagement de l'Argentine à répondre aux questions soulevées par le GCI et par le Comité au cours des débats.

(66) La présidente du CPE a noté que, suite à ses discussions sur les documents présentés et les informations fournies lors de la Réunion, le Comité était convenu d'aviser la RCTA que : le projet d'EGIE était largement conforme aux exigences de l'article 3 de l'annexe I du Protocole au traité sur l'Antarctique relatif à la protection de l'environnement, bien qu'il soit nécessaire d'aborder certains éléments de l'article 3 plus en détail ; et que si l'Argentine décidait de poursuivre l'activité proposée, il y avait des aspects pour lesquels de plus amples informations devraient être fournies dans l'EGIE finale. En particulier, le Comité avait suggéré que de plus amples détails soient fournis concernant la description de l'activité proposée, notamment plus de détails, à la fois sur les activités de construction et d'exploitation, y compris à des fins touristiques et non gouvernementales ; des solutions de rechange à l'activité proposée ; l'état environnemental initial de référence ; la méthodologie utilisée pour prévoir les impacts de l'activité proposée ; une évaluation plus complète des impacts cumulatifs potentiels des activités proposées, des activités existantes et d'autres activités planifiées connues dans la zone ; une évaluation plus complète et une description des mesures d'atténuation ; le programme de surveillance de l'environnement avant, pendant et après les activités de construction ; et les lacunes dans les connaissances pertinentes pour les activités proposées. Le Comité était également convenu d'aviser la RCTA qu'en raison de l'ampleur et de la complexité des activités proposées décrites dans l'EGIE pour le réaménagement de la base Petrel, les impacts étaient susceptibles d'avoir plus qu'un impact transitoire sur l'environnement et qu'une EGIE était le niveau approprié d'évaluation de l'impact de l'activité proposée sur l'environnement. Le Comité avait noté que la conclusion du projet d'EGIE ne correspondait pas à l'EIE et aux mesures d'atténuation proposées, et avait suggéré qu'un examen des mesures d'atténuation serait nécessaire pour étayer la conclusion de l'EGIE. Le Comité est également convenu d'aviser la RCTA que le projet d'EGIE était globalement clair, bien structuré et bien présenté, bien qu'en raison de l'ampleur et de la complexité des activités proposées, des suggestions aient été faites pour améliorer la présentation et la clarté du document.

(67) La présidente du CPE a noté que le Comité avait observé qu'il n'existait pas encore de méthode standard pour traiter et intégrer les commentaires dans une EGIE finale conformément à l'article 3.6 de l'annexe I du Protocole relatif à la protection de l'environnement. Le Comité était donc convenu de demander au Secrétariat d'examiner la façon dont les commentaires et les réponses avaient été reflétés dans les EGIE finales dans le passé, comme base pour les futures discussions du CPE.

(68) L'Argentine a exprimé sa gratitude au Comité pour son travail et ses conseils, et, en particulier, à la Nouvelle-Zélande pour ses efforts dans la convocation du GCI. Elle a affirmé qu'elle tiendrait pleinement compte des recommandations dans la préparation de son EGIE finale.

(69) La Réunion a remercié l'Argentine pour son travail. Elle a également remercié la Nouvelle-Zélande pour les efforts qu'elle avait déployés pour convoquer le GCI. La Réunion a noté et accepté l'avis du CPE sur le projet d'EGIE, et a noté l'intention de l'Argentine de faire le suivi de ces questions lors de la préparation des documents finaux.

(70) En réponse aux questions soulevées par les Parties, l'Argentine a déclaré que le but du réaménagement de la base Petrel était de soutenir les activités scientifiques en fournissant un soutien logistique aux nouvelles capacités scientifiques. Cela visait également à élargir la liste d'activités possibles à la base de Marambio. L'Argentine a également souligné le fait qu'elle ne recevrait des visiteurs que selon les mêmes modalités que celles

régissant leur accueil dans d'autres stations antarctiques et conformément aux lignes directrices.

Autres questions relatives aux EIE

(71) La présidente du CPE a indiqué que le Comité avait examiné un rapport résumant les discussions intersessions informelles sur l'amélioration de l'efficacité du système d'EIE. Le Comité avait souligné l'importance d'améliorer le processus d'EIE en tant qu'élément fondamental du Protocole au traité sur l'Antarctique relatif à la protection de l'environnement et crucial pour la protection de l'environnement. Le Comité s'était félicité de la proposition de programmer de nouveaux travaux sur l'amélioration de l'efficacité du système d'EIE de l'Antarctique, en particulier en ce qui concerne la cohérence, les évaluations d'impacts cumulatifs, la surveillance et les seuils de modification des documents d'EIE ou la réalisation d'une nouvelle EIE lorsqu'une activité changeait. Le Comité avait également encouragé les Membres à partager les informations associées au fonctionnement de leurs processus d'EIE au profit des Membres. Il était également convenu de demander au Secrétariat un résumé des EIE précédentes afin d'aider à améliorer les EIE, en particulier en ce qui concerne les évaluations d'impacts cumulatifs. Le Comité était convenu d'élaborer un projet de résolution sur l'amélioration de l'efficacité de l'EIE en Antarctique.

(72) De nombreuses Parties ont réaffirmé que l'évaluation de l'impact sur l'environnement constituait l'un des fondements du cadre global du Protocole relatif à la protection de l'environnement en Antarctique, et ont accueilli favorablement les travaux visant à continuer de renforcer les processus et pratiques d'EIE. Plusieurs Parties ont également noté l'importance d'élaborer des EIE avec une reconnaissance particulière des impacts cumulatifs. Certaines Parties ont souligné le rôle des autorités nationales compétentes pour assurer des procédures d'évaluation appropriées.

(73) En réponse à une demande de la Réunion, le SCAR est convenu d'étudier la portée de la transmission d'informations supplémentaires sur la question des impacts cumulatifs en s'appuyant sur l'expertise spécifique de la communauté scientifique au sein du SCAR ainsi que sur les travaux du Secrétariat pour préparer un résumé complet des discussions précédentes du CPE sur l'évaluation des impacts cumulatifs.

(74) La Réunion a adopté la Résolution 1 (2023) *Prise en compte des mesures d'atténuation dans l'évaluation d'impact sur l'environnement.*

Plans de gestion et de protection des zones (point 9 de l'ordre du jour du CPE)

Plans de gestion

(75) La présidente du CPE a rapporté que le Comité avait examiné un projet de plan de gestion pour une proposition de fusion de deux ZSPA et un plan de gestion pour une proposition de nouvelle ZSPA, qui avaient tous deux été examinés par le Groupe subsidiaire pour les plans de gestion (GSPG) pendant la période intersessions.

(76) La présidente du CPE a noté que le Comité avait approuvé la fusion des Zones spécialement protégées de l'Antarctique (ZSPA) 152 et 153 et le projet de plan de gestion pour la nouvelle zone fusionnée, et qu'il avait convenu que le plan soit à nouveau soumis au CS-CAMLR pour approbation, conformément à la Décision 9 (2005), avec l'intention de transmettre ensuite à la XLVIe RCTA pour adoption.

(77) La présidente du CPE a rapporté qu'après avoir changé les zones interdites en zones restreintes, le Comité avait également approuvé l'établissement et le plan de gestion d'une nouvelle ZSPA dans certaines parties des montagnes occidentales de Sør Rondane, terre de la Reine-Maud, Antarctique oriental. De nombreux Membres avaient exprimé leur déception concernant l'absence de consensus sur l'inclusion de zones interdites dans la ZSPA. De nombreux Membres ont exhorté les Parties à respecter la justification

scientifique solide de l'utilisation des zones interdites dans la zone et à s'abstenir de pénétrer ces zones sans avoir pleinement consulté les autres Parties.

(78) La Réunion a pris note de l'avis du CPE concernant la ZSPA proposée dans les montagnes occidentales de Sør Rondane. De nombreuses Parties regrettent le fait que les petites zones interdites sur la base de critères scientifiques de la ZSPA aient été transformées en zones restreintes afin de parvenir à un consensus au sein du CPE. Ces Parties ont noté l'importance d'interdire l'accès dans ce cas, conformément à la solide justification scientifique des futures recherches, conformément à l'annexe V(3)(a). Certaines Parties ont souligné le fait que les technologies nécessaires aux fins de l'étude optimale des zones interdites proposées n'existaient peut-être pas encore et qu'il serait regrettable que l'activité humaine ait un impact sur ces zones vulnérables entre-temps. Certaines Parties ont également noté que des techniques de surveillance autonomes et à distance étaient acceptables aux fins de la recherche scientifique et qu'une présence humaine directe n'était pas nécessaire pour la surveillance.

(79) De nombreuses Parties ont souligné le fait qu'il était important que le CPE et les Parties utilisent tous les outils à leur disposition dans le cadre du Protocole relatif à la protection de l'environnement, rappelant que l'annexe V du Protocole prévoyait expressément la désignation de ZSPA comme zones où sont interdits les vols et l'inclusion de zones interdites dans une ZSPA. Certaines Parties ont demandé que la RCTA parvienne à un accord pour que la ZSPA proposée inclue des « zones interdites » au lieu des « zones restreintes » suggérées, soulignant le fait que de nombreux membres du CPE avaient estimé que la justification scientifique de la « zone interdite » était solide.

(80) La Chine a soutenu l'avis du CPE sur l'établissement de la ZSPA suite à la transformation des zones interdites en zones restreintes et a soulevé le problème général concernant l'établissement de zones interdites. La Chine a noté les avantages d'autoriser la recherche scientifique et la surveillance, soulignant que la désignation potentielle de zones interdites risquait de créer un conflit juridique avec la liberté d'investigation scientifique, l'obligation d'examen et les règles d'inspection du traité sur l'Antarctique.

(81) De nombreuses Parties ont souligné l'absence de conflit entre les dispositions autorisant la liberté scientifique dans le traité sur l'Antarctique et le Protocole relatif à la protection de l'environnement, notamment l'annexe V, et ont noté que, au lieu de cela, les instruments fonctionnaient de concert les uns avec les autres.

(82) Certaines Parties regrettent que la question concernant les zones interdites découlant de la proposition initiale n'ait pas été renvoyée à la RCTA pour discussion et décision. Ces Parties ont souligné le fait que le CPE devrait s'efforcer de conseiller la RCTA dans le cadre de son mandat et ont rappelé que ces conseils devraient refléter les points de vue exprimés. Plusieurs Parties ont noté que le CPE n'avait pas besoin de parvenir à un consensus avant de conseiller la RCTA. Les avis du Comité à la RCTA devraient être fondés sur les meilleurs avis scientifiques et techniques par rapport à la protection effective de l'environnement.

(83) L'UICN a soutenu l'initiative des Parties de proposer la désignation de zones interdites dans les ZSPA et a souligné leur valeur en tant que stratégie de conservation. L'UICN a rappelé aux Parties que, dans le cadre des catégories de zones protégées de l'UICN, les zones interdites pouvaient contribuer à la protection de valeurs uniques à des endroits particuliers sans affecter les activités de recherche ou de surveillance.

(84) À la suite de ces discussions, la Réunion est convenue de l'établissement d'une nouvelle ZSPA dans les montagnes occidentales de Sør Rondane, terre de la Reine-Maud, Antarctique oriental, notant le changement des zones interdites en zones restreintes.

(85) La Présidente du CPE a indiqué que le Comité avait examiné 15 plans de gestion révisés de ZSPA et un plan de gestion révisé pour une ZSGA. Ces 16 plans avaient fait l'objet d'un examen préalable par le GSPG conformément à ses nouveaux mandats convenus

lors de la XXIVe réunion du CPE et avaient donc été traités rapidement et efficacement par le Comité lors de sa Réunion.

(86) La présidente du CPE a également remarqué que le Comité avait aussi examiné un projet de plan de gestion pour deux nouvelles zones protégées : i) archipel des îles Danger (péninsule Antarctique du Nord-Est) et ii) col Farrier, île Horseshoe, baie Marguerite. Le Comité avait réaffirmé qu'il reconnaissait que les valeurs exceptionnelles de ces sites méritaient d'être protégées, et les a soumis à l'examen du GSPG.

(87) La présidente du CPE a remarqué que le Comité avait également considéré l'évaluation préalable d'une nouvelle zone protégée proposée dans les îles Argentine et la péninsule de Kiev, péninsule Antarctique, en appliquant les lignes directrices *Un processus d'évaluation préalable pour la désignation des ZSPA et des ZSGA*. La présidente du CPE a en outre remarqué que, bien que le Comité ait exprimé son soutien général à l'évaluation préalable, il avait également noté la nécessité d'une clarté accrue sur certaines questions clés. Le Comité avait encouragé le promoteur à prendre en considération les commentaires du Comité afin de continuer à élaborer un cadre plus clair pour la protection de la zone. En réponse à une question, la présidente du CPE a précisé que le soutien général se portait sur une évaluation, mais pas nécessairement, à ce stade, sur une désignation de la zone comme ZSPA.

(88) La présidente du CPE a noté que le Comité avait en outre examiné une proposition visant à retirer la désignation de la ZSPA 144 baie du Chili (baie Discovery). Le Comité avait observé que l'objectif principal de la zone en tant que zone de contrôle pour la restauration de la faune n'était plus valable et qu'aucune présence significative d'autres valeurs ne justifierait la poursuite d'une protection spéciale. Se basant sur l'évaluation approfondie, le Comité était convenu que la ZSPA 144 pourrait être déclassée. Le Comité avait de nouveau souligné le fait que de telles décisions visant à déclasser une zone ne devraient pas être prises à la légère et avait remarqué que la zone resterait soumise aux protections générales complètes du Protocole au traité sur l'Antarctique relatif à la protection de l'environnement qui s'appliquent à toutes les zones.

(89) La Réunion a adopté les mesures suivantes sur les zones protégées :

- Mesure 1 (2023) *Zone gérée spéciale de l'Antarctique n° 1 (baie de l'Amirauté, île du Roi-George) : Plan de gestion révisé*
- Mesure 2 (2023) *Zone spécialement protégée de l'Antarctique n° 108 (île Green, îles Berthelot, péninsule Antarctique)* : *Plan de gestion révisé*
- Mesure 3 (2023) *Zone spécialement protégée de l'Antarctique n° 117 (île Avian, baie Marguerite, péninsule Antarctique) : Plan de gestion révisé*
- Mesure 4 (2023) *Zone spécialement protégée de l'Antarctique n° 122 (hauteurs Arrival, péninsule Hut Point, île de Ross)* : *Plan de gestion révisé*
- Mesure 5 (2023) *Zone spécialement protégée de l'Antarctique n° 123 (vallées Barwick et Balham, terre Victoria du Sud) : Plan de gestion révisé*
- Mesure 6 (2023*) Zone spécialement protégée de l'Antarctique n° 132 (péninsule Potter, île du Roi-George [Isla 25 de Mayo], îles Shetland du Sud) : Plan de gestion révisé*
- Mesure 7 (2023) *Zone spécialement protégée de l'Antarctique n° 137 (île Northwest White, détroit de McMurdo) : Plan de gestion révisé*
- Mesure 8 (2023) *Zone spécialement protégée de l'Antarctique n° 138 (terrasse Linnaeus, chaîne Asgard, terre Victoria) : Plan de gestion révisé*
- Mesure 9 (2023) *Zone spécialement protégée de l'Antarctique n° 144 (baie du Chili [baie Discovery], île Greenwich, îles Shetland du Sud)* : *Plan de gestion révoqué*
- Mesure 10 (2023) *Zone spécialement protégée de l'Antarctique n° 145 (port Foster, île de la Déception, îles Shetland du Sud) : Plan de gestion révisé*

- Mesure 11 (2023) *Zone spécialement protégée de l'Antarctique n° 147 (vallée Ablation, mont Ganymède, île Alexandre) : Plan de gestion révisé*
- Mesure 12 (2023) *Zone spécialement protégée de l'Antarctique n° 149 (cap Shirreff et île San Telmo, île Livingston, îles Shetland du Sud) : Plan de gestion révisé*
- Mesure 13 (2023) *Zone spécialement protégée de l'Antarctique n° 156 (baie Lewis, mont Erebus, île de Ross) : Plan de gestion révisé*
- Mesure 14 (2023) *Zone spécialement protégée de l'Antarctique n° 165 (pointe Edmonson, baie Wood, mer de Ross) : Plan de gestion révisé*
- Mesure 15 (2023) *Zone spécialement protégée de l'Antarctique n° 168 (mont Harding, montagnes Grove, Antarctique oriental) : Plan de gestion révisé*
- Mesure 16 (2023) *Zone spécialement protégée de l'Antarctique n° 170 (nunataks Marion, île Charcot, péninsule Antarctique) : Plan de gestion révisé*
- Mesure 17 (2023) *Zone spécialement protégée de l'Antarctique n° 172 (partie inférieure du glacier Taylor et Blood Falls de la vallée Taylor, vallées sèches de McMurdo, terre Victoria) : Plan de gestion révisé*
- Mesure 18 (2023) *Zone spécialement protégée de l'Antarctique n° 179 (parties des montagnes occidentales Sør Rondane, terre de la Reine-Maud, Antarctique oriental) : Plan de gestion.*

Sites et monuments historiques

(90) La présidente du CPE a noté que le Comité avait envisagé une évaluation des futures options de stockage et d'exposition pour les artefacts du SMH 68. Le Comité avait remarqué que les promoteurs avaient une préférence pour le stockage à long terme et la conservation en toute sécurité de ces objets en dehors de l'Antarctique et avait reconnu que la décision de déplacer les objets avait été difficile. Le Comité était convenu de mettre à jour l'état de conservation du SMH 68 pour refléter ce changement. La présidente du CPE a également remarqué que le Comité avait souligné l'utilité d'élaborer des lignes directrices supplémentaires pour la gestion et la conservation des SMH qui pourraient necessiter d'être déplacés en dehors de l'Antarctique, en soulignant les dispositions de l'article 8.4 de l'annexe V du Protocole relatif à la protection de l'environnement. En ce qui concerne les SMH, la présidente du CPE a remarqué qu'ils n'ont pas besoin de faire l'objet d'un examen par la RCTA.

(91) La présidente du CPE a déclaré que le Comité avait également examiné et discuté de la protection future de l'épave de l'*Endurance* après sa découverte le 5 mars 2022. Le Comité a mis en avant ses travaux en cours destinés à examiner le degré de protection approprié de l'épave et les progrès accomplis dans l'élaboration d'un plan de gestion de la conservation pour le site sous-marin.

Autres questions relevant de l'annexe V

(92) La présidente du CPE a indiqué que le Comité avait examiné le rapport des travaux du GSPG dans le cadre de ses mandats 3 et 4. Le Comité avait également adopté le plan de travail du GSPG pour 2023-2024.

(93) Le Comité avait par ailleurs pris note des travaux en cours sur la promotion d'une prise de conscience du patrimoine paléontologique, accueillant favorablement la précieuse contribution à la préservation du patrimoine paléontologique et a encouragé la poursuite de l'engagement.

(94) La présidente du CPE a remarqué que le Comité avait souligné la vulnérabilité et l'importance des masses d'eau à l'intérieur des terres de l'Antarctique et la nécessité d'une protection accrue et de discussions sur le sujet à l'avenir.

Conservation de la flore et de la faune de l'Antarctique (Point 10 de l'ordre du jour du CPE)

Quarantaine et espèces non indigènes

(95) La présidente du CPE a indiqué que le Comité avait examiné les questions et les préoccupations concernant les conséquences du déclenchement mondial de la grippe aviaire hautement pathogène (GAHP). Le Comité avait reconnu les risques de propagation de la GAHP dans l'Antarctique et les grands dangers pour les colonies d'oiseaux et les mammifères de l'Antarctique. Le Comité s'était félicité de toutes les informations partagées sur des expériences nationales précieuses et des exemples de procédures de prévention de l'introduction ou de la propagation de la GAHP dans l'Antarctique. Il s'était félicité des contributions, les jugeant particulièrement utiles dans le cadre d'une future collaboration entre les autorités compétentes et pour promouvoir les procédures préventives auprès des programmes nationaux et d'autres parties prenantes. Le Comité avait encouragé les Membres à utiliser le sous-forum des autorités compétentes pour échanger des informations afin de faciliter la coordination et la collaboration pour relever ce défi urgent.

(96) La présidente du CPE a noté que le Comité avait considéré qu'une épidémie de grippe aviaire en Antarctique était probable et pourrait constituer une menace préjudiciable pour la faune et flore sauvages de l'Antarctique. Le Comité a donc informé la RCTA qu'il était convenu d'encourager les Parties et les autres parties prenantes à élaborer et mettre en œuvre des procédures de surveillance, de prévention et de réaction à l'introduction, à la propagation ou aux épidémies potentielles de GAHP ; d'encourager les Parties à partager les informations sur les détections de la GAHP en Antarctique, notamment l'emplacement des foyers suspectés et confirmés, les espèces et le nombre approximatif d'individus touchés, ainsi que les symptômes observés ; et de demander au SCAR de fournir des mises à jour au CPE sur les impacts potentiels de la GAHP sur les oiseaux et les mammifères indigènes de l'Antarctique.

(97) La Réunion a pris note avec une profonde inquiétude de la déclaration du Comité concernant l'épidémie probable de GAHP. Plusieurs Parties ont souligné les conséquences dévastatrices potentielles de la GAHP en Antarctique et ont souligné la nécessité d'agir. Elles ont noté la nécessité de réduire le risque d'introduction humaine de la GAHP, tout en notant qu'un tel déclenchement se produirait très probablement en raison de la migration naturelle des oiseaux vers l'Antarctique. La Réunion s'est félicitée des mesures prises par les divers programmes nationaux de recherche antarctique, le SCAR et l'IAATO pour s'assurer de prévenir, dans la mesure du possible, les impacts de la GAHP sur la faune et flore sauvages et l'homme. Les Parties ont accueilli favorablement les conseils continus du CPE, ainsi que du SCAR, du COMNAP et de l'IAATO sur la prévention de son introduction et de sa propagation.

(98) Le Comité avait examiné les conclusions d'un examen des lignes directrices et accords de l'OMI et du Système du traité sur l'Antarctique concernant l'encrassement biologique des navires et la gestion des eaux de ballast. Le Comité avait noté que les risques associés aux espèces marines non indigènes étaient une question hautement prioritaire pour le CPE. Le Comité avait appelé les Membres à approfondir leur compréhension de ces risques et remercié les Observateurs d'avoir fourni des conseils actualisés.

(99) La présidente du CPE a noté que le Comité avait pris en compte l'examen et qu'il était convenu de demander au COMNAP et à l'IAATO de fournir des conseils d'ici à la XXVIIe réunion du CPE (2025) sur les pratiques de leurs membres en matière

d'encrassement biologique des navires et de gestion des eaux de ballast. Le Comité avait encouragé la surveillance des espèces marines non indigènes afin d'améliorer la compréhension des risques et d'éclairer l'examen des mesures de biosécurité marine, conformément aux besoins identifiés dans le plan de travail quinquennal, le PTRCC et le Manuel sur les espèces non indigènes. Le Comité avait également convenu de porter à l'attention du CS-CAMLR les travaux en cours du CPE sur l'encrassement biologique des navires et la gestion des eaux de ballast.

(100) La Réunion a accueilli favorablement les travaux du CPE sur la question de l'encrassement biologique et de la gestion des eaux de ballast.

(101) Le Comité avait également pris note des informations de plusieurs membres concernant les découvertes et la présence d'espèces non indigènes dans et à proximité de leurs stations en Antarctique. Le Comité avait attiré l'attention sur la propagation préoccupante des espèces non indigènes et sur l'appel à revoir les procédures nationales et à prendre des mesures de collaboration pour empêcher la propagation des espèces non indigènes, en particulier sur l'île du Roi-George. La Réunion a pris note de cette information avec préoccupation et a encouragé le CPE à continuer d'accorder la priorité à cette question, en particulier dans le contexte du changement climatique.

Espèces spécialement protégées

(102) La présidente du CPE a noté que le Comité avait examiné les initiatives de gestion prises par les membres pour protéger le manchot empereur, y compris l'inscription de l'espèce comme spécialement protégée en vertu de la législation locale. La plupart des Membres avaient de nouveau exprimé leur déception que le Comité n'ait pas été en mesure d'inscrire le manchot empereur en tant qu'espèce spécialement protégée au cours de la XXIVe réunion du CPE. Ces Membres avaient noté que les meilleures données scientifiques disponibles, précédemment présentées par le SCAR, ainsi que d'autres données scientifiques disponibles, démontraient que le manchot empereur était vulnérable et justifiait sa désignation conformément à l'annexe II du Protocole au traité sur l'Antarctique relatif à la protection de l'environnement et aux procédures convenues.

(103) La présidente du CPE a souligné le fait que la Chine avait noté que les conclusions qu'elle avait tirées du projet de plan d'action pour les espèces spécialement protégées de l'Antarctique pour le manchot empereur (XLIVe RCTA-WP 34) n'appuyaient pas la désignation du manchot empereur comme espèce spécialement protégée.

(104) La présidente du CPE a également indiqué que les Membres étaient convenus que la législation nationale pourrait contribuer à la protection des espèces antarctiques menacées. De surcroît, les Membres étaient convenus de rendre compte des résultats des recherches récentes sur le statut du manchot empereur et remercié le SCAR pour ses contributions continues à cet égard.

(105) Le Comité avait également examiné les résultats d'une étude sur les impacts sur les manchots empereurs d'une faible étendue de glace de mer, notant que la banquise côtière était cruciale pour les manchots empereurs en tant que plateforme de reproduction et de mue. De nombreux Membres avaient remarqué que les changements dans la glace de mer menaçaient les espèces de manchots empereurs. De nombreux Membres avaient mis en avant la nécessité d'adopter une approche de précaution et de considérer l'espèce comme menacée. La plupart des Membres avaient encouragé la poursuite des travaux en vue de la désignation du manchot empereur en tant qu'espèce spécialement protégée dès que possible.

(106) La Réunion a remercié le Comité pour sa mise à jour. De nombreuses Parties ont exprimé leur déception concernant l'absence de progrès à l'égard de la protection spéciale de l'espèce, notant que les meilleures données scientifiques disponibles, mises à jour et présentées lors de la XXVe réunion du CPE, indiquaient que la population diminuerait considérablement en raison du changement climatique. Plusieurs Parties ont souligné le

fait que le manchot empereur remplissait clairement les conditions requises pour être désigné comme une espèce spécialement protégée en vertu de l'annexe II du Protocole relatif à la protection de l'environnement.

(107) Certaines Parties ont rappelé que le Protocole imposait aux Parties l'obligation de préserver l'Antarctique en tant que réserve naturelle pour la paix et la science, notant que le seuil de protection en vertu du Protocole relatif à la protection de l'environnement était sensiblement différent de l'approche adoptée par la CCAMLR. Par conséquent, elles considéraient que la Réunion avait un rôle à jouer pour garantir que les facteurs de stress sur les espèces dus au changement climatique ne soient pas exacerbés par l'activité humaine, rendant l'action sur les espèces vulnérables au climat pertinente pour les travaux de la Réunion.

(108) Plusieurs Parties ont demandé que les manchots empereurs soient désignés comme une espèce spécialement protégée de l'Antarctique lors de la XLVe RCTA, s'appuyant sur les avis exprimés par la majorité des membres du CPE selon lesquels les meilleures données scientifiques disponibles, précédemment présentées par le SCAR, ainsi que d'autres données scientifiques, ont démontré la vulnérabilité du manchot empereur et qu'il était judicieux de désigner l'espèce conformément à l'annexe II du Protocole relatif à la protection de l'environnement et aux procédures convenues.

(109) La Chine a noté les besoins scientifiques pertinents soulevés dans le plan de travail quinquennal du CPE et a exprimé son point de vue selon lequel l'évaluation de l'état des espèces antarctiques nécessitait non seulement de tenir compte de leur vulnérabilité au changement climatique, mais également d'évaluer les tendances et la répartition des populations et d'autres menaces et pressions résultant de l'activité humaine. Elle a souligné le fait que, à titre d'organe de gestion, la RCTA ne pouvait gérer directement que l'activité humaine, et non les processus naturels comme le changement climatique ou environnemental en Antarctique.

(110) L'OMM a répondu au commentaire de la Chine en rappelant que, même si les variations naturelles du climat étaient importantes dans le contexte antarctique, le forçage climatique dû aux émissions de gaz à effet de serre prédominait. L'OMM a indiqué que les Parties pouvaient gérer ou influencer le changement climatique et a renvoyé les Parties au sixième examen d'évaluation du GIEC et au rapport de l'ACCE du SCAR.

(111) En réponse à l'OMM, la Chine a souligné le fait que, à son avis, bien que la Réunion puisse prendre des mesures pour réduire les émissions de gaz à effet de serre par le biais de programmes nationaux de recherche antarctique afin de lutter contre le changement climatique à sa source, la réduction des émissions de gaz à effet de serre relevait du mandat de la CCNUCC, et non du traité sur l'Antarctique.

(112) L'UICN a rappelé aux Parties que la catégorie « quasi menacée » attribuée aux manchots empereurs n'indiquait pas que la population était stable. Reconnaissant que davantage de données étaient nécessaires à la lumière des répercussions du changement climatique sur les espèces en Antarctique, l'UICN a souligné la nécessité d'agir pour protéger le manchot empereur dans le cadre du principe de précaution. Elle a exprimé son intérêt à participer activement aux discussions concernant les actions relatives à la conservation du manchot empereur.

(113) Certaines Parties ont noté que le CPE n'était pas tenu de parvenir à un consensus dans ses avis à la RCTA. Ces Parties ont souligné le fait que le CPE conseillait les Parties en ce qui concerne la mise en œuvre du Protocole relatif à la protection de l'environnement. Elles ont noté que la RCTA était le forum approprié pour ces négociations.

(114) Certaines Parties ont encouragé la poursuite des travaux en vue de désigner le manchot empereur comme espèce spécialement protégée dès que possible et, dans l'intervalle, ont

encouragé la poursuite et l'intensification des efforts pour faire progresser les mesures du projet de plan d'action.

Surveillance de l'environnement et comptes rendus (point 11 de l'ordre du jour du CPE)

(115) La présidente du CPE a rappelé que, étant donné que la surveillance de l'environnement était une obligation en vertu de l'article 3.2 du Protocole au traité sur l'Antarctique relatif à la protection de l'environnement, le Comité avait discuté et examiné les questions relatives à la surveillance de l'environnement et la manière de favoriser l'évaluation des potentiels changements environnementaux et la détermination des impacts de l'activité humaine. Le Comité avait souligné l'importance du partage continu d'informations liées à la surveillance et à la collecte de données relatives aux impacts humains dans l'Antarctique, et la valeur de la surveillance comme base pour les EIE. Après avoir examiné un certain nombre d'aspects liés à la question, le Comité était convenu d'établir un GCI pour discuter de l'élaboration d'un cadre international pour la surveillance de l'environnement.

(116) Le Comité avait également examiné une proposition du SCAR visant à mettre au point un mécanisme permettant de fournir des informations pertinentes pour le Rapport sur l'état de l'environnement en Antarctique (SAER). Le Comité avait accueilli favorablement la proposition du SCAR d'élaborer un mécanisme pour le SAER, notant sa pertinence pour les travaux du CPE, notamment en ce qui concerne la surveillance de l'environnement et les recommendations à la RCTA. Les Membres ont souligné l'utilité de cette initiative pour l'ensemble du programme de travail du CPE, y compris le développement d'une approche systématique de la surveillance de l'environnement, ainsi que l'expansion du Système de zones protégées de l'Antarctique. Le Comité avait noté qu'il serait utile de recevoir un exemple de rapport du SCAR pour évaluer pleinement le caractère pratique et l'utilité du mécanisme proposé pour fournir des informations sur le SAER.

(117) Le Comité avait également examiné les informations du SCAR sur la création du Système d'observation côtière et terrestre de l'Antarctique (ANTOS). Le Comité avait chaleureusement accueilli les objectifs d'ANTOS, reconnaissant qu'il s'agissait d'un outil de suivi précieux doté d'un potentiel important. Les Membres avaient exprimé leur volonté de s'engager dans l'ANTOS et avaient décrit les diverses manières dont leurs programmes et projets nationaux de recherche antarctique avaient contribué et continueraient à contribuer au système.

(118) Le Comité s'était également félicité de plusieurs autres documents sur la surveillance de l'environnement.

(119) La Réunion a remercié le CPE pour ses conseils substantiels sur la surveillance de l'environnement, et certaines Parties ont fermement approuvé la valeur de la surveillance dans le cadre du processus d'EIE.

Questions générales (point 13 de l'ordre du jour du CPE)

(120) La présidente du CPE a indiqué que le Comité avait examiné un document relatif au langage épicène dans le Système du traité sur l'Antarctique et une proposition selon laquelle le CPE demande au Secrétariat d'examiner tous les documents pertinents du CPE qui se rapportent à la coopération actuelle et future afin de garantir l'utilisation d'un langage épicène dans ces documents. Le Comité avait : reconnu l'importance d'utiliser un langage épicène ; convenu d'informer la RCTA qu'il encourageait les Membres et les Observateurs à continuer de promouvoir les valeurs d'égalité, de diversité et d'inclusion (EDI) dans leurs activités antarctiques et à utiliser un langage épicène et respectueux

dans les documents oraux et écrits, les rapports et les autres formes de communication. Le Comité avait chargé le Secrétariat d'examiner tous les documents pertinents.

Élection des membres du bureau (point 14 de l'ordre du jour du CPE)

(121) La présidente du CPE a souligné que le Comité avait élu Anoop Kumar Tiwari, d'Inde, en tant que vice-président pour un second mandat de deux ans, et l'a félicité pour sa nouvelle nomination. Celui-ci a également été nommé animateur du GSPG. Le Comité a aussi élu Patricia Ortúzar, d'Argentine, à la présidence du CPE et l'a félicitée pour sa nomination.

(122) La Réunion a chaleureusement remercié Birgit Njåstad pour son leadership exemplaire tout au long de ses deux mandats à la présidence du CPE et a salué l'élection de sa successeure, Patricia Ortúzar.

Préparation de la prochaine Réunion (point 15 de l'ordre du jour du CPE)

(123) La présidente du CPE a indiqué que le Comité avait adopté un ordre du jour provisoire pour la 26e réunion du CPE, fondé sur celui de la XXVe réunion du CPE.

Point 6a : Fonctionnement du Système du traité sur l'Antarctique : Requête du Bélarus en vue de devenir une Partie consultative

(124) Le Bélarus a présenté le document d'information IP 5 *République du Bélarus dans le Système du traité sur l'Antarctique. Justification du statut de la Partie consultative du traité sur l'Antarctique.* Se référant à sa demande soumise en 2019, le Bélarus a présenté des informations supplémentaires sur sa conformité aux exigences du statut consultatif et a fourni des informations supplémentaires sur ses activités dans l'Antarctique depuis la soumission. Le Bélarus a indiqué que, depuis son accession au statut de partie contractante au traité sur l'Antarctique en 2006, il avait activement élaboré une législation nationale pour les activités en Antarctique et participé aux travaux scientifiques et à la collaboration internationale en Antarctique, notamment en étant membre permanent du CPE, membre du COMNAP depuis 2015, et membre associé du SCAR depuis 2018. Le Bélarus a souligné l'activité de ses expéditions scientifiques et son intention de devenir membre à part entière du SCAR dans un proche avenir. Le Bélarus a souligné certains de ses travaux importants en Antarctique, notamment 15 expéditions saisonnières avec plus de 90 scientifiques bélarussiens et six scientifiques étrangers, et la poursuite de la coopération internationale en matière de transport et de logistique entre le Bélarus et la Fédération de Russie. Il a noté que la construction d'une station de recherche bélarussienne avait été réalisée en 2015 près du mont Vechernyaya dans l'Antarctique oriental, et que la station avait été inspectée par une délégation australienne en 2020 avec des résultats positifs. D'autres améliorations en matière de protection de l'environnement avaient été mises en œuvre à la station en 2021-2023. Des programmes scientifiques bélarussiens en Antarctique étaient menés avec la participation d'instituts de recherche de l'Académie nationale des sciences du Bélarus et de l'université d'État du Bélarus en coopération avec des organisations scientifiques, des scientifiques et des spécialistes d'autres pays. Le Bélarusse a indiqué qu'il avait conclu 14 accords de coopération scientifique et technique en Antarctique avec des gouvernements et des organisations de neuf pays participant au Système du traité sur l'Antarctique. L'activité scientifique des scientifiques bélarussiens dans l'Antarctique depuis 2007 a conduit à la publication de plusieurs livres et de dizaines d'articles scientifiques, dont beaucoup sont le résultat d'une collaboration internationale. Le Bélarus a réitéré son engagement envers les principes fondamentaux du traité sur l'Antarctique et de son Protocole relatif à la protection de l'environnement. Il a réaffirmé le fait que, sur la base des informations présentées dans ses documents, ses activités

répondaient aux critères nécessaires au titre de l'article IX du traité sur l'Antarctique pour le statut de Partie consultative ainsi qu'à ceux de la Décision 2 (2017).

(125) En leur qualité de gouvernement dépositaire du traité sur l'Antarctique et du Protocole relatif à la protection de l'environnement, les États-Unis ont confirmé que le Bélarus s'était conformé aux lignes directrices énoncées dans la Décision 2 (2017).

(126) Les Parties consultatives ont remercié le Bélarus pour sa présentation. Certaines Parties ont soutenu la demande, tandis que d'autres ont émis l'avis que le Bélarus n'avait pas satisfait à l'exigence de l'article IX (2) concernant la nécessité d'avoir mené une activité de recherche scientifique substantielle en Antarctique. Aucun consensus n'a pu être établi sur la candidature du Bélarus au statut de Partie consultative.

Point 6b : Fonctionnement du Système du traité sur l'Antarctique : Requête du Canada pour devenir une Partie consultative

(127) Le Canada a présenté le document d'information IP 12 *Le point sur l'engagement du Canada dans l'Antarctique*, dans lequel le Canada a passé en revue sa longue histoire de recherche et d'engagement dans l'Antarctique. Se référant à sa demande de statut de Partie consultative dans le Système du traité sur l'Antarctique soumise en 2021, le Canada a présenté un aperçu de ses activités passées et en cours en Antarctique et de sa collaboration avec les autres parties au Traité. Il a noté que ses chercheurs avaient rédigé environ 1 500 articles de revues scientifiques sur la science en Antarctique et dans l'océan Austral, et a souligné les réalisations scientifiques canadiennes dans les trois groupes scientifiques du SCAR, notamment dans les domaines de la recherche sur le pergélisol, la cartographie des glaces de l'Antarctique, la recherche sur l'appauvrissement de la couche d'ozone dans l'Antarctique, et les prévisions et la modélisation des conditions de la glace de mer en Antarctique. Des chercheurs provenant d'universités canadiennes avaient participé à plusieurs expéditions internationales au cours de la saison 2022-23 et continueront de le faire au cours de la saison à venir. Depuis la RCTA précédente, l'adhésion à part entière du Canada au COMNAP avait été approuvée, et il a continué d'assister aux réunions de la CCAMLR en tant qu'observateur. Le Canada a également informé la Réunion que le cadre du programme canadien de recherche en Antarctique continuait d'accorder la priorité aux thèmes et domaines d'intérêt de haut niveau, notamment la recherche glaciologique et géologique, l'étude de l'impact du changement climatique en Antarctique sur le système climatique mondial, les possibilités en Antarctique d'observer la météo spatiale et l'univers, et le thème transversal des effets anthropiques sur l'environnement antarctique et leur atténuation. Le Canada a souligné l'utilité de son infrastructure de recherche arctique et de ses connaissances en matière de recherche transpolaire et a déclaré son engagement à soutenir la recherche polaire conjointe. Il a ajouté que l'avancement du Programme canadien de recherche antarctique fournirait de nouvelles orientations et un financement pour les activités de recherche collaborative en Antarctique.

(128) En leur qualité de gouvernement dépositaire du traité sur l'Antarctique et du Protocole relatif à la protection de l'environnement, les États-Unis ont confirmé que le Canada s'était conformé aux lignes directrices énoncées dans la Décision 2 (2017).

(129) Le Canada a noté qu'il comprenait qu'il n'y avait eu aucun changement au-delà des positions exprimées en 2022 et a donc informé la Réunion de sa demande de reporter l'examen de sa candidature au statut de Partie consultative à 2024.

(130) Les Parties consultatives ont remercié le Canada pour sa présentation. Elles ont noté que la candidature du Canada serait inscrite à l'ordre du jour de la 46e RCTA.

Point 6c : Fonctionnement du Système du traité sur l'Antarctique : Mise en œuvre du Code polaire de l'OMI

(131) La présidente de la RCTA a présenté les coprésidents de la séance spéciale sur la mise en œuvre du Code polaire de l'OMI, Fausto López Crozet, directeur national de la politique étrangère de l'Antarctique, ministère des Affaires étrangères, du Commerce international et du Culte (Argentine), et Dr Anita Mäkinen, représentante permanente suppléante de la Finlande auprès de l'OMI.

(132) Minna Kivimäki, Secrétaire permanente du ministère des Transports et des Communications (Finlande), a remercié l'Argentine pour sa collaboration dans l'organisation de la séance spéciale, ainsi que les experts invités et les Parties pour leurs contributions. Elle a présenté le Code polaire comme un exemple de prise de décision multilatérale, notant son statut de premier instrument basé sur des objectifs adopté par l'OMI. Soulignant les objectifs du Code d'assurer la sécurité de la navigation et la protection des environnements polaires, elle a noté que, depuis l'entrée en vigueur du Code en 2017, les navigateurs sur les eaux polaires avaient bénéficié de règles et de conseils clairs pour faire face aux difficultés spécifiques aux mers polaires. Elle a également reconnu les lacunes du Code polaire, qui ont été soulignées dans le document de travail WP 46 et les autres documents soumis durant la séance. Elle a attiré l'attention des Parties sur le paragraphe 11 du document WP 46, qui conseillait aux Parties de continuer de promouvoir le Code polaire et sa mise en œuvre auprès des armateurs et des opérateurs faisant escale dans leurs ports, ainsi que des architectes navals, des chantiers navals et des autres parties prenantes de leurs grappes maritimes nationales.

(133) Fausto López Crozet a salué l'initiative de la Finlande d'accueillir la séance spéciale. Il a rappelé que la XLIVe RCTA était convenue que les Parties tiendraient une séance spéciale à la XLVe RCTA pour partager les expériences de la mise en œuvre nationale du Code polaire et améliorer et soutenir sa mise en œuvre harmonisée. Il a également noté la pertinence de cette question pour le plan de travail stratégique pluriannuel de la RCTA. Il a signalé le fait que l'adoption du Code polaire par l'OMI avait été une étape importante dans les efforts visant à réduire les risques associés à la navigation complexe dans les eaux polaires. Rappelant la Résolution 8 (2009), dans laquelle les Parties avaient exprimé leur souhait que l'OMI élabore des codes de navigation obligatoires pour les navires opérant dans les eaux antarctiques, il a souligné la nécessité de poursuivre les dialogues pertinents. Notant que la coopération internationale était un pilier fondamental du Système du traité sur l'Antarctique, M. López Crozet a souligné qu'une collaboration positive entre les Parties, l'OMI et le Conseil de l'Arctique était essentielle pour protéger les navires et les personnes à bord dans les environnements difficiles des eaux polaires. Il a souligné le fait que les Parties jouaient un rôle central dans la mise en œuvre du Code polaire. Il a indiqué l'importance de ce fait pour l'Argentine, compte tenu de sa forte activité antarctique et de sa responsabilité en matière de SAR dans la zone fortement naviguée de la péninsule Antarctique. Il a noté les difficultés de mise en œuvre, notamment les problèmes liés à la conformité, à la formation et à l'inclusion de certains types de navires qui ne sont pas actuellement couverts par les exigences du Code. Il a mis l'accent sur l'importance de continuer à accorder la priorité à la mise en œuvre harmonisée et à l'application efficace du Code polaire de l'OMI dans le plan de travail stratégique pluriannuel de la RCTA.

(134) Loukas Kontogiannis, chef de la Section de la pollution marine (OMI), a fait une présentation liminaire sur la mise en œuvre harmonisée du Code international de l'OMI pour les navires opérant dans les eaux polaires. Il a noté le fait que les enjeux posés par

les conditions d'exploitation dans les régions polaires nécessitaient un cadre global pour assurer la sécurité, et a indiqué que le Code polaire avait joué un rôle crucial à cet égard. Il a indiqué que les travaux de l'OMI sur les questions polaires s'étaient poursuivis depuis l'entrée en vigueur du Code polaire en 2017 et a souligné les problèmes abordés au cours de la deuxième phase des travaux. Ceux-ci comprenaient l'élargissement du champ d'application des chapitres sur la sécurité et la planification des voyages pour inclure les navires non assujettis à la convention SOLAS, à savoir les navires de pêche de 24 mètres de longueur et plus, les yachts de plaisance d'une jauge brute de 300 et plus non engagés dans le commerce et les navires entre 300 et 500 de jauge brute. Il a également noté les progrès récents liés à la recherche et au sauvetage, notamment de nouvelles directives sur l'estimation de la durée maximale prévue du sauvetage, qui tiennent compte de la disponibilité de navires à proximité pour une assistance en cas d'urgence. Il a souligné l'importance d'une mise en œuvre harmonisée du Code polaire, et notamment le renforcement de la capacité des administrations du pavillon et des États côtiers à appliquer le Code grâce à une compréhension commune de ses dispositions ainsi qu'au développement des capacités. Il a noté qu'une telle harmonisation était conforme aux principes clés du Système du traité sur l'Antarctique, notamment la coopération internationale et l'intendance environnementale.

(135) Robert Hindley d'Aker Arctic, une société finlandaise de conception de navires, et le vice-amiral David Burden (Argentine) ont discuté des difficultés et des opportunités liées à la mise en œuvre du Code polaire. D'après leur expérience en matière de collaboration à la conception du nouveau navire logistique polaire argentin, ils ont mis en évidence plusieurs domaines pertinents pour la mise en œuvre du Code polaire, notamment les opérations, la maintenance, les relations gouvernementales et les considérations de conception. Ils ont noté l'intérêt de définir une « enveloppe opérationnelle » lors des premières étapes des travaux, indiquant la zone, les conditions, la durée et les fonctions de l'opération d'un navire. Ils ont également indiqué l'importance d'équilibrer la nécessité d'assurer la fiabilité et le respect des règles obligatoires avec la possibilité d'adopter une conception innovante et de tirer parti des nouvelles solutions technologiques dans la mise en œuvre. Ils ont noté la valeur du dialogue entre les concepteurs de navires et les exploitants comme moyen de trouver cet équilibre. Ils ont souligné le fait qu'une évaluation opérationnelle était un aspect clé de ce dialogue, notamment pour savoir si le risque serait atténué par des procédures ou des équipements et en veillant à ce que les décisions à cet égard soient tracées de manière vérifiable entre la conception du navire et ses périodes d'exploitation ultérieures. Notant les messages clés issus de leurs travaux collaboratifs, ils ont souligné la nécessité d'améliorer les processus de vérification de la conformité au Code polaire et d'assurer la cohérence de la mise en œuvre, ainsi que l'importance de la robustesse tout au long du processus.

(136) Isto Mattila de l'Université des sciences appliquées Laurea a fait une présentation sur le projet financé par l'UE *Salle de contrôle virtuelle basée sur l'intelligence artificielle pour l'Arctique* (AI-ARC). Il a noté le fait que le changement climatique avait entraîné une diminution de la glace de mer et donc une augmentation du trafic maritime, ce qui nécessitait une amélioration des conditions de sécurité maritime. Le projet AI-ARC visait à créer un système de partage de données et à établir un réseau de communication pour le suivi en matière de sécurité maritime. Soulignant l'importance des données, Mattila a noté que l'UE avait abordé le partage d'informations dans le cadre de sa mission. Il a indiqué que les services de l'AI-ARC pourraient être utilisés pour analyser l'état courant de la zone maritime et détecter les anomalies. Cela améliorerait les conditions de sécurité pour les acteurs qui ne pouvaient auparavant compter que sur d'autres navires en cas d'urgence en raison du manque d'infrastructures. Mattila a encouragé une coopération internationale renforcée pour accroître la sécurité en mer et a encouragé la création de services symbiotiques.

(137) La Norvège a présenté le document de travail WP 46 *Mise en œuvre harmonisée du Code polaire de l'OMI*, préparé conjointement avec l'Argentine et la Finlande, qui propose

que les Parties renforcent leurs efforts pour mettre en œuvre le Code polaire de l'OMI de manière harmonisée. Il a suggéré que le succès du Code polaire dépendrait en fin de compte de sa mise en œuvre et de son application harmonisées, ce qui éviterait les complications résultant des différences réglementaires dans les divers États du pavillon et du port. La Norvège a rappelé que ces objectifs avaient déjà été discutés au Conseil de l'Arctique ainsi qu'à la première Conférence internationale sur la mise en œuvre harmonisée du Code polaire à Helsinki en février 2018, et a souligné la pertinence du Forum d'information sur les meilleures pratiques en matière de navigation dans l'Arctique, actuellement présidé par la Norvège. Tout en reconnaissant les différences de niveaux de risque dans les eaux arctiques et antarctiques, elle a souligné l'importance de la coopération et de l'échange des meilleures pratiques pour faciliter une mise en œuvre harmonisée du Code polaire. La Norvège a encouragé les États du pavillon antarctiques opérant dans les zones polaires à participer à une future séance du forum consacrée au partage d'expériences sur le Code polaire vu à partir des deux zones polaires.

(138) La Réunion a remercié la Finlande et l'Argentine pour l'organisation de la séance, ainsi que les experts invités et les auteurs du document WP 46 pour leur important travail. Les Parties ont discuté des similitudes et des différences entre l'Arctique et l'Antarctique en termes de sécurité maritime, de conditions de navigation et d'environnement, et ont réitéré l'importance du partage d'informations et des meilleures pratiques. De nombreuses Parties ont également souligné les difficultés rencontrées par les opérations de recherche et de sauvetage dans l'Antarctique, indiquant l'importance des navires de passage pour assurer un temps d'intervention d'urgence adéquat.

(139) La Fédération de Russie a souligné le fait que l'applicabilité du Code polaire aux régions polaires du Sud et du Nord ne signifie pas l'équivalence des programmes arctiques et antarctiques des États, et n'indique pas non plus la valeur directe de l'expérience acquise dans l'Arctique pour les activités antarctiques. La Fédération de Russie a rappelé le régime juridique particulier de l'Antarctique et a déclaré qu'il n'est pas nécessaire ou pertinent de coopérer avec les États du Conseil de l'Arctique ou avec le Conseil de l'Arctique lui-même.

(140) La Réunion a reconnu la nécessité de continuer à accorder la priorité à une mise en œuvre harmonisée et à une application efficace du Code polaire de l'OMI dans le cadre du plan de travail stratégique pluriannuel et a conseillé aux Parties de continuer à promouvoir le Code polaire et sa mise en œuvre auprès des armateurs et des exploitants faisant escale dans leurs ports, ainsi qu'auprès des concepteurs de navires, des chantiers navals et d'autres acteurs dans leurs clusters maritimes nationaux. La plupart des Parties ont également soutenu la recommandation de discuter des moyens possibles de coopérer avec les États du Conseil de l'Arctique et d'autres États du pavillon majeurs pour partager les informations et les meilleures pratiques dans la mise en œuvre du Code polaire.

(141) L'Espagne a présenté le document IP 67 *Implementing the Polar Code : Gaps and Challenges* [*Mise en œuvre du Code polaire : lacunes et défis*]. Elle signale que, depuis l'entrée en vigueur du Code polaire, l'Administration maritime espagnole n'a certifié qu'un seul navire, le navire océanographique *Sarmiento de Gamboa*. L'Espagne a encouragé tous les acteurs à : partager leurs expériences et leurs préoccupations concernant l'application du Code polaire ; prendre des mesures pour élaborer des normes communes d'évaluation des risques liés à la navigation polaire ; et coopérer activement à la promotion du Code polaire dans tous les organes multilatéraux et groupes de travail concernés.

(142) Le Chili a présenté le document IP 69 *Mise en œuvre du Recueil international de règles applicables aux navires exploités dans les eaux polaires pour les navires battant pavillon national et leur contrôle dans les eaux sous juridiction chilienne*. Le Chili a indiqué qu'il avait pleinement mis en œuvre le Code polaire, toutes les dispositions recommandées ayant été adoptées comme obligatoires avant février 2021. Il a également rappelé un

atelier régional qu'il avait organisé en 2019 pour dispenser une formation pertinente. Il a recommandé que toutes les Parties mettent en œuvre le Code polaire et soutiennent la rédaction du Manuel d'exploitation dans les eaux polaires (PWOM) pour contribuer à la sécurité de la navigation et à la protection de l'environnement antarctique.

(143) L'Australie a présenté le document IP 92 *Australian experience with implementation of the International Code for Ships Operating in Polar Waters (Polar Code)* [Expérience australienne en ce qui concerne la mise en œuvre du Code international pour les navires opérant dans les eaux polaires (Code polaire)]. L'Australie a noté qu'elle avait rencontré des difficultés similaires à celles exprimées par d'autres Parties et s'est félicitée des opportunités de partager des expériences et les meilleures pratiques sur la mise en œuvre du Code polaire dans l'Antarctique. Notant sa responsabilité dans les opérations de recherche et de sauvetage dans une vaste zone partiellement reculée de l'Antarctique oriental, l'Australie a exprimé un intérêt particulier pour le partage d'expériences avec les Parties et les opérateurs actifs dans les régions reculées de la zone continentale de l'Antarctique, en particulier la région orientale. L'Australie a également souligné le fait que son expérience dans l'application du Code polaire à ce jour s'était concentrée sur la conception, la construction et l'exploitation du nouveau brise-glace australien de catégorie polaire 3, RSV *Nuyina*.

(144) La Fédération de Russie a présenté le document IP 127 *Применение Полярного кодекса Российской Федерацией* [Mise en œuvre du Code polaire par la Fédération de Russie], qui rend compte de la mise en œuvre du Code polaire par la Fédération de Russie. Rappelant que les activités en Antarctique nécessitaient des permis, la Fédération de Russie s'est référée à sa procédure d'autorisation qui était actuellement en vigueur en vertu de ses lois fédérales. La Fédération de Russie a noté que ses autorités compétentes étaient responsables du respect des exigences du Code polaire depuis son entrée en vigueur. En raison de l'existence d'une législation nationale et d'autres mécanismes de l'OMI, aucune modification n'avait été nécessaire. La Fédération de Russie a indiqué qu'il n'y avait pas de statistiques particulières sur les navires exploités en Antarctique dans le cadre des exigences du Code polaire.

(145) L'IAATO a présenté le document IP 58 *Implementation of the IMO Polar Code : A Practical Perspective* [Mise en œuvre du Code polaire de l'OMI : une perspective pratique]. L'IAATO a noté qu'elle continuait de contribuer aux discussions de l'OMI sur le Code polaire et qu'elle participait régulièrement à des discussions avec les États du pavillon, les sociétés de classification et les gestionnaires pour aider à renforcer la compréhension et trouver des solutions à certaines des difficultés soulevées par les Parties et mises en évidence dans les présentations. Répondant aux points soulevés au cours de la discussion, l'IAATO a souligné l'importance d'harmoniser l'interprétation et la formation, ainsi que la difficulté que pose le lien entre l'équipement et les procédures de prise de décision dans les mesures d'atténuation du contrôle par l'État du port. L'IAATO a aussi reconnu l'importance des navires de passage pour réduire le délai d'intervention en cas d'urgence, notant qu'un navire de l'IAATO avait évacué le membre de l'équipage d'un navire de pêche, comme l'avait ordonné le MRCC Chili.

(146) L'ASOC a présenté le document IP 119 *Improving safety and environmental protection of shipping in the Antarctic Treaty Area* [Améliorer la sécurité et la protection de l'environnement pendant la navigation dans la Zone du traité sur l'Antarctique]. Elle a mis en évidence les derniers développements internationaux pertinents pour les navires opérant dans la Zone du traité sur l'Antarctique, dont les nouvelles lignes directrices de l'OMI pour les mesures de sécurité pour les grands yachts de plaisance, les exigences obligatoires à venir de l'OMI pour la navigation et la planification des navires non assujettis à la convention SOLAS, et les discussions parallèles au Comité de la sécurité maritime de l'OMI. L'ASOC a noté les lacunes existantes dans les connaissances concernant les modèles de glace de mer, les conditions météorologiques et l'activité des mammifères marins, et a mis en évidence les conditions géographiques et climatiques

qui ont affecté les activités de recherche et de sauvetage. Elle a exhorté les Parties à travailler activement, notamment par l'intermédiaire de l'OMI, afin d'élaborer un plan d'action et d'inclure les connaissances autochtones dans l'amélioration de la mise en œuvre.

(147) Le document suivant a également été soumis au titre de ce point de l'ordre du jour, et considéré comme présenté :

- IP 8 *Preliminary Survey Responses Regarding Implementation of IMO Polar Code: National Antarctic Programme vessels* (COMNAP) [Réponses à l'enquête préliminaire concernant la mise en œuvre du Code polaire de l'OMI : navires du programme antarctique national (COMNAP)].

Point 6d : Fonctionnement du Système du traité sur l'Antarctique : Changement climatique

(148) La présidente de la XLVe RCTA, Mme Päivi Kaukoranta, a ouvert la séance conjointe RCTA-CPE sur le changement climatique. Elle a souligné qu'au cours des 50 dernières années, la côte ouest de la péninsule Antarctique avait été l'une des régions de la planète qui se réchauffait le plus rapidement et que, en raison de l'augmentation de la température de 3 °C dans cette zone, les plateformes de glace autrefois stables étaient en train de reculer. La Présidente a noté le fait que ce réchauffement n'était pas seulement limité à la terre, mais avait également été observé dans l'océan Austral. Par conséquent, l'environnement physique et vivant de cette région vierge était menacé, et l'augmentation continue des températures allait de pair avec un risque accru d'extinction d'espèces ou de perte irréversible de biodiversité. La Présidente a déclaré que, parallèlement à l'amélioration de leurs connaissances sur le changement climatique, la RCTA et le CPE avaient considérablement renforcé leurs efforts pour travailler sur la question. La Présidente a rappelé la Réunion d'experts du traité sur l'Antarctique (RETA) de 2010 sur le changement climatique, organisée par la Norvège en réponse au rapport de l'ACCE du SCAR. Elle a noté que la RETA avait conduit à la création du PTRCC en 2015 et du GSRCC en 2017. Depuis lors, la RCTA et le CPE ont continué à faire avancer les travaux sur les réponses au changement climatique, notamment par le biais de la Résolution 8 (2021) *L'Antarctique dans le contexte du changement climatique*, et par le travail de mise à jour du PTRCC. Elle a noté que, par le biais de la déclaration de Paris, les Parties avaient réaffirmé leur engagement à coopérer pour mieux comprendre les changements du climat de l'Antarctique et mis en œuvre des actions conformes aux objectifs de l'accord de Paris. Ces actions visaient à limiter les effets néfastes du changement climatique sur l'environnement de l'Antarctique et les écosystèmes associés, à protéger les écosystèmes et à renforcer la résilience de l'Antarctique au changement climatique.

(149) La Réunion a remercié la Présidente et rappelé que la XLIVe RCTA avait accueilli favorablement le synopsis décennal et les recommandations d'action de l'ACCE du SCAR, adopté la Résolution 4 (2022) et la Décision 4 (2022) sur le sujet et elle est convenue de tenir une séance conjointe d'une journée du CPE et de la RCTA, avec le SCAR et le COMNAP, pour examiner la mise en œuvre des recommandations de l'ACCE lors de la XLVe RCTA.

(150) Le Dr Petteri Taalas, secrétaire général de l'OMM, a fait une présentation virtuelle sur les enjeux climatiques de l'Antarctique. Le Dr Taalas a souligné le fait que le changement climatique constituait l'un des plus grands risques pour l'économie mondiale. Il a noté que la probabilité d'un réchauffement climatique de 2,5 °C était très élevée et que cela conduirait à des températures record dans le monde entier. En ce qui concerne les questions ayant un impact sur l'Antarctique, le Dr Taalas a noté cinq difficultés en lien avec la recherche sur le climat : l'amplification du réchauffement de surface ; le déclencheur de la glace de mer antarctique, avec une forte diminution de l'étendue de la glace de mer observée dans la région ; les conditions météorologiques

extrêmes, notamment les vagues de chaleur et les rivières atmosphériques ; la fonte des plateformes de glace de l'Antarctique et la perte de masse de l'inlandsis de l'Antarctique ; et l'élévation du niveau de la mer.

(151) Simon Stiell, secrétaire exécutif de la CCNUCC, a fait une présentation virtuelle à la Réunion. Il a noté les dangers immédiats pour l'Antarctique et l'expertise des Parties travaillant pour y faire face. Il a déclaré que le changement climatique constituait une menace mondiale et que les pays situés sous le niveau de la mer subiraient les conséquences les plus graves du changement climatique. Il s'est référé à des études récentes indiquant que la Terre, notamment la région antarctique, atteignait un seuil important d'un réchauffement global moyen de 1,5 °C. M. Stiell a appelé à une action climatique renforcée pour le bien de l'Antarctique et de son écosystème ainsi que pour l'ensemble de l'humanité. Il a encouragé tous les participants à élaborer des visions ambitieuses et des évaluations concrètes lors de la COP 28 à la CCNUCC qui se tiendra du 30 novembre au 12 décembre 2023. Il a déclaré que la coopération et la collaboration internationales étaient essentielles pour atteindre une moyenne de zéro émission nette de carbone d'ici à 2040. M. Stiell a encouragé les Parties à investir dans le renforcement de la résilience et à préparer le public à une augmentation des phénomènes météorologiques extrêmes. M. Stiell a terminé en exhortant les Parties à prévenir une perte irréversible des écosystèmes et à adopter une vision holistique du changement climatique plutôt que de se concentrer uniquement sur les domaines relevant de la législation nationale.

(152) Le Dr Valérie Masson-Delmotte, coprésidente du groupe de travail 1 du GIEC, a fait une présentation sur la science émergeant du GIEC en relation avec l'environnement antarctique. Le Dr Masson-Delmotte a décrit les travaux du GIEC, expliquant qu'ils s'appuyaient sur les contributions de plus de 1 000 auteurs, scientifiques et examinateurs principaux. Elle a ajouté que le GIEC avait fondé ses travaux sur plus de 85 000 publications scientifiques évaluées par des pairs. Le Dr Masson-Delmotte a souligné la gravité des impacts du changement climatique sur l'Antarctique et l'océan Austral, dont ses environnements physiques, sa biodiversité et ses écosystèmes. Elle a souligné l'interdépendance du climat mondial et que les impacts climatiques en Antarctique auraient un effet plus large sur les collectivités mondiales, en particulier en ce qui concerne l'élévation du niveau de la mer et la sécurité alimentaire. Le Dr Masson-Delmotte a souligné l'urgence d'atténuer le changement climatique et a exhorté les Parties à prendre des mesures pour éviter les pires conséquences à la fois en Antarctique et au-delà. Ces actions comprenaient la réduction des émissions et la carboneutralité des opérations des programmes nationaux de recherche antarctique, l'amélioration de l'apprentissage et de la sensibilisation sur le changement climatique en Antarctique, et la sensibilisation des gouvernements aux conséquences du climat. Elle a conclu que les décisions prises lors de réunions telles que la RCTA se répercuteraient dans le monde entier et que chaque année comptait pour réduire les émissions de CO_2.

(153) La Réunion a remercié le Dr Masson-Delmotte pour sa présentation, le travail du GIEC et les conclusions qu'elle a tirées concernant le changement climatique et l'Antarctique. Certaines Parties ont noté que la RCTA reconnaissait la gravité de l'enjeu du changement climatique et travaillait depuis de nombreuses années sur le traitement et la compréhension des impacts du changement climatique. Certaines Parties ont noté l'interdépendance de la crise du changement climatique et de la crise de la biodiversité. Certaines Parties ont noté l'urgence et la nécessité de prendre des mesures supplémentaires pour protéger l'environnement de l'Antarctique et ses écosystèmes. Elles ont également souligné l'importance de l'éducation et de la sensibilisation pour aider le public à comprendre les risques du changement climatique pour l'Antarctique. En outre, certaines Parties ont noté qu'il était essentiel d'intensifier la recherche, la surveillance et l'échange d'informations pour résoudre les problèmes complexes et interdépendants liés au changement climatique. Plusieurs Parties ont souligné le fait que les résultats de cette réunion, tels que la réaffirmation du Protocole relatif à la protection

de l'environnement et la déclaration d'Helsinki, étaient importants pour réaffirmer l'engagement de la RCTA à lutter contre le changement climatique et ses impacts.

(154) La Chine a remarqué que la page 9 du Rapport AR6 du GIEC souligne que les scénarios et les trajectoires modélisés utilisés sont des projections quantitatives plutôt que des prédictions ou des prévisions, et que la trajectoire modélisée mondiale des émissions, dont celles basées sur des approches rentables, contient des hypothèses et des résultats différenciés selon les régions, et doivent être évalués en tenant dûment compte de ces hypothèses. Le rapport souligne par ailleurs que la plupart de ces hypothèses ne contiennent pas d'hypothèses explicites sur l'équité mondiale, la justice environnementale ou la répartition intrarégionale des revenus. La Chine a indiqué qu'elle attendait avec intérêt les efforts visant à combler les lacunes dans les connaissances à cet égard.

(155) Les Parties ont posé au Dr Masson-Delmotte diverses questions, notamment : comment les panélistes du GIEC avaient répondu au synopsis décennal de l'ACCE du SCAR ; comment les Parties pourraient collaborer avec celles qui ne sont pas impliquées dans l'Antarctique ; quelle priorité les Parties devraient faire progresser en ce qui concerne le changement climatique ; les principales lacunes de mise en œuvre que les Parties pourraient combler ; et s'il était généralement connu que la RCTA traitait du changement climatique.

(156) En réponse, le Dr Masson-Delmotte a réaffirmé que la coopération et la collaboration étaient essentielles pour relever les défis liés au changement climatique. À cet égard, elle a cité l'exemple du nouveau partenariat formé entre le GIEC et la Plateforme intergouvernementale scientifique et politique sur la biodiversité et les services écosystémiques (IPBES) lors du 6e Cycle d'évaluation. Elle a également souligné que la surveillance de l'environnement était essentielle pour cerner les lacunes en matière d'information et de mise en œuvre. Elle a également souligné les conclusions du GIEC selon lesquelles les aires marines protégées étaient un outil précieux pour accroître la résilience des écosystèmes menacés, par exemple en raison de l'acidification des océans. Le Dr Masson-Delmotte a réitéré l'importance d'un examen critique et de la transparence en ce qui concerne les émissions de gaz à effet de serre des programmes nationaux de recherche antarctique, et a encouragé les Parties à envisager de fournir des informations sur leurs réductions potentielles d'émissions. Le Dr Masson-Delmotte a en outre indiqué que le synopsis décennal de l'ACCE du SCAR avait été bien accueilli par le GIEC.

(157) Le professeur Steven L. Chown s'est adressé à la Réunion au nom du SCAR. Il a commencé par présenter un bilan du dioxyde de carbone atmosphérique qui montrait une augmentation alarmante de 108 parties par million depuis la signature du traité sur l'Antarctique en 1959. Il s'est ensuite référé au synopsis décennal de l'ACCE du SCAR et a tiré deux conclusions principales de ses 18 recommandations. Tout d'abord, il a noté que l'Antarctique n'était pas un événement parallèle dans les discussions sur le changement climatique, mais un élément central pour comprendre les changements du système terrestre. Il a noté que les contributions de la région de l'Antarctique à l'élévation du niveau moyen mondial de la mer et au système climatique avaient des conséquences critiques pour la société. Le professeur Chown a souligné que l'Antarctique était également important en raison de son extraordinaire biodiversité. Il a souligné que l'Antarctique était au cœur de la recherche sur l'impact du changement climatique, allant des observations et de la compréhension de la cryosphère à la détermination de points de basculement potentiellement irréversibles et à la compréhension des impacts du changement sur la biodiversité, notamment par l'introduction d'espèces non indigènes. Deuxièmement, le professeur Chown a souligné l'urgence d'une mise en œuvre, d'une communication et d'une action collaboratives par les Parties au traité sur l'Antarctique. Il a souligné qu'aider l'humanité à comprendre l'Antarctique était une responsabilité partagée de toutes les Parties et qu'il était vital de favoriser la collaboration scientifique internationale. Il a également souligné

l'importance de rendre les nouvelles découvertes et données librement accessibles à la communauté scientifique et à d'autres. En conclusion, le professeur Chown a réaffirmé la volonté du SCAR de fournir à la communauté du traité sur l'Antarctique les informations scientifiques les plus récentes et les meilleures disponibles.

(158) La Réunion a remercié le professeur Chown pour sa présentation et réitéré son appel à l'action. Plusieurs Parties ont également posé des questions au professeur Chown sur les différents sujets qu'il a présentés.

(159) En réponse, le professeur Chown a notamment souligné l'utilité des efforts continus des Parties pour favoriser la collaboration scientifique internationale. Il a réitéré l'importance de veiller à ce que les préoccupations concernant l'Antarctique soient transmises par les gouvernements des Parties à tous les organes décisionnels pertinents tels que la CCNUCC. Il a également noté le fait que la collaboration internationale dans le domaine scientifique était précieuse à tous les niveaux et ne nécessitait pas toujours de grandes infrastructures. Une telle collaboration pourrait être favorisée par l'échange de données, de résultats, d'individus et de connaissances.

(160) La présidente du CPE, Mme Birgit Njåstad, a fait une présentation sur le conseil du CPE à la RCTA à propos de la discussion qui a eu lieu lors de la XXVe réunion du CPE sur le changement climatique, le rapport de l'ACCE et d'autres documents pertinents. Mme Njåstad a souligné le fait que le Comité avait pris des mesures en sachant que le changement climatique avait déjà un impact sur l'Antarctique et que, à l'avenir, il serait probablement le facteur le plus important menaçant les valeurs de cette réserve naturelle unique. Elle a souligné le fait que le changement climatique était pertinent et intégré dans la plupart des discussions du CPE, et que c elui-ci devait également souvent reconnaître que la base de connaissances pouvait être trop faible pour soutenir une action de gestion claire et concrète. Elle a souligné que, par conséquent, il était essentiel d'intensifier la recherche et la surveillance pour comprendre l'environnement et faire des prédictions sur la manière dont il pourrait changer. Elle a noté que le changement climatique avait été une question prioritaire pour le CPE au cours des années, mise en lumière avec les discussions sur les stratégies et les priorités du CPE en 2006 lors de l'atelier du CPE à Édimbourg. Elle a également noté que les discussions sur le changement climatique au sein du CPE avaient évolué au fil des ans et que le Comité avait travaillé en permanence pour mieux organiser et hiérarchiser ses efforts, ce qui a débouché sur l'adoption du PTRCC en 2015. Elle a rappelé que le PTRCC énonçait les lacunes et les besoins liés aux questions climatiques, et que le CPE avait priorisé 35 actions et tâches nécessaires pour combler ces lacunes et ces besoins. Celles-ci comprenaient des espèces non indigènes, l'acidification des océans, des environnements terrestres et marins côtiers, des espèces et des habitats menacés, ainsi que l'environnement humain bâti. En ce qui concerne ces questions, au cours de la XXVe réunion du CPE, le Comité a discuté de la nécessité de mettre à jour son Manuel sur les espèces non indigènes, de l'encrassement biologique dû aux opérations des navires, des menaces à la biodiversité terrestre, de l'évolution de la glace de mer et de ses conséquences pour les habitats et les espèces ainsi que de l'état du manchot empereur. Mme Njåstad a indiqué que le CPE avait continué à travailler sur la mise en œuvre du PTRCC et avait discuté et approuvé les six activités prioritaires suivantes devant être réalisées par le GSRCC au cours de la prochaine période intersessions : soutenir les travaux ayant pour but d'évaluer l'état des espèces antarctiques vulnérables au climat ; élaborer des lignes directrices sur les considérations liées au changement climatique dans les documents pour l'établissement et la gestion des zones protégées ; tenir à jour le Manuel sur les espèces non indigènes ; intensifier la coordination sur la réponse au changement climatique dans le domaine marin avec le CS-CAMLR : décontaminer les anciens sites d'activités dans la zone antarctique ; et évaluer le risque de changement climatique pour les infrastructures existantes et projetées de l'Antarctique. Elle a signalé que le Comité était convenu d'informer la RCTA qu'il avait adopté le mandat du prochain atelier conjoint CPE / CS-CAMLR et fourni un paragraphe

opérationnel reflétant l'engagement du CPE sur la question du changement climatique pour la déclaration d'Helsinki sur le changement climatique et l'Antarctique.

(161) La Réunion a remercié Mme Njåstad pour sa présentation et pour son excellent leadership en tant que présidente du CPE. Elle a souligné que les travaux du CPE et de son GSRCC furent déterminants pour les travaux de la RCTA et fournissaient des outils essentiels pour promouvoir l'objectif consistant à renforcer la résilience et à atténuer les impacts du changement climatique en Antarctique. La Réunion a soutenu les conseils continus du CPE sur le changement climatique et a reconnu leur valeur fondamentale dans le renforcement du travail de la RCTA. Elle a également noté que le Protocole relatif à la protection de l'environnement stipulait que le CPE travaillait en étroite collaboration avec les organisations concernées et s'est félicitée des relations que le Comité avait développées avec le SCAR et le COMNAP. Certaines Parties ont constaté la difficulté dans la synchronisation des actions nationales et des plans de gestion avec une approche globale, et ont accueilli favorablement la liste des actions prioritaires, comme prévu par le CPE. Certaines Parties ont souligné la nécessité de s'engager à diffuser largement les travaux et les recherches sur le changement climatique et à rechercher des synergies pour progresser plus efficacement vers les efforts de conservation. Les Parties ont souligné que le maintien du gel de l'Antarctique devrait être une préoccupation mondiale, ont encouragé une collaboration à grande échelle et ont souligné que la protection de l'Antarctique nécessitait de relever ensemble les enjeux collectifs.

(162) La secrétaire exécutive du COMNAP, Michelle Rogan-Finnemore, a présenté le document WP 29 *Mise en œuvre des impératifs ACCE : une perspective COMNAP*. Elle a pris note des recommandations du document qui soulignaient le besoin critique de sensibilisation à l'urgence de la situation ainsi qu'à l'importance d'assurer des efforts de collaboration pour conserver le plus possible la région de l'Antarctique dans son état actuel. L'avis du COMNAP à la RCTA a souligné que la Zone du traité sur l'Antarctique était une source essentielle d'informations vitales pour informer les modèles climatiques mondiaux, et a exhorté les Parties à faire progresser la collaboration scientifique en Antarctique et à sensibiliser le grand public aux enjeux de l'Antarctique. Elle a également suggéré que les stratégies de recherche polaire pourraient accorder la priorité aux progrès par rapport au comblement des lacunes de connaissances restantes, et a souligné qu'il était important de transmettre des messages clairs par une variété de canaux. Le COMNAP a encouragé les Parties à coopérer pour élaborer des messages clés qui pourraient être diffusés à la société, notant que, bien que la Réunion valorise clairement l'Antarctique, il restait nécessaire de sensibiliser le monde à cette valeur et aux répercussions des actions mondiales sur l'Antarctique et la zone marine environnante.

(163) La Réunion a remercié Mme Rogan-Finnemore pour sa présentation et le COMNAP pour son travail en vue de favoriser la recherche et la coopération internationale. Elle a noté le rôle central des programmes nationaux de recherche antarctique dans le soutien à la science et dans les efforts visant à analyser les conséquences du changement climatique en matière de gestion, et a réitéré l'importance de diffuser les informations sur l'Antarctique et le système climatique mondial changeant au reste de la planète.

(164) Mme Njåstad a mentionné le fait que le document WP 29 avait fait l'objet d'une discussion lors de la XXVe réunion du CPE et que ses recommandations avaient été soutenues par le Comité.

(165) Certaines Parties ont souligné les pratiques et procédures de leur programme national de recherche antarctique en matière d'atténuation et d'adaptation au changement climatique, notamment par le biais d'une collaboration scientifique. Elles ont notamment attiré l'attention de la Réunion sur des documents pertinents, tels que l'IP 64 sur la décarbonisation des stations antarctiques (Uruguay, ASOC), l'IP 59 sur le projet *Antarctica InSync* (Allemagne, Australie, France, Italie, Norvège, Royaume-Uni et États-Unis) et la Résolution 4 (2017) sur le concept d'expédition écologique. La Réunion a également noté l'importance d'une planification à long terme pour s'assurer que

l'infrastructure de l'Antarctique a été développée en prévision des effets du changement climatique tels que les phénomènes météorologiques extrêmes.

(166) En ce qui concerne l'appel du COMNAP à une communication accrue auprès de plus grands publics, les Parties ont souligné le rôle important de l'éducation et de la sensibilisation, en particulier pour les jeunes et les générations futures.

(167) Les Parties sont convenus de ce qui suit :

- Continuer à soutenir les programmes nationaux de recherche antarctique pour qu'ils s'engagent dans des recherches collaboratives au niveau international visant à combler les lacunes dans les connaissances et à réduire l'incertitude concernant une région antarctique en mutation. Cela inclut le soutien aux efforts de surveillance à long terme qui nécessitent souvent des investissements durables à long terme ;

- Élaborer conjointement avec le CPE des messages clés pour la communauté mondiale concernant l'évolution de l'Antarctique sur la base des meilleures recherches disponibles, dont le fait que ces changements étaient significatifs à l'échelle mondiale, quelles répercussions ces changements auraient sur la société mondiale et comment les Parties pourraient arrêter ou atténuer les changements à travers leurs actions mondiales ;

- Travailler avec leurs programmes nationaux de recherche antarctique, et par le biais des experts du COMNAP, du SCAR et de la RCTA, pour diffuser et promouvoir ces messages clés à travers une série de forums d'éducation, de sensibilisation et de communication et par le biais d'une variété de médias, dont l'art et les réseaux sociaux ;

- Continuer à offrir leur soutien pour coupler les communications mondiales avec des politiques de gestion locales qui permettent des efforts continus et à long terme pour faciliter la recherche en Antarctique, tout en continuant à évaluer l'impact sur la Zone du traité sur l'Antarctique des activités humaines directes qui y sont menées ;

- Par l'intermédiaire du COMNAP, continuer à travailler pour aider les programmes nationaux de recherche antarctique à évaluer les risques de changement climatique sur les infrastructures antarctiques, les impacts sur les opérations, la logistique et la prestation et le soutien scientifiques ;

- Continuer à soutenir les efforts du programme national de recherche antarctique pour décarboner ou réduire l'utilisation des combustibles fossiles, en toute sécurité, dans le cadre de leurs activités antarctiques conformément aux politiques nationales et par le partage des meilleures pratiques par le biais du COMNAP ;

- Revoir les lignes directrices et les conseils du CPE concernant les pratiques de biosécurité existantes (*Manuel sur les espèces non indigènes*), en particulier pour adapter les « protocoles d'intervention » actuels afin de mieux répondre à l'introduction d'espèces non indigènes marines dans un océan en évolution (gestion de l'encrassement biologique et de l'eau de ballast), et les mettre à jour en conséquence ; et

- Déterminer ou redéterminer quels sites de leurs activités passées étaient les plus susceptibles d'être affectés par le changement climatique et hiérarchiser leurs efforts de nettoyage en fonction de leur évaluation. Cela devrait être associé à un examen des lignes directrices et des conseils du CPE concernant le nettoyage des sites d'activités passées (p. ex. le Manuel de nettoyage du CPE), en particulier en tenant compte des zones susceptibles d'être affectées par l'évolution des conditions environnementales à proximité de ces sites d'activités passées.

(168) Le SCAR a présenté le document WP 42 rev. 1 *Mises à jour du SCAR sur les changements climatiques en Antarctique et l'environnement*, qui a fourni une mise à jour sur le synopsis décennal de l'ACCE 2022. Le SCAR a affirmé que les recommandations de recherche et de politique fournies dans le synopsis décennal de l'ACCE restaient d'actualité. Reconnaissant l'urgence d'agir sur le changement climatique, le SCAR a réitéré son engagement à fournir régulièrement des conseils à la RCTA sur les meilleures données scientifiques disponibles. Cela comprenait la science représentant la compréhension actuelle et les projections du changement climatique et de ses répercussions à la fois en Antarctique et sur le système terrestre. Le SCAR a noté que cet engagement était également énoncé clairement dans son nouveau plan stratégique, comme indiqué dans l'IP 47. Le SCAR a encouragé les Parties à examiner les recommandations visant à faire progresser la recherche et les conseils politiques contenus dans le synopsis décennal de l'ACCE.

(169) La Réunion a remercié le SCAR pour son document, ainsi que pour les recommandations formulées dans le synopsis décennal 2022 de l'ACCE. La Réunion a en outre exprimé sa gratitude au SCAR pour sa présentation continue d'avis scientifiques indépendants à la RCTA, qui étaient pertinents pour toutes les décisions de la Réunion, notamment sur les zones protégées, le tourisme et les espèces envahissantes. Plusieurs Parties ont noté la pertinence des recommandations du SCAR pour les travaux du CPE, dont le plan de travail quinquennal du CPE et le PTRCC. Plusieurs Parties ont noté les excellents progrès accomplis par les Parties dans la mise en œuvre des recommandations du rapport du SCAR, qu'elles étaient en train de mettre en œuvre nombre de ces recommandations ou d'entreprendre des travaux sur des priorités scientifiques connexes telles que la glace de mer, et ont encouragé la poursuite de ces travaux conformément à la Résolution 4 (2002). La Réunion a également évoqué les travaux antérieurs pertinents pour la RCTA, y compris la Résolution 8 (2021) *L'Antarctique dans le contexte du changement climatique.*

(170) Certaines Parties ont souligné l'importance de la science antarctique pour atteindre les objectifs de l'accord de Paris, notamment par le biais de contributions déterminées au niveau national (CDN) ambitieuses, et donc pour assurer la résilience de l'Antarctique.

(171) La présidente du CPE a noté que le CPE avait également examiné le document WP 42 rev. 1. Le Comité avait noté que les informations scientifiques du SCAR étaient fondamentales dans son travail pour comprendre et aborder la gestion environnementale en Antarctique à la lumière du changement climatique, et qu'elles donnaient même un nouvel élan aux efforts pour mettre en œuvre le PTRCC en priorité. Le Comité avait également salué les efforts récemment déployés par les Parties pour répondre au besoin d'efforts de recherche multinationaux, à grande échelle, bien financés et coordonnés, tels que l'*International Science and Infrastructure for Synchronous Observation* (Antarctica InSync). Il avait exprimé son soutien à toutes les recommandations du document WP 42 rev. 1, soulignant, en particulier, la nécessité de relier ce travail au plan de travail quinquennal et au PTRCC, notamment la liste des besoins scientifiques sur lesquels le CPE travaillait.

(172) L'OMM a déclaré que l'OMM et son Programme mondial de recherche sur le climat continueraient à soutenir le SCAR et les Parties grâce à des mises à jour pertinentes, et en particulier à donner la priorité à la mise en œuvre des recommandations énoncées dans le document WP 42 rev. 1. Il a souligné le fait que le rapport de l'ACCE fournissait des mises à jour cruciales, axées sur l'Antarctique, des rapports du GIEC, et qu'il fournissait un appel opportun à l'action.

(173) L'IAATO a indiqué qu'elle avait pris des mesures pour comprendre, comptabiliser et réduire les émissions de sa communauté, comme indiqué dans le document

XLIVe RCTA-WP 41. Elle a noté l'importance de la collaboration et du partage d'informations pour trouver des solutions, et que les passerelles aériennes et maritimes avaient un rôle important à jouer. Elle a souligné le fait que le tourisme offrait une occasion unique d'aborder l'Antarctique et le changement climatique auprès d'un public engagé.

(174) La Réunion est convenue d'inviter le SCAR à continuer de fournir des mises à jour régulières sur le changement climatique en Antarctique et l'environnement.

(175) La Réunion est convenue d'encourager les Parties à :

- poursuivre leurs efforts pour mettre en œuvre de toute urgence les recommandations du synopsis décennal de l'ACCE 2022, en particulier en communiquant à l'échelle internationale l'importance cruciale d'atteindre et de dépasser les objectifs de réduction des émissions de gaz à effet de serre, et le besoin de ressources pour répondre aux priorités de recherche afin de comprendre les impacts mondiaux, ainsi que les impacts sur l'Antarctique ;

- continuer à s'engager envers la communauté de la recherche pour approfondir la compréhension des messages clés issus de la recherche ainsi que pour déterminer quelle science et quels types d'informations soutiendraient le mieux l'élaboration de politiques et d'actions solides ; et

- à examiner le moyen de fournir des évaluations régulières des progrès par rapport aux recommandations et aux actions prioritaires identifiées par le synopsis décennal de l'ACCE 2022 et par la séance conjointe CPE-RCTA de 2023 sur le changement climatique.

(176) La Finlande a présenté le document WP 43 *Les recommandations du SCAR sur l'action climatique dans l'Antarctique* : *la perspective finlandaise*, qui a fourni le point de vue de la Finlande sur les recommandations du SCAR dans le rapport de l'ACCE. Il contenait plusieurs recommandations portant sur la sensibilisation et la communication, les besoins et la coordination de la recherche, et les actions et propositions politiques. La Finlande a noté que les pays n'étaient collectivement pas en voie d'atteindre l'objectif à long terme de l'accord de Paris, et que cela mettait en danger toutes les régions côtières. Elle a noté l'importance de la sensibilisation et de la communication afin de faire comprendre ces risques. Concernant les besoins en recherche et en coordination, la Finlande a souligné l'importance de trouver des synergies entre les deux pôles, notamment afin de renforcer la coopération scientifique. La Finlande a également noté que la RCTA et la CCNUCC devaient fonder leur prise de décision sur des preuves scientifiques récentes, et a donc encouragé la coopération entre le SCAR et le GIEC. La Finlande a en outre souligné la nécessité d'une collaboration internationale pour atténuer les répercussions sur l'environnement, reconnaissant qu'il existe de nombreux exemples actuels. Mettant l'accent sur la politique et l'action, la Finlande a souligné qu'il faudrait que les émissions de gaz à effet de serre atteignent leur pic immédiatement ou d'ici à 2025 pour que les objectifs de l'accord de Paris puissent être atteints.

(177) La Réunion a remercié la Finlande pour le document, qui a fourni des informations utiles en complément aux travaux du SCAR. De nombreuses Parties et le SCAR ont exprimé leur soutien aux recommandations du document, soulignant en particulier la valeur de la coopération de manière opérationnelle et holistique. Il a été noté que cela serait pertinent non seulement pour renforcer la coopération entre les Parties, mais aussi pour réduire l'empreinte carbone. Certains ont également noté le fait que la mise en commun des ressources pourrait être plus appropriée dans la péninsule Antarctique, où il y avait une plus grande concentration de stations. Sur le sujet de la collaboration entre l'Arctique et l'Antarctique, certaines Parties ont averti du fait que les différences entre les pôles

correspondaient à des besoins de gestion différents, et que ces différences devraient être prises en compte lors de l'examen d'une future collaboration.

(178) Le Portugal a souligné que le GCI sur l'éducation et la sensibilisation a fourni une plateforme pour la mise en réseau et l'échange d'informations entre les Parties, les Observateurs et les Experts. Pour faire progresser l'action de sensibilisation et de communication sur le changement climatique en Antarctique, il a proposé d'ajouter un sujet lors de la RCTA sur l'éducation informelle et la sensibilisation, axé sur les messages clés à propos du changement climatique de l'Antarctique, au cours de la prochaine période intersessions. Il a invité toutes les Parties intéressées à apporter leur contribution et a noté que les produits livrables pourraient être fournis à la prochaine RCTA.

(179) La Norvège a présenté le WP 31 *Réseau de systèmes d'observation*, qui analysait l'état des efforts d'observation coordonnés en Antarctique, et a suggéré des actions d'amélioration. La Norvège a remarqué qu'une surveillance à long terme bien soutenue de l'environnement physique et vivant était essentielle pour comprendre les changements environnementaux en cours dans l'Antarctique. La Norvège a recommandé l'adoption progressive de réseaux d'observation plus coordonnés, complets et complémentaires, ce qui, selon elle, faciliterait une utilisation bien fondée de ressources limitées par les Parties. La Norvège a présenté le *Troll Observing Network* (TONe) comme l'un des nombreux réseaux d'observation holistiques mis au point par les stations et les programmes nationaux. Elle a souligné le fait que, même si le coût de la recherche augmentait, il était tout aussi coûteux d'avoir des lacunes dans les connaissances et les observations. Pour permettre des investissements bien fondés, la Norvège a recommandé à la RCTA d'inviter le SCAR à donner aux Parties un aperçu et une évaluation des efforts d'observation attendus à long terme de l'Antarctique afin d'améliorer leur utilisation et leur consistance, ainsi qu'à identifier les lacunes dans les besoins d'observation. Elle a en outre recommandé que la RCTA réfléchisse à des mécanismes pour encourager l'échange d'informations sur les solutions technologiques pour les efforts d'observation en Antarctique et, de cette manière, renforcer la capacité à long terme d'un effort d'observation panantarctique.

(180) La Réunion a remercié la Norvège d'avoir soumis le document WP 31. Elle a noté que le document reflétait les messages clés qui avaient été présentés tout au long de la séance conjointe CPE-RCTA, notamment le besoin de déployer des efforts de surveillance à long terme bien soutenus et de mettre en place des approches intégrées et coordonnées de la recherche scientifique sur le changement climatique. Les Parties ont également noté la pertinence du document pour les discussions qui avaient eu lieu au cours de la XXVe Réunion du CPE, ainsi que les plans du CPE pour faire progresser l'élaboration d'une approche harmonisée de la surveillance continue de l'environnement en identifiant et en analysant les activités de surveillance existantes et les données disponibles. La Réunion a encouragé les Parties à veiller à ce que les données collectées en Antarctique soient mises à la disposition de la communauté scientifique internationale, ce qui favoriserait la compréhension des impacts du changement climatique et permettrait une prise de décision éclairée.

(181) La Fédération de Russie a déclaré que l'observation et la surveillance étaient des éléments permettant de parvenir à une gestion de la protection de l'environnement, dont l'efficacité ne pouvait être assurée que par une approche holistique et globale. La Fédération de Russie a fait valoir qu'une telle approche nécessitait une stratégie générale et la participation des organes concernés du STA, en particulier l'analyse du SCAR lorsqu'une expertise scientifique était nécessaire, et que la RCTA devrait être informée par le CPE. La Fédération de Russie a remarqué que les recommandations présentées dans le document n'en rendaient pas entièrement compte.

(182) Le SCAR a souligné l'importance croissante des systèmes d'observation à distance rendus possibles par les nouvelles technologies. Il a noté un nombre d'initiatives visant à coordonner les efforts dans l'ensemble de l'Antarctique et de l'océan Austral,

notamment le système d'observation côtière et terrestre de l'Antarctique (ANTOS) (WP 49 rev. 1) et le Système d'observation de l'océan Austral (SOOS). Le SCAR a indiqué qu'il examinerait les informations supplémentaires qu'il pourrait fournir sur les efforts et les systèmes d'observation actuels, notant que cela serait également pertinent pour les travaux du CPE en vue de l'élaboration d'un cadre international pour la surveillance continue de l'environnement, et que les informations partagées par les Parties seraient utiles pour obtenir une image globale des efforts d'observation et combler les connaissances lacunaires.

(183) La Norvège a présenté le document WP 39 *RINGS terre de la Reine-Maud et RINGS terre Enderby – Ouverture d'une vaste collaboration internationale pour combler les lacunes critiques en matière de données pour les projections du niveau de la mer*, préparé en collaboration avec l'Australie, la Belgique, la Chine, la Finlande, l'Allemagne, l'Inde, le Japon, la Suède, les États-Unis et le SCAR. Elle a également fait référence au document IP 73 *Addressing critical knowledge gaps identified by the IPCC in Antarctica's future contribution to sea level rise by international* [Combler les lacunes critiques dans les connaissances identifiées par le GIEC sur la contribution future de l'Antarctique à l'élévation du niveau de la mer grâce à la collaboration internationale], préparé en collaboration avec le SCAR. La Norvège a souligné l'importance de projections précises de l'évolution future de l'inlandsis de l'Antarctique pour atténuer les risques pour les habitants des zones côtières et de basse altitude. Elle a présenté RINGS, un groupe d'action du SCAR créé en 2012 pour élaborer un cadre coordonné afin de faciliter des levés aéroportés complémentaires et complets dans la zone côtière de l'inlandsis de l'Antarctique. De nouvelles initiatives RINGS dans la terre de la Reine-Maud (DML) et la terre Enderby ont pu être rendues possibles grâce à une large collaboration entre divers programmes nationaux de recherche antarctique afin d'aider à combler les lacunes en matière de données.

(184) La Réunion a remercié les auteurs du document WP 39, et plusieurs Parties ont exprimé leur intérêt à contribuer à cet effort pour aller de l'avant. La Réunion a encouragé les parties à :

- prendre note de l'importante initiative SCAR RINGS et de son rôle dans le renforcement de la capacité de la communauté scientifique à limiter les incertitudes liées à la contribution de l'Antarctique à la future élévation du niveau de la mer ;
- mettre en œuvre des efforts pertinents pour permettre des enquêtes régionales et des travaux supplémentaires au sol et à bord de navires d'une manière coordonnée au niveau international, en considérant les initiatives RINGS de la terre de la Reine-Maud et de la terre Enderby comme des exemples ; et
- à soutenir les initiatives RINGS de la terre de la Reine-Maud et de la terre Enderby et à y contribuer, le cas échéant.

(185) Le COMNAP a déclaré que l'initiative RINGS était un excellent exemple de programmes nationaux de recherche antarctique réunis pour contribuer à combler un manque de données scientifiques. Il a souligné la déclaration du journal affirmant qu'à la terre de la Reine-Maud seulement, environ 100 heures de vol seraient effectuées à l'appui de l'initiative, ce qui représentait une contribution importante en ressources. Le COMNAP a noté qu'il discuterait du soutien régional aux RINGS dans d'autres zones de l'Antarctique lors de son assemblée générale annuelle en juin 2023.

(186) La Norvège a présenté le document WP 35 *Les implications de la perte de glace de mer sur la gestion*, préparé en collaboration avec le Royaume-Uni. La Norvège a noté que le rapport ACCE du SCAR avait indiqué que la perte de glace de mer était un changement en cours qui présenterait de nouveaux défis pour la gestion des zones de forte activité humaine dans l'Antarctique. Elle a souligné que, depuis 2017, les quatre étendues

minimales de glace de mer avaient été enregistrées, 2022 et 2023 établissant de nouveaux records à cet égard. La Norvège a souligné le fait que la diminution de la glace de mer pourrait entraîner une prolongation de la saison des visites en Antarctique, ce qui pourrait exposer de nouvelles zones, espèces et habitats à une perturbation humaine accrue. La Norvège a rappelé qu'en vertu du Protocole au traité sur l'Antarctique relatif à la protection de l'environnement, les Parties devaient prendre des mesures pour éviter ou réduire le risque que l'activité humaine ait un impact négatif involontaire et imprévu sur les espèces et les habitats vulnérables. Elle a donc suggéré que des informations supplémentaires sur les zones, les espèces et les habitats vulnérables pourraient être utiles aux discussions liées à la gestion des activités humaines, en particulier dans la région de la péninsule Antarctique. Les auteurs ont en outre souligné l'ambition d'intensifier ces efforts, car des records d'étendue minimale de glace de mer pourraient indiquer des problèmes généralisés à venir.

(187) La Réunion a remercié la Norvège et le Royaume-Uni pour leur document. Elle a noté avec inquiétude les changements rapides et significatifs de la glace de mer de l'Antarctique, qui démontraient la vulnérabilité des écosystèmes de l'Antarctique au changement climatique. Plusieurs Parties ont réitéré la nécessité de prendre des mesures pour éviter ou réduire le risque que l'activité humaine ait des effets non intentionnels ou imprévus sur les espèces et les habitats vulnérables, et ont souligné l'importance d'entreprendre une action proactive fondée sur le principe de précaution. La Réunion a exprimé son soutien aux recommandations du document WP 35 et à l'ambition d'intensifier cet effort.

(188) La Chine a noté l'importance de définir la « vulnérabilité » aux fins d'évaluations futures, ainsi que d'élaborer des mesures pour distinguer les conséquences du changement climatique de celles de l'activité humaine ; l'intérêt de tenir compte des échelles spatiales et temporelles ; la pertinence des discussions du CPE sur la recherche et la surveillance utilisant à la fois la télédétection et la recherche sur site ; et la nécessité de clarifier ce que l'on entend par éviter l'activité humaine, et si cela sous-entendait toute activité humaine.

(189) Le SCAR a noté que le portail des environnements antarctiques avait publié trois résumés pertinents sur la glace de mer antarctique qui pourraient être utilisés pour éclairer ces discussions. Il a également souligné que la recherche collaborative et interdisciplinaire, telle que celle proposée dans le cadre de la Décennie des Nations Unies pour les sciences océaniques et Antarctica InSync, constituerait une contribution importante.

(190) L'IAATO a reconnu l'importance de la péninsule Antarctique à cet égard et a noté que, parmi les contributions annuelles de l'IAATO à la RCTA, figurait un document rendant compte de l'utilisation par les opérateurs des sites de débarquement de la péninsule Antarctique et des Lignes directrices de la RCTA relatives aux sites pour les visiteurs (IP 53). L'IAATO a en outre noté qu'elle disposait d'un processus de création de lignes directrices pour les sites là où les lignes directrices de la RCTA n'étaient pas encore en place, lesquelles étaient partagées avec les Parties selon le cas. Elle s'est félicitée de la collaboration avec les Parties pour l'élaboration de nouvelles lignes directrices relatives aux sites et l'examen de celles que l'IAATO avait élaborées.

(191) La Réunion est convenue de demander au CPE, avec le soutien du SCAR, de fournir des conseils sur la manière dont l'activité humaine pourrait prévenir ou atténuer les répercussions négatives involontaires ou imprévues sur les espèces vulnérables ou les habitats affectés par la perte locale ou régionale de glace de mer. En premier lieu, la Réunion :

- a invité le SCAR à fournir une évaluation de premier niveau des vulnérabilités dans l'espace et dans le temps, exposées par l'évolution de l'étendue des glaces de mer dans la région de la péninsule Antarctique ; et

- a demandé au CPE d'examiner les conséquences potentielles en matière de gestion pour la région de la péninsule Antarctique, notant qu'elle a connu des niveaux élevés et croissants d'activité humaine.

(192) Le SCAR a indiqué qu'il s'efforcerait de fournir des informations supplémentaires sur l'évolution de l'étendue de la glace de mer et les vulnérabilités associées dans les futures mises à jour, reconnaissant en particulier l'importance de ces informations pour les travaux du CPE.

(193) L'OMM a présenté le document IP 93 *Antarctica 2300 (ISMIP6) Projections* [Les projections Antarctique 2300 (ISMIP6)]. Le document décrit le projet d'intercomparaison des modèles de couche de glace (ISMIP) du Programme mondial de recherche sur le climat, qui visait à fournir des projections fondées sur les processus de la contribution de la couche de glace à l'élévation du niveau de la mer pour le XXIe siècle. L'OMM a expliqué que les projections Antarctique 2300 ISMIP6 étaient une continuation du projet réussi ISMIP6 et développeraient davantage les simulations précédentes jusqu'en 2300. Elle a mis en évidence des projections indiquant que les calottes glaciaires de l'Antarctique atteindraient probablement des points de basculement d'ici la fin du siècle et que cela aurait des conséquences intergénérationnelles. L'OMM a souligné l'importance de comprendre les répercussions et les risques à court terme de l'élévation du niveau de la mer non seulement pour les collectivités côtières, mais aussi pour le littoral antarctique, notamment sur les infrastructures, les sites historiques et les écosystèmes. L'OMM a également noté que son document appuyait les documents WP 42 rev. 1 (SCAR) et IP 95 (SCAR, COMNAP).

(194) L'ASOC a présenté le document IP 64 *Decarbonizing Antarctic Operations : best practices for renewable energy deployment at Antarctic research stations* [Décarbonisation des opérations en Antarctique : meilleures pratiques pour le déploiement des énergies renouvelables dans les stations de recherche en Antarctique], préparé en collaboration avec l'Uruguay. Le document soulignait l'importance de la décarbonisation des opérations en Antarctique ainsi que les progrès récents dans ce domaine. L'Uruguay et l'ASOC ont recommandé que les Parties et les autres opérateurs antarctiques : mènent des études de faisabilité pour décarboniser leurs opérations, bases et activités dans le but d'atteindre une condition de zéro émission nette, et qu'ils allouent des fonds à cette fin ; collaborent avec les parties prenantes du public et de l'industrie pour mettre en œuvre des sources d'énergie renouvelables et des pratiques d'efficacité énergétique établies ; et qu'ils conviennent de l'élaboration d'un manuel décrivant les meilleures pratiques pour réduire les émissions de carbone dans les opérations en Antarctique, avec un accent particulier sur l'utilisation des énergies renouvelables et l'amélioration de l'efficacité énergétique dans les installations de recherche.

(195) L'ASOC a présenté le document IP 117 *Irreversible near-term consequences of Southern Ocean acidification with current CO2 emissions pathways* [Conséquences irréversibles à court terme de l'acidification de l'océan Austral avec les voies d'émission de CO_2 actuelles], et le document IP 120 *Increasing evidence of critical sea-level rise with emissions above 1.5 °C Paris agreement limit* [Preuves croissantes d'une élévation critique du niveau de la mer avec des émissions supérieures à la limite de l'accord de Paris de 1,5 °C]. Ces documents soulignaient comment le changement climatique et l'acidification des océans avaient et continueraient d'entraîner des répercussions sur la région de l'Antarctique. Concernant l'IP 117, l'ASOC a souligné la proximité de l'océan Austral à des seuils d'acidification irréversibles, qui menaçaient gravement les écosystèmes marins et la pêche. En ce qui concerne le document IP 120, l'ASOC a noté que l'élévation du niveau de la mer en particulier affecterait des millions de personnes vulnérables vivant dans les zones côtières. L'ASOC a signalé qu'un nombre croissant d'études sophistiquées convergeaient sur une valeur entre 1,5 °C et 1,8 °C comme seuil critique pour la stabilité des systèmes antarctiques. Elle a conclu que des efforts supplémentaires étaient nécessaires pour soutenir la surveillance et la modélisation

continues, ainsi que pour communiquer ces recherches, notamment lors de la COP28 à Dubaï, en tant que résultat de la séance commune sur le changement climatique à la XLVe RCTA.

(196) Le Portugal a présenté le document IP 38 *ATCM-CEP Joint Session on Climate Change : Portugal's research and policy activities on climate change* [Session conjointe RCTA-CPE sur le changement climatique : activités de recherche et politiques du Portugal sur le changement climatique], qui résumait les activités de recherche et de politique entreprises par le Portugal concernant le changement climatique. Le Portugal a noté que son document reconnaissait les conséquences du changement climatique dans le monde entier, et a également pris note avec satisfaction des rapports du GIEC, du SCAR et de l'OMM. Le Portugal a souligné la pertinence de la science pour l'élaboration des politiques ; son engagement dans la lutte contre le changement climatique, notamment l'accent mis sur l'énergie éolienne et solaire ; et ses contributions à l'éducation et à la sensibilisation. Le Portugal a noté qu'il y avait un grand travail d'éducation et de sensibilisation à faire par les Parties, les Observateurs et les Experts, notamment sur l'urgence des actions et la nécessité d'un plus grand accès aux preuves scientifiques. Il a également remercié David Vaughan du Royaume-Uni et Andrés Barbosa d'Espagne, décédé l'année précédente, pour leurs excellentes contributions à la recherche scientifique.

(197) La Finlande a présenté le document WP 38 rev. 1 *Déclaration d'Helsinki sur les changements climatiques et l'Antarctique*, qui a présenté la proposition et le processus d'élaboration d'une déclaration sur le changement climatique et l'Antarctique. La Finlande a rappelé que, à la suite des discussions sur le forum de discussion de la RCTA, elle avait mené des discussions intersessions pour formuler une déclaration commune soulignant la nécessité d'une action climatique urgente en Antarctique.

(198) Après de nouvelles discussions, la Réunion a adopté la Résolution 2 (2023) *Déclaration d'Helsinki sur les changements climatiques et l'Antarctique.*

(199) Les documents suivants ont également été soumis au titre de ce point de l'ordre du jour et considérés comme présentés :

- IP 25 *Logistical Challenges due to Changing Environmental Conditions: Experiences from the Korean Antarctic Program 2022-23* (Republic of Korea) [Défis logistiques dus à l'évolution des conditions environnementales : expériences du programme antarctique coréen 2022-23 (République de Corée)].

- IP 72 *Australia's Antarctic climate science* (Australia) [Science du climat antarctique en Australie (Australie)].

- IP 94 *The Climate and Cryosphere (CliC) Project of the World Climate Research Programme (WCRP)* (WMO) [Le projet Climat et cryosphère (CliC) du Programme mondial de recherche sur le climat (PMRC) (OMM)].

- IP 95 *Understanding Future Sea-level Change Around Antarctica* (SCAR, COMNAP) [Comprendre les changements futurs du niveau de la mer autour de l'Antarctique (SCAR, COMNAP)].

- IP 97 *Policy-relevant science highlights from the Antarctic CORDEX project* (WMO) [Faits saillants scientifiques pertinents pour les politiques du projet Antarctic CORDEX (OMM)].

Point 6e : Fonctionnement du Système du traité sur l'Antarctique : Questions diverses

(200) La Finlande a présenté le document WP 36 *Adoption des principes de rédaction épicènes dans le Système du traité sur l'Antarctique*, préparé en collaboration avec le Royaume-Uni, l'Espagne, l'Allemagne, la Nouvelle-Zélande, la Norvège et la France. La Finlande a noté la participation accrue de femmes à la science, à la recherche et à la gouvernance de l'Antarctique, et a rappelé qu'à plusieurs reprises, les Parties avaient souligné l'importance de l'égalité et de l'inclusion dans leurs programmes antarctiques. Les auteurs ont donc proposé de promouvoir davantage l'égalité des sexes grâce à l'utilisation d'un langage épicène dans les activités concernant l'Antarctique et dans le fonctionnement du Système du traité sur l'Antarctique.

(201) La Réunion a remercié les auteurs pour leur précieux travail afin de promouvoir un langage épicène dans le Système du traité sur l'Antarctique. La plupart des Parties ont noté la pertinence de l'inclusion et de la diversité pour ce sujet. La Réunion a noté la responsabilité collective et l'importance de veiller à ce que le Système du traité sur l'Antarctique promeuve l'égalité, l'inclusion et la diversité.

(202) Certaines Parties ont noté le fait que leurs agences gouvernementales avaient intégré un langage épicène dans les politiques et la législation. Les Parties se sont également portées volontaires pour aider le Secrétariat à adopter un langage épicène dans les langues officielles du Traité. L'Australie a suggéré que les Parties envisagent de commander une enquête pour déterminer comment l'inclusivité et la diversité étaient mesurées dans les programmes nationaux de recherche antarctique.

(203) La Fédération de Russie a souligné l'importance de refléter les spécificités de toutes les langues officielles. Elle a souligné le fait que les Nations Unies fournissaient des recommandations dans leurs langues officielles, suggérant que cela pourrait servir de référence pour les travaux à venir. La Fédération de Russie a soutenu la poursuite de l'examen d'un langage épicène au sein du STA et a souligné que toute modification du Règlement intérieur de la RCTA et d'autres documents ne peut être adoptée que par la RCTA et que le Secrétariat n'est pas habilité à apporter des modifications au Règlement intérieur, mais peut uniquement examiner ces documents et rapport à la RCTA. La Fédération de Russie a recommandé que les auteurs préparent des propositions spécifiques à examiner par la RCTA.

(204) Notant la recommandation selon laquelle les Observateurs et les Experts utilisent un langage épicène et inclusif dans leurs communications, le COMNAP, la CCAMLR et l'ASOC ont déclaré qu'ils avaient déjà intégré un langage épicène au sein de leurs organisations. La CCAMLR a en outre proposé de partager ses analyses de fond et les changements qu'elle a apportés lors d'une prochaine Réunion.

(205) La Réunion est convenue de ce qui suit :

- encourager les Parties, Observateurs et Experts à continuer de promouvoir l'inclusivité, l'équité et la diversité dans leurs programmes nationaux de recherche antarctique, les autorités nationales compétentes et les autres institutions responsables des questions antarctiques, en particulier en ce qui concerne l'égalité des sexes ;
- avec le CPE, charger le Secrétariat d'examiner, dans la limite des ressources existantes, tous les documents pertinents du traité sur l'Antarctique relatifs à la coopération en cours et future, afin de proposer des options pour une adoption potentielle par la RCTA qui garantirait la rédaction épicène de ces documents ;
- charger le Secrétariat de s'assurer que les informations personnelles demandées aux participants à la RCTA et les formulaires de demande d'inscription utilisent des

termes inclusifs respectueux qui englobent la diversité des participants, en s'appuyant sur les pratiques exemplaires ; et

- recommander que les Parties, Observateurs et Experts utilisent un langage inclusif non sexiste et respectueux dans la documentation orale et écrite, les rapports et autres formes de communication.

(206) Le SCAR s'est référé à son document IP 77 *The SCAR Equality, Diversity and Inclusion Action Group* [Le groupe d'action du SCAR sur l'égalité, la diversité et l'inclusion], qui décrit son groupe d'action sur l'égalité, la diversité et l'inclusion créé en 2021, lequel a participé activement à l'examen des ressources externes existantes en matière de diversité et d'inclusion, et a travaillé avec d'autres organisations pour partager l'expérience et les meilleures pratiques.

(207) Les États-Unis ont présenté le document WP 55 *Réaffirmation de l'engagement envers l'article 7 du Protocole relatif à la protection de l'environnement*, préparé en collaboration avec l'Argentine, l'Australie, la Belgique, la Bulgarie, le Chili, la Tchéquie, la Finlande, la France, l'Allemagne, l'Inde, l'Italie, le Japon, la République de Corée, les Pays-Bas, la Nouvelle-Zélande, la Norvège, le Pérou, la Pologne, l'Espagne, la Suède, l'Ukraine, le Royaume-Uni et l'Uruguay. Ils ont proposé qu'un projet de résolution soit adopté pour réaffirmer l'engagement continu de la RCTA envers l'interdiction des activités d'exploitation des ressources minérales de l'Antarctique autres que pour la recherche scientifique. Les États-Unis ont rappelé les réaffirmations passées de l'engagement des Parties vis-à-vis de l'article 7 du Protocole relatif à la protection de l'environnement, notamment dans la déclaration de Santiago (2016), la déclaration de Prague (2019) et la déclaration de Paris (2021), ainsi que le fait que de nombreuses Parties avaient rejoint la déclaration de Madrid (2021). Ils avaient néanmoins observé qu'il existait une croyance erronée publiquement répandue, y compris chez certains experts, selon laquelle le Protocole relatif à la protection de l'environnement expirerait en 2048 ou qu'une action des Parties serait nécessaire pour maintenir l'article 7 en vigueur au-delà de cette date. En reconnaissance du 25e anniversaire de l'entrée en vigueur du Protocole relatif à la protection de l'environnement, les auteurs ont proposé l'adoption d'une résolution pour lutter contre la désinformation et réaffirmer l'engagement inébranlable de la RCTA à préserver l'Antarctique pour la paix et la science et à protéger l'environnement de l'Antarctique et les écosystèmes dépendants et associés en réaffirmant son engagement collectif envers l'article 7. Les États-Unis ont souligné que 24 Parties consultatives sur 29 étaient déjà auteures du document et ont encouragé la participation d'autres Parties.

(208) La Réunion a remercié les auteurs pour leur document et a réaffirmé l'importance de l'article 7 en tant que pierre angulaire du Protocole relatif à la protection de l'environnement. Les Parties ont souligné l'importance de communiquer clairement avec le public sur l'état du Protocole relatif à la protection de l'environnement. Elles ont souligné la nécessité de clarifier davantage le cadre juridique du Protocole, tant pour le grand public que pour les universitaires, et de dissiper toute rumeur ou malentendu, comme l'idée que le Protocole expirerait en 2048.

(209) La Réunion est convenue d'adopter une résolution pour réaffirmer l'engagement des Parties envers la protection de l'environnement pour la Zone du traité sur l'Antarctique intégrée dans le Protocole relatif à la protection de l'environnement, et de confirmer que le Protocole relatif à la protection de l'environnement n'expirera pas en 2048.

(210) La Réunion a adopté la Résolution 3 (2023) *Réaffirmant l'engagement continu envers l'interdiction des activités liées aux ressources minérales de l'Antarctique, autres qu'à des fins de recherche scientifique*. La Réunion est également convenue d'apporter des modifications au site Web du Secrétariat pour s'assurer que la communication externe

était claire au sens de l'article 7 (voir annexe 1) et elle est convenue d'inclure ces informations et cette réaffirmation dans le communiqué du pays hôte (voir annexe 2).

(211) La Présidente s'est référée au document SP 3 *Liste des Mesures portant la mention « N'est pas entrée en vigueur »* (Secrétariat), qui contenait une liste de mesures qui, selon les informations fournies par le gouvernement dépositaire, n'étaient pas encore en vigueur. Elles comptent trois Mesures adoptées lors de la XXVIIe RCTA (Le Cap, 2004), la XXVIIIe RCTA (Stockholm, 2005) et la XXXIIe RCTA (Baltimore, 2009), respectivement. Elle a noté le fait que la Mesure 4 (2004) *Tourisme et activités non gouvernementales* n'avait pas encore été approuvée par le Brésil, la Bulgarie, la Chine, l'Allemagne, l'Inde, l'Italie, la République de Corée, le Pérou, l'Espagne, la Suède ou les États-Unis. Elle a également noté que la Mesure 1 (2005) *Annexe VI Responsabilité* n'avait pas encore été approuvée par l'Argentine, la Belgique, le Brésil, la Bulgarie, la Chine, l'Inde, le Japon, la République de Corée ou les États-Unis. Elle a en outre noté que la Mesure 15 (2009) *Débarquement de personnes de navires à passagers* n'avait pas encore été approuvée par le Brésil, la Bulgarie, le Chili, la Chine, l'Allemagne, l'Inde, l'Italie, la République de Corée, la Norvège, le Pérou, la Pologne, l'Afrique du Sud, l'Espagne, la Suède ou les États-Unis. Le Chili et l'Espagne ont indiqué qu'ils avaient approuvé les mesures en attente pour les deux Parties consultatives dans le SP 3 et en avaient informé le Gouvernement dépositaire.

(212) Certaines Parties ont rendu compte de leurs progrès dans la mise en œuvre et l'approbation des mesures à l'échelle nationale. La Réunion a pris acte de ces développements, a félicité les Parties pour les progrès accomplis et a encouragé les autres Parties à poursuivre leurs efforts pour ratifier les mesures de la RCTA et les mettre en œuvre par le biais de leur législation nationale.

(213) La Réunion a noté que deux de ces mesures existaient depuis près de 20 ans et qu'il était décevant qu'elles ne soient pas encore entrées en vigueur. Certaines Parties ont demandé des informations et des conseils aux Parties qui avaient déjà achevé l'adoption de ces mesures. En réponse, certaines Parties qui avaient approuvé les mesures ont exprimé leur volonté de partager leurs expériences à cet égard. Le Secrétariat a rappelé aux Parties le fait que des informations sur la mise en œuvre à l'échelle nationale des mesures de la RCTA étaient disponibles sur le site Web du Secrétariat.

(214) La Fédération de Russie a présenté le document WP 57 *Des défis de taille pour le Système du traité sur l'Antarctique*, qui soulignait les dangers de la politisation de la RCTA et ses conséquences négatives sur le système du Traité sur l'Antarctique et les traditions de la communauté antarctique. La Fédération de Russie a invité les Parties à examiner les défis récents auxquels la RCTA était confrontée et à engager un dialogue pour déterminer si la politisation était une indication de changements systémiques ou si les Parties avaient l'intention de faire des efforts pour empêcher que son influence n'affecte l'avenir du Système du traité sur l'Antarctique. La Fédération de Russie a présenté des informations sur des violations du Règlement intérieur de la RCTA concernant une discussion lors de la XLIVe RCTA concernant le document XLIVe RCTA-IP 85 soumis par l'Ukraine, qui comprenait de fausses déclarations, mais ne contenait aucune information sur l'ampleur des programmes nationaux de recherche antarctique de l'Ukraine les années précédentes et n'a permis de tirer aucune conclusion sur l'ampleur de la réduction potentielle du programme de travail et les raisons de celle-ci. Le document WP 57 a souligné le fait que des appels dirigés contre l'une des Parties consultatives ont été présentés non seulement lors du forum de la RCTA, mais ont également été adressés par le chef de la station antarctique ukrainienne à un grand

nombre d'employés des stations antarctiques d'autres États, notamment des stations antarctiques russes. La Fédération de Russie a invité la RCTA à :

- noter que la politisation menaçait l'intégrité du Système du traité sur l'Antarctique et affectait négativement ses normes, en particulier le principe de coopération internationale établi par le Traité ;
- engager un dialogue sur l'application des articles 17 à 20 du Règlement intérieur et sur le maintien des délais de traduction fixes ; et
- à engager un dialogue sur l'opportunité de modifier ou de renforcer ces dispositions.

(215) L'Ukraine a déclaré qu'elle était disposée à s'engager dans un dialogue sur la politisation du Système du traité sur l'Antarctique. L'Ukraine a déclaré que la Réunion n'était pas politisée en discutant et en soulignant les nombreux impacts de la guerre d'agression de la Fédération de Russie sur les activités de l'Ukraine dans l'Antarctique. L'Ukraine a souligné que le traité sur l'Antarctique n'existait pas isolément des normes plus larges du système juridique international et faisait partie du système juridique des Nations Unies. Elle a déclaré que, lorsqu'une Partie consultative envahissait une autre Partie consultative en violation de la Charte des Nations Unies et des résolutions de l'Assemblée générale des Nations Unies, cela avait des répercussions sur toutes les activités de l'Ukraine liées à l'Antarctique. L'Ukraine a cité les impacts sur toutes ses activités antarctiques, notamment le fait que les bombes avaient détruit son bureau national du programme antarctique. L'Ukraine a également déclaré que de nombreux scientifiques antarctiques avaient dû interrompre leurs recherches pour se battre et s'engager dans la guerre alors que les opérations militaires se poursuivaient et que les civils ukrainiens devaient se cacher dans des abris anti-bombes. L'Ukraine considère que les discussions sur ces questions sont appropriées pour les forums du Système du traité sur l'Antarctique. L'Ukraine a déclaré que, si la Fédération de Russie voulait tirer certaines conclusions et leçons de la question, ce serait un moyen très utile de reprendre les opérations normales lors de la RCTA, mais que cela ne pourrait se produire que si l'attaque illégale contre l'Ukraine cessait et si la Fédération de Russie respectait les instruments des Nations Unies.

(216) La plupart des Parties ont condamné la guerre d'agression illégale de la Fédération de Russie contre l'Ukraine et ont noté que la RCTA avait la compétence et la responsabilité de discuter des impacts de tels événements sur les programmes nationaux de recherche antarctique. Ces Parties ont noté que discuter de ces questions factuelles ne politisait pas le Système du traité sur l'Antarctique. De nombreuses Parties ont cité le bombardement du bureau du programme antarctique ukrainien à Kiev comme l'un des exemples de l'impact de l'attaque non provoquée et injustifiable sur les opérations et l'engagement de l'Ukraine dans l'Antarctique. De nombreuses Parties ont également souligné les impacts plus larges sur le fonctionnement pacifique et l'engagement des Parties et le Système du traité sur l'Antarctique. De nombreuses Parties ont exprimé leur sympathie et leur soutien au peuple ukrainien et aux membres concernés du programme antarctique ukrainien.

(217) La Fédération de Russie a appelé à une approche prudente et a déclaré que la discussion sur la situation en Ukraine pourrait avoir plus d'impacts négatifs que positifs.

(218) En ce qui concerne la recommandation 1, de nombreuses Parties ont exprimé l'opinion que rapporter et discuter du fait qu'une Partie consultative déclenche une guerre contre une autre n'était pas une action politique, tout comme citer les impacts sur le programme antarctique ukrainien. Concernant la recommandation 2, de nombreuses Parties se sont accordées sur le fait que l'invasion à grande échelle d'une Partie consultative par une autre Partie consultative avait effectivement une incidence négative sur les normes du Système du traité sur l'Antarctique et ont noté que les impacts sur la XLIVe RCTA

(Berlin) et la XLVe RCTA (Helsinki) étaient des événements factuels. En ce qui concerne la recommandation 3, de nombreuses Parties ont noté le traitement compétent et équitable des pays hôte, à savoir l'Allemagne (XLIVe RCTA) et la Finlande (XLVe RCTA), ainsi que les installations extraordinaires que l'Allemagne avait fournies pour permettre à tous l'accès virtuel et en personne à la XLIVe RCTA. Elles ont noté qu'il serait inapproprié de remettre en cause les questions de procédure soulevées à la XLIVe RCTA qui, selon l'avis des Parties, ont été tranchées de manière appropriée par la présidence de la XLIVe RCTA conformément au Règlement intérieur de la RCTA.

(219) Certaines autres Parties ont exprimé leur inquiétude persistante au sujet de la guerre en cours en Ukraine et ont condamné la menace à la souveraineté et à l'intégrité territoriale de l'Ukraine. Ces Parties ont noté que la guerre d'agression allait à l'encontre des principes de paix, de collaboration et de coopération énoncés dans le traité sur l'Antarctique. Ces Parties ont souligné le fait qu'elles n'étaient pas favorables à une quelconque politisation du Système du traité sur l'Antarctique. Elles ont rappelé le fait que, au cours des 60 dernières années, les Parties avaient surmonté leurs difficultés pour assurer la paix, la collaboration et la coopération dans l'Antarctique. Ces Parties ont exprimé l'espoir que la situation change bientôt pour le bien de toutes les Parties.

(220) En réponse à l'affirmation du document selon laquelle la RCTA devrait exercer un contrôle sur les activités du SCAR et du COMNAP, plusieurs Parties ont rappelé l'importance du SCAR et du COMNAP pour les travaux de la RCTA et ont également souligné leur indépendance.

(221) Le COMNAP a noté qu'il s'agissait d'une association indépendante, non assujettie, pratique, technique et apolitique, telle que définie par sa Constitution adoptée en juillet 2008 lors de l'Assemblée générale annuelle du COMNAP tenue à Saint-Pétersbourg, en Russie. Il a en outre souligné le fait qu'il avait été officiellement reconnu comme tel dans la Résolution 2 de la RCTA (2009).

(222) Le SCAR a noté que, en tant qu'organisation thématique du Conseil scientifique international, il s'agissait d'un filon scientifique apolitique et d'un Observateur auprès de la RCTA. Le SCAR a déclaré qu'il continuerait à fournir à la RCTA des avis indépendants fondés sur les meilleures données scientifiques disponibles.

(223) La Fédération de Russie a noté que, lors de l'examen de la demande du Bélarus d'accéder au statut de Partie consultative au cours d'une session à huis clos de la Réunion plénière, une Partie a déclaré que, dans les circonstances politiques actuelles, il n'était pas possible d'atteindre un consensus sur la question. La Fédération de Russie a réaffirmé que son document était fondé sur des faits et contenait son évaluation juridique de la dérogation au Règlement intérieur à la XLIVe RCTA. La Fédération de Russie a rappelé qu'elle s'était efforcée d'empêcher toute tentative de politisation de la Réunion.

(224) L'Ukraine a répondu aux commentaires de la Fédération de Russie en déclarant qu'elle était prête à reconsidérer la demande du Bélarus, si ce dernier souhaitait demander à nouveau le statut de Partie consultative à l'avenir, une fois qu'il aura cessé de faciliter la guerre d'agression et se sera conformé aux instruments des Nations Unies, car il s'agit de l'une des exigences appliquées à toutes les Parties contractantes au traité sur l'Antarctique. L'Ukraine a remercié les Parties qui avaient exprimé leur soutien et leur solidarité pendant la poursuite de l'agression russe. L'Ukraine a déclaré que l'esprit de coopération constaté par de nombreuses Parties ne pourrait reprendre qu'une fois que l'agression sur son territoire aurait cessé.

(225) L'Australie a présenté le document d'information IP 132 rev.1, intitulé *Strengthening Support for the Protocol on Environmental Protection to the Antarctic Treaty*

[Renforcement du soutien au Protocole au traité sur l'Antarctique relatif à la protection de l'environnement], élaboré conjointement avec la France et l'Espagne. L'Australie a indiqué qu'entre 2012 et 2019, l'Australie, la France et l'Espagne avaient coordonné quatre séquences de sensibilisation par les Parties consultatives pour encourager les États parties au traité sur l'Antarctique, mais pas encore parties au Protocole relatif à la protection de l'environnement, à y adhérer. Elle a noté que, depuis le début de ces efforts de sensibilisation, huit nouvelles Parties ont été ajoutées au Protocole relatif à la protection de l'environnement. Lors du cinquième cycle de sensibilisation en 2023, 13 Parties contractantes au traité sur l'Antarctique ont été encouragées à adhérer au Protocole relatif à la protection de l'environnement. Deux Parties ont indiqué qu'elles avaient entamé des discussions concernant la possibilité d'une adhésion, et deux autres Parties qu'elles examineraient de plus près l'adhésion. L'Australie a fait remarquer que les auteurs étaient encouragés par le soutien exprimé par un certain nombre d'États aux objectifs et principes du Protocole relatif à la protection de l'environnement et par l'intention de certains États d'envisager plus sérieusement de devenir Parties au Protocole relatif à la protection de l'environnement. L'Australie et les auteurs ont déclaré leur intention de poursuivre ces efforts après la XLVe RCTA et ont encouragé les autres Parties consultatives à faire de même.

(226) La Réunion a remercié les auteurs du document IP 132 rev.1 pour leur travail de renforcement du soutien au Protocole et a encouragé la poursuite du travail de sensibilisation.

(227) L'Australie a noté que, comme réflexion supplémentaire de son engagement envers le Protocole relatif à la protection de l'environnement, elle avait récemment désigné trois arbitres – Professeure émérite Rosemary Rayfuse, Professeur Tim Stephens et Professeur Bill Campbell – conformément à l'Annexe au Protocole relatif à la protection de l'environnement.

(228) L'Équateur a présenté le document IP 129 *XXXIII Reunión de Administradores de Programas Antárticos Latinoamericanos -RAPAL (Ecuador, 2022)* [Réunions des directeurs de programmes antarctiques latino-américains (Équateur, 2022)], et a pris note de la 33e Réunion des directeurs de programmes antarctiques latino-américains (RAPAL), qui s'est tenue à Quito. L'Équateur a noté la participation du Costa Rica, de la Colombie et du Venezuela en tant qu'Observateurs à la réunion, ainsi que des réunions simultanées sur des questions logistiques, environnementales, scientifiques et techniques. La réunion a également noté des informations clés sur l'environnement concernant la saison 2022-23.

(229) La Colombie a présenté le document IP 128 *Foro Conmemorativo de la Firma del Tratado Antártico : El Decenio de las Ciencias Oceánicas en el Confin del mundo* [Forum commémoratif de la signature du traité de l'Antarctique : La Décennie pour les sciences océaniques aux confins du monde], préparé en collaboration avec le Brésil, le Chili, l'Équateur, le Pérou, l'Uruguay et la Türkiye. Elle a rendu compte des temps forts du dernier Forum commémoratif de la signature du traité sur l'Antarctique, qui a permis de faciliter l'échange d'expériences et de bonnes pratiques entre les pays du RAPAL. La Colombie a noté que cet évènement avait réuni 250 personnes représentant des institutions universitaires et publiques et privées.

(230) La Réunion a remercié les auteurs pour leurs communications et s'est félicitée des progrès réalisés par les pays du RAPAL. La Türkiye a remercié l'Équateur d'avoir organisé le forum et a exprimé sa satisfaction d'avoir contribué à un discours qui avait mis en lumière la Décennie des Nations Unies pour les océans. La Colombie a remercié l'Équateur et les autres pays du RAPAL d'avoir créé cette possibilité d'échange de

connaissances scientifiques ainsi que des possibilités de formation de futurs scientifiques.

(231) Le document suivant a également été soumis au titre de ce point de l'ordre du jour, et considéré comme présenté :

- IP 141 *National Measures on Antarctic Legislation* (India) [Mesures nationales sur la législation antarctique (Inde)].

Point 7 : Fonctionnement du Système du traité sur l'Antarctique : Questions liées au Secrétariat

(232) Le Secrétaire exécutif a présenté le document SP 4 *Rapport du Secrétariat 2022/23*, qui a fourni des détails sur les activités du Secrétariat au cours de l'exercice 2022/23 (du 1er avril 2022 au 31 mars 2023), y compris l'organisation sous format hybride de la XLIVe RCTA et de la XXIVe réunion du CPE en Allemagne, ainsi que la préparation de la XLVe RCTA et de la XXVe réunion du CPE en Finlande. Le Secrétaire exécutif a attiré l'attention de la Réunion sur les activités intersessions qu'il a soutenues au cours de cette période, notamment : la mise à jour de l'interface de la base de données des contacts du traité sur l'Antarctique ; la formation et les tutoriels sur le SEEI visant à soutenir l'utilisation du système par les Parties ; les publications ; la coordination et le contact, y compris les visites au Secrétariat ; et les documents du Secrétariat qui ont été soumis à la XLVe RCTA ainsi qu'à la XXVe réunion du CPE. Le Secrétaire exécutif a indiqué qu'il n'y avait eu aucun changement dans les effectifs. En ce qui concerne les questions financières, le Secrétaire exécutif a donné un aperçu des contributions qu'il avait reçues et a présenté son rapport financier audité par un organisme externe pour l'exercice 2021/22. Le Secrétaire exécutif a présenté le rapport financier provisoire pour 2022/23, faisant remarquer que les crédits étaient conformes au budget, à l'exception du financement qui a été affecté par la forte dévaluation par rapport au dollar américain, et des coûts de traduction et d'interprétation qui comprenaient le coût de demandes de traduction imprévues. La période s'est terminée avec un déficit provisoire pour 2022/23 de 17 571 USD alors que l'excédent de trésorerie accumulé dans le Fonds général s'élevait à 925 945 USD.

(233) Le Secrétaire exécutif a présenté le document du secrétariat SP 5 *Programme du Secrétariat 2023/2024*, détaillant les activités proposées pour le Secrétariat pour l'exercice fiscal 2023/24 (du 1er avril 2023 au 31 mars 2024). Il a résumé les activités régulières du Secrétariat telles que la préparation de la XLVIe RCTA, la publication des rapports et d'autres tâches confiées au Secrétariat au titre de la Mesure 1 (2003). Le Secrétaire exécutif a relevé un changement de personnel dû à un départ à la retraite et noté qu'aucun autre changement de personnel n'était prévu pour la période à venir. En ce qui concerne les questions financières, le Secrétaire exécutif a attiré l'attention de la Réunion sur l'inflation mondiale et la hausse continue du coût de la vie en Argentine, qui n'a été que partiellement compensée par la hausse du dollar américain par rapport au peso argentin. Le Secrétaire exécutif a proposé d'augmenter les salaires du Secrétariat de 2,9 %. Le Secrétaire exécutif a indiqué que, malgré l'impact de l'inflation locale et mondiale, un budget avec seulement un léger déficit de 27 920 USD avait été atteint et que les contributions pour l'exercice 2024/25 n'augmenteraient pas. En termes d'activités intersessions, il a annoncé la poursuite des travaux avec plusieurs développements et améliorations du site Web et des systèmes d'information. Le Secrétariat a indiqué qu'il continuerait à proposer des sessions de formation et de discussion virtuelles continues sur le SEEI, en attendant les résultats des dialogues en cours avec les Parties sur les améliorations.

(234) Le Secrétaire exécutif a présenté le document du Secrétariat SP 6 *Profil budgétaire quinquennal prévisionnel 2024/25 – 2028/29,* qui présentait le profil budgétaire du

Secrétariat pour la période 2024-29. Il a souligné le fait que les frais de voyage avaient été ajustés pour tenir compte de l'augmentation estimée des coûts sur les lieux prévus des prochaines RCTA, en particulier au Japon en 2026 et en République de Corée en 2027. Il a noté que de légers déficits pourraient apparaître pour les exercices à venir, mais que, malgré l'inflation locale et mondiale, l'excédent accumulé dans le Fonds général permettait une augmentation nominale nulle des contributions jusqu'en 2028/29.

(235) Alors que de nombreuses Parties ont salué la gestion du budget du Secrétariat, l'Allemagne a suggéré qu'une approche prudente devrait être adoptée pour l'utilisation durable du Fonds général.

(236) Reconnaissant les commentaires de l'Allemagne, le Secrétariat a rappelé que les contributions étaient demeurées fixes en valeur nominale depuis 2014 et qu'aucun changement n'était prévu d'ici 2028. Le Secrétariat a noté que cela n'avait pas affecté ses services, malgré la hausse des coûts et l'inflation mondiale. Le Secrétaire exécutif a expliqué que l'excédent du Fonds général avait été utilisé récemment pour couvrir des dépenses imprévues autorisées par la RCTA telles que l'organisation de la RCTA à Buenos Aires en 2018.

(237) Le Secrétaire exécutif a présenté le document SP 9 *Développements sur le site Web du STA concernant la préparation et le dépôt des documents de réunion*, qui décrit les nouveaux outils et ressources électroniques mis au point par le Secrétariat pour aider les délégations à préparer et à soumettre des documents à la RCTA et au CPE.

(238) La Réunion a exprimé sa gratitude envers le Secrétariat pour le soutien qu'il avait fourni et continuait de fournir à la RCTA. Elle a également félicité le Secrétaire exécutif pour sa direction. La Réunion a remercié le Secrétariat pour le maintien de la croissance nominale zéro, qui a permis aux contributions de demeurer inchangées jusqu'en 2028/29. Les Parties ont félicité le Secrétariat pour les séances de formation sur le SEEI et, considérant leur expérience positive, ont encouragé les autres Parties à saisir cette opportunité. Plusieurs Parties ont noté le fait que les séances de formation et la possibilité de fournir des informations en retour au Secrétariat avaient été fructueuses. Certaines Parties ont indiqué que leurs ressortissants avaient participé à des stages au Secrétariat et ont exprimé leur gratitude pour cette opportunité. Il a été noté qu'il serait avantageux de développer des mécanismes établis pour les stages afin de permettre une plus grande participation.

(239) Le Secrétaire exécutif a informé la Réunion qu'il avait été contacté par un État qui n'était pas Partie au Traité sur l'Antarctique ni au Protocole relatif à la protection de l'environnement sur la possibilité pour cet État de mener des activités dans l'Antarctique. La Réunion a demandé à ce que, dans le cas où un État qui n'est pas Partie au traité sur l'Antarctique ni au Protocole relatif à la protection de l'environnement contacterait le Secrétariat pour notifier son souhait de mener des activités dans l'Antarctique, le Secrétariat en informe immédiatement les Parties.

(240) En réponse à une demande pour que le Secrétariat prépare des documents mis à jour concernant la procédure de sélection d'un nouveau Secrétaire exécutif, qui aura lieu lors de la 47ᵉ RCTA en Italie, le Secrétaire exécutif a exprimé la volonté du Secrétariat en ce sens. Il a noté que ces documents étaient régulièrement préparés en coordination avec le gouvernement dépositaire et le gouvernement du pays hôte et seraient distribués aux Parties avant la 46ᵉ RCTA.

(241) Après discussion, la Réunion a adopté la Décision 2 (2023) *Rapport, programme et budget du Secrétariat* et la Décision 3 (2023) *Renouvellement du contrat de l'auditeur externe du Secrétariat.*

Point 8 : Responsabilité

(242) L'Australie a présenté le document WP 30 rev.2 *Proposition de processus intersessions informel pour partager des informations sur la mise en œuvre nationale de l'annexe VI du Protocole au traité sur l'Antarctique relatif à la protection de l'environnement*, préparé en collaboration avec la Finlande, la France, l'Allemagne, les Pays-Bas, la Nouvelle-Zélande, la Norvège, l'Espagne, la Suède, le Royaume-Uni et l'Uruguay. Le document a proposé un processus intersessions informel pour poursuivre les travaux de la RCTA sur l'évaluation des progrès vers l'entrée en vigueur de l'annexe VI et pour échanger des informations sur les mesures que les Parties peuvent prendre pour approuver la Mesure 1 (2005). L'Australie a souligné le fait que l'annexe VI était un élément important pour soutenir l'objectif du Protocole relatif à la protection de l'environnement de protéger intégralement l'environnement de l'Antarctique ainsi que les écosystèmes associés, et a souligné que son entrée en vigueur serait une étape importante pour le Système du traité sur l'Antarctique. Elle a également noté que l'adoption de l'annexe VI dans la législation nationale ne serait pas nécessairement un processus simple et qu'il était très utile que les Parties qui avaient mis en œuvre l'annexe VI partagent l'expérience et l'expertise avec celles qui ne l'avaient pas encore fait.

(243) La Réunion a remercié les auteurs du document et leur travail visant à faciliter l'adoption de l'annexe VI en priorité. De nombreuses Parties qui avaient ratifié l'annexe VI ont fait part de leur volonté de partager, de consulter et de collaborer avec les Parties intéressées par ce type d'échange d'expériences. Certaines Parties ont exprimé l'espoir que l'initiative visant à accroître l'échange d'informations sur les mesures prises au niveau national par les Parties ayant ratifié l'annexe VI conduirait à de nouvelles ratifications et à l'adoption éventuelle de l'annexe VI. La Réunion a approuvé le processus intersessions informel proposé, qui serait convoqué par l'Australie et mené via le forum de discussion de la RCTA.

Point 9 : Prospection biologique en Antarctique

(244) Bien qu'aucun document de travail n'ait été soumis au titre de ce point à l'ordre du jour, la Réunion est convenue de maintenir le sujet à l'ordre du jour de la 46e RCTA.

(245) Le document suivant a été soumis sous ce point de l'ordre du jour :

- BP 28 *Russian Research in Bioprospecting (Russian Federation)* [Recherche russe en bioprospection] (Fédération de Russie).

Point 10 : Échange d'informations

(246) Le Secrétariat a présenté le document SP 8 *Examen de l'utilisation du SEEI*, en réponse à une demande faite par la XLIVe RCTA. Le document a mis en évidence l'utilisation rare ou en déclin de nombreuses sections du SEEI au cours de la dernière décennie. Le pourcentage de rapports annuels soumis est passé de 94 % à 72 % au cours des dernières années. Le Secrétariat a suggéré des causes possibles de ce déclin, suggérant notamment : que les données demandées étaient difficiles à obtenir ; qu'il a peut-être été difficile de comprendre exactement ce qui était demandé ; que les informations demandées avaient peut-être été perçues comme étant d'une utilité limitée ou sans intérêt ; et que les programmes nationaux de recherche antarctique avaient peut-être eu des difficultés à affecter et à former des personnes à l'utilisation du SEEI. Le Secrétariat a suggéré qu'une approche différente pourrait être nécessaire, comprenant une révision ciblée et complète du nombre et du type actuels d'exigences en matière d'échange d'informations. Il a exprimé le fait qu'il était prêt à préparer des documents supplémentaires, ou à clarifier

toute question, pour que les Parties puissent prendre des décisions éclairées sur cette question.

(247) La Réunion a remercié le Secrétariat pour ses efforts et s'est félicitée de son importante analyse. La Réunion a rappelé l'obligation d'échanger des informations et a réaffirmé que le partage d'informations et la transparence étaient des aspects fondamentaux du Système du traité sur l'Antarctique. À cet égard, elle a noté que le SEEI était inestimable pour permettre aux Parties de partager des informations conformes aux exigences du Système du traité sur l'Antarctique. La Réunion a également examiné les améliorations qui pourraient être apportées afin que le SEEI soit plus utile et puisse être mieux utilisé par les Parties.

(248) Certaines Parties ont déclaré qu'elles étaient déçues que les informations contenues dans le SEEI soient incomplètes et que certaines Parties n'aient pas fait suffisamment d'efforts pour améliorer la dépôt d'informations sur le SEEI. Certaines Parties ont demandé que chaque Partie enregistre ses activités pour informer les autres Parties à l'avance et de manière appropriée, conformément aux discussions de la RCTA. Les Parties ont encouragé les autres à poursuivre activement l'offre du Secrétariat de former le personnel et d'aider à saisir les informations dans le SEEI.

(249) La Réunion a souligné l'importance d'utiliser les moyens existants pour échanger des informations et d'élaborer des propositions pour améliorer l'utilisation du SEEI comme prochaine étape. Toutes les Parties sont convenues que la simplification du SEEI et la transmission d'informations étaient importantes pour le traité sur l'Antarctique.

(250) L'Espagne a présenté le document WP 16 *Rapport du groupe de contact intersessions chargé d'examiner les informations scientifiques dans le système d'échange d'informations électroniques*. L'Espagne a rappelé que la XLIVe RCTA était convenue d'établir un GCI pour améliorer l'échange d'informations scientifiques au sein du SEEI. Elle a suggéré trois révisions mineures à la version consolidée relative aux exigences en matière d'échange d'informations annexée à la Décision 5 (2022) pour y parvenir. Le GCI avait également recommandé que le Secrétariat évalue la viabilité de la préparation d'un fichier Excel comme modèle pour compléter les champs d'information afin de faciliter le processus de mise en ligne par les Parties.

(251) La Réunion a remercié l'Espagne pour son document et a noté qu'une plus grande mise à disposition d'informations scientifiques par le biais du SEEI aiderait à promouvoir la protection de l'environnement, l'éducation et la sensibilisation, ainsi que le soutien scientifique en Antarctique.

(252) La Réunion est convenue des trois révisions mineures des exigences consolidées en matière d'échange d'informations annexées à la Décision 5 (2022) et a demandé au Secrétariat d'évaluer la viabilité de la préparation d'un fichier Excel comme modèle pour compléter les champs du SEEI. La Réunion a adopté la Décision 4 (2023) *Mise à jour des exigences en matière d'échange d'informations*.

(253) Le Secrétariat a présenté le document SP 11 *Rapport sur les cas de non-respect du Traité ou du Protocole*, qui résume les réponses de dix Parties consultatives et d'une Partie non consultative à un questionnaire sur la collecte de preuves de non-respect du traité sur l'Antarctique ou du Protocole relatif à la protection de l'environnement, distribué à toutes les Parties sous la forme de la circulaire 12/2022.

(254) La Réunion a remercié le Secrétariat pour ce document. Certaines Parties ont déclaré qu'il serait utile de mieux comprendre les réponses au questionnaire, notant qu'il existait souvent des différences importantes entre les exigences en matière de preuve des Parties. La Réunion a demandé que le Secrétariat prépare un ensemble de lignes directrices sur les meilleures pratiques pour le signalement des activités non conformes, lesquelles pourraient être distribuées aux opérateurs et aux visiteurs de l'Antarctique et qui

comprendraient une liste des autorités nationales compétentes auxquelles des preuves de non-conformité pourraient être soumises, afin d'être présentées à la 46e RCTA.

Point 11 : Questions éducatives

(255) La Bulgarie a présenté le document WP 25 *Quatrième rapport du Groupe de contact intersessions sur l'éducation et la sensibilisation*, préparé en collaboration avec la Belgique, le Brésil, le Chili, le COMNAP, la Tchéquie, la Finlande, l'IAATO, l'Inde, l'Italie, la République de Corée, la Malaisie, la Pologne, le Portugal, la Roumanie, le SCAR, l'Afrique du Sud, l'Espagne, le Royaume-Uni et les États-Unis. La Bulgarie a rappelé que la XLIVe RCTA avait pris en charge la poursuite du GCI sur l'éducation et la sensibilisation et a rendu compte des travaux du GCI au cours de l'année écoulée via le forum de discussion de la RCTA. La Bulgarie a indiqué que le forum avait attiré 26 messages et plus de 600 vues de 20 Parties, Observateurs et Experts discutant des activités d'éducation et de sensibilisation qu'ils avaient menées. Celles-ci comprenaient des exemples d'activités pédagogiques concernant l'EDI ainsi que le développement futur du GCI. Les faits saillants des activités signalées comprenaient des conférences et des séminaires, des webinaires, des festivals de films, des expositions d'art, du matériel pédagogique, des symposiums, des publications et de nombreuses campagnes sur les réseaux sociaux. Les auteurs ont recommandé que la RCTA reconnaisse l'utilité du Forum sur l'éducation et la sensibilisation et soutienne le travail du GCI pendant une autre période intersessions. Ils ont également proposé que la RCTA discute de la possibilité d'organiser et de planifier un deuxième atelier sur l'éducation et la sensibilisation.

(256) La Réunion a remercié la Bulgarie et les autres auteurs pour leur rapport, et a félicité la Bulgarie pour son leadership au sein du GCI sur l'éducation et la sensibilisation. De nombreuses Parties ont souligné l'importance des activités d'éducation et de sensibilisation en tant qu'élément essentiel de la coopération, inscrit dans le traité sur l'Antarctique et le Protocole relatif à la protection de l'environnement. La Réunion est convenue d'appuyer les recommandations et plusieurs Parties se sont félicitées, en particulier, de la collaboration active du GCI sur les questions relatives à l'EDI, ainsi que de ses projets d'organiser un deuxième atelier sur l'éducation et la sensibilisation dans les années à venir.

(257) La Réunion est convenue de poursuivre le GCI sur l'éducation et la sensibilisation pour une autre période intersessions avec l'objectif :

- d'encourager la collaboration en matière d'éducation et de sensibilisation tant au niveau national qu'international ;
- de recenser les principales activités internationales et les principaux événements internationaux liés à l'éducation et à la sensibilisation en vue d'une éventuelle participation des Parties au traité sur l'Antarctique ;
- de partager les résultats des initiatives d'éducation et de sensibilisation qui démontrent le travail des Parties au traité sur l'Antarctique dans la gestion de la Zone du traité sur l'Antarctique ;
- de mettre en exergue les initiatives de protection de l'environnement en cours qui sont informées par des observations et des résultats scientifiques, afin de renforcer l'importance du traité sur l'Antarctique et de son Protocole relatif à la protection de l'environnement ;
- de promouvoir les activités liées à l'éducation et à la sensibilisation menées par les Experts et les Observateurs et d'encourager la coopération avec ces groupes ;
- de partager les meilleures pratiques et d'encourager, de renforcer et de promouvoir la diversité et l'inclusion au sein de la communauté antarctique mondiale, y compris

parmi les scientifiques, les logisticiens, les décideurs et toutes les autres personnes impliquées dans les questions antarctiques, afin de réduire tout obstacle à l'engagement de tous les talents nécessaires pour relever les défis de l'avenir de l'Antarctique ;

- d'encourager les Parties à fournir au Secrétariat des liens vers leur(s) site(s) Web contenant des ressources éducatives et de sensibilisation (le Secrétariat inclurait ces liens dans sa section « Ressources éducatives » du site Web du Secrétariat) ; et
- d'inviter les Parties, les Observateurs et les Experts à passer en revue, pendant la période intersessions du Forum sur l'éducation et la sensibilisation de la RCTA, le travail effectué par le GCI, en discutant de son développement futur et de la possibilité d'organiser et de planifier le deuxième atelier sur l'éducation et la sensibilisation.

(258) Par ailleurs, il a été convenu que :

- les Observateurs et les Experts participant à la RCTA seraient invités à apporter leur contribution ;
- le Secrétaire exécutif ouvrirait le forum de la RCTA au GCI et lui apporterait l'assistance nécessaire ; et
- que la Bulgarie serait responsable du GCI et ferait rapport des avancées réalisées au sein du groupe à la prochaine RCTA.

(259) Le Portugal a présenté le document IP 34 *Topics and target audiences on education and outreach activities by the Antarctic Treaty Parties: a review* [Sujets et publics cibles pour les activités d'éducation et de sensibilisation menées par les Parties au traité sur l'Antarctique : un examen], préparé en collaboration avec la Belgique, la Bulgarie, le Chili, l'Espagne, le Royaume-Uni et l'OMM. Il a passé en revue les sujets clés et les publics cibles mentionnés dans les documents soumis à la RCTA entre 1961 et 2022 concernant l'éducation et la sensibilisation. L'examen a révélé qu'un total de 200 articles sur l'éducation et la sensibilisation avaient été soumis à la RCTA, dont 110 avaient été soumis après 2015, contre un total de 90 articles au cours de toutes les décennies précédentes. Le Portugal a attribué cette croissance significative de l'activité à l'atelier sur l'éducation et la sensibilisation tenu lors de la XXXVIIIe RCTA en Bulgarie (2015) et aux discussions ultérieures lors de la RCTA (XXXVIIe RCTA -WP 9). Les auteurs se sont félicités de l'activité de toutes les Parties dans le domaine de l'éducation et de la sensibilisation et ont encouragé la poursuite des efforts en la matière, y compris sur de nouveaux sujets tels que l'éducation à l'EDI.

(260) Le Portugal a présenté le document IP 36 *Report of the activities of Polar Educators International (PEI): 2012-2022* [Rapport des activités de *Polar Educators International* (PEI) : 2012-2022], préparé en collaboration avec l'Inde, l'Italie, la Pologne, le SCAR, le Royaume-Uni, les États-Unis et l'OMM. Le document passe en revue les activités de *Polar Educators International* (PEI), un réseau créé lors de la Conférence scientifique de l'API en 2012. Le Portugal a souligné le rôle du PEI en tant que filon essentiel d'éducateurs et de chercheurs ayant pour mission de relier l'éducation polaire, la recherche et la communauté mondiale afin de fournir à un large public une compréhension plus approfondie des sciences polaires et des régions polaires. Le Portugal a informé la Réunion que le PEI continuait de travailler en étroite collaboration avec le SCAR et d'autres organismes scientifiques internationaux et que les faits saillants de ses travaux récents comprenaient un certain nombre de conférences et de campagnes

de sensibilisation du public ainsi qu'une participation continue à la compilation d'une édition mise à jour de la ressource polaire du livre *Polar Resource Book* de l'API.

(261) Le Portugal a présenté le document IP 37 *Association of Polar Early Career Scientists (APECS): An overview of the first 15 years* [Association des scientifiques polaires en début de carrière (APECS) : un aperçu des 15 premières années], préparé en collaboration avec l'Australie, la Belgique, la Bulgarie, le Canada, la France, l'Allemagne, les Pays-Bas, la Norvège, le SCAR, l'Afrique du Sud, la Türkiye, le Royaume-Uni et l'OMM. Le document résume les réalisations de l'Association des scientifiques polaires en début de carrière (APECS) depuis sa fondation lors de la quatrième API en 2007-2008. Le Portugal a indiqué que la mission de l'APECS était de fournir une plateforme aux chercheurs en début de carrière pour se connecter à l'échelle internationale, de les inspirer et de les faire évoluer en tant que futurs leaders en sciences polaires, ainsi que de promouvoir les activités d'éducation et de sensibilisation. Il a félicité l'association pour son travail de promotion de l'EDI, la représentativité régionale de ses membres et les partenariats qu'elle a forgés avec de nombreuses organisations différentes. Le Portugal a souligné le fait que l'APECS était désormais reconnue comme une instance majeure pour les scientifiques en début de carrière.

(262) La Réunion a remercié les auteurs des documents IP 34, IP 36 et IP 37 ainsi que le Portugal pour son leadership, avec la Bulgarie, en matière de coopération dans le domaine de l'éducation et de la sensibilisation. Plusieurs Parties ont exprimé leur soutien à ces programmes d'éducation et de sensibilisation en cours et futurs et ont souligné l'importance d'encourager les chercheurs en début de carrière en préservant leurs opportunités dans l'ensemble de la communauté scientifique antarctique. Certaines Parties ont également souligné leurs initiatives en cours et prévues concernant les chercheurs en début de carrière, notamment l'octroi de subventions, de bourses et d'autres financements ciblés.

(263) L'IAATO a présenté le document IP 54 *IAATO Education, Outreach and Ambassadorship* [Éducation, sensibilisation et ambassadeurs de l'IAATO], qui donne un aperçu des efforts en matière d'éducation et de sensibilisation de l'IAATO, y compris sa carte de défi à la fonction d'ambassadeur, ainsi que l'introduction du Comité des ambassadeurs de l'Antarctique de l'IAATO et le développement de son programme d'ambassadeurs de l'Antarctique.

(264) Les documents suivants ont également été soumis au titre de ce point de l'ordre du jour et considérés comme présentés :

- IP 44 *Indian Polar Education and Outreach Endeavours* [Efforts indiens en matière d'éducation et de sensibilisation polaires] (Inde).
- IP 68 *Live from Antarctica: The National Science Foundation's Education and Outreach Event* [En direct de l'Antarctique : l'évènement d'éducation et de sensibilisation de la Fondation nationale pour la science] (États-Unis).
- IP 108 *Polar STEAM: An Emerging National Science Foundation Education and Outreach Initiative* [Polar STEAM : une initiative émergente en matière d'éducation et de sensibilisation de la Fondation nationale pour la science] (États-Unis).
- IP 148 *Ejecución de la Mesa Redonda "Influencia de la Academia en el Desarrollo de la Investigación Antártica Latinoamericana"* [Réalisation de la table ronde

« Influence de l'académie dans le développement de la recherche latino-américaine en Antarctique »] (Équateur).

(265) Les documents suivants ont également été présentés au titre de ce point de l'ordre du jour :

- Document BP 3 *Education & Outreach Activities of Italy in 2021/2022* [Activités d'éducation et de sensibilisation de l'Italie en 2021-2022] (Italie).
- BP 6 *Educación antártica en la pospandemia* [Éducation antarctique durant la période postpandémique] (Chili).
- BP 14 *Uruguay's educational activities in 2022* [Activités éducatives de l'Uruguay en 2022] (Uruguay).
- Document BP 32 *Education & Outreach Activities of Türkiye in 2022-2023* [Activités d'éducation et de sensibilisation de la Türkiye en 2021-2022] (Türkiye).
- BP 42 *Proyecto Colombiano de Arte en la Antártida. Una mirada artística al Continente Blanco 2022-2023* [Projet colombien d'art en Antarctique : un regard artistique sur le continent blanc] (Colombie).
- BP 48 *Programa de Difusión, Arte y Cultura en la Vigésimo Sexta (XXVI) Expedición Antártica Ecuatoriana* [Programme de diffusion, d'art et de culture lors de la vingt-sixième (XXVI) expédition antarctique] (Équateur).
- BP 50 *Actividades de Difusión Exposición Fotográfica "El Perú en la Antártida"* [Activités de diffusion Exposition photographique « Le Pérou en Antarctique »] (Pérou).
- BP 55 *Romanian Antarctic Education and Outreach Activities 2022-2023 in Support of WP 25* [Activités roumaines d'éducation et de sensibilisation sur l'Antarctique 2022-2023 à l'appui du WP 25] (Roumanie).

Point 12a : Plan de travail stratégique pluriannuel : Priorités politiques, juridiques et institutionnelles

(266) La Réunion a examiné le plan de travail stratégique pluriannuel adopté à la XLIVe RCTA (Décision 3 [2022]) concernant les priorités politiques, juridiques et institutionnelles. Elle a examiné la manière de faire avancer tous les points prioritaires au cours des prochaines années et s'il fallait supprimer des priorités actuelles et en ajouter de nouvelles.

(267) Le Secrétariat a présenté le document SP 10 *Examen de l'utilisation du plan de travail stratégique pluriannuel de la RCTA (PTSP)*, qui a été préparé en réponse à une demande formulée par la Réunion l'année précédente (Rapport final de la XLIVe RCTA, paragr. 182). Le document fournissait un résumé de l'utilisation du PTSP depuis sa création en vertu de la Décision 3 (2012) et de la Décision 5 (2013), en se concentrant sur les questions prioritaires identifiées et la manière dont les questions prioritaires avaient été introduites et présentées. Sur la base de ses conclusions, le Secrétariat a formulé les suggestions suivantes sur les questions que la RCTA pourrait aborder pour améliorer ses performances à l'avenir :

- établir une procédure pour la discussion et l'adoption du PTSP, afin de s'assurer que suffisamment de temps est consacré chaque année à l'analyse du PTSP et proposer des changements pour l'année suivante ;
- limiter le nombre de problèmes prioritaires par an à un nombre maximum, conformément au principe n° 3 de la Décision 3, annexe 1 (2012) (le PTSP a un « nombre limité de questions prioritaires ») ;

- déterminer combien d'années les questions prioritaires devraient couvrir (durées minimale et maximale de validité pour une question donnée), pour assurer le dynamisme du PTSP (principe n° 6 de la Décision 3, annexe 1 [2012]) ;
- définir des critères pour proposer de nouvelles questions ; et/ou
- standardiser la rédaction des questions prioritaires, de sorte que l'efficacité de la question puisse être évaluée dans le temps.

(268) L'Australie a présenté le document WP 15 rev.2 *Proposal for an Intersessional Process to Review the Use and Maintenance of the Multi-Year Strategic Work Plan* [Proposition de processus intersessions pour examiner l'utilisation et la mise à jour du Plan de travail stratégique pluriannuel], préparé en collaboration avec la Belgique, les Pays-Bas, la Nouvelle-Zélande, la Norvège, la Suède et les États-Unis. Rappelant que la Réunion avait précédemment réaffirmé l'utilité du plan de travail stratégique pluriannuel (Rapport final de la XLIVe RCTA, paragr. 181), l'Australie a estimé qu'il était opportun que la RCTA réexamine son utilisation et ses fonctions. À cette fin, l'Australie et ses coauteurs ont proposé que la Réunion mette sur pied un GCI pour examiner davantage et étayer les précieuses conclusions faites par le Secrétariat dans le document SP 10. Ils ont suggéré que les travaux du GCI tiennent compte des cinq principales conclusions du Secrétariat dans le document SP 10 ainsi que de toute autre amélioration qui pourrait être proposée par les Parties pendant la période intersessions.

(269) La Réunion a remercié le Secrétariat pour le SP 10 ainsi que les auteurs du WP 15 rev.2. La Réunion est convenue que le PTSP avait été un outil utile depuis son adoption en vertu de la Décision 5 (2013). De nombreuses Parties ont souligné l'importance de la perspective stratégique qu'il avait fournie, notant qu'il avait permis à la RCTA d'agir de manière proactive face aux défis existants et nouveaux. La Réunion a noté qu'il y avait, cependant, un potentiel d'améliorations dans la forme, l'ajustement et la fonction du PTSP.

(270) La Réunion est convenue de créer un GCI sur le plan de travail stratégique pluriannuel dans le but :

- d'examiner l'utilisation et le fonctionnement du PTSP à ce jour, y compris en ce qui concerne les questions identifiées dans le document SP 10 sur la base de ses conclusions ; et
- d'identifier et de discuter des possibilités d'amélioration pour soutenir davantage le travail de la Réunion en vue d'un examen plus approfondi de la 46e RCTA.

(271) Par ailleurs, il a été convenu que :

- les Observateurs et les Experts participant à la RCTA seront invités à apporter leur contribution ;
- le Secrétaire exécutif ouvrirait le forum de la RCTA au GCI et lui apporterait l'assistance nécessaire ; et
- que l'Australie, en tant que responsable, préparerait un rapport sur la discussion et les conclusions de l'examen à la 46e RCTA.

Point 12b : Plan de travail stratégique pluriannuel : Priorités scientifiques, opérationnelles et touristiques

(272) La Réunion a examiné le plan de travail stratégique pluriannuel adopté à la XLIVe RCTA (Décision 3 [2022]) concernant les priorités scientifiques, opérationnelles et touristiques. Elle a examiné la manière de faire avancer tous les points prioritaires au cours des

prochaines années et s'il fallait supprimer des priorités actuelles et en ajouter de nouvelles.

(273) Après discussion, la Réunion est convenue de supprimer la priorité 8 (« Examen et discussion sur les questions liées à l'augmentation de l'activité aéronautique en Antarctique et évaluation de l'éventuel besoin de mesures additionnelles ») et a mis à jour le plan de travail stratégique pluriannuel. Elle a adopté la Décision 5 (2023) Plan de travail stratégique pluriannuel pour la Réunion consultative du traité sur l'Antarctique.

Point 13 : Sécurité et opérations en Antarctique

Sécurité et opérations : Aviation

(274) La Norvège a présenté le document WP 44 *Aviation en Antarctique : mécanismes de communication pour accroître la sécurité et réduire les risques*, préparé en collaboration avec la Belgique, la Finlande, l'Allemagne, le Japon, les Pays-Bas et la Suède. Elle a noté que des niveaux accrus d'activités gouvernementales et non gouvernementales dans l'Antarctique conduiraient à une augmentation de l'activité aéronautique, y compris les vols inter et intra-continentaux, l'utilisation de drones, d'hélicoptères et de ballons météo. Elle a souligné le fait que l'augmentation de l'activité aérienne pourrait entraîner un risque plus élevé d'accidents, d'incidents et de quasi-abordages. La Norvège a attiré l'attention de la Réunion sur ses expériences du réseau aéronautique de la terre de la Reine-Maud (DROMLAN), qui a administré une liste de communications mises à jour pour tous les opérateurs et stations – tant gouvernementaux que non gouvernementaux. La Norvège a indiqué que cette liste, ainsi que les listes de diffusion mises à jour pour les vols intercontinentaux et intracontinentaux, permettaient un partage réussi d'informations en temps quasi réel sur ces activités. Les auteurs ont suggéré que la RCTA recommande à tous les opérateurs antarctiques :

1. de s'assurer que les transpondeurs des aéronefs sont activés à tout moment conformément au point 6(b) de la Résolution 3 de la RCTA (2022) ;
2. d'encourager la création de groupes ou réseaux de communication régionaux pour les opérateurs nationaux et non gouvernementaux pour le partage d'informations en temps réel sur tous les types d'activités aéronautiques, y compris les vols, les hélicoptères, les drones et les ballons, etc., par exemple par le biais d'une liste de diffusion maintenue à jour ; et
3. de réfléchir à la manière de s'assurer que ces listes de diffusion seraient mises à disposition des nouveaux opérateurs ou que les opérateurs volant dans des régions autres que leurs habitudes peuvent facilement accéder aux bonnes listes de diffusion.

(275) La Réunion a remercié la Norvège et les coauteurs du document pour leurs efforts continus visant à promouvoir la sécurité des opérations aériennes dans la région. Notant l'augmentation des activités non gouvernementales en Antarctique, les Parties ont souligné l'importance de ces recommandations sur le partage d'informations pour améliorer la sécurité des opérations et minimiser les impacts sur la faune et flore sauvages. La Réunion a également exprimé sa gratitude au COMNAP et à son groupe d'experts des opérations aériennes pour leur travail approfondi sur ce sujet, qui a permis le partage d'informations en temps opportun.

(276) La Réunion est convenue qu'il était important de créer des groupes ou des réseaux de communication régionaux pour les opérateurs nationaux et non gouvernementaux afin de fournir des informations en temps quasi réel sur tous les types d'activités aéronautiques, y compris les vols, les hélicoptères, les drones et les ballons. En ce qui concerne l'exemple utilisé dans le document WP 44, certaines Parties ont noté le fait que les informations partagées via des listes de courrier électronique ne devraient pas être invoquées pour éviter les conflits entre les activités aériennes, soulignant que les activités

de sécurité aérienne applicables, y compris l'espace aérien contrôlé, le contrôle de la circulation aérienne (ATC), et les diffusions d'informations sur le trafic par les aéronefs (TIBA), doivent être suivies pour toutes les activités.

(277) Le COMNAP a accueilli favorablement le document, soulignant qu'il reflétait largement les résultats de l'atelier 2022 du COMNAP sur l'aviation en Antarctique rapportés dans le document XLIVe RCTA-IP 6. Le COMNAP a noté que, bien que ses membres entretiennent de bonnes relations avec l'IAATO, tous les opérateurs non gouvernementaux n'étaient pas membres de l'IAATO. Pour cette raison, le COMNAP a souligné l'importance de concentrer les efforts pour améliorer le partage d'informations sur les nouveaux acteurs en Antarctique et les opérateurs qui n'opéraient pas normalement dans une région particulière. Le COMNAP a également noté que les pays qui étaient les principales « portes d'entrée aériennes » vers l'Antarctique jouaient un rôle clé dans le partage d'informations et des plans de vol.

(278) Les auteurs se sont félicités de la discussion et ont souligné le fait que l'utilisation de listes de courrier électronique était censée s'ajouter aux activités de sécurité aérienne applicables, et ont noté que les listes de courrier électronique s'étaient avérées utiles pour garantir que d'autres exploitants pouvaient être inclus dans le système d'information de vol DROMLAN. Ils ont en outre noté qu'il serait utile d'entendre d'autres Parties si elles possédaient de l'expérience dans l'utilisation d'autres outils que les listes de courrier électronique à cet égard, et ont souligné l'importance de développer des systèmes et des procédures en temps réel pour le partage d'informations.

(279) La Réunion a approuvé les trois recommandations du document WP 44, soulignant l'importance de s'assurer que les transpondeurs sont allumés à tout moment. La Réunion a noté que, par l'intermédiaire du groupe d'experts du COMNAP sur les opérations aériennes, les questions continueraient d'être discutées, le COMNAP apportant des mises à jour et des conseils à la RCTA si nécessaire.

(280) Le Chili a présenté le document IP 19 *Intervention sur la piste de l'aérodrome Teniente Marsh de la base aérienne antarctique Presidente Frei*, qui rendait compte des travaux d'entretien prévus sur l'aérodrome de Teniente Marsh. Le Chili a informé la Réunion que ces travaux conduiraient à la fermeture temporaire de l'aérodrome pendant 10 à 20 jours. Les intervalles d'entretien seraient confirmés le mois prochain pour permettre aux Parties qui utilisaient cette installation de s'organiser en conséquence.

(281) Le Royaume-Uni a souligné l'importance du partage d'informations via le Manuel d'information de vol en Antarctique (AFIM) où toutes les Parties pourraient examiner et mettre à jour les dernières informations sur les installations et les services disponibles sur les aérodromes de l'Antarctique. Le Royaume-Uni a pris acte de la fermeture de sa propre piste en janvier et février 2023-24. La Réunion a souligné l'importance de tenir les autres Parties informées des travaux en cours sur les pistes d'atterrissage de l'Antarctique.

(282) Le document suivant a également été soumis au titre de ce point de l'ordre du jour, et considéré comme présenté :

- IP 82 *Finalizing the construction of the gravel runway in the area of Mario Zucchelli Station, Terra Nova Bay, Victoria Land, Antarctica* [Finalisation de la construction d'une piste d'atterrissage en gravier dans la zone de la station Mario Zucchelli, baie Terra Nova, terre Victoria, Antarctique] (Italie).

(283) Le document suivant a également été soumis sous ce point de l'ordre du jour :

- BP 25 *Renovation of the Airfield at Progress Station to Accommodate Heavy Aircrafts with Wheel Chassis* [Rénovation de l'aérodrome de la base Progress pour accueillir des avions lourds avec châssis à roues] (Fédération de Russie).

Opérations et sécurité : Maritime

(284) L'Argentine a présenté le document WP 56 *Proposition d'amélioration des observations des glaces de mer et des icebergs dans les eaux polaires et subpolaires pour le développement de produits pour la sécurité nautique par les Services des glaces.* L'Argentine a signalé que son service d'hydrographie navale (NHS) était responsable de la sécurité nautique à NAVAREA VI, une région qui comprenait la péninsule Antarctique, et était actif dans la préparation de cartes des glaces et la génération de modèles et de prévisions de la concentration de la glace de mer et de la congère des icebergs. L'Argentine a noté que d'autres pays ont également généré des cartes des glaces pour faciliter la navigation dans la région de l'Antarctique. Elle a encouragé les exploitants de navires, tant nationaux que non gouvernementaux, qui naviguaient en Antarctique et utilisaient des services de cartographie des glaces, à collaborer en envoyant des photographies et des informations en temps réel sur l'état des glaces de mer. Cela permettrait aux services d'ajuster et d'améliorer à la fois les graphiques et les modèles. Pour faciliter un tel échange, le NHS a élaboré un manuel de l'observateur des glaces, un logiciel pour l'enregistrement et la communication simples des observations, ainsi qu'une formation au rôle d'observateur des glaces via la plateforme virtuelle *Ocean Teacher Global Academ* (OTGA) de la COI-UNESCO. L'Argentine a recommandé aux Parties : d'observer, d'enregistrer et de signaler régulièrement les caractéristiques de la glace de mer et des icebergs présents dans les eaux polaires aux Services des glaces, qui établissent des cartes et des prévisions, afin d'améliorer la sécurité de la navigation dans la Zone du traité sur l'Antarctique ; d'inviter leurs exploitants non gouvernementaux de navires et de voiliers à se joindre à cette pratique ; et de promouvoir la formation du personnel des navires pour effectuer des observations des glaces de mer et des icebergs, afin que ces activités soient réalisées correctement et conformément aux normes internationales.

(285) La Réunion a félicité l'Argentine pour son travail, notant que le document WP 56 a promu l'objectif commun des Parties d'améliorer la sécurité des navires et de rendre compte des observations des glaces dans la Zone du traité sur l'Antarctique. Plusieurs Parties ont noté que de nombreuses organisations et services différents recueillaient des informations sur l'état des glaces de mer et des icebergs. Tout en soutenant la proposition de l'Argentine d'améliorer l'observation et la notification des glaces, elles ont souligné l'importance d'éviter la duplication des efforts ou de recevoir des informations contradictoires de différents prestataires de services. Certaines Parties ont également noté le fait qu'un défi commun pour la collecte de données était l'absence d'un format standard pour les observations.

(286) Faisant écho aux points de vue et aux expériences des Parties, l'IAATO a indiqué que ses opérateurs avaient été invités à soumettre des données par plusieurs services, ce qui entraînait souvent une diminution de l'efficacité des retours. Elle a souligné le fait qu'un format normalisé pour la soumission des observations des glaces de mer et des icebergs serait utile pour les organisateurs de voyages afin de fournir de meilleures données aux services de prévision des glaces.

(287) Certaines Parties ont signalé leur participation au Groupe de travail international sur la cartographie des glaces (IICWG) et ont suggéré que l'IICWG pourrait être un forum approprié pour partager les données d'observation des glaces entre plusieurs programmes. Le COMNAP a informé la Réunion qu'il participait aux réunions annuelles de l'IICWG et que, cette année, en collaboration avec les secrétariats de l'IAATO et de la CCAMLR, il avait fourni des données à l'IICWG sur les modes d'exploitation des navires de ses membres.

(288) La Réunion s'est félicitée des efforts visant à améliorer la collecte et la coordination des données en temps réel sur les glaces de mer et les icebergs dans la Zone du traité sur l'Antarctique et a encouragé les Parties à continuer de fournir ces informations par le biais d'organisations et de services appropriés. La Réunion a souligné l'importance

d'élaborer un format commun pour fournir des informations aux services de prévision des glaces et un mécanisme pour mieux interagir avec les services de prévision des glaces. En outre, elle a noté le rôle clé joué par le COMNAP dans le partage des meilleures pratiques dans le domaine.

(289) Les États-Unis ont présenté le document IP 21 rev.1 *Rapport sur la mort de quatre touristes citoyens américains lors de trois incidents*, préparé en collaboration avec les Pays-Bas, la Norvège et le Portugal. Ce rapport a signalé la mort de quatre citoyens américains dans trois incidents distincts lors d'expéditions touristiques autorisées par les États-Unis, les Pays-Bas et la Norvège au cours de la saison 2022-23. Les États-Unis ont exprimé leur gratitude pour le soutien qu'ils avaient reçu au cours des enquêtes et ont remercié les organisateurs de voyages et l'IAATO pour leur notification rapide des incidents. Les États-Unis d'Amérique ont en outre souligné l'importance que les organisateurs de voyages devraient accorder à la sécurité. Ils ont noté le fait que c'était la première fois qu'un touriste américain mourait en entreprenant une activité touristique en Antarctique et espéraient sincèrement que ce serait la dernière.

(290) En réponse au document IP 21 rev.1, le Portugal a rappelé que son autorité compétente, le Bureau des enquêtes sur les accidents maritimes et de la météorologie aéronautique, avait produit un rapport d'enquête de sécurité concernant l'incident du 25 novembre. Une recommandation de sécurité a été émise pour la société *World Explorer* afin d'évaluer l'intérêt de privilégier la sécurité opérationnelle des zodiacs avec des invités à bord, en ayant deux membres d'équipage avec des fonctions spécifiques : un skipper et une vigie. La recommandation de sécurité proposée a été acceptée par le destinataire. En outre, d'autres mesures ont également été prises par la compagnie de navires à passagers et par la charte pour améliorer le temps de réaction à des incidents similaires, comme la préparation d'appels d'offres à la station du pont d'embarquement et la transmission d'informations de manière plus efficace.

(291) L'IAATO a remercié la communauté antarctique pour sa préoccupation. L'IAATO a noté qu'elle continuerait sa collaboration avec diverses agences gouvernementales dans le cadre de ces enquêtes et qu'elle s'était engagée à partager des informations avec toutes les parties prenantes qui contribueraient à accroître la sécurité en Antarctique.

(292) La Réunion a présenté ses condoléances pour les décès et elle est convenue que les Parties devraient encourager les organisateurs de voyages à faire comprendre à leur équipage, à leur personnel et à leurs passagers que toute activité était intrinsèquement risquée en raison du climat et de l'éloignement de l'assistance médicale. La Réunion a noté son intérêt pour les résultats des enquêtes en cours afin de mieux prévenir de futurs incidents et d'accroître la sécurité des personnes.

(293) L'Argentine a présenté le document IP 80 *MSI broadcasting of NAVAREA VI through the World Wide Navigational Warning System (WWNWS)* [Diffusion MSI de NAVAREA VI via le système mondial d'avertissement de navigation (SMAN)], qui a rendu compte de la diffusion de l'avertissement national NAVAREA VI. L'Argentine a conseillé aux Parties d'informer les navigateurs et les organisateurs de croisières en Antarctique de la mise à disposition de formulaires pour signaler les nouvelles affectant la sécurité de la navigation dans NAVAREA VI. Elle a également demandé aux navigateurs d'informer le coordinateur de NAVAREA VI d'éventuelles anomalies et défaillances des signaux d'avertissement ou de toute autre information qu'ils jugeaient pertinente pour la diffusion d'un avertissement NAVAREA.

(294) L'Argentine a présenté le document IP 81 *AIS AtoN installation in the Antarctic by the Argentine Republic (2011-2023 Programme)* [Installation de l'AIS AtoN en Antarctique par la République d'Argentine (Programme 2011-2023)]. L'Argentine a invité les Parties à prendre note du développement de l'aide à la navigation (AtoN) du Système d'identification automatique (SIA), qui avait été déployée dans huit stations antarctiques argentines pour sauvegarder la vie humaine en mer tout en protégeant le milieu marin.

Elle a également demandé aux Parties d'informer les navigateurs et les opérateurs touristiques de la disponibilité de l'AtoN du SIA et que ces opérateurs informent le coordinateur NAVAREA VI de toute défaillance opérationnelle de l'AtoN du SIA, ou qu'ils partagent toute autre information pertinente pour l'amélioration du service.

(295) Le Chili a présenté le document d'information IP 83 *Report on the 25th edition of the Joint Antarctic Naval Patrol between Chile and Argentina – 2022/2023* [Rapport sur la 25e édition de la Patrouille antarctique navale conjointe entre le Chili et l'Argentine – 2022/2023], préparé conjointement avec l'Argentine. Il a fourni des informations sur les activités menées lors de la 25e édition de la Patrouille navale conjointe en Antarctique au cours de la saison antarctique 2022-23. Le document rendait compte des activités de recherche et de sauvetage, de secours, de surveillance de la pollution et de remédiation menées pour protéger la navigation et la vie humaine en mer, et pour maintenir les eaux exemptes de pollution. Le Chili a noté que les auteurs poursuivraient les patrouilles communes à l'avenir.

(296) La Bulgarie a présenté le document IP 147 *The First Operational Year of the New Bulgarian Research Vessel Sv. Sv. Kiril i Metodii (RSV 421)* [La première année opérationnelle du nouveau navire de recherche bulgare *Sv. Sv. Kiril i Metodii* (RSV 421)], qui rendait compte de l'acquisition du premier navire bulgare de recherche et d'étude sur l'Antarctique. La Bulgarie a décrit les activités menées au cours de la première année d'exploitation du navire, notant qu'elles avaient apporté plus de flexibilité au programme antarctique bulgare. La Bulgarie a indiqué que le navire naviguerait à nouveau vers les îles Shetland du Sud l'année suivante et était disponible pour soutenir la recherche scientifique et offrir un soutien logistique. Elle a exprimé sa gratitude aux Parties qui avaient soutenu la Bulgarie dans ses recherches et en logistique en Antarctique au cours des années précédentes.

(297) La Réunion a félicité l'Argentine et le Chili pour leurs efforts continus visant à maintenir cette activité en place pendant 25 ans dans la région de la péninsule, et la Bulgarie, pour l'acquisition de son navire de recherche et d'étude antarctique et a souligné la contribution précieuse qu'il apporterait à sa mission scientifique antarctique, à ses opérations et à la logistique.

(298) L'OHI a présenté le document IP 15 *Rapport de l'Organisation hydrographique internationale (OHI)*, qui décrit les activités menées par l'OHI dans le contexte de l'Antarctique, y compris celles liées à la Commission hydrographique de l'Antarctique (CHA) et les mises à jour de ses statuts pour aligner ses activités sur les objectifs de la RCTA. Elle a également informé la Réunion de l'évolution de la compilation de la deuxième version de l'ensemble de données de la Carte bathymétrique internationale de l'océan austral (IBCSO). L'OHI a souligné que des normes harmonisées étaient d'une grande importance. Elle a noté que, en raison du changement climatique, les zones non affrétées dans les régions polaires ont rendu difficile pour l'OHI le fait de fournir suffisamment de cartes actualisées pour un passage en toute sécurité. Elle a remercié l'IAATO d'avoir facilité les informations concernant les nouveaux itinéraires maritimes et a encouragé les Parties à partager toutes les données disponibles. L'OHI a informé la Réunion de l'adhésion de la Pologne, des Pays-Bas et de la Türkiye en tant qu'États membres, et a souhaité la bienvenue aux autres participants. Elle a également rendu compte d'une proposition de nouvelle résolution de l'OHI sur la reconnaissance de l'existence et des limites de l'océan Austral autour de l'Antarctique, laquelle a été soumise par la présidence de la CHA. L'OHI a noté qu'elle contenait un rapport cartographique et que les positions et commentaires nationaux seraient inclus dans la résolution. L'OHI a invité les Parties à participer à la prochaine Conférence de la CHA qui se tiendra en Italie en 2024.

(299) La Réunion a remercié l'OHI pour son rapport, prenant acte du caractère essentiel du travail de l'OHI pour assurer la sécurité de la navigation en Antarctique. Elle a souligné

l'importance d'un large échange d'informations entre toutes les Parties, organisations et opérateurs pour produire des cartes de haute précision des eaux antarctiques.

(300) L'Argentine a informé du fait que, lors de la réunion de l'OHI, elle avait exprimé la réserve suivante à la résolution de l'OHI sur la reconnaissance de l'océan Austral : « L'Argentine considère qu'il n'y a pas de fondement technique justifiant une référence distincte pour la zone dénommée 'océan Austral', qui correspond aux zones méridionales des océans Indien, Atlantique Sud et Pacifique Sud. En outre, compte tenu du caractère technique et consultatif de l'OHI, la présente résolution n'est pas destinée à fournir des conseils juridiques sur lesquels un individu, État membre de l'OHI ou une entité peut s'appuyer à des fins politiques ou juridiques, et ne doit pas être considérée comme telle. La déclaration est offerte sans préjudice ni limitation des vues de l'OHI ou de tout État membre de l'OHI concernant tout sujet ou question ».

(301) Le document suivant a également été soumis sous ce point de l'ordre du jour :

- IP 86 *COMNAP Search and Rescue (SAR) Workshop 5 (2023) (COMNAP)* [Atelier 5 du COMNAP sur la Recherche et le sauvetage (SAR) (2023) (COMNAP)].

(302) Les documents suivants ont été présentés au titre de ce point de l'ordre du jour :

- BP 20 *Informe sobre las tareas hidrográficas y de balizamiento desarrolladas en la Antártida* [Rapport sur les tâches hydrographiques et de balisage développées dans l'Antarctique] (Argentine).
- BP 23 *Fire Incident on the Research Vessel Akademik Fedorov and the Conclusions Drawn* [Incendie sur le navire de recherche *Akademik Fedorov* et conclusions tirées] (Fédération de Russie).
- BP 29 *New Research Vessel for the Russian Antarctic Expedition* [Nouveau navire de recherche pour l'expédition antarctique russe] (Fédération de Russie).
- BP 37 *The Seventh Turkish Antarctic Expedition (TAE-VII)* [La septième expédition antarctique turque (TAE-VII)] (Türkiye).
- BP 54 *41st Antarctic Operation (XLI OPERANTAR)* [41e opération antarctique (XLI OPERANTAR)] (Brésil).

Opérations et sécurité : Stations

(303) La Norvège a présenté le document IP 20 *Renewal of the Norwegian Troll Research Station, Dronning Maud Land* [Renouvellement de la station de recherche Troll, terre de la Reine-Maud], qui informait les Parties du futur développement de la station de recherche Troll. Elle a indiqué que le gouvernement norvégien avait décidé de planifier un renouvellement complet de la station en avril 2023. La Norvège a déclaré que la construction se poursuivrait pendant plusieurs saisons et que la nouvelle station de recherche Troll serait opérationnelle en 2030 au plus tôt. La Norvège a également déclaré qu'elle fournirait des informations supplémentaires dans les RCTA ultérieures et qu'elle achèverait une évaluation globale du processus de construction avec un plan à soumettre à la 28e réunion du CPE et à la 48e RCTA.

(304) Notant l'importance du sujet de modernisation des stations dans le plan de travail stratégique pluriannuel, la Réunion a demandé au Secrétariat de fournir un résumé des documents soumis sur la modernisation des stations antarctiques de 2016 à 2023.

(305) La Pologne a présenté le document IP 146 *Revitalization of the A. B. Dobrowolski Polish Antarctic Station (Bunger Hills, East Antarctica)* [Revitalisation de la station antarctique polonaise AB Dobrowolski (Bunger Hills, Antarctique oriental)]. Celui-ci détaillait l'inspection de l'infrastructure de la station Dobrowolski après 42 ans de non-utilisation dans le cadre d'une visite conjointe de quatre scientifiques polonais et de la

67e expédition antarctique russe qui a débuté en novembre 2021. La Pologne a déclaré qu'une fois tous les travaux nécessaires terminés, la station serait prête à servir de station d'été pour de futures expéditions. La Pologne a noté que les plans futurs pour la station prévoyaient l'installation d'un magnétomètre et d'un sismomètre automatiques et autonomes pour minimiser la présence humaine dans la zone.

(306) La Réunion a remercié la Pologne pour son document. Plusieurs Parties ont noté que, si la Pologne installait les stations automatiques proposées, il serait souhaitable de les inclure dans le SEEI.

(307) Les États-Unis ont présenté le document IP 123 *Improving Tools for Preventing and Responding to Sexual Assault and Sexual Harassment in the U.S. Antarctic Program* [Améliorer les outils de prévention et de réponse aux agressions sexuelles et au harcèlement sexuel dans le cadre du programme antarctique américain], qui a rendu compte d'une récente évaluation concluant que les agressions sexuelles, le harcèlement sexuel et le harcèlement étaient des problèmes persistants pour les personnes chargées du développement de ces outils. Les États-Unis ont décrit un vaste effort stratégique visant à renforcer les outils de prévention et d'intervention, non seulement pour le Programme antarctique des États-Unis, mais pour tous les sites de recherche où les travaux étaient financés par la Fondation nationale pour la science. Les États-Unis ont indiqué qu'ils étaient disposés à dialoguer avec d'autres Parties sur ce sujet important.

(308) En réponse à la question de savoir si la discussion sur l'égalité des sexes devrait être abordée dans le cadre des questions de diversité sous le point 15 de l'ordre du jour ou le point 6e (Questions générales), les États-Unis ont confirmé que la soumission de leur document au point à l'ordre du jour sur les opérations et la sécurité était volontaire. Ils ont souligné le fait que les agressions et le harcèlement sexuels concernaient la sécurité de toutes les personnes travaillant en Antarctique, et ont ajouté que les Parties pouvaient décider quand la question serait débattue.

(309) La Réunion a remercié les États-Unis d'Amérique pour leur document et pour avoir attiré l'attention sur le problème de sécurité important que représentaient les agressions et le harcèlement sexuels. Tout en reconnaissant sa pertinence pour les discussions sur la sécurité et les opérations, la Réunion a noté que des discussions plus approfondies auraient lieu sur ce sujet au titre du point 15.

(310) Les documents suivants ont été soumis au titre de ce point de l'ordre du jour et considérés comme présentés :

- IP 30 *Report on the Replacement of the Cape Shirreff Field Camp, Livingston Island, Antarctica* [Rapport sur le remplacement du campement éloigné du cap Shirreff, île Livingston, Antarctique] (États-Unis).
- IP 125 *The Antarctic Infrastructure Recapitalization (AIR) Program: An Enduring Approach to Maintaining and Modernizing Antarctic Stations* [Le programme de recapitalisation des infrastructures antarctiques (AIR) : une approche durable de la maintenance et de la modernisation des bases antarctiques] (États-Unis).

(311) Les documents suivants ont également été présentés au titre de ce point de l'ordre du jour :

- Document BP 12 *Update of the Information on the Progress of the Renovation of the Henryk Arctowski Polish Antarctic Station on King George Island, South Shetland Islands* [Mise à jour de l'information sur l'état d'avancement de la rénovation de la station antarctique polonaise Henryk Arctowski sur l'île du Roi-George, îles Shetland du Sud] (Pologne).
- BP 13 *Campaña Antártica de Verano 2022-2023 Estación T/N Ruperto Elichiribehety (ECARE)* [Campagne antarctique de l'été 2022-2023 station T/N Ruperto Elichiribehety] (Uruguay).

- BP 18 *Closing of the Arctowski Polish Antarctic Station for tourist traffic* [Fermeture de la station antarctique polonaise Arctowski au trafic touristique] (Pologne).
- BP 26 *Use of GSM Communication Equipment to Improve the Safety of the Russian Antarctic Expedition Activities* [Utilisation d'équipements de communication GSM pour améliorer la sécurité des activités de l'expédition antarctique russe] (Fédération de Russie).
- BP 27 *New Building Assembly Continues at Vostok Station in the Austral Summer of 2022/2023* [Le nouvel ensemble de construction se poursuit à la station de Vostok durant l'été austral 2022/2023] (Fédération de Russie).
- BP 44 *Equipamiento de la Sala de Mando y Control de la Estación Antártica Ecuatoriana "Pedro Vicente Maldonado" y su Utilidad* [Équipement de la salle de commande et de contrôle de la station antarctique équatorienne « Pedro Vicente Maldonado » et son utilité] (Équateur).
- BP 45 rev.1 *Ejecución de la XXVI Expedición Antártica Ecuatoriana (2022-2023)* [Réalisation de la XXVIe expédition antarctique équatorienne (2022-2023)] (Équateur).
- BP 47 *Remodelación de Módulo II de Servicios y Habitabilidad Durante la XXVI Expedición Antártica Ecuatoriana* [Restructuration du Module II des services et de l'habitabilité durant la XXVIe expédition antarctique équatorienne] (Équateur).
- BP 52 *Removal of the Antarctic Emergency Modules (MAE)* [Retrait des modules d'urgence antarctique (MAE)] (Brésil).
- BP 53 *Brazilian automated scientific modules in the Antarctica ice sheet CRIOSFERA 1 e 2* [Modules scientifiques automatisés brésiliens dans la couche de glace de l'Antarctique CRIOSFERA 1 et 2] (Brésil).

Enjeux liés à la gestion de la propagation des maladies infectieuses

(312) Les États-Unis ont présenté le document WP 3 *Surveillance et coordination pour la prévention et la détection de la grippe aviaire hautement pathogène en Antarctique*, qui a mis en évidence le plus grand déclenchement mondial de grippe aviaire hautement pathogène (GAHP) et son introduction potentielle en Antarctique. Les États-Unis ont indiqué qu'ils avaient élaboré et mis en œuvre des procédures pour détecter et prévenir l'introduction ou la propagation de la GAHP parmi les colonies d'oiseaux de mer et de mammifères marins. Ils ont encouragé les Parties à élaborer et à mettre en œuvre leurs propres procédures pour prévenir l'introduction ou la propagation de la GAHP par leurs programmes nationaux de recherche antarctique et à partager les informations sur les détections de GAHP en Antarctique. Ils ont également demandé que le SCAR fournisse au CPE et à la RCTA des mises à jour concernant les impacts potentiels de la GAHP sur les oiseaux et les mammifères indigènes de l'Antarctique.

(313) La Réunion a remercié les États-Unis pour leur document et exprimé son appui à leurs recommandations. Elle a encouragé les Parties à élaborer et à mettre en œuvre des procédures pour prévenir l'introduction ou la propagation de la GAHP par leurs programmes nationaux de recherche antarctique. Elle a également encouragé les Parties à partager les informations sur les détections de GAHP en Antarctique, y compris l'emplacement du déclenchement, les espèces et le nombre approximatif d'individus touchés, ainsi que les symptômes observés. Certaines Parties ont suggéré que les autorités compétentes pourraient engager d'autres discussions via le forum sur les communications entre les autorités nationales compétentes, hébergé sur le site Web du Secrétariat, afin de développer une approche commune.

(314) Certaines Parties ont rendu compte de leurs efforts pour détecter et prévenir la transmission du virus vers et à l'intérieur de l'Antarctique, notamment en introduisant des mesures liées à la GAHP dans leurs programmes antarctiques et leurs exigences nationales en matière de permis. Le Royaume-Uni s'est référé à son document IP 39 et le Chili à son document IP 122, qui fournissaient des informations sur les procédures utilisées pour prévenir l'introduction ou la propagation de la GAHP en Antarctique. La République de Corée s'est référée à son document IP 23 rev.1, qui appelait à une surveillance proactive et à un diagnostic rapide pour détecter la GAHP conformément aux protocoles établis par l'OMS et l'Organisation mondiale de la santé animale (OMSA).

(315) Le SCAR a souligné son travail avec le COMNAP et l'IAATO pour continuer à élaborer des conseils pratiques en vue d'identifier les cas suspects de GAHP et pour éliminer les risques associés au transfert direct du virus par l'activité humaine (IP 101). Il a indiqué que son groupe de travail sur la santé de la faune et flore sauvages en Antarctique continuerait à élaborer des conseils pratiques à ce sujet et que de nouveaux conseils seraient diffusés en 2024.

(316) Le COMNAP et l'IAATO ont exprimé leur volonté de poursuivre leur collaboration avec le Groupe de travail du SCAR sur la santé de la faune et flore sauvages en Antarctique. Le COMNAP a souligné que la GAHP était une maladie à déclaration obligatoire à l'échelle mondiale et que les pays avaient la responsabilité de signaler la maladie si elle apparaissait sur leur territoire. Il a également noté le fait que la maladie n'avait pas été identifiée à ce jour chez les espèces antarctiques, mais qu'il existait un risque élevé d'introduction par migration naturelle des espèces. L'IAATO a signalé qu'elle avait élaboré de nouvelles mesures de biosécurité liées à la GAHP en plus de ses procédures de biosécurité existantes, et a fait référence aux documents IP 51 et 52.

(317) La Réunion a accueilli ces mises à jour et a demandé que le SCAR fournisse à la 26e réunion du CPE et à la 46e RCTA une mise à jour concernant les impacts potentiels de la GAHP sur les oiseaux et les mammifères indigènes de l'Antarctique.

(318) Les documents suivants ont été soumis au titre de ce point de l'ordre du jour et considérés comme présentés :

- IP 18 *Présence du SARS-CoV-2 dans les eaux usées en Antarctique et évaluation des risques* (Chili).
- IP 23 rev.1 *Need for Rapid Detection of Avian Influenza Virus in Antarctic Wildlife* [Nécessité d'une détection rapide du virus de la grippe aviaire parmi la faune et flore sauvages antarctiques] (République de Corée).
- IP 24 *Scientific and Science-related Cooperation with the Antarctic Community and Responses to COVID-19* [Coopération scientifique et liée à la science avec la communauté antarctique et réponses à la COVID-19] (République de Corée).
- IP 39 *United Kingdom procedures for preventing the introduction or spread of Highly Pathogenic Avian Influenza in Antarctica* [Procédures du Royaume-Uni pour prévenir l'introduction ou la propagation de la grippe aviaire hautement pathogène en Antarctique] (Royaume-Uni).
- IP 101 *Heightened Risk of Avian Influenza in the Antarctic Treaty Area* [Risque accru de grippe aviaire dans la Zone du traité sur l'Antarctique] (SCAR, IAATO et COMNAP).
- IP 122 *Implementation for Behavioral Protocol in Antarctica and Monitoring for the Highly Pathogenic Avian Influenza (HPAI) Virus in the Magallanes Region* [Mise en œuvre du protocole comportemental en Antarctique et surveillance du

virus de la grippe aviaire hautement pathogène (GAHP) dans la région de Magallanes] (Chili).

Enjeux liés à la gestion des risques naturels

(319) Le SCAR a présenté le document IP 96 *Seismic activity and associated risk in Antarctica* [Activité sismique et risque associé en Antarctique]. En réponse à l'invitation de la Réunion (Résolution 7 [2021]) à présenter un rapport sur l'activité sismique en Antarctique, le document fournit des informations sur les causes et les emplacements de l'activité sismique en Antarctique ainsi que sur les risques sismiques associés. Le document comprend également un inventaire des stations de surveillance de l'activité sismique et recommande un soutien continu pour la surveillance et la recherche sismiques. Le SCAR a informé la Réunion qu'il continuait à travailler avec le COMNAP en vue d'améliorer les évaluations des risques sismiques à proximité des installations de recherche en Antarctique, et a recommandé la priorisation d'un certain nombre de régions avec des amas sismiques identifiés.

(320) Le COMNAP a présenté le document IP 85 *Natural Hazards Awareness in Antarctica: An update on the COMNAP project* [Sensibilisation aux risques naturels en Antarctique : un point sur le projet COMNAP], et a noté qu'il s'agissait d'une mise à jour du document XLIVe RCTA-WP 18. Le COMNAP a indiqué le fait que, au cours de la période intersessions, il avait invité les programmes nationaux de recherche antarctique à inclure des experts dans un groupe de collaboration technique chargé d'examiner les stations de surveillance sismique actuelles, d'identifier les lacunes dans les connaissances et d'améliorer l'échange d'informations pertinentes. Le COMNAP a indiqué qu'il avait également poursuivi sa collaboration avec le SCAR pour identifier l'activité sismique et les risques connexes en Antarctique.

(321) L'Espagne a présenté le document IP 99 *Renovation of the Deception Island Volcanic Surveillance Network* [Rénovation du réseau de surveillance volcanique de l'île de la Déception], qui souligne les activités de l'Espagne visant à mettre à jour et à compléter son réseau de surveillance volcanique déployé sur l'île de la Déception. Notant qu'elle surveillait les activités sismiques sur l'île de la Déception depuis 1986, l'Espagne signalait maintenant que son réseau de stations de surveillance avait désormais été relié de sorte que ses conclusions étaient accessibles en temps réel depuis Madrid. L'Espagne a également souligné le fait qu'elle menait sa surveillance sismique en étroite collaboration avec l'Argentine et que leurs autorités compétentes préparaient un accord de collaboration qui permettrait de poursuivre le partage d'informations sismiques et la coopération. L'Espagne a invité toutes les Parties à partager des informations similaires et à continuer d'établir ensemble des réseaux de surveillance régionaux.

(322) L'Argentine a présenté le document IP 130 rev.1 *Deployment of the first permanent Argentine Volcano Monitoring Network in Deception Island* [Déploiement du premier réseau permanent argentin de surveillance des volcans sur l'île de la Déception], qui résumait les efforts de l'Argentine pour installer son premier réseau permanent de surveillance volcanique sur l'île de la Déception. L'Argentine a souligné sa collaboration avec l'Espagne pour créer conjointement un réseau régional de surveillance, coordonner les activités de gestion et identifier et gérer les risques sismiques sur l'île. L'Argentine a également reconnu le processus en cours de signature d'un protocole d'accord sur la collaboration et a noté que l'activité de surveillance conjointe était non seulement utile en termes de science et de gestion du risque sismique dans les installations, mais qu'elle était également bénéfique pour le trafic aérien et naval et contribuait à la protection de la zone spécialement protégée de la région.

(323) La Réunion a remercié les auteurs de leurs documents et s'est félicitée de la collaboration fructueuse et soutenue pour améliorer la sécurité sur l'île de la Déception et ailleurs. Elle a encouragé toutes les Parties à poursuivre les discussions sur la gestion des risques

sismiques dans les installations antarctiques. La Réunion a également encouragé le partage d'informations sur leurs activités de surveillance sismique par le biais du SEEI.

Point 14 : Inspections effectuées en vertu du traité sur l'Antarctique et du Protocole relatif à la protection de l'environnement

(324) Le Royaume-Uni a présenté le document IP 46 *Report of Informal UK Government Inspection of Base A, Port Lockroy* [Rapport d'inspection informelle du gouvernement britannique de la base A, Port Lockroy], qui a rendu compte d'une inspection informelle du gouvernement britannique de la base A, Port Lockroy, entreprise en février 2023. Le Royaume-Uni a noté qu'il inspectait périodiquement les opérations qu'il autorisait et considérait que ce rapport pouvait intéresser d'autres Parties.

Point 15 : Questions scientifiques, défis scientifiques à venir, coopération et facilitation scientifiques

Questions scientifiques et défis scientifiques à venir

(325) Les États-Unis ont présenté le document WP 9 *Les États-Unis reconnaissent le manchot empereur comme espèce menacée et offrent une protection supplémentaire aux manchots empereurs*, qui a fourni des informations sur la désignation et la protection, en novembre 2022, du manchot empereur comme espèce menacée par les États-Unis en vertu de la *Loi sur les espèces en voie de disparition*. Les États-Unis ont souligné le fait que cette désignation était basée sur les meilleures informations scientifiques, techniques et commerciales disponibles, qui comprenaient une estimation selon laquelle, d'ici 2050, la taille de la population mondiale diminuerait de 26 à 47 pour cent et que l'impact du changement climatique sur la glace de mer, qui fournissait un habitat de reproduction à l'espèce, était la principale menace pour le manchot. Ils ont souligné que la désignation offrait au manchot empereur des protections en plus de celles de la *United States Antarctic Conservation Act* [Loi sur les espèces en voie de disparition]. Les États-Unis ont recommandé que la RCTA encourage les Membres à :

- noter que la législation nationale des membres peut contribuer à la protection des espèces antarctiques menacées ;
- mettre en œuvre le projet de Plan d'action pour les espèces spécialement protégées de l'Antarctique pour le manchot empereur, joint au document XLIVe RCTA-WP 34 ; et à
- indiquer les résultats des recherches récentes sur le statut du manchot empereur à la 46e RCTA afin de réexaminer la désignation du manchot empereur comme espèce spécialement protégée en vertu de l'annexe II au Protocole.

(326) De nombreuses Parties ont regretté que la XLIVe RCTA n'ait pas désigné le manchot empereur comme une espèce spécialement protégée de l'Antarctique. Certaines Parties ont indiqué qu'elles cherchaient à appliquer le statut d'espèce protégée au manchot empereur dans leur législation nationale et utilisaient le projet de plan d'action du document XLIVe RCTA-WP 34 comme orientation pour soutenir leurs actions. Plusieurs Parties ont souligné le fait que la protection du manchot empereur relevait de la responsabilité de la RCTA dans son ensemble. Plusieurs Parties ont réaffirmé leur point de vue selon lequel les preuves scientifiques concernant les impacts du changement climatique sur les manchots, fournies par les Parties, le CPE et le SCAR étaient d'un niveau suffisamment élevé pour désigner le manchot empereur comme une espèce spécialement protégée de l'Antarctique lors de cette réunion.

(327) L'IAATO a noté qu'un récent examen de routine de ses procédures opérationnelles pour visiter les colonies de manchots empereurs, jointes à l'IP 51, s'appuyait sur le projet de

Plan d'action pour les espèces spécialement protégées de l'Antarctique. Elle a également rappelé à la Réunion qu'elle avait mis en place des procédures pour éviter le passage des navires dans la banquise côtière à proximité des environnements côtiers et de plateforme glaciaire, sauf pour des raisons de sécurité ou avec l'autorisation appropriée d'une autorité nationale compétente.

(328) La Chine a remercié les États-Unis pour leur document et a attiré l'attention sur la conclusion scientifique du projet de Plan d'action pour les espèces spécialement protégées de l'Antarctique jointe au document XLIVe RCTA-WP 34 selon lequel, à l'exception de la réduction prévue de la glace de mer due au changement climatique, d'autres menaces terrestres et marines connues et émergentes affectant le manchot empereur étaient considérées comme relativement faibles, voire négligeables, et que des recherches et une surveillance scientifiques supplémentaires étaient nécessaires pour informer le CPE et la RCTA afin de décider des mesures à prendre en ce qui concerne le statut du manchot empereur. La Chine a noté que l'annexe II du Protocole relatif à la protection de l'environnement protégeait déjà le manchot empereur et qu'il était trop tôt pour désigner le manchot empereur comme une espèce spécialement protégée de l'Antarctique.

(329) La Réunion a exprimé son large soutien à la recommandation selon laquelle les Parties prennent note du fait que leur législation nationale peut contribuer à la protection des espèces antarctiques menacées. Elle a également encouragé les Parties à rendre compte des récents résultats de recherche sur le statut du manchot empereur à la XXVIIe réunion du CPE. Prenant note de la recommandation de mettre en œuvre le projet de Plan d'action pour les espèces spécialement protégées de l'Antarctique pour le manchot empereur, joint au document XLIVe RCTA-WP 34, de nombreuses Parties ont exprimé leur soutien et ont indiqué qu'elles continueraient à prendre des mesures conformes au projet de plan.

(330) L'Allemagne a présenté le document IP 59 *International Science & Infrastructure for Synchronous Observation (Antarctica InSync)* [Science et infrastructure internationales pour l'observation synchrone (Antarctica InSync)], préparé en collaboration avec l'Australie, la France, l'Italie, la Norvège, le Royaume-Uni et les États-Unis. Elle a présenté une proposition de mission d'observation scientifique synchrone (*Antarctica InSync*) pour évaluer les liens entre la glace, l'océan, le climat, l'environnement et la vie, y compris les pressions humaines. L'Allemagne a expliqué que la phase préparatoire d'*Antarctica InSync* commencerait en 2024 par une série d'ateliers visant à identifier et à coordonner les activités et les missions de terrain panantarctiques à mener lors de la phase de mise en œuvre (2027-2029). Les résultats d'*Antarctica InSync* seraient signalés en 2030 à la fin de la Décennie internationale de l'océan, ce qui contribuerait également aux préparatifs de la 5e Année polaire internationale 2032-33. L'intention était de solliciter les contributions logistiques de tous les programmes nationaux de recherche antarctique via le COMNAP. Elle a également souligné que la mission était prévue en étroite collaboration avec le SCAR et serait enregistrée en tant que programme thématique à vocation régionale dans le cadre de la Décennie des Nations Unies pour les sciences océaniques au service du développement durable, le SCAR agissant en tant que Centre de collaboration de la Décennie des Nations Unies (CCD) pour l'océan Austral. L'Allemagne a souligné le fait que des recherches simultanées, menées par toutes les disciplines autour de l'Antarctique avec des approches similaires, des méthodes communes et des objectifs partagés, n'avaient pas été menées dans cette région au niveau proposé.

(331) La Réunion a félicité l'Allemagne et les coauteurs pour cette proposition. De nombreuses Parties ont exprimé leur intérêt à soutenir et à participer à *Antarctica InSync*, notant son ampleur et son importance, et le fait qu'il favorisait la coopération internationale et avait le potentiel de produire un ensemble incroyable de données. La Réunion a également noté que la participation au projet n'était pas limitée aux pays disposant de leur propre

infrastructure mais était ouverte à toutes les Parties et qu'un niveau de participation plus élevé conduirait à de meilleurs résultats.

(332) La France a présenté le document IP 74 *The Ice Memory Programme* [Le programme Mémoire de glace], préparé conjointement avec l'Italie, qui a fourni une mise à jour sur le programme Mémoire de glace et répondu aux questions soulevées par les Parties lors de la XLIVe réunion du CPE. Elle a noté que la première phase du programme était en cours et qu'elle consistait en la collecte de carottes glaciaires des couches profondes de glaciers importants menacés avant qu'ils ne perdent leur capacité à conserver l'histoire environnementale dans des conditions optimales. La seconde phase du programme consisterait en le stockage à long terme de ces carottes glaciaires pour les futures générations de scientifiques à la base Concordia. La France a souligné le fait que les procédures opérationnelles comprendraient des garanties pour prévenir tout risque de contamination par des espèces non indigènes. Un stockage supplémentaire à température négative fournirait la meilleure garantie d'empêcher toute libération de contenu microbien de l'intérieur des carottes glaciaires dans le milieu environnant. La France a expliqué que ces conditions étaient naturellement réunies sur le plateau Antarctique, où se trouvait la base Concordia, et où la température ambiante ne dépassait jamais 0 °C. Elle a en outre noté que l'empreinte carbone créée par le stockage des carottes glaciaires en Antarctique serait un tiers de celle créée par leur stockage en Europe.

(333) La Réunion a remercié la France et l'Italie pour leur document et leurs réponses aux questions soulevées lors de la XXIVe RCTA. De nombreuses Parties ont exprimé leur intérêt à soutenir le projet. Tout en félicitant les auteurs pour leur projet visionnaire, les États-Unis ont noté qu'ils ne pouvaient pas participer en raison de leur engagement envers leur propre programme de stockage de carottes glaciaires pour assurer l'accessibilité à leur communauté de recherche.

(334) En réponse aux préoccupations soulevées concernant les risques d'introduction d'espèces non indigène et les coûts logistiques, la France a indiqué qu'elle traiterait ces questions directement avec toutes les Parties concernées.

(335) L'Italie a présenté le document IP 84 *Progress of the activities of the Beyond EPICA Oldest Ice project* [Avancement des activités du projet Beyond EPICA Oldest Ice], préparé conjointement avec la France, l'Allemagne, les Pays-Bas, la Norvège, la Suède et le Royaume-Uni. Le document a fourni une synthèse de l'activité en cours dans le cadre du projet Beyond EPICA, qui avait plusieurs parties en commun avec le programme Ice Memory (IP 74). L'Italie a expliqué que l'objectif du projet Beyond EPICA était d'extraire une carotte glaciaire continue du substratum rocheux de l'Antarctique pour obtenir le plus long enregistrement climatique connu de la planète, produisant potentiellement 1,5 million d'années de gaz à effet de serre et de données de rétroaction climatique. Le projet a été financé par le cadre européen Horizon 2020 et a impliqué 16 institutions scientifiques de dix pays d'Europe et d'ailleurs. Jusqu'à présent, le projet avait mené trois campagnes sur le terrain et son équipe internationale avait atteint la profondeur de 800 mètres, obtenant des informations climatiques datant de jusqu'à 50 000 ans. L'Italie a indiqué qu'une partie de cette carotte glaciaire avait été traitée à la base Concordia, tandis qu'une autre partie était transférée en Europe pour une analyse plus approfondie.

(336) La Réunion a félicité l'Italie et les coauteurs pour le succès continu du projet Beyond EPICA et a accueilli la mise à jour avec enthousiasme. Elle a noté l'importance scientifique du projet et le fait que l'accès aux données passées sur les conditions climatiques et le changement climatique fournirait des informations inestimables pour les efforts en cours visant à modéliser les conditions futures. Cela fournirait la base pour

communiquer l'urgence et la réalité du changement climatique aux décideurs et au grand public.

(337) De nombreuses Parties ont indiqué leur soutien à long terme au projet et ont applaudi la coopération positive qu'elles avaient observée entre les chercheurs du projet. Les auteurs du document ont également réaffirmé leur engagement à continuer en tant que participants au projet.

(338) Le document suivant a été soumis au titre de ce point de l'ordre du jour et considéré comme présenté :

- IP 49 *SCAR Lecture: "Satellite-based science and the changing nature of what it means to "explore" Antarctica"* [Conférence du SCAR : « La science basée sur les satellites et la nature changeante de ce que signifie 'explorer' l'Antarctique »] (SCAR).

(339) Les documents suivants ont été présentés au titre de ce point de l'ordre du jour :

- BP 30 *"LOSUMEA": Local Surface Energy Balance Measurements in East Antarctica* [« LOSUMEA » : Mesures locales du bilan énergétique de surface dans l'Antarctique oriental] (Suisse).
- BP 31 *Can Snow Change the Fate of Antarctic Sea Ice?* [La neige peut-elle changer le destin de la glace de mer antarctique ?] (Suisse).

Coopération scientifique et facilitation

(340) Le SCAR a présenté le document IP 50 *Plans for a fifth International Polar Year 2032/33* [Plans pour une cinquième Année polaire internationale 2032/33], et a signalé que, depuis 2021, un groupe de planification intérimaire avait entamé des discussions préliminaires pour planifier une cinquième API en 2032-2033. Le SCAR a noté le fait que, en plus du Comité international des sciences de l'Arctique (IASC) et du SCAR, les efforts de planification initiaux étaient soutenus par l'OMM, le Conseil scientifique international (ISC), l'université de l'Arctique, l'Association internationale des sciences sociales de l'Arctique, l'Association des scientifiques polaires en début de carrière (APECS) et d'autres partenaires du monde entier représentant les deux pôles.

(341) L'OMM a présenté le document IP 28 *Further Plans of the Year of Polar Prediction in the Southern Hemisphere (YOPP-SH) and Completion of the Polar Prediction Project* [Nouveaux plans de l'Année de la prévision polaire dans l'hémisphère sud (YOPP-SH) et achèvement du projet de prévision polaire]. Elle a résumé les activités récentes entreprises dans la région antarctique dans le cadre du projet de prévision polaire (PPP) du Programme mondial de recherche sur la prévision du temps (PMRPT) de l'OMM, qui a officiellement pris fin en 2022 mais dont les activités se poursuivront jusqu'en 2023. L'OMM a noté que le PMRPT avait approuvé un projet de suivi, connu sous le nom d'analyse et de prévision couplées polaires pour les services, qui devait commencer en 2024. Le nouveau projet poursuivra les efforts de recherche dans les régions de l'Arctique et de l'Antarctique, en mettant l'accent sur les sciences physiques et sociales. L'OMM a également indiqué qu'elle avait nommé une nouvelle Secrétaire générale, Celeste Saulo d'Argentine, première femme à occuper ce poste.

(342) La Réunion a remercié le SCAR et l'OMM pour leurs documents et pour leur travail de préparation d'une cinquième API.

(343) Le Portugal a présenté le document IP 33 *Scientific use of Remotely Piloted Aircraft Systems (RPAS) in Antarctica: a review* [Utilisation scientifique des systèmes d'aéronef pilotés à distance (RPAS) en Antarctique : un examen], préparé conjointement avec l'Allemagne et le Royaume-Uni. Il a présenté un résumé d'un récent examen complet concernant l'utilisation des RPAS pour les activités scientifiques en Antarctique. Les auteurs ont noté l'augmentation prévue de l'utilisation des RPAS pour la recherche en

Antarctique et ont encouragé : une recherche plus collaborative sur les RPAS ; des efforts continus pour minimiser les impacts environnementaux associés ; le partage des données de recherche ; et l'examen et la mise à jour réguliers des documents de politique et des lignes directrices existants, si nécessaire. Le Portugal a remercié ses coauteurs et a appelé à une coopération internationale renforcée sur l'utilisation des RPAS.

(344) La République de Corée a présenté le document IP 29 *The 4th Basic Plan for the Promotion of Research Activities in Antarctica of the Republic of Korea (2022-2026)* [Le 4e Plan de base pour la promotion des activités de recherche en Antarctique de la République de Corée (2022-2026)], qui a rendu compte du plan de base coréen pour la promotion des activités de recherche en Antarctique 2022-26. La République de Corée a souligné le fait que le but du Plan était de promouvoir les activités de recherche dans l'Antarctique et l'océan Austral pour contribuer au développement de la science et de la technologie qui aideraient à comprendre les systèmes terrestres. Elle a souligné le fait que ces travaux renforceraient son rôle en tant que Partie consultative et a réitéré ses travaux sur le changement climatique.

(345) La République de Corée a présenté le document IP 87 *The First Basic Plan for the Promotion of Polar Activities of the Republic of Korea (2023-2027)* [Le premier plan de base pour la promotion des activités polaires de la République de Corée (2023-2027)], qui a présenté un plan d'action quinquennal décrivant la vision et la stratégie du gouvernement coréen pour favoriser les activités de recherche en Antarctique ainsi que dans l'Arctique, notamment en fixant des objectifs pour la recherche scientifique, en contribuant à la protection de l'environnement et en formant des experts en recherche polaire. La République de Corée a déclaré qu'elle prévoyait d'étendre son programme polaire et a réitéré son engagement à être un partenaire fiable.

(346) L'Australie a présenté le document IP 88 *Update on the Australian Antarctic Strategy and 20 Year Action Plan and major initiatives* [Mise à jour sur la stratégie antarctique australienne et le plan d'action sur 20 ans et les principales initiatives] et a indiqué que sa stratégie et son plan d'action mis à jour ont identifié un certain nombre d'activités visant à renforcer davantage les opportunités pour la science antarctique. L'Australie a souligné son intérêt accru pour la science des couches de glace, les impacts mondiaux des changements climatiques et l'Antarctique ainsi que le rôle de l'océan Austral dans le système climatique mondial. Le document mettait en évidence de nouvelles mesures et rendait compte des progrès d'initiatives majeures, notamment le brise-glace ultramoderne, RSV *Nuyina*, la capacité de traversée de l'Australie pour soutenir le forage d'une carotte glaciaire d'un million d'années, le développement de nouvelles sciences marines dans l'océan Austral et une installation de recherche sur le krill à Hobart. Le document a également souligné l'accent mis par l'Australie sur la gestion environnementale en Antarctique et le soutien à Hobart en tant que porte d'entrée de l'Antarctique. L'Australie a déclaré qu'elle attendait avec intérêt de discuter de sa nouvelle stratégie et de son nouveau plan d'action avec les Parties intéressées.

(347) La Türkiye a présenté le document IP 136 *Ecuadorian Projects completed within the Seventh Turkish Antarctic Expedition and signing of a Memorandum of Understanding between the Scientific and Technological Research Council of Türkiye (TÜBİTAK) Marmara Research Center (MAM) Polar Research Institut (PRI) and the Oceanographic and Antarctic Institute of the Navy (INOCAR) Ecuador on Scientific Cooperation in Antarctic Research* [Projets équatoriens achevés dans le cadre de la septième expédition antarctique turque et signature d'un protocole d'accord entre le Conseil de recherche scientifique et technologique de Türkiye (TÜBİTAK), le Centre de recherche de Marmara (MAM), l'Institut de recherche polaire (IRP) et l'Institut océanographique et antarctique de la marine (INOCAR) et l'Équateur sur la coopération scientifique dans la recherche antarctique]. Le document décrit la coopération entre l'Équateur et la Türkiye en 2022, y compris la signature d'un protocole d'accord entre leurs agences nationales, axé sur la coopération scientifique dans la recherche antarctique. La Türkiye a noté que

la collaboration scientifique et logistique a amélioré la coopération internationale des États et a réduit leur empreinte carbone en Antarctique.

(348) La Türkiye a présenté le document IP 142 *A Memorandum of Understanding between the Ministry of Science, Technology and Innovation of the Federative Republic of Brazil and the Scientific and Technological Research Council of Türkiye* [Un protocole d'accord entre le ministère de la Science, de la Technologie et de l'Innovation de la République fédérative du Brésil et le Conseil de la recherche scientifique et technologique de Türkiye]. Le document a fourni des informations sur la signature d'un protocole d'accord entre le ministère brésilien de la Science, de la Technologie et de l'Innovation et le Conseil de la recherche scientifique et technologique de Türkiye (TÜBİTAK) pour promouvoir la coopération dans le domaine de la recherche polaire. La Türkiye a reconnu l'intérêt commun des pays à explorer les opportunités partagées pour résoudre les problèmes mondiaux au profit de l'humanité.

(349) Le Brésil a remercié la Türkiye pour son document et a réaffirmé son engagement à renforcer la coopération entre les deux pays.

(350) La Türkiye a présenté le document IP 137 *Signing of a Memorandum of Understanding and Scientific Cooperation between the Republic of Chile and Türkiye* [Signature d'un protocole d'accord et de coopération scientifique entre la République du Chili et la Türkiye], qui a fourni des informations sur la signature d'un protocole d'accord entre le Chili et la Türkiye sur la coopération en matière de recherche polaire, et a rendu compte du soutien scientifique et éducatif du Chili à un chercheur turc pour mener des recherches sur le terrain ainsi qu'à des lycéens à des fins d'éducation et de sensibilisation au cours de la saison 2022-23.

(351) Le Chili a remercié la Türkiye pour son document et a réitéré son soutien à leurs activités scientifiques conjointes sur l'Antarctique.

(352) La Réunion a encouragé les Parties à poursuivre la mise à jour du SEEI avec de nouveaux accords formels de coopération dans l'Antarctique.

(353) Les documents suivants ont été soumis au titre de ce point de l'ordre du jour et considérés comme présentés :

- IP 47 *Summary of SCAR's Strategic Plan 2023-2028* [Résumé du plan stratégique du SCAR 2023-2028] (SCAR).
- IP 104 *Update on the Southern Ocean contribution to the United Nations Decade of Ocean Science for Sustainable Development* [Mise à jour sur la contribution de l'océan Austral à la Décennie des Nations Unies pour les sciences océaniques au service du développement durable] (SCAR), préparé conjointement avec la Belgique, l'IAATO, les Pays-Bas et l'OMM.
- IP 147 *The First Operational Year of the New Bulgarian Research Vessel Sv. Sv. Kiril i Metodii (RSV 421)* [La première année opérationnelle du nouveau navire de recherche bulgare *Sv. Sv. Kiril i Metodii* (RSV 421)] (Bulgarie).

(354) Les documents suivants ont été présentés au titre de ce point de l'ordre du jour :

- BP 1 rev.3 *Antarctic research accomplishments acquired under cooperation between Romania and Republic of Korea 2015-2020* [Capacités acquises par la recherche antarctique dans le cadre de la coopération entre la Roumanie et la République de Corée 2015-2020] (Roumanie).
- BP 21 *The 20th Council of Managers of National Antarctic Programs (COMNAP) Symposium (2023)* [Le 20e Colloque du Conseil des directeurs des programmes nationaux de recherche antarctique (COMNAP) (2023)] (COMNAP).
- BP 33 *Scientific Cooperation between Belarus and Türkiye in Antarctica* [Coopération scientifique entre le Bélarus et la Türkiye en Antarctique] (Türkiye).

- BP 34 *Colombian Project Completed within the Seventh Turkish Antarctic Expedition* [Projet colombien achevé dans le cadre de la septième expédition antarctique turque] (Colombie, Türkiye).
- BP 35 *Czechia-Türkiye Scientific and Logistical Collaboration in Antarctica* [Collaboration scientifique et logistique entre la Tchéquie et la Türkiye en Antarctique] (Tchéquie, Türkiye).
- BP 36 *Spain-Türkiye Scientific Collaboration in Antarctica* [Collaboration scientifique et logistique entre l'Espagne et la Türkiye en Antarctique] (Espagne, Türkiye).
- BP 46 *Nuevos Ejes de Investigación Antártica Implementados Desde el 2022* [Nouveaux axes de recherche en Antarctique mis en œuvre depuis 2022] (Équateur).
- BP 53 *Brazilian automated scientific modules in the Antarctica ice sheet CRIOSFERA 1 e 2* [Modules scientifiques automatisés brésiliens dans la couche de glace de l'Antarctique CRIOSFERA 1 et 2] (Brésil).

Problèmes de diversité dans la recherche scientifique en Antarctique

(355) Le Royaume-Uni a présenté le WP 10 *Promouvoir la diversité et l'inclusion parmi les opérateurs et les expéditions en Antarctique.* Rappelant un projet pilote réussi d'un Code de conduite visant à encourager tous les opérateurs et expéditions antarctiques britanniques au cours de la saison 2022-23 à s'engager volontairement à promouvoir les questions d'équité, de diversité et d'inclusion, le Royaume-Uni a proposé que la RCTA envisage d'autres moyens d'implémenter son désir que toute personne travaillant sur les questions antarctiques se sente en sécurité, bien accueillie, respectée et exempte de discrimination. En plus d'encourager les Parties, les Observateurs et les Experts à continuer de partager leurs expériences et les meilleures pratiques sur les activités et initiatives pertinentes concernant l'équité, la diversité et l'inclusion (EDI), le Royaume-Uni a recommandé aux Parties d'envisager d'élaborer des plans de mise en œuvre de l'EDI. Le Royaume-Uni a également proposé que l'engagement de la RCTA à promouvoir l'EDI soit reflété sur le site Web du Secrétariat. Il a suggéré que cela pourrait être réalisé en incluant un nouveau sujet dans la rubrique « À propos » concernant l'« Équité, diversité et inclusion ». Une fois créée, cette page pourrait être régulièrement mise à jour au fur et à mesure que la RCTA continue de discuter de ces questions importantes, et fournir des liens renvoyant aux travaux du SCAR, du COMNAP et d'autres organismes dans ce domaine.

(356) La Réunion a remercié le Royaume-Uni pour son document et a souligné l'importance d'aborder et de promouvoir l'EDI en Antarctique. La Réunion a mis en avant la nécessité de promouvoir les efforts collectifs et nationaux pour garantir que toute personne travaillant sur les questions antarctiques soit en sécurité, bien accueillie, respectée et exempte de discrimination. De nombreuses Parties ont exprimé un large soutien aux recommandations du document.

(357) Plusieurs Parties et Observateurs ont partagé leurs expériences dans la promotion et la mise en œuvre de l'EDI dans leurs programmes nationaux, notamment : en oeuvrant pour atteindre et promouvoir la parité entre les sexes ; en créant des institutions nationales axées sur le genre et l'inclusion ; en recrutant des femmes dans des rôles clés de gestion de l'Antarctique ; en rédigeant des protocoles et des procédures qui favorisent des environnements de travail sûrs et équitables ; en promouvant l'éducation et la sensibilisation liées à l'EDI ; et en élaborant des codes de conduite et de meilleures pratiques EDI avec leurs programmes nationaux. Le Chili a fait référence à son document IP 17 sur les actions mises en œuvre par l'Institut antarctique chilien (INACH) pour faire progresser la parité femmes-hommes au sein de son personnel antarctique et leur offrir des espaces sûrs, exempts de violence et de discrimination.

(358) Le SCAR et le COMNAP ont exprimé leur volonté de partager des informations et des meilleures pratiques sur les activités relatives à l'EDI et de fournir des liens pertinents vers les sites Web de leurs secrétariats, comme demandé.

(359) Alors que de nombreuses Parties ont exprimé leur soutien à la recommandation d'inclure un nouveau sujet sur l'EDI sur le site Web du Secrétariat, la Fédération de Russie a noté que la RCTA n'avait pas encore déterminé les définitions ou les meilleures pratiques disponibles concernant l'EDI. Jusqu'à ce que des travaux supplémentaires soient menés sur cette question, la Fédération de Russie considérait qu'il était prématuré d'inclure un nouveau sujet lié à l'EDI sur le site Web du Secrétariat. En réponse à une suggestion selon laquelle le libellé convenu lors des RCTA précédentes pourrait être utilisé à la place sur le site Web, la Fédération de Russie a déclaré que le système existant d'opérations antarctiques supposait des conditions sûres et non discriminatoires pour tous les chercheurs antarctiques et qu'il était inapproprié de remettre cela en question.

(360) Certaines Parties ont déclaré que, compte tenu des nombreux documents de la RCTA soumis à propos de l'EDI, ainsi que des preuves existantes et des travaux entrepris par le COMNAP et le SCAR, il n'était pas possible de conclure qu'il n'y avait pas de problèmes liés à l'EDI en Antarctique.

(361) La Réunion s'est conclue par un accord sur la recommandation d'encourager les Parties, les Observateurs et les Experts à continuer de partager les expériences et les meilleures pratiques sur les activités et initiatives pertinentes en matière d'EDI, et d'envisager d'élaborer des plans de mise en œuvre de l'EDI. La Réunion n'est pas parvenue à un consensus concernant la recommandation de refléter l'engagement de la RCTA à promouvoir l'EDI sur le site Web du Secrétariat.

(362) L'Espagne a présenté le document WP 33 *La stratégie de sensibilisation à l'égalité, à la diversité et à l'inclusion adressée au personnel participant aux campagnes antarctiques* et a noté qu'elle avait élaboré de nombreuses mesures législatives ces dernières années pour promouvoir l'EDI. Dans le contexte antarctique, l'Espagne a présenté un cours sur l'EDI dans son programme de formation obligatoire pour les participants aux activités antarctiques espagnoles. La formation visait à consolider les concepts de base liés à l'égalité, à reconnaître et à prendre en compte la diversité, à garantir l'égalité des droits, des responsabilités et des chances, et à faciliter le passage d'une inégalité légitimée à un droit fondamental qui doit être effectivement garanti. L'Espagne a recommandé que les Parties incorporent des objectifs similaires dans leurs cours de formation pour leur personnel antarctique.

(363) La Réunion a félicité l'Espagne pour l'exemple qu'elle a donné en prenant des mesures pour promouvoir l'EDI dans ses recherches et opérations en Antarctique. De nombreuses Parties ont fait écho aux sentiments de l'Espagne et ont rendu compte de leurs efforts pour élaborer des politiques et des programmes de formation similaires sur l'EDI. La Réunion a réaffirmé que la lutte contre la discrimination et les comportements répréhensibles connexes en Antarctique constituait un défi permanent qui nécessitait une coopération et une action soutenues de la part de toutes les Parties.

(364) La Réunion a soutenu les recommandations de l'Espagne demandant aux Parties d'intégrer les objectifs de l'EDI dans leurs cours de formation pour leur personnel antarctique.

(365) L'Équateur a présenté le document IP 131 *Vinculación de la mujer en el Programa Técnico, Científico y Ambiental de la XXVI Expedición Antártica Ecuatoriana* [Lien de la femme avec le Programme technique, scientifique et environnemental de la XXVIe expédition antarctique équatorienne]. L'Équateur a indiqué que, dans les phases du processus d'examen et de sélection, le paramètre relatif à la parité entre les sexes avait été inclus dans la sélection des projets de recherche. Cela a permis une large participation des femmes à la campagne antarctique équatorienne. Les protocoles de la marine équatorienne ont également été appliqués dans les cas de discrimination et de

harcèlement à l'égard des femmes. Cela avait abouti à une large participation féminine et à la parité femmes-hommes dans l'expédition.

(366) La Türkiye a présenté le document IP 126 *Gender equality action plan & practices of TÜBİTAK MAM Polar Research Institute* [Plan d'action et pratiques pour l'égalité des sexes de l'Institut de recherche polaire TUBITAK MAM], qui a rendu compte du plan d'action en faveur de l'égalité des sexes élaboré par le Conseil de la recherche scientifique et technologique de Türkiye (TÜBİTAK). La Türkiye a mis en avant ses formations obligatoires avant l'expédition, qui couvraient la violence sexiste, le harcèlement et les agressions sexuels, ainsi que les procédures établies pour signaler la violence ou le harcèlement sexiste lors des expéditions nationales en Antarctique.

(367) L'Australie a présenté le document IP 144 *Diversity and inclusion in the Australian Antarctic program* [Diversité et inclusion dans le programme antarctique australien], qui a fourni une mise à jour sur les travaux en cours pour améliorer la diversité et l'inclusion dans le programme antarctique australien. Parmi les faits saillants de l'année précédente en Australie, mentionnons : un nouveau conseil de réforme du respect et de l'égalité ; le renforcement de l'obligation de prévenir les comportements inacceptables et les dommages au travail ; la création d'une culture de signalement sûre qui garantit un soutien et aucune conséquence négative ; des installations pour soutenir un « espace sûr indépendant » ; des ressources supplémentaires pour fournir des conseils, un soutien et une réponse aux incidents ; la sensibilisation à la nature et aux conséquences de l'intimidation, du harcèlement et de la discrimination ; une formation pour tout le personnel dans les biais inconscients et les obligations de spectateur ; une formation pour tous les dirigeants afin d'aborder les comportements inacceptables et d'apporter un soutien ; l'élimination des obstacles à la progression en fonction du sexe ou de l'origine ; des installations et équipements de travail en Antarctique conçus pour la sécurité, l'inclusion et le respect ; et la collaboration internationale pour prévenir les accidents du travail en Antarctique.

(368) La Réunion a remercié les auteurs pour leurs documents sur l'EDI et a encouragé les Parties à présenter leurs plans et programmes en matière d'EDI à la prochaine RCTA, en particulier celles qui ne l'avaient pas encore fait.

(369) Les documents suivants ont également été soumis au titre de ce point de l'ordre du jour et considérés comme présentés :

- IP 17 *Perspective et actions en matière d'égalité des sexes dans l'expédition scientifique en Antarctique de l'Institut antarctique chilien* (Chili).
- IP 77 *The SCAR Equality, Diversity and Inclusion Action Group* [Le groupe d'action du SCAR sur l'égalité, la diversité et l'inclusion] (SCAR).
- IP 107 *Initiatives to Increase Accessibility and Inclusion in Antarctic Research* [Initiatives visant à accroître l'accessibilité et l'inclusion dans la recherche antarctique] (États-Unis).

Principales activités scientifiques et résultats des programmes nationaux

(370) La République de Corée a présenté le document IP 24 *Scientific and Science-related Cooperation with the Antarctic Community and Responses to COVID-19* [Coopération scientifique et liée à la science avec la communauté antarctique et réponses à la COVID-19]. Elle a rapporté que la station King Sejong avait accueilli 120 visiteurs coréens et internationaux de 31 groupes de recherche et d'experts au cours de la campagne d'été 2022-23, et que la science des écosystèmes était au centre des recherches dans les zones proches de la station. La station de Jang Bogo a accueilli soixante-dix scientifiques et experts de plusieurs disciplines menant des recherches scientifiques dans la mer de Ross et le nord de la terre Victoria. Elle a également décrit les mesures qu'elle a prises pour gérer la pandémie de COVID-19, lesquelles comprenaient la vaccination, les tests

et la mise en quarantaine avant d'entrer dans la station ou en Antarctique, ainsi qu'un isolement strictement géré avec des soins et des traitements médicaux. La République de Corée a aussi noté son étroite coopération avec de nombreux programmes nationaux de recherche antarctique, en particulier avec ceux de la Nouvelle-Zélande, du Chili, de l'Italie et des États-Unis, et a affirmé son intérêt à approfondir la collaboration avec les Parties dans l'Antarctique.

(371) Les États-Unis ont présenté le document IP 31 rev.1 *ASPAs 152/153: Western Bransfield Strait and Dallmann Bay: Highlights of Scientific Research Results* [ZSPA 152/153 : détroit de Western Bransfield et baie de Dallmann : faits saillants des résultats de la recherche scientifique], qui a mis en évidence la recherche sur les populations de poissons uniques dans la ZSPA 152 (détroit de Western Bransfield) et la ZSPA 153 (baie de Dallmann). Reconnues comme un habitat important et de ponte probable pour plusieurs espèces de poissons, ces ZSPA ont été établies en 1991 en tant que sites d'intérêt scientifique particulier pour protéger les communautés dynamiques de poissons et benthiques qui s'y trouvent. Les États-Unis ont encouragé les Parties à collaborer à la conduite d'activités scientifiques dans la région.

(372) L'Australie a présenté le document IP 71 *Australian Antarctic Science Program Highlights 2022-23* [Faits saillants du programme scientifique antarctique australien 2022-23], qui a fourni des informations sur les principales activités et résultats du programme scientifique antarctique australien en 2022-23. L'Australie a collaboré avec 23 pays au cours de la saison. Les faits saillants de la recherche comprenaient : la récupération des premières carottes glaciaires d'essai sur le site du projet de carotte glaciaire d'un million d'années ; la participation à l'Année internationale de la prévision polaire dans l'hémisphère sud ; l'établissement d'un campement éloigné dans les Bunger Hills pour soutenir la prochaine campagne terrestre Denman ; et des travaux sur le terrain dans les trois stations continentales australiennes pour soutenir la science climatique, la surveillance de la faune et flore sauvages ainsi que la protection et la gestion de l'environnement. L'élaboration du plan décennal australien pour la science et les nouvelles initiatives, la surveillance de l'Antarctique oriental et l'Antarctique oriental numérique intégré signifieraient que l'Australie était bien placée pour tirer parti de la science rendue possible par le nouveau brise-glace *RSV Nuyina.*

(373) Le Japon a présenté le document IP 133 *Progress of glaciological research activities at the Dome Fuji II Camp* [Avancement des activités de recherche glaciologique au camp Dôme Fuji II], qui décrit les récentes recherches sur le terrain et les activités associées dans la région du dôme Fuji. L'expédition japonaise de recherche en Antarctique (JARE), en collaboration avec des partenaires internationaux, a mené des études sur le terrain pour localiser un nouveau site pour creuser la plus ancienne carotte glaciaire du camp Dôme Fuji II. Le projet visait à contribuer directement au projet IPICS Oldest Carotte Glaciaire, qui énonçait le besoin de plusieurs carottes glaciaires, partageant le même objectif avec la France, l'Italie et l'Australie.

(374) Le Japon a présenté le document IP 134 *Japan's Antarctic Research Highlights 2022 – 23* [Faits saillants de la recherche antarctique du Japon 2022-23], qui a présenté les différentes activités de recherche menées par le Japon l'année dernière autour de la zone de la station de Syowa, avec un accent particulier sur trois thèmes majeurs : l'Année de la prévision polaire dans l'hémisphère sud ; la reconstruction des fluctuations de l'inlandsis de l'Antarctique oriental et des mécanismes de fonte rapide de la couche de glace ; ainsi que l'élucidation des mécanismes des fluctuations de la glace de mer dans la lisière des glaces, la zone de banquise et la banquise côtière.

(375) L'Équateur a présenté le document IP 138 *Programa Técnico, Científico y Ambiental y la Cooperación Científica en la XXVI Expedición Antártica Ecuatoriana* [Le programme technique, scientifique et environnemental et la coopération scientifique lors de la XXVIe expédition antarctique équatorienne], qui rendait compte des activités de recherche menées par l'Équateur l'année dernière autour de la zone de la base Pedro

Maldonado et d'autres stations antarctiques. L'Équateur a noté que ces projets se concentraient sur les domaines de la science antarctique liés aux risques climatiques, à l'acidification des océans, à la caractérisation océanographique, géologique et biologique, aux microplastiques, à l'analyse des métaux lourds et à l'adaptation psychologique.

(376) L'Équateur a présenté le document IP 139 *Cuantificación de la Contaminación por Macro y Microplásticos en el Área de Influencia de la Estación Científica Pedro Vicente Maldonado-Isla Greenwich (2023-2025)* [Quantification de la pollution par macro et microplastiques dans la zone d'influence de la base scientifique de Pedro Vicente Maldonado- île Greenwich (2023-2025)], qui résumait un projet d'évaluation et de quantification des déchets plastiques dans la zone autour de la base de Pedro Maldonado.

(377) L'Équateur a présenté le document IP 140 *Informe sobre la Modelización de Ecosistemas Antárticos con Técnicas de Machine-Learning y sus Perspectivas Futuras* [Rapport sur la modélisation d'écosystèmes antarctiques au moyen de techniques d'apprentissage automatique et leurs perspectives d'avenir]. Celui-ci ébauchait un projet qui a appliqué des techniques de modélisation mathématique et d'apprentissage automatique pour étudier la dynamique des écosystèmes de l'Antarctique près du camp de recherche scientifique de la Türkiye sur l'île Horseshoe.

(378) L'Équateur a présenté le document IP 143 *Exploración de Factores Bióticos y Abióticos en el Efecto de la Acidificación Oceánica sobre Calcificadores Antárticos* [Exploration de facteurs biotiques et abiotiques sur l'effet de l'acidification océanique sur les organismes calcificateurs de l'Antarctique], qui a rendu compte d'un projet visant à déterminer la réponse des espèces et des écosystèmes à la variabilité naturelle ou induite des paramètres physico-chimiques associés à l'acidification des océans.

(379) Le Canada a présenté le document IP 12 *Le point sur l'engagement du Canada en Antarctique* et a rappelé qu'il était impliqué dans la recherche scientifique dans l'Antarctique depuis plus de 100 ans, et que des chercheurs canadiens avaient rédigé environ 1 500 articles de revues scientifiques sur la science de l'Antarctique et de l'océan Austral. Il a mis en évidence quatre thèmes de haut niveau du Cadre du programme de recherche en Antarctique du Canada : l'état et le devenir de l'inlandsis de l'Antarctique et l'élévation du niveau de la mer à l'échelle mondiale ; l'Antarctique dans le Système climatique mondial ; l'Antarctique en tant que plateforme pour observer les conditions météorologiques spatiales et l'univers ; et les effets anthropiques sur l'environnement antarctique et leur atténuation au moyen de la conservation, des technologies pour les régions froides et des solutions d'infrastructure verte. Le Canada a reconnu la nécessité d'accroître la collaboration scientifique pour relever les défis communs dans l'Antarctique et a indiqué qu'il continuerait d'accroître son engagement avec les partenaires et les intervenants internationaux.

(380) Le Canada a présenté le document IP 112 *Faire progresser la recherche sur l'Antarctique grâce aux sciences et technologies spatiales canadiennes*, qui énonçait les contributions importantes du programme spatial canadien qui avait permis la recherche antarctique dans une variété de domaines de recherche scientifique prioritaires. Le document discute de la façon dont les données satellitaires canadiennes ouvertes et disponibles ont contribué à la collaboration et à la coordination internationales sur la recherche en Antarctique, y compris la surveillance continue de l'environnement et le changement climatique. Il a souligné qu'au cours des 28 années d'exploitation de RADARSAT I et II au Canada, un ensemble unique de données avait été recueilli. Il a également décrit les activités supplémentaires du programme spatial canadien et son impact potentiel sur les futures études et recherches sur l'Antarctique.

(381) La Suisse a présenté le document IP 110 *DEAIS: Changes in the Drainage Pattern of the East Antarctic Ice Sheet through Time* [Changements dans le schéma de drainage de l'inlandsis de l'Antarctique oriental au fil du temps], qui décrit les activités de recherche

des scientifiques du groupe de recherche en géologie glaciaire de l'université de Berne à la station antarctique belge Princesse Élisabeth. Les scientifiques se sont concentrés sur les changements dans le drainage de l'inlandsis de l'Antarctique oriental en réponse au forçage climatique et à l'abaissement de la surface de glace associé au fil du temps. La Suisse a indiqué que les résultats préliminaires ont montré que les masses de glace sur le plateau élevé et le foreland inférieur ont commencé à se séparer il y a entre trois et un million d'années, ce qui suggère que, depuis lors, la glace sur le plateau et le foreland avaient réagi différemment et indépendamment des changements climatiques. La Suisse a remercié la Belgique et la Türkiye pour leur coopération sur ce projet.

(382) Le document suivant a été soumis au titre de ce point de l'ordre du jour et considéré comme présenté :

- IP 26 *First inventory of unintentional persistent organic pollutants emission in Antarctica* [Premier inventaire des émissions non intentionnelles de polluants organiques persistants en Antarctique] (Bélarus).

(383) Les documents suivants ont également été présentés au titre de ce point de l'ordre du jour :

- BP 2 *Overview of Dutch research into Antarctic tourism* [Aperçu de la recherche néerlandaise sur le tourisme en Antarctique] (Pays-Bas).
- BP 4 *Resumen de la Campaña Antártica de Verano 2022-2023 del Programa Nacional Antártico de Uruguay* [Résumé de la campagne antarctique d'été 2022-2023 du programme national antarctique uruguayen] (Uruguay).
- BP 5 *Nuevas publicaciones del Instituto Antártico Chileno* [Nouvelles publications de l'Institut antarctique chilien] (Chili).
- BP 10 *Malaysia's Activities and Achievements in Antarctic Reasearch and Diplomacy* [Activités et réalisations de la Malaisie en matière de diplomatie et de recherche en Antarctique] (Malaisie).
- BP 19 *Finland's research activities in the Antarctic* [Les activités de recherche de la Finlande dans l'Antarctique] (Finlande).
- BP 37 *The Seventh Turkish Antarctic Expedition (TAE-VII)* (La septième expédition antarctique turque [TAE-VII]) (Türkiye).
- BP 38 *Turkish Polar Science Workshop (2022/2023 Update)* [Atelier turc sur les sciences polaires (mise à jour de 2022/2023)] (Türkiye).
- BP 39 *Scientific Contributions of Türkiye to Antarctic Research (2022/2023 Update)* [Contributions scientifiques de la Türkiye à la recherche antarctique (mise à jour de 2022/2023)] (Türkiye).
- BP 40 *Avances del proyecto de investigación "Efecto del estrés térmico agudo sobre la diversidad y las características Funcionales de la microbiota asociada a Microspio moorei (Polychaeta; Spionidae) de la Isla Rey Jorge, Península Antártica"* [Progrès du projet de recherche intitulé « Effet du stress thermique aigu sur la diversité et les caractéristiques fonctionnelles de le microbiote associé à l'espèce Microspio moorei (Polychaeta; Spionidae) de l'île du Roi-George, péninsule Antarctique »] (Colombie).
- BP 41 *IX Expedición* Antártica *de Colombia - IX EAC* [IXe expédition antarctique colombienne - IXe EAC] (Colombie).
- BP 43 *Ejecución de la Mesa Redonda "Influencia de la Academia en el Desarrollo de la Investigación Antártica Latinoamericana"* [Réalisation de la table ronde « Influence de l'académie dans le développement de la recherche latino-américaine en Antarctique »] (Équateur).

- BP 49 *Implementación de Comité Científico Ecuatoriano de la Comisión para la Conservación de los Recursos Vivos Marinos Antárticos (CCE-CCVRMA)* [Mise en place du Comité scientifique équatorien de la Commission pour la conservation des ressources marines vivantes de l'Antarctique] (Équateur).
- BP 51 *Vigésimo Novena Expedición Científica del Perú a la Antártida - ANTAR XXIX* [Vingt-neuvième expédition scientifique du Pérou en Antarctique] (Pérou).
- BP 54 *41st Antarctic Operation (XLI OPERANTAR)* [41e opération antarctique (XLI OPERANTAR)] (Brésil).

Point 16 : Répercussions du changement climatique sur la gestion de la Zone du traité sur l'Antarctique

(384) Les documents relatifs au changement climatique ont été examinés au titre du point 6c de l'ordre du jour. Par conséquent, aucun document n'a été présenté au titre de ce point de l'ordre du jour.

Point 17 : Tourisme et activités non gouvernementales dans la zone du Traité sur l'Antarctique, y compris les questions relatives aux autorités compétentes

Politique et gestion

(385) Les Pays-Bas ont présenté le document WP 13 *Processus dédié à l'élaboration d'un cadre global et systématique pour le tourisme en Antarctique et autres activités non gouvernementales,* préparé conjointement avec la Belgique, la Finlande, la France, l'Allemagne, l'Inde, la Nouvelle-Zélande, la Norvège, la Pologne, l'Espagne, la Türkiye et le Royaume-Uni. Ils ont attiré l'attention sur une réunion informelle des Parties et des Experts, tenue du 8 au 10 mars 2023 à Paris, France, sur une vision stratégique et un programme politique pour le tourisme en Antarctique (IP 11), à la suite de la précédente réunion informelle tenue à Rotterdam en 2019. Les Pays-Bas ont déclaré que les préoccupations liées à la croissance, à la diversification et à la conformité concernant le tourisme en Antarctique et à d'autres activités non gouvernementales ne pouvaient pas toutes être résolues par l'industrie et les autorités nationales compétentes. Les auteurs ont indiqué qu'un processus de négociation spécifique était nécessaire pour s'éloigner de l'approche fragmentaire actuelle et passer à un cadre plus complet et cohérent pour la gestion du tourisme au niveau international selon les valeurs et principes du Système du traité sur l'Antarctique. Les auteurs ont suggéré qu'une série de réunions consultatives spéciales du traité sur l'Antarctique soient organisées pour élaborer un cadre complet et cohérent pour la gestion du tourisme et autres activités non gouvernementales en Antarctique.

(386) La Réunion a remercié les auteurs pour leur article. Les participants ont exprimé leur gratitude à la France et aux Pays-Bas pour l'organisation de l'atelier informel et ont noté la large participation qu'il avait attirée.

(387) La Réunion a noté la reprise de la croissance rapide du nombre de visiteurs suite à la pandémie mondiale, la poursuite de la diversification des activités touristiques et l'expansion spatiale. À la lumière de ces tendances, de nombreuses Parties se sont inquiétées de l'éventualité que les impacts cumulés dans l'ensemble puissent être plus que mineurs ou transitoires, ont noté qu'il était essentiel d'assurer la sécurité et ont confirmé l'urgence d'agir sur ces questions. Il a également été noté qu'il était important que les Parties qui n'avaient pas encore ratifié la Mesure 4 (2004) et la Mesure 15 (2009) le fassent dès que possible afin qu'elles puissent entrer en vigueur.

(388) Tout en reconnaissant la série d'accords, mesures, résolutions et lignes directrices applicables au tourisme et aux activités non gouvernementales, y compris le Protocole relatif à la protection de l'environnement, la Mesure 4 (2004), la Mesure 15 (2009) et la Résolution 7 (2009), et que ces mesures avaient permis d'atténuer les impacts du

tourisme, de nombreuses Parties ont noté l'absence d'une approche holistique de la gestion et de la réglementation du tourisme, et ont exprimé leur inquiétude quant au fait qu'une approche fragmentaire de la gestion des problèmes liés au tourisme ne suffisait plus. De nombreuses Parties ont noté les avantages d'une approche coordonnée et stratégique pour mettre en place un cadre, et ont appuyé les recommandations du document de travail. Les Parties ont noté le fait que le processus proposé offrirait l'occasion d'examiner l'ensemble des problèmes et des défis d'une manière holistique. Certaines Parties ont noté que les discussions devraient être étayées par des informations et une approche pragmatique et prudente.

(389) Plusieurs Parties ont suggéré que les cinq piliers mentionnés dans le document WP 13 – à savoir la gestion de la croissance et de la diversification, la surveillance, la conformité et l'application, et la gouvernance globale – pourraient être utilisés pour orienter les discussions ultérieures. Les Parties ont également souligné : le besoin de plus de données relatives aux tendances du tourisme ; la nécessité d'une meilleure coopération entre les activités nationales et non gouvernementales ; les défis associés au recours massif à l'autorégulation par l'industrie du tourisme ; les questions découlant d'activités spécifiques, y compris le tourisme terrestre soutenu par les airs, la nécessité d'examiner les tendances par rapport aux autres activités humaines en Antarctique, y compris celles des programmes nationaux de recherche antarctique ; et les avantages découlant du tourisme en Antarctique, y compris l'éducation des visiteurs et la création d'ambassadeurs pour l'Antarctique. L'ASOC et l'UICN ont remercié les sponsors du WP 13 et soutenu le développement d'un cadre pour la gestion du tourisme afin de s'assurer que ce dernier est compatible avec les valeurs de l'Antarctique, maintenant et à long terme.

(390) Un certain nombre de délégations ont noté les avantages d'organiser les discussions ciblées proposées dans le cadre de la RCTA ordinaire, notamment pour aider à assurer l'équité de la participation, ainsi que la participation des organisations d'observateurs et d'experts de la RCTA.

(391) Des suggestions ont été faites pour des ateliers intersessions virtuels ou hybrides informels, qui pourraient être organisés par les Parties à l'avance afin de soutenir la préparation de la première réunion proposée, et pour que les parties consultatives élaborent et échangent des propositions à l'avance. Certaines préoccupations ont été soulevées concernant le format des ateliers intersessions, les différences de fuseaux horaires et le personnel limité, qui pourraient affecter le fonctionnement d'un atelier hybride ou virtuel.

(392) La Réunion est convenue d'organiser un processus intensif dédié aux discussions sur l'élaboration d'un cadre complet et cohérent pour la réglementation du tourisme et d'autres activités non gouvernementales en Antarctique, et a décidé de convoquer un groupe de travail spécial de la RCTA qui tiendrait sa première réunion de deux jours à la 46e RCTA. La Réunion a observé que, idéalement, le groupe de travail spécial ne devrait pas aller à l'encontre des autres sessions de la RCTA et du CPE. La Réunion est convenue que le groupe de travail spécial serait temporaire et que ses travaux pourraient prendre un certain nombre d'années compte tenu de son objectif d'élaborer un cadre complet et cohérent pour la réglementation du tourisme et d'autres activités non gouvernementales en Antarctique. La Réunion a encouragé les Parties à tenir compte des grandes difficultés posées par la capacité limitée et les différents fuseaux horaires des Parties avant de proposer d'organiser un atelier ou d'autres événements préparatoires.

(393) La Réunion a adopté la Décision 6 (2023) *Processus dédié à l'élaboration d'un cadre gloal systématique pour le tourisme en Antarctique et autres activités non gouvernementales.*

(394) Les Pays-Bas ont présenté le document WP 4 *Infrastructures soutenant le tourisme et d'autres activités non gouvernementales en Antarctique.* Ils ont rappelé que la

XLIVe RCTA était convenue de poursuivre le GCI sur les installations permanentes pour le tourisme et autres activités non gouvernementales en Antarctique. Les Pays-Bas, en tant que pays animateur, ont indiqué que le GCI avait dressé un inventaire des infrastructures permanentes et semi-permanentes actuellement utilisées ou co-utilisées pour le tourisme et autres activités non gouvernementales, et avait échangé des vues sur les préoccupations éventuelles concernant ces installations, y compris : les impacts cumulatifs sur les écosystèmes et les valeurs de nature sauvage ; un aménagement insuffisant du territoire pour empêcher l'expansion des infrastructures ; les risques d'effets négatifs sur la recherche scientifique et les valeurs scientifiques de l'Antarctique ; l'affirmation potentielle des droits de propriété et des concepts connexes ; la complexité des structures de propriété et des questions connexes, par exemple en matière de responsabilité ; l'augmentation du trafic aérien et des émissions connexes ; et des préoccupations concernant les interventions de recherche et de sauvetage.

(395) Les Pays-Bas ont proposé que la RCTA mette à jour le plan de travail stratégique pluriannuel avec un certain nombre de questions prioritaires connexes et adopte une résolution sur les infrastructures pour le tourisme et autres activités non gouvernementales en Antarctique. La Résolution proposée établirait, grâce aux informations échangées par les parties à l'aide du SEEI, un référentiel d'informations sur les infrastructures soutenant le tourisme et d'autres activités non gouvernementales en Antarctique, avec un rapport résumé accessible au public. La Résolution recommande également que les Parties mettent tout en œuvre pour empêcher, et non pas autoriser, les permis ou approuver l'expansion du tourisme et d'autres activités non gouvernementales :

- nouvelles situations dans lesquelles les stations de recherche permettent une utilisation conjointe pour le tourisme et autres activités non gouvernementales ;
- augmenter la taille ou la capacité des infrastructures permanentes existantes pour le tourisme ou autres activités non gouvernementales ;
- mettre en œuvre de nouvelles infrastructures semi-permanentes et temporaires pour le tourisme ou autres activités non gouvernementales.

(396) En outre, la Résolution recommanderait que les Parties, pour les infrastructures permanentes existantes, envisagent de fixer un ratio maximal de membres du personnel du programme national de recherche antarctique par rapport aux touristes, et ne permettent pas une expansion supplémentaire de l'utilisation conjointe pour le tourisme et d'autres activités non gouvernementales ; et que les Parties, lors de l'établissement ou de l'autorisation de nouvelles installations pour le soutien scientifique logistique, indiquent clairement et le plus tôt possible dans le processus si l'utilisation conjointe pour le tourisme et/ou d'autres activités non gouvernementales était jugée appropriée et, le cas échéant, qu'elles identifient une limite au niveau de cette co-utilisation.

(397) La Réunion a remercié les Pays-Bas pour son document et pour avoir organisé les débats du GCI. De nombreuses Parties ont indiqué qu'il était souhaitable d'aborder les questions liées à l'infrastructure liée au tourisme et aux autres activités non gouvernementales en Antarctique. Plusieurs Parties ont souligné le fait que les recommandations proposées pourraient promouvoir la transparence en matière d'activités touristiques, ont noté qu'elles étaient conformes à l'objectif consistant à empêcher le tourisme d'avoir plus qu'un impact provisoire et ont souligné l'importance de suivre une approche de précaution. Même si certaines Parties étaient d'accord avec l'idée de travailler sur un inventaire, elles n'étaient pas d'accord avec le reste de la proposition.

(398) La Réunion a discuté de la proposition d'inclure plusieurs points comme priorités dans le Plan de travail stratégique pluriannuel, mais n'a pas décidé de le faire à ce stade. Par rapport à un point, il a été suggéré que la Résolution 3 (2022) *Sécurité aérienne en Antarctique* avait été adoptée à la suite de discussions complexes, et qu'il n'était pas opportun de rouvrir les débats liés au trafic aérien. Les travaux déjà en cours ou prévus,

y compris le cinquième atelier du COMNAP à venir sur la recherche et le sauvetage, ont également été notés.

(399) La Réunion a soutenu l'utilisation de l'échange d'informations à partager concernant les infrastructures utilisées à des fins touristiques et non gouvernementales dans l'Antarctique, mais un certain nombre de questions ont été soulevées concernant la façon dont cela pourrait être fait de manière simple et claire, et sans créer d'exigences de compte rendu fastidieuses. Des suggestions ont été faites pour mieux définir les types et les caractéristiques des infrastructures, y compris leur capacité et leurs dimensions. Certaines Parties ont également noté que l'utilisation du SEEI était en baisse et ont rappelé aux Parties leur responsabilité de soumettre et de mettre à jour les informations dans le SEEI.

(400) Il a été suggéré que les inspections au titre du traité sur l'Antarctique et du Protocole relatif à la protection de l'environnement pourraient également fournir des informations pertinentes sur les infrastructures utilisées à ces fins, notant la Résolution 3 (2010) qui aidait les Parties à effectuer des inspections en fournissant des listes de contrôle. Certaines Parties ont évoqué le rôle des processus d'évaluation d'impact sur l'environnement, menés au titre de l'annexe I du Protocole en tant qu'outils spécifiques pour traiter les infrastructures en Antarctique.

(401) Il a été noté qu'il ne serait pas souhaitable de faire double emploi avec les efforts du COMNAP en ce qui concerne la collecte et la présentation d'informations sur les installations antarctiques. Certaines Parties ont également suggéré que des discussions plus approfondies étaient nécessaires pour comprendre l'intention d'établir des ratios entre le personnel du programme national de recherche antarctique et les touristes. Il a également été suggéré que, étant donné que la Résolution 5 (2022) traitait de questions relatives aux infrastructures permanentes utilisées exclusivement à des fins touristiques, il ne serait pas judicieux de revenir sur ces discussions à ce stade.

(402) Certaines Parties ont noté que l'utilisation de certaines infrastructures à des fins touristiques et non gouvernementales, par exemple les visites de stations, contribuait à la sensibilisation des visiteurs et à une meilleure compréhension. Certaines Parties ont également noté qu'il ne serait pas souhaitable d'empêcher les investissements dans des installations ayant des incidences moindres sur l'environnement, telles que des installations temporaires, en limitant indûment ces infrastructures, car cela pourrait entraîner la poursuite d'activités ayant des incidences plus importantes.

(403) L'IAATO a réaffirmé que ses membres n'étaient pas intéressés par la promotion ou la construction d'infrastructures permanentes en Antarctique. Elle a noté que l'établissement d'installations permanentes en Antarctique serait contraire aux statuts de l'IAATO et menacerait la nature sauvage et les valeurs esthétiques qui incitaient de nombreux touristes à visiter l'Antarctique.

(404) L'ASOC a accueilli favorablement la proposition énoncée dans le document WP 4 comme première étape, notant qu'une approche commune concernant les infrastructures entre les Parties était essentielle, et a encouragé la poursuite des discussions sur les infrastructures semi-permanentes ainsi que l'utilisation des stations de recherche à des fins touristiques et non gouvernementales.

(405) Les Pays-Bas ont exprimé leur respect pour la position de chaque Partie. Ils déplorent également le fait qu'aucune prise de décision substantielle n'ait été possible à la suite de l'adoption de la Résolution proposée. Les Pays-Bas ont réitéré leur point de vue selon lequel le tourisme était une question urgente et ont indiqué qu'ils attendaient avec intérêt de poursuivre la coopération en la matière.

(406) De nombreuses Parties ont exprimé leur déception quant à l'incapacité à atteindre un consensus sur le projet de résolution. Rappelant la Résolution 7 (2009), les Parties ont souligné le fait que le tourisme ne devrait pas être autorisé à contribuer à la dégradation

à long terme de l'environnement de l'Antarctique. Elles ont noté l'importance d'élaborer un cadre global et cohérent, tout en garantissant l'adoption de mesures sur la base d'une approche de précaution, le cas échéant, ainsi que l'utilisation de tous les moyens et instruments disponibles dans le protocole et le Système du traité sur l'Antarctique. Elles ont également souligné le fait que tous les outils appropriés devraient être utilisés pour une gestion efficace du tourisme en Antarctique.

(407) La Réunion est convenue de continuer à examiner ces questions et a encouragé les Parties intéressées à travailler ensemble et à présenter des propositions lors d'une prochaine réunion, le cas échéant.

(408) La France a présenté le document WP 19 *Mesures urgentes à prendre concernant certaines activités touristiques et non gouvernementales* et fait référence à l'IP 11 *Workshop "The future of Antarctic tourism: towards a strategic vision and policy program", 8-10 March 2023, Paris – Chair's report* [Atelier « L'avenir du tourisme en Antarctique : vers une vision stratégique et un programme politique », 8-10 mars 2023, Paris – rapport de la présidence], tous deux préparés conjointement avec les Pays-Bas. À la lumière de l'évolution rapide de l'Antarctique et des activités touristiques en Antarctique, la France a souligné la nécessité d'agir rapidement pour résoudre les problèmes urgents liés au tourisme en Antarctique, tels que ceux liés à des activités touristiques spécifiques. La France a noté que la proposition était parallèle à la proposition du document WP 13, et que l'objectif était de prendre des mesures urgentes sur ces questions à court terme, tandis que des discussions à plus long terme étaient en cours. Le document proposait une résolution recommandant aux Parties d'exiger que les opérateurs s'abstiennent de quatre types d'activités : camping de nuit dans les 20 sites les plus visités ; toute activité hors navire à partir de navires transportant plus de 500 passagers ; utiliser des hélicoptères ou des véhicules terrestres motorisés (sauf en cas d'urgence ou pour améliorer la sécurité des personnes) ; et atterrir sur des sites non couverts par les lignes directrices spécifiques aux sites de la RCTA ou de l'IAATO et visites de sites qui n'ont jamais fait l'objet d'activités touristiques ou d'activités non gouvernementales.

(409) La France a déclaré que la Résolution permettrait de garantir plus facilement le respect des règles du STA, d'assurer l'homogénéité entre les autorités compétentes dans la manière dont elles traitent ces activités, de leur fournir des orientations et un soutien dans la conduite de leurs processus nationaux au titre de l'annexe 1 du Protocole relatif à la protection de l'environnement, et d'aborder les impacts des activités humaines pour les zones soumises à d'autres pressions telles que la perte de glace de mer. La France a également déclaré qu'à son avis, la Résolution ne devrait pas avoir d'impact sur les activités des opérateurs responsables, mais simplement empêcher certaines tendances potentiellement indésirables.

(410) Les Pays-Bas, en tant que coauteur du document, ont souligné que le but de la proposition était de prendre des mesures concrètes et de répondre au sentiment d'urgence partagé par tous. Tout en notant que le tourisme pouvait être bon pour la sensibilisation aux valeurs de l'Antarctique, les Pays-Bas ont souligné le fait que les Parties devraient veiller à ce qu'il n'ait qu'un impact provisoire sur l'environnement de l'Antarctique. Ils ont souligné le fait que les vols en hélicoptère avaient des impacts (bruit, émissions, notamment noir de carbone) et permettaient aux opérateurs d'accéder à des zones reculées, les rendant plus accessibles et posant de nouveaux défis.

(411) La Réunion a remercié la France et les Pays-Bas pour leur document. Plusieurs Parties ont exprimé leur soutien à la Résolution proposée et ont souligné la nécessité de prendre des mesures immédiates et d'adopter une approche de précaution. Certaines Parties se

sont particulièrement félicitées de la proposition de limiter les hélicoptères et les véhicules motorisés à des fins récréatives.

(412) Plusieurs Parties ont suggéré que certains points de la proposition nécessitaient un examen plus approfondi. Certaines Parties ont noté le fait que les EIE étaient particulièrement importantes dans le cadre de l'autorisation des activités touristiques et devraient être menées de manière rigoureuse. Quant au camping de nuit, il a été noté que certains des vingt sites les plus visités étaient considérés comme adaptés aux activités de courte durée, comme indiqué dans leurs lignes directrices sur les sites, et qu'encourager de telles activités à se produire ailleurs pourrait avoir des effets indésirables. Certaines Parties considéraient que le camping de nuit était traité de manière adéquate par les lignes directrices existantes et les processus d'EIE, une approche site par site étant préférable. En ce qui concerne les efforts pour réduire l'utilisation de véhicules motorisés, il a été noté que cela pourrait encourager l'utilisation d'aéronefs comme alternative, ce qui pourrait avoir un impact plus important.

(413) Se référant à leur document IP 145, les États-Unis ont noté qu'ils étaient conscients de l'intérêt pour les activités qui contourneraient l'interdiction de débarquement des passagers des navires transportant plus de 500 passagers, contenue dans la Mesure 15 (2009), et ont soutenu l'adoption d'une Résolution qui renforcerait l'intention de la Mesure 15 (2009) de garantir que ces navires mènent des activités de croisière uniquement.

(414) La Réunion a adopté la Résolution 4 (2023) *Mesures urgentes à prendre concernant certaines activités touristiques et non gouvernementales*.

(415) Le coprésident du groupe de travail 2, le Dr Phillip Tracey (Australie), a présenté le document IP 91 *Competent authorities discussion forum on tourism regulatory activities: report by the convener* [Forum de discussion des autorités compétentes sur les activités de réglementation du tourisme : rapport de l'organisateur], rappelant que la XLIIe RCTA a établi un forum permanent en ligne permettant aux autorités nationales compétentes de discuter des activités de réglementation du tourisme et d'échanger des connaissances et des expériences. Il a rendu compte des discussions pendant la période intersessions. L'Australie a encouragé les Parties à inviter leurs autorités compétentes à participer au forum.

(416) Les États-Unis ont présenté le document IP 145 *Preventing a Potential Circumvention of Measure 15 (2009)* [Empêcher un possible contournement de la Mesure 15 (2009)]. Ils ont noté qu'un opérateur avait demandé des conseils sur d'éventuelles activités qui semblaient être conçues pour contourner les restrictions contenues dans la Mesure 15 (2009), qui interdisait aux organisateurs de voyages d'effectuer des débarquements en Antarctique à partir de navires transportant plus de 500 passagers. Des avis ont été sollicités sur une proposition de transfert de passagers vers un navire plus petit non soumis à cette restriction, ou vers d'autres options similaires. Les États-Unis ont noté qu'ils décourageaient fortement ce contournement et ont encouragé les Parties à envisager la possibilité d'un contournement lors de l'examen des expéditions proposées par les opérateurs dans la Zone du traité sur l'Antarctique et à agir pour défendre les dispositions et l'intention de la Mesure 15 (2009).

(417) La Réunion a remercié les États-Unis pour les informations fournies dans leur document.

(418) Soulignant l'importance de se conformer à la Mesure 15 (2009), l'IAATO a fait remarquer qu'elle soulèverait la question de cet intérêt potentiel à contourner certains aspects de la Mesure 15 (2009) à ses membres.

(419) L'ASOC a présenté le document IP 116 *Slow Antarctic Tourism* [Tourisme lent en Antarctique] qui, s'appuyant sur ses commentaires lors de la XLIVe RCTA, a introduit le terme et le concept de « tourisme lent » et a discuté de la manière dont il pourrait être appliqué à l'Antarctique. L'ASOC a déclaré que le tourisme en Antarctique devait

ralentir pour demeurer viable et qu'un tel ralentissement pouvait être réalisé sans nuire à l'industrie du tourisme. Le document présentait des pistes de progrès potentielles qui résonnaient avec les discussions politiques en cours autour de nouveaux paradigmes et d'un cadre global pour le tourisme en Antarctique, et l'ASOC a souligné le fait que le tourisme lent constituait une composante de ce dernier. Il a été noté que cela s'ajouterait à d'autres éléments qui devraient être pris en compte dans la discussion ciblée prévue portant sur un cadre cohérent et complet, y compris l'encouragement d'un tourisme à faible impact, la garantie d'une évaluation cohérente des activités touristiques, l'élaboration de programmes dédiés à la surveillance des impacts du tourisme, l'extension de la protection de la zone en vertu de l'annexe V et l'évaluation de l'efficacité de la réglementation actuelle sur le tourisme.

(420) Plusieurs participants ont remercié l'ASOC, et il a été noté que le concept de tourisme lent avait été évoqué lors de l'atelier informel de Paris sur le tourisme en mars 2023 et avait inspiré certaines des discussions (rapportées dans IP 11).

Informations, activités et tendances

(421) La Norvège a présenté le document WP 34 *Davantage de données sont nécessaires pour gérer le tourisme terrestre soutenu par les airs*. La Norvège a noté que l'accent des discussions de la RCTA sur la gestion du tourisme a été principalement, et c'est compréhensible, porté sur le tourisme de croisière. La Norvège a souligné le fait que, comme les activités terrestres aériennes semblaient augmenter, des informations étaient également nécessaires pour que les Parties puissent évaluer et comprendre les tendances et les changements dans le tourisme terrestre aérien. Soulignant qu'un manque d'informations entravait la capacité à prendre en compte les besoins de gestion, la Norvège a proposé que la RCTA accepte d'élaborer des mécanismes de notification post-visite normalisée pour le tourisme terrestre soutenu par les airs et les activités non gouvernementales, en utilisant l'échange d'informations et les rapports post-visite. La Norvège a noté que l'IAATO était engagée dans l'élaboration de rapports post-visite pour ces activités pour ses membres opérateurs en zones reculées, et a noté l'importance de s'engager avec l'IAATO pour faire avancer ce travail.

(422) Certaines Parties ont noté que certaines opérations de tourisme terrestre contribuaient à soutenir les activités du Programme national de recherche antarctique et qu'en plus d'avoir leurs propres plans d'urgence et capacités SAR, elles contribuaient à une résilience plus large en matière de SAR. La diversité de ces activités a été reconnue, y compris des opérateurs établis par le biais de petites expéditions indépendantes. D'autres sources d'information sur ces activités ont été notées, notamment des informations issues des processus d'EIE et des informations provenant des autorités de l'aviation. L'intérêt de collecter des informations de ce type pour comprendre les émissions de gaz à effet de serre a également été évoqué.

(423) La Réunion a accueilli favorablement le document WP 34 et, notant les défis et les caractéristiques spécifiques de ces activités, a remercié la Norvège d'avoir attiré l'attention sur la nécessité d'améliorer la collecte et l'échange d'informations. La Réunion a noté l'importance d'identifier et de spécifier avec soin les exigences en matière d'échange d'informations, avec des formats clairs pour la saisie des données dans le SEEI. La Réunion a approuvé les recommandations de la Norvège d'évoluer vers un échange d'informations normalisé pour le tourisme terrestre soutenu par les airs et a accueilli favorablement l'offre de la Norvège de travailler entre les sessions avec les Parties intéressées et l'IAATO, et en coordination avec le Secrétariat, sur un rapport post-visite normalisé et des ajouts aux exigences en matière d'échange d'informations et de présentation d'une proposition lors d'une prochaine réunion. Plusieurs Parties ont exprimé leur intérêt à s'engager dans des discussions intersessions.

(424) L'IAATO a indiqué sa volonté de contribuer aux discussions et d'aider à informer les Parties sur les activités de l'IAATO en zones reculées et sur les activités des opérateurs

aériens. L'IAATO a noté qu'elle avait développé une section distincte d'activités en zones reculées de la base de données de l'IAATO, et que ce projet avait inclus un nouveau rapport post-visite spécifique qui pourrait être partagé avec les Parties. Elle a noté qu'il serait possible de faire en sorte que les données sur les activités de ses membres soient exportées dans un format qui aiderait les opérateurs et les Parties à fournir des informations au SEEI, comme c'était le cas pour les informations sur les activités des navires.

(425) L'ASOC a remercié la Norvège et, notant qu'il y avait des lacunes dans les connaissances sur ces activités qui pourraient être une source potentielle d'impacts, s'est félicitée des progrès réalisés sur cette question.

(426) Le Royaume-Uni a présenté le document WP 41 *Surveillance des impacts de l'activité humaine en Antarctique*, qui résumait certains des programmes que le Royaume-Uni avait entrepris ou soutenus et qui fournissaient des données pertinentes pour la surveillance des impacts humains. Le Royaume-Uni a décrit le résultat d'un projet visant à tester l'utilité de l'imagerie satellitaire pour surveiller les impacts humains sur certains des sites touristiques les plus visités. Il a déclaré que l'imagerie satellitaire n'avait jusqu'à présent que partiellement réussi à surveiller les impacts humains. Il a en outre noté qu'il envisageait de poursuivre des projets visant à évaluer l'utilisation de l'imagerie RPAS afin de surveiller les impacts humains sur les sites touristiques très fréquentés.

(427) La Réunion a remercié le Royaume-Uni et a exprimé son soutien aux recommandations énoncées dans le document, et certaines Parties ont noté leurs propres expériences positives en ce qui concerne l'utilisation de RPAS pour des travaux de surveillance similaires. Elle a noté l'importance des efforts de surveillance des Parties et d'autres organismes, et a souligné l'utilité des données sur les impacts humains pour une meilleure gestion du tourisme. La Réunion a également noté l'importance des nouvelles technologies qui pourraient améliorer la compréhension des impacts humains associés aux activités touristiques et l'importance de compléter l'utilisation des techniques de surveillance à distance avec celles qui sont appliquées sur le terrain. Il a été noté que certains impacts potentiels, par exemple sur la microbiologie du sol ou les impacts du compactage, étaient importants et nécessitaient des techniques supplémentaires. La Réunion a encouragé les Parties à continuer de fournir des informations sur les travaux relatifs à la surveillance des impacts humains.

(428) L'IAATO a noté que ses membres avaient soutenu plusieurs des programmes de surveillance que le Royaume-Uni avait entrepris, soit en transportant des chercheurs sur le terrain pour la collecte de données, soit en fournissant une assistance logistique.

(429) L'ASOC a accueilli favorablement le document et appuyé les recommandations, notant l'importance de la surveillance et le fait que l'identification des lacunes en matière d'information serait importante dans les discussions futures. L'ASOC a encouragé la surveillance ciblée des impacts du tourisme, y compris les impacts cumulatifs.

(430) Le Royaume-Uni a présenté le document IP 40, intitulé *Data Collection and Reporting on Yachting Activity in Antarctica in 2022-23* [Collecte de données et rapports sur les activités de navigation de plaisance en Antarctique en 2021-22], préparé conjointement avec l'Argentine, le Chili, les États-Unis et l'IAATO. Ce document a présenté les informations rassemblées relatives à des yachts observés dans les eaux de l'Antarctique ou ayant manifesté une intention de voyager vers l'Antarctique pendant la saison 2022-23. Le Royaume-Uni a indiqué qu'il présentait ce document chaque année depuis plusieurs années, en partie parce que les informations n'avaient pas été recueillies par le biais du SEEI. Il a attiré l'attention en particulier sur le tableau 3 du document, qui énumère huit yachts qui semblent avoir visité l'Antarctique sans l'autorisation d'une Partie au Traité. Notant que ce nombre de visites de yachts non autorisés était assez

constant sur plusieurs années, le Royaume-Uni a exhorté la RCTA à examiner la question des yachts non autorisés.

(431) La Réunion a remercié les auteurs pour leur document et pour avoir mis en lumière la question spécifique des yachts non autorisés. Notant qu'il s'agissait d'un problème permanent, la Réunion a reconnu qu'il pourrait être utile d'examiner comment traiter cette source de préoccupation lors de réunions futures. Certaines Parties ont en outre indiqué qu'elles discuteraient des activités de plaisance spécifiques signalées dans le document avec les promoteurs du document.

(432) L'IAATO a noté qu'elle continuait de voir plusieurs navires non autorisés sur la péninsule Antarctique, y compris ceux qui avaient déjà été identifiés par les autorités compétentes comme de mauvais acteurs, dont certains avaient plus qu'un impact provisoire sur l'environnement. Elle a indiqué le fait qu'elle comprenait que les autorités compétentes rencontraient des difficultés pour sanctionner ces navires, mais a souligné le fait que la présence de ces navires sapait les processus et les intentions du traité sur l'Antarctique et donnait un mauvais exemple aux opérateurs responsables qui se conformaient aux exigences d'autorisation. L'IAATO a affirmé qu'elle demeurait déterminée à rendre compte de l'activité des yachts et qu'elle continuerait de partager les lignes directrices de la RCTA et de l'IAATO avec les yachts non-membres de l'IAATO.

(433) L'IAATO a présenté le document IP 56 *IAATO Vessel Overview of Antarctic Tourism: The 2021-22 Season, and Preliminary Estimates for 2022-23* [Aperçu des navires de tourisme en Antarctique de l'IAATO : saison 2021-2022, et premières prévisions pour la saison 2022-2023]. En plus des données historiques sur les visiteurs et les activités, l'IAATO a fourni des données compilées à partir des rapports post-visite pour la saison 2022-2023 et a noté que les chiffres ne reflétaient que ceux qui voyageaient avec des opérateurs de l'IAATO. L'IAATO a indiqué que le nombre total de visiteurs en 2022-2023 était de 104 076, ce qui reflétait un retour aux niveaux d'avant la pandémie, bien qu'elle ait noté que cela était en partie dû au fait que les opérateurs avaient rempli des contrats précédemment conclus qui avaient été reportés par la pandémie. Les estimations de l'IAATO pour 2023-2024 indiquaient que le nombre de passagers passerait à environ 78 232 passagers effectuant des débarquements et qu'il y aurait 39 140 passagers voyageant uniquement sur des navires de croisière. L'IAATO a souligné le fait que toutes les activités des membres et des opérateurs de l'IAATO étaient prévues pour n'avoir qu'un impact mineur ou transitoire sur l'environnement antarctique.

(434) L'IAATO a présenté le document IP 57 *IAATO Deep Field and Air Overview of Antarctic Tourism: 2022-23 Season and Preliminary Estimates for 2023-24 Season* [IAATO - Vue d'ensemble du tourisme aérien et en zone reculée de l'Antarctique : saison 2022-2023, et premières prévisions pour la saison 2023-2024]. En plus des données historiques sur les visiteurs et les activités, l'IAATO a fourni des données compilées à partir des rapports post-visite pour la saison 2022-2023 pour ceux qui voyagent avec des sociétés qui sont des opérateurs de l'IAATO, comprenant 4 opérateurs en zones reculées et aériens, et un opérateur de croisière aérienne proposant également de courtes expéditions dans les îles Shetland du Sud. Les activités de ces opérateurs avaient généralement un ratio guide / client élevé. L'IAATO a indiqué que le nombre total de visiteurs en 2022-2023 était de 821. Les estimations de l'IAATO pour 2023-2024 indiquaient que le nombre de passagers serait d'environ 717. L'IAATO a noté que les informations contenues dans l'IP 57 visaient à étayer les discussions sur les activités de tourisme terrestre soutenues par les airs, ainsi que sur la croissance et la diversification. L'IAATO a noté que tous les opérateurs en zones reculées et aéroportés avaient reçu l'autorisation de leurs autorités nationales compétentes et suivaient les lignes directrices pertinentes de la RCTA, du COMNAP et de l'IAATO. Il était estimé que les activités n'auraient qu'un impact provisoire, et des plans d'urgence étaient en place conformément à la Mesure 4 (2004). L'IAATO a souligné le fait que'à l'instar du tourisme maritime, les niveaux d'activité standard avaient repris au cours de la

saison 2022-2023. L'IAATO a réitéré son engagement à continuer de fournir des informations sur les activités aériennes et en zones reculées.

(435) L'IAATO a présenté le document IP 51 *IAATO Operational Procedures for responsible wildlife watching – An update* [Procédures opérationnelles de l'IAATO pour une observation responsable de la faune et flore sauvages – Mise à jour], qui a fourni des informations sur les récentes mises à jour de ses procédures opérationnelles pour une observation responsable de la faune et flore sauvages en Antarctique. Celles-ci ont été examinées régulièrement par les comités et groupes de travail pertinents au sein de l'IAATO en consultation avec des experts extérieurs et certaines autorités nationales compétentes. L'IAATO a également noté que des obligations globales d'observation responsable de la faune et flore sauvages, dérivées des exigences de la RCTA et de l'IAATO, avaient été créées pour les opérateurs de l'IAATO. L'IAATO accueille favorablement les contributions des Parties et des autorités nationales compétentes. Ces procédures figuraient dans le manuel des opérations de terrain de l'IAATO, qui était à la disposition des autorités nationales compétentes sur demande.

(436) IAATO a présenté le document IP 52, *IAATO Deep Field and Air Operations Biosecurity Procedures – An update* [Procédures de biosécurité des opérations aériennes et en zone reculée de l'IAATO – Mise à jour]. Elle a indiqué que les opérateurs en zones reculées de l'IAATO avaient mis en œuvre des procédures adaptées à leurs activités, en suivant les outils fournis par le COMNAP et le SCAR depuis de nombreuses années. Les pratiques existantes ont été regroupées dans un seul document de procédure spécifique aux opérations aériennes et en zones reculées de l'IAATO afin d'assurer une application cohérente. Ce document avait été formellement adopté par l'IAATO, après avoir été testé avec succès au cours de la saison 2022-2023. Se référant au document IP 101, l'IAATO a exprimé sa gratitude pour avoir participé aux discussions sur la Grippe aviaire hautement pathogène (GAHP) et a noté que les rapports post-visites aériennes et en zones reculées seraient complétés pour tenir compte de manière appropriée de la menace de la GAHP.

(437) La Réunion a remercié l'IAATO pour ses précieux documents et a reconnu l'importance de recevoir des mises à jour sur les activités et les prévisions de l'industrie du tourisme. La Réunion a également noté que les informations fournies étaient utiles à la fois au CPE et à la RCTA.

(438) L'Allemagne a présenté le document IP 62 *Tourism monitoring in Antarctica – Report on the progress in developing a concept for the analysis of the impacts of tourism on the assets to be protected in the Antarctic* [Suivi du tourisme en Antarctique – Rapport sur l'avancement de l'élaboration d'un concept d'analyse des impacts du tourisme sur les biens à protéger en Antarctique]. Étant donné que les connaissances ne sont pas assez étendues sur les impacts à long terme et cumulatifs du tourisme, et que l'on sait peu de choses sur l'efficacité de la gestion actuelle du tourisme, l'Allemagne a lancé ce projet de recherche en 2021 et a fourni une mise à jour à ce sujet pour développer un concept de surveillance complet pour enquêter sur les impacts environnementaux du tourisme en Antarctique et les surveiller. L'Allemagne a noté que le projet de concept de surveillance serait examiné de plus près lors d'un atelier en octobre 2023, dont les résultats comprendraient l'élaboration de critères pour hiérarchiser les impacts qui devraient être surveillés. L'Allemagne a invité toutes les Parties, les Parties prenantes et d'autres groupes intéressés à participer au projet.

(439) La France a présenté le document IP 105 *Feedback on the monitoring on board tourist vessels conducted during the 2022 / 2023 season* [Retour d'expérience sur la surveillance à bord des navires de tourisme réalisé durant la saison 2022 / 2023], préparé conjointement avec la Nouvelle-Zélande et l'IAATO. Le document fournissait des informations sur une surveillance conjointe menée par la France et l'IAATO, à bord du navire *Le Commandant Charcot*, de la société Ponant. L'observateur venait de l'autorité nationale compétente française et a effectué la surveillance conformément à la

Résolution 9 (2021), ainsi qu'une observation dans le cadre du programme d'observation obligatoire de l'IAATO. La France et la Nouvelle-Zélande ont coopéré lors d'un exercice de surveillance conjoint distinct, au cours d'un voyage du *Commandant Charcot*, où un observateur nommé par la Nouvelle-Zélande a effectué une surveillance conformément à la Résolution 9 (2021) et a fait rapport à la fois à la France et à la Nouvelle-Zélande. La France a indiqué que ces activités avaient abouti à l'identification d'une série d'avantages et de difficultés, notamment dans la mise en œuvre de la Résolution 9 (2021) au niveau international, et a appelé les Parties à se joindre à cet effort international.

(440) La Nouvelle-Zélande a noté qu'elle s'était félicitée de l'opportunité de collaborer avec la France en vertu de la Résolution 9 (2021) et que l'activité, qui faisait partie du programme d'observateurs de longue date de la Nouvelle-Zélande dans l'Antarctique, avait été une collaboration mutuellement bénéfique.

(441) L'IAATO s'est félicitée de sa collaboration avec la France, qui avait abouti à un échange précieux d'enseignements qui contribueraient à la solidité de son programme d'observateurs. L'IAATO a noté que 25 inspections à quai et à bord avaient été menées dans le cadre de son programme obligatoire en 2022/2023 et que 32 étaient prévues pour 2023/2024. Chaque inspection nécessitait une planification préalable considérable entre le secrétariat de l'IAATO, le navire et l'observateur. L'IAATO a noté un certain nombre d'observations doubles réussies, dans lesquelles un observateur de l'autorité nationale compétente effectuait également une observation de l'IAATO.

(442) L'Allemagne a évoqué le programme d'observateurs de l'IAATO et a remercié l'IAATO pour son aide dans la coordination de la participation allemande à la double observation des navires allemands autorisés. L'Allemagne a noté l'importance supplémentaire des observations effectuées dans la langue parlée à bord du navire.

(443) L'Argentine a présenté le document IP 106 *Report on Antarctic tourist flows and cruise ships operating in Ushuaia during the 2022/2023 Austral summer season* [Rapport sur les flux touristiques antarctiques et des navires de croisière opérant à Ushuaia durant la saison estivale australe 2022/2023], qui a fourni des informations sur les flux de passagers et de navires visitant l'Antarctique via le port d'Ushuaia en 2022/2023. Le document mettait à jour les informations fournies par l'Argentine depuis 2009, à l'appui des discussions sur le tourisme en Antarctique au sein de la RCTA. L'Argentine a souligné le fait que les informations comprenaient le nombre de voyages, les passagers, les zones visitées et l'immatriculation des navires, et a attiré l'attention sur les augmentations de ces paramètres par rapport aux chiffres antérieurs à la Covid, notant que le nombre total de passagers qui avaient visité l'Antarctique via le port d'Ushuaia avait augmenté de 40 % et que les voyages depuis ce port avaient augmenté de 29 %.

(444) L'Argentine a présenté le document IP 109 *Antarctic tourism through Ushuaia: Comparative data from fifteen seasons* [Tourisme antarctique via Ushuaia : données comparatives de quinze saisons]. L'Argentine a fourni une analyse des tendances de l'utilisation du port d'Ushuaia par le tourisme antarctique sur une période de 15 ans (2009-2023). Les variations du nombre total de passagers et de voyages, de visiteurs, du nombre de navires et de la durée de la saison des visites en Antarctique ont été analysées.

(445) Les Parties se sont félicitées de la transmission d'informations par l'Argentine sur ce sujet pendant quinze ans, ce qui a permis d'obtenir des données précieuses pour éclairer les discussions au sein de la RCTA.

(446) L'IAATO a remercié l'Argentine pour le document et a noté qu'elle se félicitait de l'étroite collaboration entre l'IAATO, Ushuaia et toutes les villes constituant des points d'entrée à l'Antarctique, et a exprimé sa volonté de communiquer et de coopérer avec tous les points d'entrée de l'Antarctique.

(447) L'Espagne a présenté le document IP 135 *Monitorización de embarcaciones turísticas y no gubernamentales en el entorno de la Isla Decepción* [Suivi des embarcations

touristiques et non gouvernementales dans les environs de l'île de la Déception]. Le document présente les résultats d'une étude des mouvements des navires touristiques sur l'île de la Déception en 2018-2019 et 2019-2020, en s'appuyant à la fois sur des enregistrements terrestres et sur des informations satellitaires. L'Espagne a noté que les systèmes d'identification automatique (SIA) offraient la possibilité d'identifier les navires. Pour les navires de tourisme, les informations fournies dans le SEEI ont été jugées adéquates, mais pour les yachts, il y avait des divergences. L'Espagne a suggéré l'opportunité d'établir un réseau de stations de réception de SIA de classe A dans la région de la péninsule pour contribuer à une meilleure compréhension des schémas spatiaux et temporels du tourisme et des activités des navires non gouvernementaux, et a prévu de présenter une proposition à la XLVIe RCTA. L'Espagne a invité les Parties intéressées à se joindre à ces efforts.

(448) L'IAATO a noté que les problèmes d'utilisation des SIA par certains yachts étaient un sujet de préoccupation pour les membres de l'IAATO et que son comité des yachts avait fourni des conseils sur l'utilisation des SIA. Elle a noté que de nombreux yachts utilisent un SIA de type B qui était de faible puissance et qui peut être bloqué par le relief et ne fonctionne pas sur de longues distances. De plus, certains États du pavillon n'exigent que des SIA qui reçoivent un signal, sans en émettre. Ces questions intéressaient l'OMI et les États du pavillon, en plus de la RCTA et de l'IAATO.

(449) Le Secrétariat a présenté le document SP 12 *Résumé des activités des navires non-membres de l'IAATO en 2021-2022*. Suite à une demande de la XLIVe RCTA, le rapport a été préparé en résumant les informations sur les activités menées par des navires non-membres de l'IAATO telles que signalées par les parties dans le SEEI, dans le cadre de leur rapport annuel 2021-2022 sur les expéditions non gouvernementales : opérations menées à bord de navires. Le résumé notait que : sur les 56 navires signalés, 34 % étaient exploités par des non-membres de l'IAATO ; les Parties ont signalé 225 voyages de navires non gouvernementaux au cours de la saison 2021-2022, dont 13 % correspondaient à des opérateurs non-membres de l'IAATO ; et que, sur les 21 761 passagers transportés par des opérateurs non gouvernementaux, huit navires exploités par des non-membres de l'IAATO ont transporté 170 passagers. Le document notait que 11 des 15 navires sans informations sur les passagers étaient signalés comme n'étant pas membres de l'IAATO et qu'il y avait des inexactitudes possibles dans les données déclarées, qui résultaient du niveau différent de notification des Parties au SEEI. Le Secrétariat a remercié l'IAATO pour certaines des informations fournies pour préparer ce résumé.

(450) La Réunion a remercié le Secrétariat pour son rapport de synthèse complet sur les activités non gouvernementales, notant une suggestion selon laquelle le Secrétariat pourrait envisager de fournir un rapport actualisé à l'avenir.

(451) En réponse à une question sur la fiabilité des données présentées en raison du partage potentiel d'informations incomplètes par les Parties par le biais du SEEI, le Secrétariat a noté que, bien que les informations ne puissent pas être considérées comme une réflexion exacte de ce qui s'est passé sur le sol, en raison des écarts susmentionnés, le contenu présenté dans le document pourrait fournir une explication raisonnable des activités.

(452) L'ASOC a noté que certains des navires, bien que non gouvernementaux, n'étaient pas engagés dans le tourisme et que leurs exploitants n'auraient aucune raison de devenir membres de l'IAATO. L'ASOC a estimé que le fait de relier tous les opérateurs entre eux obscurcissait l'image de l'activité touristique en Antarctique et a suggéré d'identifier, dans la mesure du possible, si les navires se livraient ou non à une activité touristique commerciale.

(453) Les documents suivants ont été soumis au titre de ce point de l'ordre du jour et considérés comme présentés :

- IP 53 *A Five-Year Overview and 2022–23 Season Report on IAATO Operator Use of Antarctic Peninsula Landing Sites and ATCM Visitor Site Guidelines* [Un aperçu quinquennal et un rapport de la saison 2022-2023 sur l'utilisation par les opérateurs de l'IAATO des sites de débarquement de la péninsule Antarctique et des lignes directrices de la RCTA relatives aux sites pour les visiteurs] (IAATO).
- IP 55 *Rapport 2022-2023 de l'Association internationale des organisateurs de voyages dans l'Antarctique* (IAATO).
- IP 58 *Implementation of the IMO Polar Code in Spain: A practical perspective* [Mise en œuvre du code polaire de l'OMI en Espagne :une perspective pratique] (IAATO).

(454) Les documents suivants ont également été présentés au titre de ce point de l'ordre du jour :

- BP 2 *Overview of Dutch research into Antarctic tourism* [Aperçu de la recherche néerlandaise sur le tourisme en Antarctique] (Pays-Bas).
- BP 18 *Closing of the Arctowski Polish Antarctic Station for tourist traffic* [Fermeture de la station antarctique polonaise Arctowski au trafic touristique] (Pologne).
- BP 22 *National Inspection of the Russian Operator Activities in Antarctica in 2022* [Inspection nationale des activités de l'opérateur russe en Antarctique en 2022] (Fédération de Russie).

Point 18 : Préparation de la XLVIe Réunion

a. Date et lieu

(455) La Réunion a accueilli favorablement la proposition du gouvernement indien d'être l'hôte de la XLVIe RCTA et de la XXVIe réunion du CPE à Kochi, du 20 au 30 mai 2024.

(456) Aux fins de planification ultérieure, la Réunion a pris note du calendrier probable des RCTA à venir :

- 2025 Italie
- 2026 Japon

(457) Le document suivant a été soumis sous ce point de l'ordre du jour :

- IP 43 *Accueil de la XLVIe Réunion consultative du traité sur l'Antarctique (RCTA) à Kochi, Inde, 2024* (Inde).

b. Invitation d'organisations internationales et non gouvernementales

(458) Conformément aux pratiques établies, la Réunion est convenue que les organisations suivantes, présentant un intérêt scientifique ou technique pour l'Antarctique, devraient être encouragées à envoyer des experts pour assister à la XLVIe RCTA : le Secrétariat de l'ACAP, l'ASOC, le GIEC, l'IAATO, l'Organisation de l'aviation civile internationale (OACI), l'OHI, l'OMI, l'IOC, les FIPOL, l'Union internationale pour la conservation de la nature (UICN), le PNUE, la CCNUCC, l'OMM et l'Organisation mondiale du tourisme (OMT).

c. Préparation de l'ordre du jour de la 46e RCTA

(459) La Réunion a adopté l'ordre du jour préliminaire pour la 46e RCTA (cf. Annexe 3).

d. Organisation de la 46e RCTA

(460) Conformément à l'article 11 du Règlement intérieur, la Réunion a décidé de proposer les mêmes groupes de travail que ceux pour la XLVIe RCTA. Le GT1 traiterait des questions politiques, juridiques et institutionnelles et le GT2 serait responsable des opérations, de la science et du tourisme. En outre, la Réunion est convenue d'établir un groupe de travail spécial (GT3) qui s'occuperait de l'élaboration d'un cadre relatif au tourisme.

(461) Selon le Règlement intérieur, les présidents de ces groupes devraient être nommés avant la clôture de la Réunion et, en l'absence de toute nomination, les présidents seraient nommés au début de la RCTA suivante. La Réunion est convenue de nommer M. Theodore Kill, des États-Unis, président du GT1 pour 2024. La Réunion est convenue de nommer Mme Sonia Ramos Garcia, d'Espagne, et le Dr Phillip Tracey, d'Australie, coprésidents du GT2 pour 2024. La Réunion est convenue de nommer le président du GT3 au début de la prochaine RCTA en 2024.

e. La conférence du SCAR

(462) Compte tenu de la précieuse série de conférences donnée par le SCAR à de nombreuses RCTA, la Réunion a décidé d'inviter le SCAR à donner une nouvelle conférence sur les questions scientifiques pertinentes à la 46e RCTA.

Point 19 : Autres questions

(463) La Fédération de Russie a déclaré qu'il y avait une divergence dans la position d'un certain nombre de Parties consultatives sur les questions les plus importantes discutées lors de cette réunion. La Fédération de Russie considérait qu'il s'agissait d'une question de principe. Elle ne rejoint pas le consensus sur l'ensemble du Rapport final. Si un vote devait avoir lieu, la Fédération de Russie s'opposerait à l'inclusion des paragraphes 11, 15 à 18 et 224 dans le texte du rapport.

(464) La plupart des Parties étaient d'avis que les paragraphes du projet de rapport avaient été adoptés par consensus.

(465) La Réunion a félicité la Finlande pour l'adoption de la déclaration d'Helsinki et a rendu hommage à la Présidente pour son merveilleux travail visant à orienter la Réunion vers un consensus.

(466) De nombreuses Parties ont noté que la déclaration d'Helsinki reposait sur un ensemble plus large de documents que les Parties avaient adoptés ensemble au cours des deux dernières années, en particulier la Résolution 4 (2022) et la Résolution 8 (2021). Elles ont également noté que les recommandations de recherche se concentraient de manière appropriée sur les changements dans la région qui avaient des implications importantes pour le système terrestre et la société, ainsi que sur les effets attendus du changement climatique sur la biodiversité de la région. Ces Parties ont également mis en avant leur engagement partagé à chercher à éviter ou à atténuer les contraintes non climatiques identifiées supplémentaires sur l'environnement terrestre et marin de l'Antarctique, y compris sa biodiversité et ses écosystèmes, afin d'accroître la résilience aux effets du changement climatique. Ces Parties ont exprimé leur opinion que ces décisions reflétaient la préoccupation partagée de la RCTA concernant l'interdépendance de la crise climatique et de la crise de la biodiversité, tant au niveau mondial qu'en Antarctique, et son engagement à prendre des mesures appropriées face à ces crises à

tous les niveaux. Ces Parties ont en outre souligné que la RCTA avait la compétence, les moyens et les outils pour prendre des mesures appropriées dans le contexte de l'Antarctique, et que les Parties avaient le mandat et avaient été chargées de discuter des changements climatiques dans le cadre du Système du traité sur l'Antarctique.

(467) De nombreuses Parties ont également souligné la qualité des recherches et des conseils du SCAR, ainsi que l'importance de prendre des mesures fondées sur les meilleures données scientifiques disponibles.

(468) Plusieurs Parties ont noté qu'elles considéraient que la déclaration d'Helsinki était un texte équilibré, reflétant les différentes positions des Parties. Ces Parties ont noté qu'elles étaient satisfaites de voir les principes de la CCNUCC reflétés dans la Déclaration, car ils constituaient la pierre angulaire du régime climatique international. Ces Parties ont également noté la référence à l'accord de Paris adopté dans le cadre de la CCNUCC. Bien que ces Parties aient noté avec regret que la mention spécifique de « responsabilités communes mais différenciées » et de « moyens de mise en œuvre », deux outils très importants dans la lutte contre le changement climatique, n'étaient pas mentionnés. Elles ont exprimé l'avis que leur signification était reflétée dans le texte de la déclaration d'Helsinki.

(469) La Chine a noté qu'elle était heureuse que la mention dans la déclaration d'Helsinki de l'accroissement des connaissances soit formulée en termes généraux plutôt que spécifiques, ce qui servirait à lutter contre le changement climatique et autres défis environnementaux et écosystémiques dépendants et associés qui servaient le plus les intérêts des êtres humains.

(470) Le SCAR a noté qu'il attendait avec intérêt de continuer à fournir des avis objectifs fondés sur les meilleures preuves scientifiques disponibles.

(471) L'ASOC a noté qu'elle trouvait les discussions sur la biodiversité et le climat préoccupantes. Elle a noté que partout ailleurs dans le monde, les crises climatiques et de la biodiversité étaient liées, et qu'on en avait déjà la preuve en Antarctique. L'ASOC a déclaré qu'une RCTA capable de prendre des décisions en temps opportun en matière de gestion était une composante nécessaire de la réponse mondiale au changement climatique et à la perte de biodiversité.

(472) Le Japon a indiqué qu'il n'appuyait pas les Parties de la déclaration d'Helsinki mentionnant la CCNUCC. Le Japon a fait part de sa position selon laquelle la CCNUCC et l'accord de Paris étaient deux documents différents. Dans un esprit de compromis, le Japon a déclaré qu'il respectait le leadership de la Présidente et qu'il ne bloquait pas le consensus.

(473) Les États-Unis ont donné une explication de politique à la déclaration d'Helsinki, en particulier en ce qui concerne la référence aux principes de la CCNUCC et l'importance de lutter contre les émissions de gaz à effet de serre.

(474) Plusieurs Parties ont soutenu le Japon et les États-Unis.

(475) Le Bélarus a informé la RCTA qu'il souhaitait être considéré comme une Partie consultative à la 46e RCTA.

(476) Le Canada a remercié le pays hôte et le Secrétariat et attendait avec intérêt la discussion intersessions sur sa demande d'accès au statut de Partie consultative et attendait avec intérêt son examen à la 46e RCTA.

Point 20 : Adoption du rapport final

(477) La Réunion a adopté le Rapport final de la XLVe Réunion consultative du traité sur l'Antarctique. La Fédération de Russie a noté, après l'adoption des paragraphes 1, 15 à

18 et 224, qu'elle s'opposait à ces paragraphes. La Présidente de la Réunion, Mme Päivi Kaukoranta, a fait les remarques de clôture.

Point 21 : Clôture de la réunion

(478) La Réunion s'est clôturée le jeudi 8 juin à 18 h 51.

2. Rapport de la XXVe réunion du CPE

Rapport de la vingt-cinquième réunion du Comité pour la protection de l'environnement (XXVe réunion du CPE)

Helsinki, Finlande, 28 mai – 1er juin 2023

(1) Conformément aux dispositions de l'article 11 du Protocole au traité sur l'Antarctique relatif à la protection de l'environnement, les représentants de 39 Parties au Protocole sur 42 (Afrique du Sud, Allemagne, Argentine, Australie, Bélarus, Belgique, Brésil, Bulgarie, Canada, Chili, Chine, Colombie, Équateur, Espagne, États-Unis d'Amérique, Fédération de Russie, Finlande, France, Inde, Italie, Japon, Malaisie, Monaco, Norvège, Nouvelle-Zélande, Pays-Bas, Pérou, Pologne, Portugal, République de Corée, Roumanie, Royaume-Uni, Suède, Suisse, Tchéquie, Türkiye, Ukraine, Uruguay et Venezuela) se sont réunis à Helsinki, en Finlande, du 28 mai au 1er juin 2023, afin de formuler des avis et des recommandations aux Parties sur la mise en œuvre du Protocole.

(2) Conformément à l'article 4 du Règlement intérieur du CPE, la réunion a également été suivie par des représentants des Observateurs suivants :

- le Comité scientifique pour la recherche antarctique (SCAR), le Comité scientifique de la Commission pour la conservation de la faune et la flore marines de l'Antarctique (SC-CAMLR) et le Conseil des directeurs de programmes antarctiques nationaux (COMNAP) ; et
- les organisations scientifiques, environnementales et techniques : la Coalition sur l'Antarctique et l'océan Austral (ASOC), l'Association internationale des organisateurs de voyages dans l'Antarctique (IAATO), l'Union internationale pour la conservation de la nature (UICN), le Programme des Nations Unies pour l'environnement (PNUE) et l'Organisation météorologique mondiale (OMM).

Point 1 : Ouverture de la réunion

(3) La présidente du CPE, Mme Birgit Njåstad (Norvège), a ouvert la réunion le dimanche 28 mai 2023 et remercié la Finlande d'avoir organisé et animé la réunion.

(4) La présidente a résumé les travaux effectués pendant la période intersessions, notant les progrès réalisés dans la plupart des actions découlant de la XXIVe réunion du CPE, et pour lesquelles des résultats étaient escomptés pour la XXVe réunion du CPE (IP 79).

Point 2 : Adoption de l'ordre du jour

(5) Le Comité a adopté l'ordre du jour suivant et confirmé l'attribution de 44 documents de travail (WP), 69 documents d'information (IP), 5 documents du Secrétariat (SP) et 6 documents de contexte (BP) aux points de l'ordre du jour :

1. Ouverture de la réunion
2. Adoption de l'ordre du jour
3. Débats stratégiques sur les travaux à venir du CPE
4. Fonctionnement du CPE
5. Coopération avec d'autres organisations
6. Réparation et réhabilitation des dégâts causés à l'environnement
7. Conséquences du changement climatique sur l'environnement
    a. Approche stratégique
    b. Mise en œuvre et examen du Programme de travail en réponse au changement climatique

8. Évaluation d'impact sur l'environnement (EIE)
    a. Projets d'évaluations globales d'impact sur l'environnement
    b. Autres questions relatives aux EIE
9. Plans de gestion et de protection des zones
    a. Plans de gestion
    b. Sites et monuments historiques
    c. Lignes directrices pour les visites de sites
    d. Gestion et protection de l'espace marin
    e. Autres questions relevant de l'Annexe V
10. Conservation de la faune et de la flore de l'Antarctique
    a. Quarantaine et espèces non indigènes
    b. Espèces spécialement protégées
    c. Autres questions relevant de l'Annexe II
11. Surveillance continue de l'environnement et rapports
12. Rapports d'inspection
13. Questions diverses
14. Élection des membres du Bureau
15. Préparation de la prochaine réunion
16. Adoption du rapport
17. Clôture de la réunion

Point 3 : Débats stratégiques sur les travaux à venir du CPE

Plan de travail quinquennal du CPE

(6) La présidente du CPE a présenté le document de travail WP 62 *Priorités stratégiques du CPE et plan de travail quinquennal : résultats et recommandations découlant des discussions et de l'atelier intersessions* et a mentionné le document d'information IP 150 *Informal CEP Workshop on strategic priorities and 5-year work plan – convener's preliminary report* [Atelier informel du CPE sur les priorités stratégiques et le plan de travail quinquennal – Rapport préliminaire de l'organisateur]. Ces documents présentaient un aperçu des résultats des discussions informelles intersessions et d'un atelier informel organisé pour examiner les priorités stratégiques du CPE et le plan de travail quinquennal. La présidente a indiqué que trois séries de discussions fructueuses avaient eu lieu sur le forum de discussion du CPE et que les Membres et les Observateurs avaient fourni des contributions utiles sur des questions qui ont contribué à façonner le matériel de base pour un atelier informel du CPE qui s'est tenu à Helsinki avant la réunion. Le document de travail WP 62 a recommandé que le CPE :

- échange des points de vue et des réflexions sur les résultats de l'atelier informel du CPE ;
- établisse un GCI chargé de développer davantage un projet final de plan de travail quinquennal révisé pour sa discussion et son adoption lors de la XXVIe réunion du CPE ; ainsi que de développer davantage un projet de liste de contrôle pour guider le CPE dans ses efforts pour démarrer, poursuivre et surveiller les progrès des actions dans le cadre du plan de travail quinquennal ; et

- que le CPE encourage les Membres à, sur la base des résultats de l'atelier informel du CPE, poursuivre l'élaboration d'un cadre qui pourrait guider celui-ci dans ses efforts pour définir et suivre les besoins en connaissances à l'avenir.

(7) Le Comité a félicité la présidente et les vice-présidents pour avoir dirigé ces discussions intersessions et convoqué l'atelier informel, notant la valeur du plan de travail quinquennal en tant qu'outil central pour encadrer le travail du CPE. De nombreux Membres ont souligné le fait que les discussions sur les priorités stratégiques du CPE avaient été importantes et constructives, ayant abouti à des réflexions et des échanges pertinents sur la manière de promouvoir l'efficacité et d'améliorer le travail du Comité. Les Membres ont noté que, bien que beaucoup de travail ait été accompli au cours des 25 dernières années, un travail considérable restait à faire pour atteindre les objectifs du Protocole au traité sur l'Antarctique relatif à la protection de l'environnement.

(8) Les Membres ont souligné certaines des questions prioritaires qui avaient été discutées, telles que l'importance d'améliorer le processus d'EIE, la gestion de la croissance du tourisme, la réponse au changement climatique et la protection de la biodiversité en Antarctique. Les Membres ont commenté les échanges précieux qui avaient eu lieu et les idées qui avaient été discutées sur de nouveaux mécanismes et outils potentiels pour faire avancer les actions du plan de travail et sur l'engagement d'une participation plus large à la fois au sein du Comité et avec un groupe d'experts plus large. Le SCAR s'est félicité des discussions qui ont eu lieu sur le développement ultérieur et l'amélioration de la compréhension des besoins scientifiques du Comité. Les Membres ont exprimé leur grand intérêt à participer à d'autres discussions intersessions. Les Membres ont également remercié la Finlande d'avoir accueilli l'atelier informel, qui avait fourni un excellent cadre pour stimuler les discussions et les échanges sur des questions importantes liées aux travaux du Comité.

(9) Le Comité a approuvé les recommandations du document de travail WP 62 et il est convenu d'établir un GCI pour élaborer plus avant un projet final de plan de travail quinquennal révisé pour discussion et adoption lors de la 26e réunion du CPE.

Avis du CPE à la RCTA sur l'élaboration d'une version révisée du Plan de travail quinquennal

(10) Le Comité est convenu d'informer la RCTA qu'il avait créé un GCI sur l'élaboration d'une version révisée du Plan de travail quinquennal avec les mandats suivants :

- élaborer un projet de plan de travail prioritaire quinquennal révisé pour examen lors de la 26e réunion du CPE ;
- préparer des conseils sur les mesures pratiques que le CPE pourrait envisager pour démarrer, poursuivre et surveiller les progrès des actions du plan de travail ; et
- faire un rapport à la 26e réunion du CPE.

(11) Le Comité a salué la proposition de la Norvège d'assurer le rôle de responsable du GCI.

---

(12) Le Comité a examiné le plan de travail quinquennal adopté lors de la XXIVe réunion du CPE (document du Secrétariat SP 2) et, conformément à son accord lors de la XVe réunion du CPE (2012), il a brièvement examiné le plan de travail à la fin de chaque point à l'ordre du jour.

(13) Le Comité a révisé et mis à jour son Plan de travail quinquennal (Annexe 1).

Point 4 : Fonctionnement du CPE

(14) La Norvège a présenté le document de travail WP 21 rév. 1 *Mise à jour de la procédure pour l'examen par le CPE de projets d'EGIE*, préparé conjointement avec l'Allemagne et l'Inde. Il contenait une version révisée de la procédure d'examen intersessions par le CPE de projets d'EGIE, telle qu'adoptée à l'annexe 3 du Rapport de la XXe réunion du CPE (2017). Sur la base des cinq dernières années d'expérience dans le traitement des projets d'EGIE au sein du Comité, la Norvège a mis en évidence trois modifications proposées à la procédure concernant la notification en temps opportun de la soumission prévue, les procédures de communication dans le processus de soumission et la mise à disposition en temps opportun des documents traduits.

(15) Le Comité a remercié les coauteurs pour leur document, saluant leur proposition comme une étape positive vers une procédure d'examen des projets d'EGIE aussi claire et efficace que possible. Le Comité a également noté l'importance du document dans le contexte de la révision par le CPE du plan de travail quinquennal. Après avoir incorporé des modifications mineures proposées par les Membres, le Comité a convenu de mettre à jour sa procédure d'examen des projets d'EGIE. Le Comité a noté que la procédure révisée ne modifiait pas les exigences obligatoires pour la distribution des projets d'EGIE en vertu de l'Annexe I.

Avis du CPE à la RCTA sur la mise à jour de la procédure d'examen par le CPE des projets d'EGIE

(16) Le Comité est convenu d'informer la RCTA qu'il avait mis à jour sa procédure d'examen par le CPE des projets d'EGIE (annexe 2). Le Comité est également convenu d'attirer l'attention de la RCTA sur les dispositions reflétant le rôle du Secrétariat pour faciliter le traitement et la traduction des projets d'EGIE.

---

(17) La Norvège a présenté le document de travail WP 22 *Procédures de nomination et d'élection – Président du CPE*. Observant que le Règlement intérieur du CPE actuel donnait peu d'indications sur le processus de nomination et d'élection du président du CPE, la Norvège a proposé que le CPE accepte une procédure de nomination d'un président du CPE, et a suggéré que le Règlement intérieur du CPE soit mis à jour pour refléter cette procédure de nomination, ainsi que la procédure précédemment convenue pour l'élection (Rapport de la XVIIe réunion du CPE, paragraphe 275). La Norvège a également proposé de modifier le mandat des présidents et vice-présidents de deux ans à deux réunions, pour tenir compte d'éventuelles interruptions dans le cycle annuel régulier des réunions.

(18) Le Comité a remercié la Norvège pour sa proposition et a exprimé son soutien général à la nécessité de clarifier les procédures et de formaliser davantage le processus d'élection du président du CPE. Notant l'utilité d'avoir des procédures similaires pour les postes de vice-présidents et assurant une certaine flexibilité au cas où les candidatures ne seraient pas reçues dans les délais recommandés ou s'il n'y avait pas de candidats, le Comité est convenu de mettre à jour son Règlement intérieur. Le Comité a pris note d'un commentaire selon lequel il pourrait être utile d'envisager, à un stade ultérieur, d'autoriser que les présidents et vice-présidents du CPE puissent provenir de tous les Membres, et pas seulement des Parties consultatives.

(19) Le Comité a également noté plusieurs références sexospécifiques dans le Règlement intérieur du CPE et il est convenu de mettre à jour ces références dans un langage inclusif en matière de genre.

Avis du CPE à la RCTA sur la mise à jour du Règlement intérieur du CPE sur les élections et les nominations

(20) Le Comité est convenu d'informer la RCTA qu'il avait approuvé les modifications apportées au Règlement intérieur du CPE afin d'incorporer les procédures de nomination et d'élection du président et des vice-présidents du CPE, ainsi que l'inclusion du genre, et a transmis une version révisée à la RCTA pour approbation par le biais d'une décision.

Point 5 : Coopération avec d'autres organisations

(21) Le SC-CAMLR a présenté le document d'information IP 6 *Report by the SC-CAMLR Observer to CEP* [Rapport de l'Observateur du SC-CAMLR au CPE], qui rend compte de ses activités relatives au CPE menées pendant la période intersessions 2022-2023. Le SC-CAMLR indique qu'il a prorogé sept bourses scientifiques et créé deux nouveaux stages, et rend compte de l'élaboration de son nouveau plan stratégique quinquennal. Il a mis en évidence six questions d'intérêt commun pour le CPE et le SC-CAMLR, dont une sur le signalement des débris marins. Il a également indiqué que les travaux en cours sur ces questions comprenaient un atelier hybride sur le changement climatique et l'environnement marin de l'Antarctique prévu pour septembre 2023. Le SC-CAMLR a indiqué qu'aucun accord sur les propositions d'AMP n'avait été conclu lors de la CCAMLR-41 et qu'une réunion extraordinaire visant à élaborer une feuille de route pour soutenir les discussions sur la conception, la désignation, la mise en œuvre et l'établissement de plans de recherche et de surveillance se tiendrait à Santiago, Chili en juin 2023. Il est à noter que la CCAMLR-41 n'est pas parvenue à un consensus sur la fusion des plans de gestion pour la ZSPA n° 152 et la ZSPA n° 153, mais que les révisions proposées au plan de gestion pour la ZSPA n° 145 ont été approuvées.

(22) Le SCAR a présenté le document d'information IP 10 rév. 1 intitulé *Rapport annuel 2023 du Comité scientifique pour la recherche antarctique à la XLVe Réunion consultative du traité sur l'Antarctique.* Le SCAR a rendu compte du lancement de son nouveau plan stratégique quinquennal pour 2023-2028 intitulé *Messages urgents du Sud : science et politique de l'Antarctique et de l'océan Austral.* Il a souligné ses travaux menés sur la planification initiale d'une cinquième Année polaire internationale en 2032-33 (IP 50). Il a également annoncé qu'il avait octroyé cinq bourses de début de carrière. Le SCAR a noté que la Conférence sur les sciences humaines et sociales se tiendra à Lisbonne du 22 au 24 juin 2023, le Colloque de biologie du SCAR se tiendra à Christchurch du 31 juillet au 4 août 2023, le Colloque inaugural du Système d'observation de l'océan Austral (SOOS) se tiendra à Hobart du 14 au 18 août 2023, et la conférence SCAR INSTANT se tiendra à Trieste du 11 au 14 septembre 2023. Il a également rendu compte des activités récentes pertinentes pour le travail du CPE, notamment :

- ses trois programmes de recherche scientifique fournissant des résultats soutenant les objectifs du CPE ;
- la 10e conférence scientifique ouverte (OSC) du SCAR qui s'est tenue en ligne en août 2022 et qui a été organisée par le Centre national indien de recherche polaire et océanique ;
- son avis à la CCAMLR-41 axé sur le changement climatique dans l'océan Austral ;
- le travail effectué par le groupe *Plastic in Polar Environments* (Plastic-AG) visant à créer un référentiel en accès libre résumant les projets nationaux et internationaux axés sur la pollution plastique dans les régions antarctique et subantarctique ; et
- le SCAR Krill Group (SKEG), qui a obtenu le statut de Groupe d'experts en septembre 2022.

(23) Le COMNAP a présenté le document d'information IP 7, intitulé *Rapport annuel 2022/23 du Conseil des directeurs de programmes antarctiques nationaux (COMNAP).*

L'assemblée générale annuelle du COMNAP de 2022 avait traité de questions telles que la modernisation des infrastructures vieillissantes pour améliorer les performances environnementales et l'habilitation de la science, la vulnérabilité liée à l'évolution de l'Antarctique et les nouveaux navires intégrant la réduction du bruit, l'efficacité et l'amélioration des réponses de sécurité dans leur conception et leur utilisation. Le COMNAP a rendu compte de ses travaux continus sur la préparation et la réponse à la COVID-19, notamment le partage d'informations techniques liées à la prévention de la zoonose inverse due au contact direct de l'homme avec les espèces antarctiques. Reconnaissant le risque accru que la grippe aviaire hautement pathogène (IAHP) se présente parmi la faune et flore sauvages antarctique par la migration naturelle des espèces, le COMNAP a noté qu'il collaborait avec le SCAR et l'IAATO sur le sujet. Il a également souligné le 20e colloque du COMNAP prochain, qui présenterait le travail multiforme des programmes nationaux de recherche antarctique, dans la mesure où ils facilitaient la recherche antarctique et mettaient en œuvre des mécanismes de protection environnementale.

(24) L'OMM a présenté le document d'information IP 16 *Rapport annuel de l'Organisation météorologique mondiale (OMM)*, qui décrit ses activités récentes en matière d'observations, d'infrastructures et de sciences de l'Antarctique, ces dernières étant menées dans le cadre de son Programme mondial de recherche sur le climat (PMRC) et du Programme mondial de recherche météorologique, tous deux coparrainés. Les faits marquants comprenaient la Veille mondiale de la cryosphère, le Réseau des centres climatologiques régionaux de l'Antarctique, le Projet de base sur le climat et la cryosphère, le CORDEX antarctique, les projections Antarctique 2300 et le sommet final de l'Année de la prévision polaire et les prochaines étapes. L'OMM a également mentionné ses dernières publications de haut niveau intéressantes, qui étaient accessibles au public.

(25) L'IAATO a présenté le document d'information IP 55 intitulé *Rapport 2022-23 de l'Association internationale des organisateurs de voyages dans l'Antarctique*, qui rend compte des activités qu'elle a menées au cours de l'année précédente. L'IAATO a noté que ses membres comprenaient 109 opérateurs et associés. L'IAATO a signalé que le nombre de touristes augmentait à nouveau après la pandémie de COVID-19 avec un total de 104 897 visiteurs au cours de la saison 2022-23. Au cours de la saison, trois incidents liés au tourisme ont entraîné la mort de quatre personnes voyageant avec des opérateurs de l'IAATO. Lors de sa réunion annuelle à Hambourg, les membres de l'IAATO se sont mis d'accord sur une stratégie quinquennale, « Assumer notre rôle d'intendants de l'Antarctique », ainsi que sur des mesures supplémentaires, telles que l'évolution des procédures opérationnelles pour l'observation de la faune et flore sauvages, une augmentation des zones géo-clôturées de ralentissement pour la protection des baleines et un investissement supplémentaire en matière d'engagement climatique 2022. L'IAATO a noté que, grâce au travail avec d'autres parties prenantes et aux commentaires de ses opérateurs, elle développait des outils et des mesures efficaces qui soutenaient la mission de l'IAATO de promotion de voyages dans l'Antarctique sûrs et respectueux de l'environnement. Elle a conclu que des collaborations comme celles-ci seraient cruciales alors que l'IAATO mettait en œuvre sa stratégie.

(26) L'ASOC a présenté le document d'information IP 115 intitulé *Rapport de l'ASOC à la RCTA*, qui résumait les activités intersessions de l'ASOC et son soutien à la science et aux communications scientifiques pertinentes au cours de l'année précédente. L'ASOC a contribué à des discussions intersessions sur le forum de discussion du CPE et a participé au programme « Science intégrée pour éclairer les processus de conservation de l'Antarctique et de l'océan Austral » (Ant-ICON) et dans des projets de recherche sur le tourisme. Elle a également assisté à des réunions pertinentes pour le travail du CPE, y compris la COP27 de la CCNUCC. L'ASOC s'est également félicitée des possibilités de collaborer avec les Membres et les Observateurs du CPE tout au long de la période intersessions.

(27) Le Comité a remercié les Observateurs pour leurs contributions et leur travail. Il a noté l'esprit de coopération et de communauté qui s'était exprimé et développé ces dernières années parmi les Observateurs.

(28) Le Comité a pris note du document d'information suivant présenté au titre de ce point de l'ordre du jour :

- IP 1 *Rapport de l'observateur du CPE à la XXXVIIe Réunion des délégués du SCAR* (France).

Point 6 : Réparation des dégâts causés à l'environnement et réhabilitation

(29) La République de Corée a présenté le document d'information IP 66 *Antarctic Ecosystem Recovery: Recolonization of Adélie Penguins at Cape Hallett (ASPA No. 106), Ross Sea* [Récupération de l'écosystème antarctique : Recolonisation des manchots Adélie au cap Hallett (ZSPA n° 106), mer de Ross], préparé conjointement avec la Nouvelle-Zélande et les États-Unis d'Amérique. La République de Corée a indiqué que les manchots Adélie avaient recolonisé le cap Hallett 46 ans après le déclassement de la station du cap Hallett en 1973. Elle a mis en évidence une étude illustrant l'importance des efforts de nettoyage qui avaient eu lieu de 2000 à 2007 et l'amélioration des habitats dans la restauration des colonies de manchots affectées par les perturbations d'origine humaine. Ce point a aussi attiré l'attention sur l'importance de la planification environnementale, de la surveillance à long terme et de l'EIE dans les régions de l'Antarctique.

(30) Le Secrétariat a présenté une carte des activités passées, qui avait été créée sur la base des exigences de l'annexe III, article 8, paragraphe 3, du Protocole au traité sur l'Antarctique relatif à la protection de l'environnement. Le Secrétariat a souligné le fait que, étant donné que la carte reflétait les informations soumises par le biais du SEEI, la qualité de la carte ne serait que de qualité similaire à celle des informations fournies par les Parties. Il a noté que les Parties avaient utilisé divers critères pour rapporter soit des sites d'activités passées, soit des opérations de nettoyage, ce qui limitait l'utilité de la carte. Le Secrétariat a noté qu'il apprécierait les commentaires pour éclairer le développement ultérieur de la carte à l'usage des Membres.

(31) Le Comité a pris note du document de contexte suivant présenté au titre de ce point de l'ordre du jour :

- BP 7 *Optimización y mantenimiento de las plantas de tratamiento de aguas servidas de la Base Aérea Antártica "Presidente Frei" Año 2023* [Optimisation et maintenance des usines de traitement des eaux usées de la base aérienne antarctique « Presidente Frei » année 2023] (Chili).

Point 7 : Conséquences du changement climatique sur l'environnement

7a) Approche stratégique

(32) Le SCAR a présenté le document de travail WP 42 rév. 1 *Mises à jour du SCAR sur les changements climatiques en Antarctique et l'environnement*, qui a résumé les 18 recommandations et actions prioritaires issues du synopsis décennal 2022 de l'ACCE. Le SCAR a souligné la nécessité de mise en œuvre immédiate de réponses internationales collaboratives pour répondre aux besoins critiques en matière de recherche. Cela était particulièrement important à la lumière des nouvelles données suggérant un record de glace de mer minimal, des projections de changements dans les eaux profondes de l'Antarctique, des changements dans les écosystèmes terrestres et marins et de la probabilité que la température de surface moyenne mondiale dépasse 1,5 °C par rapport aux niveaux préindustriels dans le monde au cours des cinq prochaines années. Le SCAR a réitéré son engagement à fournir régulièrement des conseils au CPE et à la RCTA sur les meilleures données scientifiques disponibles représentant la compréhension actuelle et les projections

des changements climatiques et de ses impacts en Antarctique sur le système Terre. Le SCAR a encouragé les Membres à : poursuivre leurs efforts pour mettre en œuvre de toute urgence les recommandations du synopsis décennal de l'ACCE 2022 ; continuer à s'engager envers la communauté de la recherche pour approfondir la compréhension des messages clés issus de la recherche ainsi que pour déterminer quelle science et quels types d'informations soutiendraient le mieux l'élaboration de politiques et d'actions solides ; et examiner comment fournir des évaluations régulières des progrès par rapport aux recommandations et aux actions prioritaires.

(33) Le Comité a remercié le SCAR pour son Rapport sur le synopsis décennal de l'ACCE et l'a félicité pour son engagement continu à fournir des mises à jour basées sur les meilleures données scientifiques disponibles. Le Comité a en outre noté que les informations scientifiques du SCAR étaient fondamentales dans son travail pour comprendre et aborder la gestion de l'environnement en Antarctique à la lumière du changement climatique, et qu'elles fournissaient même une plus grande impulsion aux efforts de mise en œuvre prioritaire du PTRCC. Le Comité a également salué les efforts récemment déployés par les Membres pour répondre au besoin d'efforts de recherche multinationaux, à grande échelle, bien financés et coordonnés, tels que l'International Science and Infrastructure for Synchronous Observation (Antarctica InSync). Il a exprimé son soutien à toutes les recommandations du document de travail WP 42 rév. 1, soulignant en particulier la nécessité :

- de poursuivre les efforts pour mettre en œuvre de toute urgence les recommandations du synopsis décennal de l'ACCE 2022 ;
- de déterminer quelles données scientifiques et quels types d'informations soutiendraient le mieux l'élaboration de politiques et d'actions solides, et de prendre note des travaux en cours du Comité dans l'examen de la définition de ses besoins scientifiques ; et
- d'examiner comment fournir des évaluations régulières des progrès par rapport aux recommandations et aux actions prioritaires identifiées par le synopsis décennal de l'ACCE 2022 dans le contexte du PTRCC et du plan de travail quinquennal.

(34) Les Membres ont fait des observations supplémentaires, par exemple : l'importance de suivre les recommandations d'autres sources et processus complémentaires tels que l'atelier conjoint CPE / SC-CAMLR de 2016 sur le changement climatique et la surveillance ; l'interdépendance du climat mondial et de l'environnement et de la biodiversité de l'Antarctique ; l'utilisation de projections et de scénarios pour mieux prévoir les zones susceptibles d'être vulnérables ou résilientes au changement climatique ; la nécessité d'améliorer les connaissances sur la biodiversité de l'Antarctique et de traiter les risques liés aux espèces non indigènes ; l'utilité de développer des outils qui pourraient traduire la science en actions de gestion rapides ; la nécessité de déployer des efforts de recherche audacieux ; et, inclus dans celle-ci, le lien entre l'Antarctique et d'autres écosystèmes connexes.

(35) Le SCAR a remercié les Membres pour leurs commentaires et leur réponse positive au document. Il s'est félicité de l'échange sur les mises à jour de la science émergente et des recommandations associées. Le SCAR a reconnu la complexité associée au changement climatique et a noté que le langage utilisé dans le synopsis décennal de l'ACCE reflétait cela.

(36) Le COMNAP a présenté le document de travail WP 29 *Mise en œuvre des impératifs ACCE : une perspective COMNAP*. Il a noté que les programmes nationaux de recherche antarctique avaient été les témoins directs d'une région antarctique en mutation, avaient facilité la science qui avait fourni la preuve d'un Antarctique en mutation et développaient et livraient des projets de recherche intégrés à grande échelle. Il a souligné le fait que les programmes nationaux de recherche antarctique étaient confrontés à de nouveaux défis et s'efforçaient de comprendre comment les changements du niveau de la mer et les conditions de la glace de mer affecteraient les infrastructures antarctiques essentielles et la prestation de la science. Il a décrit certaines initiatives qu'il avait prises pour relever ces

défis. Celles-ci comprenaient des évaluations de la vulnérabilité des infrastructures, des travaux sur les pratiques d'efficacité énergétique et des nouvelles technologies pour réduire le niveau relativement faible d'émissions de carbone des programmes nationaux de recherche antarctique, sans compromettre la sécurité de la vie humaine en Antarctique ni affecter la science. Le COMNAP a reconnu que les orientations actuelles en matière de biosécurité pourraient ne pas être suffisantes pour protéger l'Antarctique et l'environnement marin environnant dans le contexte du changement climatique. Le COMNAP a recommandé que le Comité :

- encourage les Membres à continuer de soutenir les programmes nationaux de recherche antarctique pour s'engager dans la recherche collaborative internationale ;
- comble les lacunes dans les connaissances et réduise les incertitudes liées à l'évolution de la région antarctique ;
- développe, avec la RCTA, des messages clés pour la communauté mondiale sur l'importance et l'impact d'un Antarctique en mutation, ainsi que des moyens d'arrêter ou d'atténuer les changements par des actions mondiales ;
- encourage les Membres à continuer de soutenir les efforts des programmes nationaux de recherche antarctique pour décarboniser ou réduire l'utilisation des combustibles fossiles ;
- revoie et mette à jour le *Manuel sur les espèces non indigènes* et améliore la gestion de l'encrassement biologique et des eaux de ballast afin de mieux répondre à l'introduction d'espèces non indigènes dans un océan en mutation ; ainsi que
- revoie le *Manuel de nettoyage du CPE* afin de prendre en compte les zones susceptibles d'être affectées par des conditions environnementales changeantes à proximité des sites d'activités passées.

(37) Le Comité a remercié le COMNAP pour son rapport et son travail d'atténuation et de lutte contre le changement climatique. Il a exprimé son soutien à toutes les recommandations du COMNAP en notant le rôle important des programmes nationaux de recherche antarctique dans la gestion des implications du changement climatique pour les activités humaines et l'environnement en Antarctique. Le Comité a notamment noté l'alignement des propositions du COMNAP sur le fait de revoir le *Manuel sur les espèces non indigènes* et le *Manuel de nettoyage du CPE* avec la poursuite des travaux démarrés dans le cadre du PTRCC et l'importance d'une surveillance à long terme. Il a souligné la valeur de la sensibilisation et de la communication et a noté les initiatives en cours dans les programmes nationaux de recherche antarctique.

(38) La Finlande a présenté le document de travail WP 43 *Les recommandations du SCAR sur l'action climatique dans l'Antarctique : la perspective finlandaise*. Se référant au synopsis décennal de l'ACCE du SCAR, la Finlande a noté que les changements climatiques en Antarctique avaient des répercussions mondiales majeures et a souligné le fait que les impacts ne pouvaient être atténués que par une action climatique collective mondiale. En soutien aux recommandations du SCAR dans le document de travail WP 42 rév. 1, la Finlande a souligné l'importance : d'une coopération et d'un échange d'informations constants entre la CCNUCC et la RCTA ainsi qu'entre le GIEC et le SCAR ; une coopération scientifique renforcée entre les deux régions polaires en termes d'avancées scientifiques et de conseils politiques ; l'évaluation de l'empreinte carbone des opérations scientifiques dans l'Antarctique et la conception de programmes de recherche à faibles émissions ; ainsi qu'une approche opérationnelle et holistique. La Finlande a également souligné à quel point la collaboration et la coordination internationales étaient importantes pour réduire les émissions et les autres impacts environnementaux des programmes de recherche, et a exhorté les Parties à accroître leur action climatique en réexaminant leurs contributions déterminées au niveau national (CDN) dans le cadre de l'accord de Paris.

(39) Le Comité a remercié la Finlande pour ses réflexions et a noté que le document serait examiné lors de la prochaine session conjointe du CPE et de la RCTA sur le changement

climatique. Les Membres ont soutenu la Finlande en soulignant plusieurs aspects du document, y compris l'importance des mesures nationales pour l'atténuation de l'empreinte carbone, la promotion d'approches holistiques dans l'action climatique et la communication d'informations scientifiques entre le SCAR et le GIEC. Ils ont fait appel aux opérations scientifiques pour évaluer également leur empreinte environnementale de manière plus générale.

(40) La Finlande a présenté le document de travail WP 38 rév. 1 *Déclaration d'Helsinki sur les changements climatiques et l'Antarctique*. Elle a rappelé que la RCTA était convenue de tenir une session conjointe d'une journée complète du CPE et de la RCTA pour examiner la mise en œuvre des recommandations du synopsis décennal de l'ACCE du SCAR. La Finlande a informé le Comité qu'elle avait mené des discussions intersessions fructueuses sur le forum de discussion de la RCTA pour formuler une déclaration conjointe soulignant la nécessité d'une action climatique urgente en Antarctique, qui serait discutée lors de la prochaine session conjointe du CPE et de la RCTA sur les changements climatiques. La Finlande a remercié tous ceux qui ont participé activement à la discussion. En outre, la Finlande a suggéré que le CPE envisage de proposer à la RCTA un paragraphe opérationnel qui pourrait être inclus dans la Déclaration, reflétant l'engagement du CPE dans le travail sur les changements climatiques.

(41) Le Comité a félicité la Finlande pour son travail dans la préparation de la déclaration d'Helsinki, notant l'importance d'appeler à l'action sur les conséquences du changement climatique en Antarctique. Le Comité s'est félicité de l'invitation de la Finlande à rédiger son propre paragraphe pour le soumettre à la RCTA, ce qui permettrait au Comité de souligner son attachement aux objectifs de la Déclaration.

Avis du CPE à la RCTA sur la déclaration d'Helsinki

(42) Le Comité est convenu d'aviser la RCTA d'un paragraphe opérationnel à fournir à un endroit approprié dans la déclaration d'Helsinki sur le changement climatique et l'Antarctique, reflétant l'engagement du CPE dans le travail sur le changement climatique :

> *Réaffirmer l'importance des travaux en cours du Comité pour la protection de l'environnement pour soutenir les efforts déployés au sein du Système du traité sur l'Antarctique pour atténuer, se préparer et renforcer la résilience face aux impacts du changement climatique sur l'environnement, et s'engager en priorité à poursuivre la mise en œuvre et l'examen régulier du Programme de travail en réponse au changement climatique.*

---

(43) L'Australie a présenté le document d'information IP 45 *Managing threats to Antarctic terrestrial biodiversity* [Gérer les menaces pesant sur la biodiversité terrestre de l'Antarctique], préparé conjointement avec la Belgique, les États-Unis d'Amérique, l'Espagne, la France, le Japon, la Nouvelle-Zélande, la Norvège, le Royaume-Uni, le SCAR, l'ASOC et l'IAATO. Le document a mis en évidence des recherches récentes qui ont révélé qu'environ 65 % des groupes d'espèces terrestres et des oiseaux de mer terrestres étaient susceptibles de décliner d'ici l'an 2100 dans le cadre des mécanismes de gestion existants et des trajectoires actuelles du changement climatique mondial. En évaluant les avantages de plusieurs stratégies possibles de gestion des menaces, la recherche a révélé qu'influencer la politique mondiale pour atténuer efficacement le changement climatique apporterait les plus grands avantages, tandis qu'un ensemble d'actions visant à minimiser les menaces provenant des activités dans la région de l'Antarctique serait également très bénéfique. L'étude avait conclu que la meilleure façon de protéger la biodiversité terrestre de l'Antarctique serait de poursuivre simultanément les efforts mondiaux et régionaux. Les coauteurs ont souligné la pertinence de ces conclusions pour le travail du Comité visant à mettre en œuvre le plan de travail quinquennal du CPE et le PTRCC, et la prochaine session

conjointe CPE / RCTA sur l'information et le soutien à l'action mondiale pour lutter contre le changement climatique.

(44) L'OMM a présenté le document d'information IP 93 *Antarctica 2300 (ISMIP6) Projections* [Les projections Antarctique 2300 (ISMIP6)] et a expliqué que le Projet d'intercomparaison des modèles de couche de glace (ISMIP) était un élément crucial dans l'effort visant à fournir des projections fiables de l'élévation mondiale du niveau de la mer pour les rapports du GIEC utilisés à l'échelle mondiale par les décideurs. L'OMM a noté que le septième cycle à venir du projet étendrait les projections de la couche de glace de l'année 2100 à 2300, afin de mieux tenir compte des points de basculement potentiels au-delà du XXIe siècle. De tels événements pourraient potentiellement conduire à une contribution beaucoup plus importante et plus durable de l'élévation du niveau de la mer en Antarctique avec des conséquences sur des échelles de temps multigénérationnelles. Le document invitait les modélisateurs de l'écoulement glaciaire, les océanographes physiques, les scientifiques de l'atmosphère, les modélisateurs du climat et les scientifiques des données, ainsi que d'autres groupes intéressés du monde entier, à se joindre à l'initiative.

(45) L'OMM a présenté le document d'information IP 94 *The Climate and Cryosphere (CliC) Project of the World Climate Research Programme (WCRP)* [Le projet Climat et cryosphère (CliC) du Programme mondial de recherche sur le climat (PMRC)], qui rendait compte du projet Climat et cryosphère (CliC) du Programme mondial de recherche sur le climat. L'OMM a expliqué que, selon les conclusions du programme : l'inlandsis de l'Antarctique occidental continuait de diminuer à un rythme accéléré ; la glace de mer estivale de l'Antarctique était à une étendue réduite record, les plates-formes de glace s'amincissant et, dans certains cas, s'effondrant de manière catastrophique ; le pergélisol fondait ; l'océan Austral se réchauffait et se rafraîchissait en ayant des répercussions mondiales ; et l'Antarctique connaissait des phénomènes météorologiques extrêmes tels que des vagues de chaleur et des rivières atmosphériques. L'OMM a rappelé que ses activités impliquaient des partenariats solides et de longue date avec le SCAR, a salué le travail du SCAR dans le synopsis décennal de l'ACCE 2022 et a pleinement soutenu ses recommandations.

(46) L'OMM a présenté le document d'information IP 97 *Policy-relevant science highlights from the Antarctic CORDEX project* [Faits marquants scientifiques pertinents pour les politiques du projet CORDEX Antarctique]. Elle a fourni des informations générales et les faits marquants scientifiques récents de l'activité de l'expérience régionale coordonnée de réduction d'échelle de l'Antarctique (CORDEX). CORDEX visait à mieux comprendre l'influence des processus climatiques sur la glace de mer, les plates-formes de glace et la couche de glace de l'Antarctique à l'échelle régionale. L'OMM a noté que de nouvelles découvertes avaient été faites dans la compréhension des vulnérabilités et des seuils de température des plates-formes de glace, ainsi que sur l'importance du réchauffement près de la surface dans la fonte des plates-formes de glace. Elle a invité tous les Membres à envisager de soutenir des campagnes d'observation ciblées axées sur des zones mal comprises ou mal observées afin d'aider à améliorer encore les estimations du modèle du bilan de masse de surface de l'Antarctique.

(47) Remerciant l'OMM pour ses efforts de recherche internationaux répondant aux recommandations du synopsis décennal du SCAR, le SCAR s'est référé au document d'information IP 95 *Understanding Future Sea-level Change Around Antarctica* [Comprendre les changements futurs du niveau de la mer autour de l'Antarctique], préparé conjointement avec le COMNAP. Le SCAR a noté que le document décrivait les risques pour les opérations, la recherche, le tourisme et les zones spécialement protégées et gérées résultant des changements du niveau de la mer, et a noté que les travaux en cours menés par le programme INSTANT du SCAR aideraient les Membres et les programmes

nationaux de recherche antarctique à mieux prévoir l'évolution du niveau de la mer et gérer les risques grâce à une adaptation efficace.

(48) Le COMNAP a reconnu les programmes nationaux de recherche antarctique qui ont facilité la science informant des modèles de niveau de la mer et a exprimé son intention de travailler avec des contributeurs pour comprendre les projections du niveau de la mer, étant donné son potentiel d'impact sur les opérations, les infrastructures et les activités scientifiques dans les zones côtières.

(49) Le Comité a remercié l'OMM pour ses documents et pour les informations qui donnent à réfléchir qu'ils contiennent. Le Comité a également félicité le SCAR et le COMNAP pour le document d'information IP 95 et a noté que le littoral de l'Antarctique n'était pas à l'abri des conséquences des changements du niveau de la mer. Notant le nombre de documents et d'interventions faisant référence à de nouvelles découvertes sur les conséquences des calottes glaciaires de l'Antarctique et des changements cryosphériques sur les changements du niveau de la mer côtière en Antarctique, certains Membres ont suggéré qu'il pourrait être approprié d'inclure les questions relatives aux changements du niveau de la mer côtière dans le Plan de travail quinquennal et le PTRCC.

(50) L'ASOC a présenté le document d'information IP 117 *Irreversible near-term consequences of Southern Ocean acidification with current CO2 emissions pathways* [Conséquences irréversibles à court terme de l'acidification de l'océan Austral avec les voies actuelles d'émission de CO_2]. Elle a mis en évidence des recherches indiquant que, à moins que le monde ne poursuive une voie de réduction significative des émissions, il y aurait des dommages généralisés causés aux coquillages dus à l'acidification des océans dans tout l'océan Austral au cours des prochaines décennies.

(51) L'ASOC a présenté le document d'information IP 120 *Increasing evidence of critical sea-level rise with emissions above 1.5°C Paris agreement limit* [Preuves croissantes d'une élévation critique du niveau de la mer avec des émissions supérieures à 1,5 °C de la limite de l'accord de Paris]. Elle a souligné le fait que des recherches récentes sur la perte projetée de l'inlandsis de l'Antarctique indiquaient des seuils d'élévation irréversible du niveau de la mer à des températures et des voies d'émissions inférieures à celles envisagées précédemment, même dans la limite supérieure de 2° C de l'accord de Paris. L'ASOC a encouragé le CPE à prendre note de ces tendances à l'acidification des océans et à l'élévation du niveau de la mer, car elles auraient des effets dramatiques sur l'Antarctique et ses espèces et écosystèmes marins.

(52) L'ASOC a présenté le document d'information IP 121 rev. 2 *Carbon Footprints of Antarctic Activities* [Empreintes carbone des activités en Antarctique], qui a proposé d'élaborer une analyse et une estimation des émissions générées par les activités en Antarctique. Elle a suggéré qu'une meilleure compréhension de l'empreinte carbone totale des activités antarctiques constituerait une base utile pour développer de futurs instruments de la RCTA conçus pour réduire l'impact environnemental de ces activités.

(53) Le Comité a pris note des documents d'information suivants présentés au titre de ce point de l'ordre du jour :

- IP 25 *Logistical Challenges due to Changing Environmental Conditions: Experiences from the Korean Antarctic Program 2022-23* [Les défis logistiques dus à l'évolution des conditions environnementales : les expériences du programme antarctique coréen 2022-23] (République de Corée).
- IP 64 *Decarbonizing Antarctic Operations: best practices for renewable energy deployment at Antarctic research stations* [La décarbonisation des opérations en Antarctique : les meilleures pratiques pour le déploiement des énergies renouvelables dans les stations de recherche en Antarctique] (ASOC, Uruguay).

- IP 98 *Marine Ecosystem Assessment for the Southern Ocean (MEASO) - Key Findings and Recommendations* [Évaluation des écosystèmes marins de l'océan Austral (MEASO) – Principales conclusions et recommandations] (SCAR).

7b) Mise en œuvre et examen du Programme de travail en réponse au changement climatique

(54) L'organisatrice du GSRCC, le Dr Heike Herata (Allemagne), a présenté le document de travail WP 48 intitulé *Rapport du groupe subsidiaire du CPE chargé de la réponse au changement climatique (GSRCC) 2022-2023*, qui décrit les travaux et les résultats du GSRCC pendant la période intersessions. Le Dr Herata a indiqué que l'objectif du groupe était de donner la priorité aux activités déjà décrites dans le PTRCC pour faire avancer sa mise en œuvre. En conséquence, le GSRCC a identifié six activités du PTRCC à faire progresser au cours de la prochaine période intersessions. Le Dr Herata a noté que le GSRCC avait tenu une réunion informelle avant la XXVe réunion du CPE et avait discuté des tâches à venir et échangé des informations sur les activités pertinentes liées aux actions prioritaires.

(55) Le Comité a remercié le Dr Herata pour avoir dirigé les travaux du GSRCC. Notant la responsabilité du CPE dans la prise de mesures, il a exprimé son soutien au travail utile du GSRCC consistant à identifier les activités prioritaires du PTRCC et a encouragé d'autres Membres à prendre des mesures pour les faire progresser. Les membres du GSRCC ont également appelé à une participation plus large au sein du GSRCC afin de contribuer à son important travail sur la mise en œuvre du PTRCC. Les Membres ont également soulevé plusieurs points à examiner plus avant, notamment : la pertinence de renforcer la coopération avec le SC-CAMLR ; la possibilité de promouvoir davantage la recherche sur les espèces vulnérables, y compris l'état, les tendances, la vulnérabilité et la répartition des espèces, comme indiqué dans les besoins scientifiques du plan de travail quinquennal ; la pertinence d'inclure les impacts sur le niveau de la mer dans les travaux de réponse au changement climatique ; et l'importance d'évaluer les impacts à grande échelle et cumulatifs.

Conseils du CPE à la RCTA concernant la mise en œuvre et le réexamen du Programme de travail en réponse au changement climatique (PTRCC)

(56) Le Comité est convenu d'informer la RCTA qu'il poursuivait ses travaux de mise en œuvre du PTRCC (2016). Le Comité a discuté des actions suivantes, qui avaient été réalisées ou qui concernaient des recherches en cours qui étaient régulièrement fournies au Comité :

- Action 1b. Examiner les lignes directrices de l'OMI sur l'encrassement biologique afin de vérifier le caractère adéquat de la présence dans l'océan Austral de navires voyageant d'une région à l'autre. Voir le document de travail WP 14 *Examen des lignes directrices et des accords de l'Organisation maritime internationale (OMI) et du Système du traité sur l'Antarctique (STA) concernant l'encrassement biologique des navires et la gestion des eaux de ballast* (Australie, Nouvelle-Zélande, Royaume-Uni).

- Action 2a. Soutenir et entreprendre des recherches afin de mieux comprendre les changements actuels et à venir et d'étayer la réponse. Par exemple, voir le document d'information IP 45 *Managing threats to Antarctic terrestrial biodiversity* [Gérer les menaces pesant sur la biodiversité terrestre de l'Antarctique] (Australie, Belgique, États-Unis d'Amérique, Espagne, France, Japon, Norvège, Nouvelle-Zélande, Royaume-Uni, SCAR, ASOC, IAATO).

- Actions 2b. / 3b. Soutenir et entreprendre une surveillance à long terme des changements, notamment par des efforts conjoints. Voir par exemple document de travail WP 49 rév. 1 *Système d'observation côtière et terrestre de l'Antarctique*

(ANTOS) (SCAR, Nouvelle-Zélande, Australie, Italie, République de Corée, États-Unis d'Amérique).

- Action 2e. Examiner et réviser, le cas échéant, les outils de gestion existants afin d'évaluer s'ils offrent les meilleures mesures d'adaptation pratiques aux régions les plus menacées par le changement climatique. Par exemple, voir le document de travail WP 47 *Rapport d'activités du Groupe subsidiaire sur les plans de gestion pendant la période intersessions 2022-2023* (Inde) qui a décrit un processus en cours de hiérarchisation et de réexamen des outils de gestion des zones protégées dans le contexte du changement climatique.
- Action 3e. Maintenir un dialogue régulier (ou un partage d'informations) avec le SC-CAMLR sur le changement climatique et l'océan Austral, en particulier concernant les mesures prises. Voir par exemple le document d'information IP 6 *Report by the SC-CAMLR Observer to the CEP* [Rapport de l'observateur du SC-CAMLR au CPE] (SC-CAMLR) et le document de travail WP 12 *Préparation du prochain atelier conjoint CPE / SC-CAMLR* (France).
- Action 5b. Évaluer les risques du changement climatique sur les SMH / le patrimoine des ZSPA. Voir le document d'information IP 102 *Assessing the risk of climate change impacts on Antarctic heritage values: an update on progress* [Évaluation du risque d'impacts du changement climatique sur les valeurs patrimoniales de l'Antarctique : une mise à jour sur les progrès] (Argentine, Australie, Norvège, Nouvelle-Zélande, Royaume-Uni, SCAR).
- Action 6a. Encourager les travaux de recherche réalisés par les programmes nationaux sur les espèces marines et terrestres en péril en raison du changement climatique. Par exemple, voir le document de travail WP 52 *Une évaluation sur cinq ans des impacts sur les manchots empereurs d'une faible étendue de glace de mer* (Royaume-Uni, France, Allemagne, États-Unis d'Amérique).

(57) Le Comité est convenu d'appuyer la recommandation du GSRCC selon laquelle les Membres continuent de travailler activement à la mise en œuvre du PTRCC. Il a également approuvé les six activités prioritaires suivantes devant être avancées par le GSRCC au cours de la prochaine période intersessions :

- Soutenir les travaux d'évaluation de l'état des espèces antarctiques vulnérables au climat (action 6c) ;
- Développer des orientations sur les considérations liées au changement climatique dans les documents pour la création et la gestion des zones protégées (action 2e) ;
- Tenir à jour le Manuel sur les espèces non indigènes en y incorporant les développements actuels (action 1a) ;
- Intensifier la coordination sur la réponse au changement climatique dans le domaine marin avec le SC-CAMLR (action 3e) ;
- Décontaminer d'anciens sites d'activités dans la zone antarctique (action 5f) ; et
- Évaluer le risque de changement climatique pour les infrastructures existantes et projetées de l'Antarctique et les conséquences environnementales associées, et prendre en compte les impacts du changement climatique liés aux lignes directrices de l'EIE, par exemple en s'assurant que les installations à long terme proposées soient suffisamment résilientes au changement climatique (actions 5a et 5d).

---

(58) La France a présenté le document de travail WP 12 *Préparation du prochain atelier conjoint CPE / SC-CAMLR*, qui proposait un projet de termes de référence et plusieurs modalités d'organisation du prochain atelier conjoint CPE / SC-CAMLR. La France a souligné le fait que les termes de référence de l'atelier devraient tenir pleinement compte de l'examen présenté dans le document de travail WP 16 de la XXIVe réunion du CPE, des travaux en cours du GSRCC, des termes de référence de l'atelier SC-CAMLR sur le

changement climatique prévu pour septembre 2023 et de toute orientation découlant de la *session conjointe RCTA / CPE* sur le *Changement climatique.* La France a proposé que l'atelier se tienne en 2024 à une date qui garantirait une large participation. Elle a invité les Membres à déterminer si l'atelier pourrait être organisé en parallèle à la XXVIe réunion du CPE ou SC-CAMLR-43, et si un atelier hybride ou virtuel serait le plus approprié. Elle a également suggéré que les Membres pourraient envisager d'adopter une approche similaire à l'échéance prévue pour l'atelier SC-CAMLR sur le changement climatique de 2023, qui consisterait en des centres régionaux pour faciliter une large participation, si cela s'avérait être une approche efficace.

(59) En réponse à une question de la Chine concernant l'utilisation du terme « impact » par rapport aux « effets » dans le projet de mandat, l'OMM a précisé que, selon le GIEC, « les impacts se réfèrent généralement aux effets sur la vie ; les moyens de subsistance ; la santé et le bien-être ; les écosystèmes et les espèces ; les atouts économiques, sociaux et culturels ; les services (y compris les services écosystémiques) ; et les infrastructures. Les impacts peuvent être appelés conséquences ou résultats, et peuvent être préjudiciables ou bénéfiques. »

(60) Le Comité a remercié la France pour son travail et a pleinement soutenu la proposition d'un atelier conjoint CPE / SC-CAMLR en 2024 ou 2025 axé sur le changement climatique et ses impacts en Antarctique. Les Membres ont souligné l'importance de renforcer les efforts collectifs, se sont félicités de la réponse positive du SC-CAMLR pour identifier un co-organisateur et ont soutenu la création d'un comité directeur avec la participation des deux organes pour achever les arrangements pratiques. Le Comité est en outre convenu de tenir des discussions informelles, si nécessaire, sur le Forum du CPE afin de faciliter la planification de l'atelier conjoint.

Avis du CPE à la RCTA sur la préparation du prochain atelier conjoint CPE / SC-CAMLR

(61) Le Comité est convenu de signaler à la RCTA qu'il avait adopté les mandats suivants pour le prochain atelier conjoint CPE / SC-CAMLR :

- Examiner comment progresser sur des questions d'intérêt commun dans le domaine marin dans le contexte du changement climatique (y compris les cinq domaines prioritaires communs identifiés lors de l'atelier conjoint de 2009) ;
- Identifier les besoins de recherche communs ;
- Examiner la nécessité d'améliorer les programmes de surveillance existants pour évaluer et intégrer les impacts[1] du changement climatique ; et
- Proposer des améliorations pour renforcer la coopération et la coordination entre le CPE et le SC-CAMLR.

(62) Il est en outre convenu de demander l'appui du Secrétariat et que les Parties envisagent des options de financement pour l'atelier, rappelant également que lors de la XLIe RCTA, la réunion avait exprimé sa volonté d'examiner les futures propositions de financement pour aider le CPE à entreprendre des travaux prioritaires, au cas par cas.

---

[1] D'après le glossaire du GIEC, les impacts renvoient « en général aux effets sur la vie, la santé et le bien-être des personnes, les moyens de subsistance, les écosystèmes et les espèces, les biens économiques, sociaux et culturels, les services (y compris les services écosystémiques) et les élément d'infrastructure. Les impacts, également appelés conséquences, peuvent être préjudiciables ou bénéfiques ».
https://www.ipcc.ch/site/assets/uploads/sites/2/2019/10/SR15_Glossary_french.pdf

Point 8 : Évaluation d'impact sur l'environnement (EIE)

8a) Projets d'évaluations globales d'impact sur l'environnement

(63) L'Argentine a présenté le document de travail WP 61 rev. 1 *Projet d'évaluation globale d'impact sur l'environnement (EGIE) pour le réaménagement la rénovation de la base Petrel, île Dundee, Antarctique*, qui a rendu compte de son intention de renouveler la base Petrel tout en poursuivant les activités scientifiques et opérationnelles à la station, tant sur le site qu'au sein des installations prises en charge par la base. L'Argentine a noté que l'EGIE avait été préparée conformément aux exigences de l'annexe I du Protocole au traité sur l'Antarctique relatif à la protection de l'environnement, les *Lignes directrices pour l'évaluation d'impact sur l'environnement en Antarctique*, et la législation argentine pertinente. L'Argentine a noté qu'une série de changements dans l'état de la base Petrel sur plusieurs décennies, ainsi que la détérioration au fil du temps, ont entraîné la nécessité de mises à niveau à grande échelle. L'Argentine a souligné le fait que le projet d'EGIE était conçu comme une évaluation complète d'un projet de vaste portée, qui consistait en la rénovation et l'utilisation des installations de la base, la construction et l'utilisation d'une nouvelle piste pour les aéronefs, la construction d'une centrale photovoltaïque et l'amélioration de l'utilisation et de la consommation des lacs d'approvisionnement en eau. Elle a en outre noté le fait que le projet répondrait à la fois au besoin de modernisation de la base Petrel et à certains problèmes logistiques rencontrés à la base Marambio. Après une évaluation exhaustive des activités proposées et des mesures d'atténuation associées, l'Argentine a conclu que l'impact des activités proposées était susceptible d'être plus que mineur ou transitoire sur l'environnement de l'Antarctique. L'Argentine a conclu que les activités proposées pourraient être réalisées, attendu que les impacts positifs au regard de l'amélioration de la sécurité, la protection de l'environnement et la capacité à subvenir aux besoins de la science l'emportaient sur les impacts négatifs associés aux activités proposées. L'Argentine a en outre souligné qu'il s'agissait de sa première expérience de soumission d'un projet d'EGIE et a exprimé sa gratitude envers les commentaires des Membres sur l'amélioration du projet.

(64) La Nouvelle-Zélande a présenté le document de travail WP 32 : *Rapport du Groupe de contact intersessions à composition non limitée (GCI) chargé d'examiner le projet d'évaluation globale d'impact sur l'environnement préparé par l'Argentine pour la « Rénovation de la base Petrel, île Dundee, Antarctique »*. Au nom des participants au GCI, la Nouvelle-Zélande a félicité l'Argentine sur plusieurs aspects du projet d'EGIE. Le GCI a considéré que le projet d'EGIE était dans l'ensemble clair, bien structuré et répondait globalement aux exigences de l'article 3 de l'annexe I du Protocole. En raison de l'ampleur et de la complexité du projet proposé, les participants au GCI ont considéré que les activités proposées étaient susceptibles d'avoir plus qu'un impact transitoire sur l'environnement et qu'une EGIE était le niveau approprié d'EIE de l'activité proposée.

(65) La Nouvelle-Zélande a noté que les participants au GCI considéraient que la description à l'appui de l'activité proposée dans le corps principal de l'EGIE manquait d'informations, et qu'il était donc difficile d'évaluer si tous les impacts environnementaux des activités proposées avaient été identifiés et si les mesures d'atténuation suggérées étaient appropriées. Les participants au GCI ont identifié un certain nombre d'aspects du projet d'EGIE pour lesquels il serait utile d'inclure des informations ou des éclaircissements supplémentaires dans une EGIE finale, si l'Argentine envisageait de poursuivre l'activité proposée, comprenant les informations détaillées complémentaires concernant :

- la description de l'activité proposée comprenant notamment plus de détails sur les activités de construction et d'exploitation de la future base ;

- des alternatives à l'activité proposée ;
- l'état de référence initial de l'environnement ;
- la méthodologie utilisée pour prévoir les impacts de l'activité proposée, y compris la manière dont les cotes d'importance des impacts ont été déterminées compte tenu de l'échelle et de la complexité de l'activité proposée ;
- une évaluation plus complète des impacts cumulatifs qui pourraient survenir avec les activités proposées, les activités existantes et les autres activités planifiées connues dans la zone ;
- une évaluation et une description plus complètes des mesures d'atténuation ;
- le programme de surveillance continue de l'environnement avant, pendant et après les activités de construction ; et
- les lacunes dans les connaissances pertinentes pour les activités proposées.

(66) L'Argentine a présenté le document d'information IP 114 intitulé *Preliminary responses to comments on the draft Comprehensive Environmental Evaluation (CEE) for the renovation of Petrel Base, Dundee Island, Antarctica* [Réponses préliminaires aux commentaires sur le projet d'évaluation globale d'impact sur l'environnement (EGIE) pour la rénovation de la base Petrel, île Dundee, Antarctique]. Elle a remercié la responsable du GCI, Ceisha Poirot (Nouvelle-Zélande), ainsi que les Membres ayant participé au GCI. Elle a noté l'intérêt qu'elle avait trouvé en examinant les EGIE précédentes d'autres programmes nationaux de recherche antarctique, qui avaient servi de points de référence pour le projet d'EGIE de l'Argentine, et a accueilli les précieux commentaires et suggestions des Membres pour améliorer la structuration et la clarté du document. L'Argentine a souligné, en particulier, son intention : d'améliorer l'identification des impacts sur la base des meilleures données scientifiques disponibles ; d'inclure une présentation plus claire et plus complète des mesures d'atténuation ; d'intégrer une meilleure analyse des alternatives ; et d'améliorer la structure générale et la clarté du document. Soulignant le fait que le projet d'EGIE n'était pas un document achevé, mais plutôt la partie d'un processus en cours, l'Argentine a noté que les réponses spécifiques à chaque commentaire résultant des travaux du GCI seraient reflétées dans l'EGIE finale.

(67) Le Comité a félicité l'Argentine pour ses efforts de préparation du projet d'EGIE, notant la solidité du document et le fait qu'il faisait partie d'un processus en cours dans le cadre d'un projet à grande échelle. Il a également remercié les participants du GCI pour leur travail et a félicité Ceisha Poirot pour son excellent travail d'organisation et de coordination des discussions. Il a en outre remercié l'Argentine pour ses réponses préliminaires aux travaux du GCI (IP 114), saluant l'engagement de l'Argentine à poursuivre les activités de recherche pendant les activités proposées avec le moins d'impact possible sur l'environnement. Plusieurs Membres ont également soulevé des questions spécifiques, notamment sur l'utilisation prévue de la base et de la piste proposée, en particulier pour les activités touristiques et non gouvernementales, ainsi que sur la manière dont les installations seraient mises à disposition pour la coopération scientifique internationale. Le Comité a également souligné le fait que la discussion a démontré l'efficacité globale des procédures du CPE pour l'examen des projets d'EGIE.

(68) L'Argentine a fourni des réponses préliminaires aux questions soulevées par les Membres. Elle a souligné que sa priorité dans la rénovation de la base Petrel était de soutenir ses plans scientifiques, notant qu'elle n'avait pas l'intention d'utiliser la base à des fins touristiques au-delà de la manière dont les bases existantes recevaient actuellement des visiteurs, et a déclaré que la piste n'était pas destinée à des fins commerciales. Rappelant sa longue histoire de collaboration avec d'autres Parties, l'Argentine a fait part de son intention de clarifier la manière dont la base pourrait être utilisée pour améliorer l'engagement

international. L'Argentine a souligné son intention de donner suite à toutes les observations et questions soulevées à la fois par le GCI et par les Membres au cours de la réunion.

(69) Les Membres ont noté que le processus était toujours en cours et se sont félicités de la volonté de l'Argentine de répondre à toutes les observations.

Avis du CPE à la RCTA sur le projet d'Évaluation globale d'impact sur l'environnement pour la rénovation de la base Petrel, île Dundee, Antarctique

(70) Le Comité est convenu d'informer la RCTA qu'il avait examiné en détail le projet d'EGIE préparé par l'Argentine pour la rénovation de la base Petrel, île Dundee, Antarctique (WP 61 rev. 1). Le Comité a examiné le rapport de la Nouvelle-Zélande sur le GCI créé pour examiner le projet d'EGIE conformément aux Procédures d'examen intersessions par le CPE des projets d'évaluation globale d'impact sur l'environnement (WP 32), et les informations fournies par l'Argentine dans une réponse initiale aux commentaires du GCI (IP 114). Le Comité a également discuté des informations complémentaires apportées par l'Argentine, en réponse aux questions soulevées pendant la réunion.

(71) Le Comité est également convenu d'aviser la RCTA que :

1) Le projet d'EGIE est en grande partie conforme aux exigences de l'article 3 de l'annexe I du Protocole au traité sur l'Antarctique relatif à la protection de l'environnement, bien qu'il soit nécessaire de traiter certains éléments de l'article 3 plus en détail.

2) L'Argentine devrait examiner les questions soulevées lors de la réunion du GCI et, si elle décidait de poursuivre l'activité proposée, il existerait plusieurs aspects pour lesquels des informations ou des précisions supplémentaires devraient être fournies dans l'EGIE finale requise. Ces questions ont été décrites en détail dans les soumissions faites par les participants et sont résumées dans le présent rapport du GCI. En particulier, le Comité a suggéré que des précisions concernant les points suivants devraient être fournies :

   - la description de l'activité proposée, comprenant notamment plus de détails tant sur la construction que sur les activités d'exploitation y compris à vocation touristique et non gouvernementale, le cas échéant, de la future base ;
   - des alternatives à l'activité proposée ;
   - l'état de référence initial de l'environnement ;
   - la méthodologie utilisée pour prévoir les impacts de l'activité proposée, y compris la manière dont les cotes d'importance des impacts ont été déterminées compte tenu de l'échelle et de la complexité de l'activité proposée ;
   - une évaluation plus complète des impacts cumulatifs qui pourraient survenir avec les activités proposées, les activités existantes et les autres activités planifiées connues dans la zone ;
   - une évaluation plus complète et une description des mesures d'atténuation ;
   - le programme de surveillance continue de l'environnement avant, pendant et après les activités de construction ; et
   - les lacunes dans les connaissances pertinentes pour les activités proposées.

3) En raison de leur ampleur et de leur complexité, les activités proposées décrites dans l'EGIE pour le réaménagement de la base Petrel étaient susceptibles d'avoir plus qu'un impact transitoire sur l'environnement et une EGIE était le niveau approprié d'évaluation de l'impact sur l'environnement de l'activité proposée. La conclusion du projet d'EGIE ne correspondait pas à l'évaluation de l'impact sur l'environnement ni aux mesures d'atténuation identifiées et il a été suggéré qu'un examen de l'évaluation de l'impact sur

l'environnement ainsi qu'une description et un examen plus approfondis des mesures d'atténuation étaient nécessaires pour étayer la conclusion de l'EGIE.

4) Le projet d'EGIE était globalement clair, bien structuré et bien présenté, bien que, en raison de l'ampleur et de la complexité des activités proposées, des suggestions aient été faites pour améliorer la présentation et la clarté du document.

---

(72) Les Membres ont fait observer qu'il n'existait pas encore de méthode standard pour traiter et intégrer les commentaires dans une EGIE finale conformément à l'article 3, paragraphe 6, de l'annexe I du Protocole au traité sur l'Antarctique relatif à la protection de l'environnement. Le Comité est donc convenu de demander au Secrétariat d'examiner la façon dont les commentaires et les réponses avaient été reflétés dans les EGIE finales dans le passé, comme base pour les futures discussions du CPE.

8 b) Autres questions relatives aux EIE

(73) Le Royaume-Uni a présenté le document de travail WP 40 : *Améliorer l'efficacité de l'évaluation d'impact sur l'environnement en Antarctique*, qui a présenté un résumé des discussions informelles intersessions sur l'amélioration de l'efficacité du système d'EIE. Le Royaume-Uni a noté qu'il avait convoqué ces discussions à la suite de la XXIVe réunion du CPE, au cours de laquelle le Comité était convenu d'examiner et de faire progresser certaines des recommandations énoncées dans le document de travail WP 33 de la XXIVe réunion du CPE. Sur la base des discussions intersessions, le Royaume-Uni a recommandé que le Comité : continue de partager les informations sur les processus d'EIE ; recommande à la RCTA de rédiger un projet de résolution sur l'exigence d'inclure des mesures d'atténuation dans les évaluations préliminaires et au stade de l'EIIE ; demande au Secrétariat de fournir un résumé des discussions précédentes du CPE sur l'évaluation des impacts cumulatifs, et d'inclure un programme de travail sur l'amélioration de l'efficacité du système d'EIE de l'Antarctique dans le plan de travail quinquennal du CPE.

(74) Le Comité a remercié le Royaume-Uni pour le travail intersessions complet réalisé et pour ses recommandations. Le Comité a souligné l'importance d'améliorer les processus d'EIE en tant qu'élément fondamental du Protocole au traité sur l'Antarctique relatif à la protection de l'environnement et crucial pour la protection de l'environnement. De nombreux Membres ont pleinement appuyé les recommandations et le projet de résolution et ont souligné l'importance d'évaluer les impacts cumulatifs. Certains Membres ont souligné les difficultés liées à l'interprétation de l'atténuation au stade de l'évaluation préliminaire et les différentes approches des évaluations préliminaires et des évaluations de l'EIIE dans diverses législations et processus nationaux. Les Membres ont noté qu'il fallait faire preuve de souplesse concernant les évaluations préliminaires.

(75) Notant l'augmentation des activités humaines et de leur empreinte, l'ASOC a souligné la nécessité d'améliorer et d'affiner les processus d'EIE dans le contexte de l'amélioration de la disponibilité des données et des méthodes de collecte.

(76) Après avoir éclairci les doutes soulevés par les Membres, le Comité est également convenu de l'élaboration d'un projet de résolution sur l'amélioration de l'efficacité de l'Évaluation de l'impact sur l'environnement en Antarctique.

(77) Le Comité s'est félicité de la proposition de programmer de nouveaux travaux sur l'amélioration de l'efficacité du système d'EIE de l'Antarctique, en particulier en ce qui concerne la cohérence, les évaluations d'impact cumulatif, la surveillance et les seuils de

modification des documents d'EIE ou la réalisation d'une nouvelle EIE lorsqu'une activité change.

(78) Le Comité continue aussi d'encourager les Membres à partager, par le biais de documents d'information, des modèles, des orientations et d'autres documents associés au fonctionnement de leurs processus d'EIE au profit des Membres.

Avis du CPE à la RCTA sur l'amélioration de l'efficacité de l'Évaluation de l'impact sur l'environnement en Antarctique

(79) Le Comité a informé la RCTA que, pour contribuer au processus d'amélioration de l'efficacité du système d'EIE de l'Antarctique, il était convenu de :

- transmettre un projet de résolution sur l'amélioration de l'efficacité de l'évaluation de l'impact sur l'environnement en Antarctique à la RCTA pour approbation ;
- demander au Secrétariat du traité sur l'Antarctique de préparer un résumé complet des discussions précédentes du CPE sur l'évaluation des impacts cumulatifs, comme première étape pour faire avancer les travaux sur l'amélioration de l'évaluation des impacts cumulatifs ; et
- mettre à jour le plan de travail quinquennal du CPE pour mettre en œuvre un programme de travail pour prendre des mesures visant à l'amélioration de l'efficacité du système d'EIE de l'Antarctique.

---

(80) Le Bélarus a présenté le document d'information IP 27 : *The retrospective modeling as an approach to cumulative impacts assessment due to operation of scientific stations in the Antarctic* [La modélisation rétrospective comme approche d'évaluation des impacts cumulatifs dus à l'exploitation de bases scientifiques en Antarctique], qui a attiré l'attention sur la nécessité de progrès méthodologiques dans l'évaluation des impacts cumulatifs des activités en cours et prévues sur l'environnement de l'Antarctique. Le Bélarus a proposé que l'approche utilisée dans un document scientifique récent pourrait être utile pour évaluer les impacts sur l'environnement liés aux émissions atmosphériques dans toute la région.

(81) L'Italie a présenté le document d'information IP 82 : *Finalizing the construction of the gravel runway in the area of Mario Zucchelli Station, Terra Nova Bay, Victoria Land, Antarctica* [Finalisation de la construction de la piste de gravier dans la zone de la station Mario Zucchelli, baie de Terra Nova, terre Victoria, Antarctique], qui a rendu compte des développements récents dans la construction de la piste dans la zone de la station Mario Zucchelli. Le document décrit les travaux techniques, le premier aéronef de la piste, la mise en œuvre d'un plan de suivi de l'environnement et les prochaines étapes pour achever la piste.

(82) Le Comité a pris acte des documents d'information et des documents du Secrétariat suivants, présentés au titre de ce point de l'ordre du jour :

- IP 30 intitulé *Report on the Replacement of the Cape Shirreff Field Camp, Livingston Island, Antarctica* [Rapport sur le remplacement du campement éloigné du cap Shirreff, île Livingston, Antarctique] (États-Unis d'Amérique).
- IP 133 intitulé *Progress of glaciological research activities at the Dome Fuji II Camp* [Progrès des activités de recherche glaciologique en cours au camp Dome Fuji II] (Japon).
- SP 7, intitulé *Liste annuelle des évaluations préliminaires d'impact sur l'environnement (EPIE) et des évaluations globales d'impact sur l'environnement (EGIE) effectuées entre le 1er avril 2022 et le 31 mars 2023* (STA).

(83) Le Comité a pris acte des documents de référence suivants, présentés au titre de ce point de l'ordre du jour :

- BP 24 *Permit for the Russian Antarctic Expedition Activities in 2023-2027* [Autorisation pour les activités de l'expédition antarctique russe en 2023-2027] (Fédération de Russie).

Point 9 : Plans de gestion et de protection des zones

9a) Plans de gestion

i) Projets des Plans de gestion révisés par le Groupe subsidiaire sur les plans de gestion

(84) L'animateur du Groupe subsidiaire sur les plans de gestion (GSPG), le Dr Anoop Kumar Tiwari (Inde), a présenté le document de travail WP 47, intitulé *Rapport d'activités du Groupe subsidiaire sur les plans de gestion pendant la période intersessions 2022-2023*, au nom du GSPG. Conformément aux termes de référence #1 à #3, l'animateur du GSPG a noté que le Groupe avait fait référence à un projet de plan de gestion de ZSPA révisé et un plan de gestion pour une nouvelle ZSPA, proposés pour examen intersessions au cours de la dernière période intersessions. L'animateur du GSPG a remercié Polly Penhale (États-Unis d'Amérique) pour avoir animé l'examen préalable à la réunion des plans de gestion qui n'ont pas été soumis au processus d'examen du GSPG, Martín Díaz (Argentine) pour avoir coordonné l'examen du Plan de gestion pour la fusion des ZSPA n° 152 et n° 153 soumis par les États-Unis d'Amérique, et Astrid Høgestøl (Norvège) pour avoir coordonné l'examen d'un nouveau plan de gestion de ZSPA soumis par la Belgique pour certaines parties des montagnes occidentales de Sør Rondane, terre de la Reine-Maud, Antarctique oriental. L'animateur du GSPG a également remercié tous les participants actifs du GSPG pour leur travail et a rappelé au Comité que tous les Membres étaient invités à rejoindre le GSPG.

(85) En ce qui concerne le Plan de gestion révisé pour la fusion des ZSPA n° 152 et n° 153 proposé par les États-Unis d'Amérique, le GSPG a informé le Comité que le Plan de gestion révisé était bien rédigé, de haute qualité et conforme aux directives pertinentes du CPE, et traitait de manière adéquate des points clés soulevés dans son avis au promoteur. En conséquence, le GSPG a recommandé que le Comité approuve le plan de gestion révisé pour la ZSPA.

(86) Comme prévu par la Décision 9 (2005), les États-Unis notent que le plan de gestion révisé a été soumis à la CCAMLR pour examen afin de déterminer si les dispositions du plan pourraient empêcher ou restreindre les activités liées à la CCAMLR. Les États-Unis d'Amérique ont indiqué que la CCAMLR n'étant pas parvenue à un consensus sur l'approbation du plan de gestion révisé, si la RCTA adoptait le plan de Gestion proposé, le plan devrait être réexaminé par la CCAMLR.

(87) Le Comité a remercié les États-Unis pour leur travail approfondi sur la fusion des ZSPA n° 152 et n° 153. Suite à des révisions mineures, le Comité a accepté la fusion des ZSPA n° 152 et n° 153 et, conformément à la Décision 9 (2005), a noté que les États-Unis soumettraient à nouveau le plan de gestion révisé au SC-CAMLR pour approbation, avec l'intention de le transmettre à la 46e RCTA pour adoption.

(88) En ce qui concerne la proposition d'une nouvelle ZSPA dans certaines parties des montagnes occidentales de Sør Rondane, terre de la Reine-Maud, Antarctique oriental (Belgique), le GSPG a informé le Comité que le plan de gestion était bien rédigé, de haute qualité, conforme aux lignes directrices pertinentes du CPE, et a répondu adéquatement

aux principaux points soulevés dans son avis au promoteur. En conséquence, le GSPG a recommandé au Comité d'approuver le plan de gestion pour la nouvelle ZSPA.

(89) La Belgique a exprimé sa reconnaissance à l'animateur du GSPG, aux Membres ayant participé au GSPG, à la Norvège pour avoir fourni l'une des cartes incluses et au coordinateur nommé par le GSPG pour l'examen du projet de plan de gestion. La Belgique a énuméré les principaux changements qu'elle avait apportés pendant la période intersessions en réponse à l'avis du GSPG, à savoir : l'amélioration des cartes ; l'introduction de zones tampon ; l'agrandissement du site F pour inclure le bassin-versant des lacs dans ce site et l'inclusion d'une annexe contenant des photographies afin d'en démontrer les valeurs esthétiques. La Belgique a également présenté aux Membres son document d'information IP 103 : *Data from the molecular diversity studies in the proposed ASPA in parts of Western Sør Rondane Mountains, Dronning Maud Land, East Antarctica* [Données provenant des études de diversité moléculaire dans la ZSPA proposée dans certaines parties des montagnes occidentales de Sør Rondane, terre de la Reine-Maud, Antarctique oriental] pour plus d'informations sur la diversité microbienne des différents sites et sur les recherches scientifiques qui ont été menées sur ces sites. La Belgique s'est réjouie de l'avis du GSPG et a exprimé l'espoir que le Comité puisse approuver le projet de plan de gestion.

(90) Le Comité a félicité la Belgique pour sa réactivité aux commentaires pendant le processus du GSPG. La Chine s'est inquiétée de l'utilisation des zones interdites comme mécanisme pour protéger deux zones des nunataks de Pingvinane en empêchant toute présence humaine, ce qui, selon la Chine, entraverait ou même arrêterait la recherche scientifique et la surveillance. La Chine a noté que l'annexe V visait à empêcher l'interférence humaine, et non la présence humaine, et a suggéré l'utilisation d'une zone de référence comme alternative aux zones interdites pour permettre des activités de recherche et de surveillance limitées. De nombreux Membres ont noté que l'annexe V du Protocole au traité sur l'Antarctique relatif à la protection de l'environnement prévoit que les ZSPA incluent des zones protégées de toute ingérence humaine, et pour la désignation de zones interdites dans les ZSPA, et qu'il y avait des zones interdites dans les ZSPA existantes. De nombreux Membres ont également reconnu que le but de proposer ces petits sites dans les nunataks de Pinvinane comme zones interdites était de préserver les possibilités de recherche future en gardant ces zones aussi vierges que possible, en particulier pour étudier les environnements microbiens avec de nouveaux outils moléculaires, et ont noté que la taille des sites n'entraverait pas de manière substantielle les possibilités de recherche scientifique.

(91) Après avoir changé les « *zones interdites* » en « *zones restreintes* », le Comité a approuvé la mise en place gestion d'une nouvelle ZSPA dans certaines parties des montagnes occidentales de Sør Rondane, terre de la Reine-Maud, Antarctique oriental ainsi que son plan de gestion.

(92) Le Comité a remercié la Belgique pour son travail de mise en avant de cette proposition et pour avoir mené plusieurs séries de discussions lors de la réunion sur la rédaction du plan de gestion. De nombreux Membres ont exprimé leur déception qu'un consensus n'ait pas été atteint sur l'inclusion de zones interdites dans la ZSPA. Ils ont exhorté les Parties à respecter la justification scientifique solide de l'utilisation des zones interdites dans la zone et à s'abstenir d'entrer dans ces zones sans avoir pleinement consulté les autres Parties.

(93) Plusieurs Membres ont également exprimé leur préoccupation concernant la récente difficulté à parvenir à un accord sur l'utilisation des outils de gestion à la disposition du Comité, souvent en raison des objections d'un Membre. Certains Membres ont suggéré que le Comité demande un avis juridique à la RCTA concernant la relation entre le texte du traité sur l'Antarctique concernant la liberté de recherche scientifique (article II) et le texte de l'annexe V du Protocole au traité sur l'Antarctique relatif à la protection de l'environnement sur la désignation des zones protégées contre toute interférence humaine

et l'identification de zones interdites. Certains Membres ont noté que le CPE n'était pas le forum approprié pour de telles discussions.

(94) La Chine s'est dit préoccupée par le fait qu'il était important de tenir compte de la liberté dans la recherche scientifique en vertu du traité sur l'Antarctique lors de l'examen de l'utilisation d'outils de gestion tels que les zones interdites. La Chine a noté qu'il était important que le Comité examine si une zone interdite à toute activité humaine empêcherait la recherche scientifique et la surveillance. Elle a indiqué que l'importance de la recherche et de la surveillance était soulignée tout au long des réunions du Comité.

(95) La Belgique remercie les Membres pour leur engagement pendant la réunion et la période intersessions. Elle a été encouragée par le soutien à la ZSPA proposée et par la flexibilité dont a fait preuve le Comité pour parvenir à un compromis. La Belgique a noté que, comme d'autres Membres, elle regrettait que le Comité n'ait pu parvenir à un consensus sur l'utilisation des zones interdites. La Belgique a confirmé à nouveau son engagement envers le Protocole au traité sur l'Antarctique relatif à la protection de l'environnement et a réitéré l'importance pour le CPE d'utiliser l'ensemble des mesures et des outils à sa disposition pour atteindre son objectif de protection de l'environnement.

(96) Le responsable du GSPG a informé le Comité que les plans de gestion des trois ZSPA suivantes étaient encore examinés par le Chili :

- ZSPA n° 125 : Péninsule de Fildes, île du Roi-George (25 de Mayo) (Chili)
- ZSPA n° 146 : Baie du Sud, île Doumer, archipel Palmer (Chili)
- ZSPA n° 150 : Île Ardley (péninsule Ardley), baie Maxwell, île du Roi-George (Chili)

(97) Le Chili a indiqué qu'il reprendrait les travaux sur les mises à jour de ces plans de gestion et a invité les Membres intéressés à y contribuer. Certains Membres ont proposé d'apporter leur soutien à la coordination de cet effort et d'apporter leur expertise scientifique, le cas échéant. Le Comité s'est félicité de la nature collaborative des travaux sur les plans de gestion, soulignant que les ZSPA étaient une question d'intérêt commun pour tous les Membres.

ii) Projets de Plans de gestion révisés n'ayant pas été passés en revue par le Groupe subsidiaire sur les plans de gestion

(98) Le Comité a examiné le Rapport de l'examen préalable à la réunion du GSPG de 15 plans de gestion ZSPA révisés et d'un plan de gestion de ZSGA révisé.

(99) Le Comité a remercié l'organisatrice de l'examen préalable à la réunion, Polly Penhale (États-Unis), pour l'excellent travail entrepris pendant la période intersessions et le rapport clair fourni sur l'état d'avancement des plans de gestion.

(100) Le Comité a en outre remercié les promoteurs pour les efforts qu'ils ont déployés afin de soumettre des plans de gestion de haute qualité.

(101) En ce qui concerne la ZSPA n° 156 (WP 28 rév. 1), ZSPA n° 168 (WP 37 rév. 1) et ZSPA n° 165 (WP 1), le Comité a noté que l'examen préalable à la réunion avait soulevé des commentaires mineurs sur ces plans de gestion révisés, qui avaient déjà été traités par les promoteurs.

(102) En ce qui concerne la ZSPA n° 149 (WP 45), la ZSPA n° 123 (WP 23), la ZSPA n° 122 (WP 2 rév. 1), la ZSPA n° 172 (WP 24), la ZSPA n° 137 (WP 20), la ZSPA n° 138 (WP 26), la ZSPA n° 108 (WP 5), la ZSPA n° 117 (WP 6), la ZSPA n° 147 (WP 7) et la

ZSPA n° 170 (WP 8), le Comité a noté que les plans de gestion révisés n'avaient fait l'objet d'aucun commentaire lors de l'examen préalable à la réunion.

(103) En ce qui concerne la ZSPA n° 145 (WP 51), le Comité a noté que le projet de plan de gestion avait déjà été discuté et approuvé par le Comité en 2022 et avait ensuite été approuvé par le SC-CAMLR, et qu'il allait maintenant être adopté par la RCTA.

(104) En ce qui concerne la ZSPA n° 132 (WP 54 rév. 1) et la ZSGA n° 1 (WP 59), le Comité a noté que des problèmes techniques mineurs avaient été identifiés. Après des modifications mineures apportées aux plans, le Comité a approuvé ces plans.

Avis du CPE à la RCTA relatif aux projets de plans de gestion pour des ZSPA / ZSGA

(105) Le Comité est convenu de soumettre les plans de gestion révisés et nouveaux suivants à la RCTA pour adoption sous la forme d'une Mesure :

- ZSGA n° 1, baie de l'Amirauté, île du Roi-George
- ZSPA n° 108, île Green, îles Berthelot, péninsule Antarctique
- ZSPA n° 117, île Avian, baie Marguerite, péninsule Antarctique
- ZSPA n° 122, hauteurs Arrival, péninsule Hut Point, île de Ross
- ZSPA n° 123, vallées Barwick et Balham, terre Victoria du Sud
- ZSPA n° 132, péninsule Potter, île du Roi-George [Isla 25 de Mayo], îles Shetland du Sud
- ZSPA N° 137, île Northwest White, détroit de McMurdo
- ZSPA n° 138, terrasse Linnaeus, chaîne Asgard, terre Victoria
- ZSPA n° 145, port Foster, île de la Déception, îles Shetland du Sud
- ZSPA n° 147, vallée Ablation, mont Ganymède, île Alexandre
- ZSPA n° 149, cap Shirreff et île San Telmo, île Livingston, îles Shetland du Sud
- ZSPA n° 156, baie Lewis, mont Erebus, île de Ross
- ZSPA n° 165, pointe Edmonson, baie Wood, mer de Ross
- ZSPA n° 168, mont Harding, montagnes Grove, Antarctique oriental
- ZSPA n° 170, Nunataks Marion, île Charcot, péninsule Antarctique
- ZSPA n° 172, partie inférieure du glacier Taylor et Blood Falls de la vallée Taylor, vallées sèches de McMurdo, terre Victoria
- ZSPA n° 179, parties des montagnes occidentales Sør Rondane, terre de la Reine-Maud, Antarctique oriental

---

iii) Nouveaux projets de Plans de gestion pour des zones protégées ou gérées

(106) Le Comité a examiné les projets de plans de gestion pour deux nouvelles propositions de ZSPA :

- WP 11 : *Rapport sur le GCI informel chargé d'élaborer un projet de plan de gestion de ZSPA pour l'archipel des îles Danger (nord-est de la péninsule Antarctique)* (Allemagne, États-Unis)
- WP 60 rev. 1 : *Plan de Gestion de la zone spécialement protégée de l'Antarctique pour le col Farrier, île Horseshoe, Baie Marguerite* (Belgique, Türkiye, Royaume-Uni)

(107) L'Allemagne a présenté le document de travail WP 11 : *Rapport sur le GCI informel chargé d'élaborer projet de plan de gestion de ZSPA pour l'archipel des îles Danger (nord-*

est de la péninsule Antarctique), préparé conjointement avec les États-Unis. Elle a noté que l'archipel des îles Danger était une zone d'intérêt écologique et scientifique exceptionnel en raison de son nombre et de sa diversité exceptionnels d'oiseaux de mer. Elle a rappelé que la XXIVe réunion du CPE avait accepté une proposition d'évaluation préalable pour les îles Danger. Les promoteurs ont dirigé un GCI informel pour rédiger un plan de gestion pour la zone et ont remercié tous les participants du GCI pour leurs commentaires et contributions utiles, qui ont été incorporés dans le document de travail WP 11. Les promoteurs ont recommandé que le Comité prenne note du projet de plan de gestion et le soumette au GSPG pour un examen plus approfondi.

(108) Le Comité a remercié l'Allemagne et les Etats-Unis pour leur travail sur la proposition de nouvelle ZSPA et le plan de gestion, et a félicité les participants informels du GCI pour leur collaboration avec les promoteurs du plan de gestion. Il est convenu de transmettre le plan de gestion de la nouvelle ZSPA proposée au GSPG pour examen au cours de la prochaine période intersessions.

(109) L'IAATO s'est félicitée d'avoir participé aux discussions intersessions et a noté qu'elle avait testé un projet de lignes directrices pour les sites sur l'île Heroína afin de contribuer aux discussions. L'IAATO a indiqué que, bien que les visites des opérateurs de l'IAATO dans les îles Danger soient rares en raison de la distance et des conditions locales, les opérateurs se sont rendus sur les îles. Elle a également signalé que, en prévision du plan de gestion d'une ZSPA pour l'archipel des îles Danger, l'IAATO avait annoncé lors de sa réunion annuelle de 2023 que les débarquements sur l'île Heroína ne seraient plus autorisés.

(110) Le Royaume-Uni a présenté le document de travail WP 60 rev. 1 : *Projet de plan de gestion de la zone spécialement protégée de l'Antarctique pour le col Farrier, île Horseshoe, Baie Marguerite*, préparé conjointement avec la Belgique et la Türkiye, et a rappelé que la XXIVe réunion du CPE avait accepté une proposition d'évaluation préalable pour la zone. Le Royaume-Uni a expliqué que la région dans la ZSPA proposée avait une valeur environnementale, scientifique, sauvage et esthétique, soulignant que ses lacs étaient probablement des refuges pour les espèces du dernier cycle glaciaire et étaient de rares exemples de lacs oligotrophes rocheux. Il a noté que les auteurs avaient préparé le projet de plan de gestion conformément à l'annexe V du Protocole au traité sur l'Antarctique relatif à la protection de l'environnement ainsi que le Guide pour l'élaboration des plans de gestion des zones spécialement protégées de l'Antarctique. Le Royaume-Uni s'est félicité des efforts de collaboration efficaces de la Türkiye et de la Belgique. Il a recommandé au CPE de transmette le plan de gestion au GSPG pour un examen intersessions.

(111) La Türkiye et la Belgique ont également remercié les coauteurs pour leur coopération dans la préparation du projet de plan de gestion et ont souligné l'importance des lacs.

(112) L'IAATO a remercié la Belgique, la Türkiye et le Royaume-Uni pour le projet de plan de gestion. L'IAATO a noté que l'île Horseshoe était un site visité par les opérateurs de l'IAATO, principalement autour du SMH n° 63, conformément aux lignes directrices de la RCTA pour le site n° 24. L'IAATO a indiqué qu'elle soutenait le projet de recommandations et qu'elle informerait ses opérateurs de la ZSPA proposée pour examen au cours de la saison 2023-24. L'IAATO a proposé de poursuivre les discussions sur les activités des opérateurs de l'IAATO sur l'île Horseshoe.

(113) Le Comité a remercié les auteurs pour leur travail et souligné l'importance des efforts conjoints dans la préparation des plans de gestion. Plusieurs Membres ont offert leur soutien pour collaborer à d'autres travaux liés à ce plan de gestion. Notant l'histoire importante des lacs et la nécessité de leur protection pour comprendre des processus tels que la dispersion à travers le continent, les Membres sont convenus que la zone méritait d'être protégée. Le Comité est convenu de transmettre le plan de gestion de la nouvelle ZSPA proposée au GSPG pour examen au cours de la prochaine période intersessions.

Avis du CPE à la RCTA relatif aux nouveaux projets de plans de gestion pour des zones protégées / gérées

(114) Le Comité est convenu d'informer la RCTA qu'il avait décidé de transmettre les projets de plan de gestion pour des zones protégées suivants au GSPG pour examen :

- Proposition d'une nouvelle zone spécialement protégée de l'Antarctique dans l'archipel des îles Danger (péninsule Antarctique du Nord-Est).
- Proposition d'une nouvelle zone spécialement protégée de l'Antarctique sur le col Farrier, île Horseshoe, baie Marguerite.

---

iv) Documents relatifs à une évaluation préalable des propositions de nouvelles zones protégées

(115) Le Comité a examiné un document de travail relatif à l'évaluation préalable d'une nouvelle zone protégée proposée, conformément aux *Lignes directrices : Processus d'évaluation préalable pour la désignation de ZSPA et de ZSGA.*

(116) L'Ukraine a présenté le document de travail WP 58 : *Évaluation préalable d'une proposition de zone spécialement protégée de l'Antarctique dans la région des îles argentines et de la péninsule de Kiev, péninsule Antarctique.* L'Ukraine a expliqué qu'elle avait préparé une pré-évaluation pour une ZSPA comprenant plusieurs sites englobant une série de valeurs. Elle a souligné que la protection de cette zone était également importante pour la recherche à long terme et permettrait de fournir une zone de contrôle à laquelle comparer les impacts humains. L'Ukraine a exprimé sa volonté de préparer un plan de gestion avec tous les Membres intéressés, si le CPE convenait que la zone méritait d'être protégée.

(117) Le Comité a remercié l'Ukraine pour son travail de préparation de l'évaluation préalable et a rappelé le travail de longue date de l'Ukraine dans l'examen des possibilités de protection spatiale et de gestion de la zone, ainsi que sa surveillance à long terme de la zone. Les Membres ont relevé l'utilisation du modèle et des lignes directrices d'évaluation préalable convenus et ont salué le haut niveau de précision du document. Certains Membres ont fait part de leurs préoccupations sur le manque de clarté concernant les valeurs fondamentales à protéger. Ils ont également noté que le nombre de sites incorporés pourrait présenter une certaine complexité en termes de mise en œuvre, tandis que d'autres Membres ont noté la nature dispersée de la biologie terrestre dans la région. Un autre Membre a commenté sur le manque de représentativité. Tout en exprimant son soutien général à l'évaluation préalable, le Comité a noté la nécessité d'une plus grande clarté sur ces questions. Le Comité a encouragé l'Ukraine à tenir compte des commentaires du Comité afin de continuer à élaborer un cadre plus clair pour la protection de la zone.

(118) L'IAATO a observé que plusieurs sites incorporés dans la zone étaient très appréciés par les opérateurs de l'IAATO et figuraient parmi les sites les plus visités de la région. Elle a suggéré que des cartes plus détaillées seraient utiles et permettraient aux opérateurs de zoomer sur des zones spécifiques de la ZSPA proposée. Elle a également demandé des précisions supplémentaires sur la manière dont la ZSPA proposée fonctionnerait par rapport aux lignes directrices existantes sur le site, si les déplacements des navires de surface étaient autorisés dans les zones exclusivement marines, sur les lignes de yacht à terre et sur les éventuelles mises en garde concernant les besoins de sécurité.

v) Autres questions relatives aux plans de gestion pour les zones protégées ou gérées

(119) Le Chili a présenté le document de travail WP 50 : *Statut de la zone spécialement protégée de l'Antarctique n° 144, baie du Chili (baie Discovery)*, qui a fourni une analyse de la ZSPA n° 144 et sa recommandation de retirer la ZSPA de la liste. Après avoir achevé son précédent projet de recherche à long terme sur la faune benthique, le Chili a passé en revue la zone sur la base de la *Liste de vérifications pour faciliter l'inspection des Zones*

spécialement protégées et spécialement gérées de l'Antarctique, les *Lignes directrices pour la mise en œuvre du Cadre pour les zones protégées*, et les *lignes directrices pour l'annulation de la désignation de ZSPA*. Ce travail a été appuyé par des documents soumis à la XXIe réunion du CPE (WP 11, IP 9) et à la XXIVe réunion du CPE (IP 127, IP 128), ainsi que le document d'information IP 70 *Status of Antarctic Specially Protected Area no. 144, Chile Bay (Discovery Bay), Greenwich Island (Chile)* [Statut de la Zone spécialement protégée de l'Antarctique n° 144, baie du Chili (baie Discovery), île de Greenwich (Chili)]. Sur la base de cette analyse, le Chili avait déterminé que l'intérêt particulier de la zone en tant que zone de contrôle pour la restauration de la faune à port Foster n'était plus valable. Ses recherches n'avaient pas indiqué la présence significative d'autres valeurs qui justifieraient le maintien d'une protection spéciale. Le Chili a donc recommandé que le CPE accepte de retirer la désignation de la ZSPA n° 144.

(120) Tout en soutenant la proposition, un Membre a noté que la désignation de zones protégées ne devrait pas être liée à des projets spécifiques ou à des activités concrètes. L'ASOC a noté que la zone pourrait encore présenter un intérêt scientifique.

(121) Le Comité a remercié le Chili pour son évaluation approfondie menée conformément aux lignes directrices pour l'annulation de la désignation. Sur la base de cette évaluation, le Comité est convenu que la ZSPA n° 144 pourrait être déclassée. Le Comité a de nouveau souligné le fait que de telles décisions ne devraient pas être prises à la légère et noté que la zone resterait soumise aux protections générales complètes du Protocole au traité sur l'Antarctique relatif à la protection de l'environnement qui s'appliquent à toutes les zones.

Avis du CPE à la RCTA sur la suppression de la désignation de la ZSPA n° 144

(122) Le Comité est convenu d'informer la RCTA qu'il avait envisagé une évaluation approfondie de l'état et des valeurs de la ZSPA n° 144, baie du Chili (baie Discovery), présentée conformément aux Lignes directrices pour la suppression de la désignation des ZSPA (rapport final de la XXIIIe réunion du CPE, annexe 3), et avait conclu, sur la base de cette évaluation, que le statut de protection spéciale de cette zone pouvait être supprimé, étant entendu que la zone demeurerait sous le coup des dispositions générales de protection du Protocole au traité sur l'Antarctique relatif à la protection de l'environnement. En conséquence, le Comité est convenu de recommander la suppression de la désignation de la ZSPA n° 144-baie du Chili (baie Discovery).

---

(123) L'Allemagne a présenté le document d'information IP 60 : *Elaboration of an ASPA Draft Management Plan for Otto-von-Gruber-Gebirge, Dronning Maud Land, East Antarctica* [Élaboration d'un projet de plan de gestion de ZSPA à Otto-von-Gruber-Gebirge, terre de la Reine-Maud, Antarctique oriental], préparé conjointement avec les États-Unis. Elle a rendu compte des expéditions de recherche allemandes et américaines dans les montagnes Gruber au cours de la Campagne d'été antarctique 2022-23. L'objectif principal de l'équipe allemande était de collecter des données pour dériver des orthomosaïques et des modèles numériques d'élévation de la ZSPA proposée. Les scientifiques américains ont poursuivi des études à court et à long termes sur les réponses écologiques des écosystèmes des glaciers, des sols et des lacs dans l'oasis d'Untersee. Les résultats de ces recherches, qui devaient encore être évalués, soutiendraient la compilation initiale d'un plan de gestion pour la ZSPA proposée. L'Allemagne et les États-Unis ont indiqué qu'ils convoqueraient des discussions informelles intersessions dans le but de recueillir des contributions et des commentaires pour élaborer le premier plan de gestion de la zone, et ont encouragé la participation des parties prenantes et des experts intéressés.

(124) La Fédération de Russie a noté que l'URSS avait mené des recherches scientifiques dans ce domaine depuis 1969. Les scientifiques de l'expédition antarctique russe étudiaient la flore de la région. En collaboration avec des scientifiques américains, un projet scientifique à long terme avait été mené dans la région du lac Untersee. La Russie était prête à se joindre

aux États-Unis et à l'Allemagne en tant que partie prenante dans la proposition de cette zone en tant que ZSPA.

(125) Le Comité a remercié les coauteurs pour leur document, et certains Membres ont exprimé leur intérêt à participer aux discussions intersessions et ont noté leur volonté de contribuer avec des données issues de la recherche scientifique qu'ils ont effectuée dans ce domaine.

9b) Sites et monuments historiques

(126) La Nouvelle-Zélande a présenté le document de travail WP 27 intitulé *Relocalisation des artefacts du SMH n° 68 : Dépôt d'approvisionnement – Moraine de Hell's Gate*, préparé conjointement avec le Royaume-Uni et la Norvège. Elle a indiqué que les auteurs avaient examiné les futures options de stockage et d'exposition pour les artefacts du SMH n° 68, qui avaient été stockés dans un conteneur à la base Scott de Nouvelle-Zélande depuis qu'ils avaient été retirés de leur emplacement d'origine pendant la saison 1994-95. Les auteurs ont recommandé que le CPE soutienne le stockage et la conservation à long terme privilégiés des objets au Canterbury Museum à Christchurch, en Nouvelle-Zélande. Les objets seraient conservés pour une éventuelle exposition future dans le cadre de la collection antarctique du musée ou pour un éventuel retour en Antarctique. Ils ont également recommandé que le CPE mette à jour l'état de conservation de la liste du SMH n° 68 dans la base de données des Zones protégées de l'Antarctique.

(127) Le Comité remercié les auteurs d'avoir examiné les options de stockage futur et d'exposition des artefacts du SMH n° 68 et a reconnu que la décision de déplacer les objets avait été difficile. Le Comité est convenu de mettre à jour l'état de conservation du SMH n° 68. Il a également noté l'utilité d'élaborer des lignes directrices supplémentaires pour la gestion et la conservation des SMH qui pourraient nécessiter un déplacement en dehors de l'Antarctique, en soulignant les dispositions de l'article 8.4 de l'annexe V du Protocole.

Avis du CPE à la RCTA sur la relocalisation des artefacts du SMH n° 68

(128) Le Comité est convenu d'informer la RCTA qu'il soutenait la recommandation de la Nouvelle-Zélande, du Royaume-Uni et de la Norvège de déplacer les artefacts du SMH n° 68 en dehors de l'Antarctique pour un stockage et une sauvegarde à long terme.

(129) En outre, le Comité est convenu de mettre à jour l'état de conservation de l'inscription du SMH n° 68 figurant dans la base de données de la zone protégée de l'Antarctique comme suit : *Luge et fournitures retirées du site en 1994. Les artefacts ont été documentés et conservés (2017) par l'*Antarctic Heritage Trust*, basé en Nouvelle-Zélande. Ils sont conservés au Canterbury Museum, à Christchurch en Nouvelle-Zélande dans la collection de réserve soutenue par le* New Zealand Antarctic Heritage Trust*. Les artefacts sont extrêmement fragiles.*

---

(130) Le Royaume-Uni a présenté le document de travail WP 53 *SMH n° 93 L'épave de l'Endurance : Plan de gestion de conservation et protection future*. Il a fourni une mise à jour sur l'état d'avancement du plan de gestion de la conservation et la protection future de l'épave de l'*Endurance* suite à sa découverte le 5 mars 2022 et comme décrit dans le document de travail WP 47 de la XLIVe RCTA. Le Royaume-Uni a recommandé que le Comité : prenne note de l'état d'avancement du plan de gestion de la conservation pour le SMH n° 93 et des prochaines étapes proposées ; prenne note de la consultation proposée lors de l'élaboration du plan de gestion de la conservation pour la protection du SMH n° 93 ; et invite les Membres à partager tout point de vue initial sur l'éventuelle proposition future de demander la désignation de ZSPA pour le site de l'épave.

(131) Le Comité a une fois de plus salué l'extraordinaire exploit qui a été de retrouver l'épave de l'*Endurance* et la poursuite des travaux du Royaume-Uni pour déterminer le niveau de protection approprié pour l'épave. Il a également remercié le Royaume-Uni pour ses

progrès dans l'élaboration d'un plan de gestion de conservation pour le site sous-marin. Alors que certains Membres ont noté avec intérêt que le Royaume-Uni pourrait demander la désignation de ZSPA pour l'épave, certains Membres ont également noté qu'il pourrait y avoir des questions pratiques et juridiques pouvant nécessiter une évaluation plus approfondie lors de l'examen plus poussé de la possibilité de sa désignation en tant que ZSPA. Certains Membres ont également fait part de leur volonté de participer au processus de consultation de l'élaboration du plan de gestion de conservation pour la protection du SMH n° 93.

(132) Le Comité a pris note des documents d'information suivants présentés au titre de ce point de l'ordre du jour :

- IP 111 : *Report on the work carried out at the "Swedish hut" on Snow Hill Island (HSM Nr. 38)* [Rapport sur les travaux effectués à la « cabane suédoise » sur l'île Snow Hill (SMH n° 38)] (Argentine, Suède).
- IP 113: *State of conservation of the Casa Moneta Museum (HSM N°42)* [État de conservation du musée Casa Moneta (SMH n° 42)] (Argentine).

9c) Lignes directrices pour les visites de sites

(133) L'IAATO a présenté le document d'information IP 53 : *A Five-Year Overview and 2022-23 Season Report on IAATO Operator Use of Antarctic Peninsula Landing Sites and ATCM Visitor Site Guidelines* [Un aperçu quinquennal et un rapport de la saison 2022-2023 sur l'utilisation par les opérateurs de l'IAATO des sites d'atterrissage de la péninsule Antarctique et les lignes directrices relatives aux sites pour les visiteurs de la RCTA], lequel présente les données collectées à partir des formulaires de rapport post-visite des opérateurs de l'IAATO. Il ressort du rapport que, alors que les niveaux globaux de tourisme continuaient d'augmenter après l'interruption durant la pandémie de COVID-19, l'augmentation n'était pas homogène sur tous les sites. L'IAATO a également noté que la collaboration avec les Parties sur l'élaboration de nouvelles lignes directrices pour les sites et l'examen de toutes les lignes directrices existantes de l'IAATO spécifiques aux sites seraient les bienvenues.

(134) Le Comité a remercié l'IAATO pour son document. Le Comité a souligné l'importance de disposer de ces informations, de recevoir des mises à jour de l'IAATO et de ses membres, et a noté l'importance de ces mises à jour pour les délibérations sur les questions relatives au tourisme à la lumière du Protocole au traité sur l'Antarctique relatif à la protection de l'environnement.

9d) Gestion et protection de l'espace marin

(135) L'ASOC a présenté le document d'information IP 118 rev. 1 : *ASOC update on marine protected areas in the Southern Ocean* [Mise à jour de l'ASOC sur les aires marines protégées dans l'océan Austral]. L'ASOC a noté que la protection marine est une question de premier plan à l'échelle mondiale et que, en dehors du Système du traité sur l'Antarctique, il existe un consensus international croissant sur le fait que les ZMP sont un outil essentiel pour la préservation de la biodiversité des océans, notamment dans la Convention sur la diversité biologique et dans le nouvel Accord sur la diversité marine des zones situées au-delà de la juridiction nationale (BBNJ). L'ASOC a également pris note du fait que la CCAMLR n'a adopté aucune nouvelle ZMP depuis 2019, mais qu'il y a eu des développements positifs, notamment un nombre croissant de co-promoteurs de ZMP ; la poursuite des travaux sur les propositions de ZMP ; et une expansion de la littérature scientifique. L'ASOC a également encouragé le CPE à prendre des mesures sur les questions relatives aux ZMP et au plan de travail du CPE, telles que l'expansion du réseau de ZSPA et de ZSGA terrestres et marines en Antarctique, l'examen de la désignation du

manchot empereur comme espèce spécialement protégée et la prise de mesures sur le changement climatique en Antarctique.

(136) Le Comité a remercié l'ASOC pour son travail et a pris note de ses recommandations. Certains Membres ont souligné l'importance de la protection marine pour la biodiversité et pour atténuer les impacts du changement climatique. Certains Membres ont appelé à poursuivre les efforts pour renforcer l'intégration entre les ZSPA et les ZSGA et le réseau de ZMP de la CCAMLR.

9e) Autres questions relevant de l'annexe V

(137) L'animateur du GSPG, Anoop Tiwari (Inde), a présenté la deuxième partie du document de travail WP 47 : *Rapport d'activités du Groupe subsidiaire sur les plans de gestion pendant la période intersessions 2022–2023* par rapport aux points 4 et 6 du mandat du GSPG. Le GSPG avait pour tâche, dans le cadre du point 6 de son mandat, d'« examiner et de réviser si nécessaire les outils de gestion existants pour la protection et la gestion ultérieure des environnements et des habitats menacés par le changement climatique », et d'« examiner si et comment ils prennent en compte efficacement les problèmes relatifs au changement climatique ». Le GSPG a discuté de cette tâche à travers deux cycles de discussions et a conclu qu'il pourrait être approprié de donner la priorité, dans le premier cycle, à l'examen des Lignes directrices pour l'application de l'article 3 de l'annexe V du Protocole au traité sur l'Antarctique relatif à la protection de l'environnement – Zones spécialement protégées de l'Antarctique (Annexe à la Résolution 1 [2000]) et le Guide pour l'élaboration des plans de gestion des Zones spécialement protégées de l'Antarctique (Résolution 2 [2011]). Le GSPG a prévu d'entamer ce travail au cours de la prochaine période intersessions et de présenter un rapport lors de la 26e réunion du CPE sur les progrès effectués.

(138) Le GSPG a également proposé un plan de travail pour la période intersessions 2023-24.

(139) Le Comité a remercié le GSPG pour ses conseils et il est convenu d'adopter le plan de travail proposé par le GSPG pour 2023/24 :

Mandat	Tâches suggérées
Points 1 à 3 du mandat	Examiner les projets de plans de gestion transmis par le CPE pour une révision intersessions et fournir des conseils aux auteurs des propositions (y compris les trois plans reportés lors de la période intersessions précédente)
	Préparer un rapport pour la 26e réunion du CPE par rapport aux points 1 à 3 du mandat du GSPG
Points 4 à 6 du mandat	Collaborer avec les Parties concernées pour assurer la bonne progression du réexamen des plans de gestion dont l'échéance de révision quinquennale est dépassée
	Examiner, préalablement à la réunion, tous les plans de gestion avec des modifications mineures et soumettre un résumé des recommandations au CPE durant les discussions concernant les plans de gestion réexaminés

Mandat	Tâches suggérées
	Continuer à travailler sur l'action 2(e) du PTRCC « Examiner et réviser si nécessaire les outils de gestion existants pour la protection et la gestion ultérieure des environnements et des habitats menacés par le changement climatique », examiner si et comment ils prennent effectivement en considération les questions de changement climatique et soumettre un rapport des progrès effectués à la XXVIe réunion du CPE.
	Examiner et mettre à jour le plan de travail du GSPG

(140) Le SCAR a présenté le document d'information IP 48 : *Systematic Conservation Plan for the Antarctic Peninsula Project Updates and Next Steps,* [Plan de conservation systématique pour les mises à jour du projet de la péninsule Antarctique et prochaines étapes] préparé conjointement avec l'IAATO, qui décrivait un projet de collaboration visant à élaborer le premier plan de conservation systématique pour la péninsule Antarctique. Le SCAR a indiqué que le projet avait été majoritairement terminé en 2021 et que, suite à la correction de certaines données saisies et à des analyses supplémentaires demandées, le projet s'est terminé en 2022. Il a également noté que la grande quantité de données générées par le projet et la création d'un outil d'aide à la décision pour la planification de la conservation adapté à la péninsule Antarctique étaient susceptibles d'intéresser un large public. Le SCAR a expliqué que l'outil d'aide à la décision a été créé sous la forme de code R, un langage de programmation open source et un environnement logiciel pour l'analyse statistique et la représentation graphique. Ce code R, ainsi que la majorité des données saisies utilisées dans le projet, seraient mis à la disposition du public pour un accès et une utilisation avant la XXVIe réunion du CPE. Les résultats du projet seraient également mis à disposition dans une publication scientifique évaluée par des pairs.

(141) Le Comité a remercié le SCAR et l'IAATO pour leur travail sur ce projet et pour cet outil. Certains Membres ont noté qu'il n'était pas tout à fait clair comment l'outil pourrait être utilisé à un niveau pratique et par les décideurs, et ont demandé si davantage d'informations ou une démonstration pourraient être fournies à l'avenir.

(142) Le SCAR a remercié les Membres pour leurs commentaires et a rappelé que le logiciel libre utilisé était la meilleure plateforme pour cet outil précieux. Le SCAR a également rappelé que l'outil serait publié avant la réunion de l'année prochaine et serait en libre accès, et que n'importe quel Membre pourrait le tester. Le SCAR a noté que l'outil pourrait être utile dans les discussions sur la gestion et a encouragé les Membres à s'engager et à en apprendre davantage sur l'outil une fois qu'il sera publié.

(143) L'Argentine a présenté le document d'information IP 22 : *Contributions à la promotion et à la prise de conscience du soin du patrimoine paléontologique dans la région antarctique*, qui rendait compte d'une initiative argentine visant à sensibiliser les visiteurs au patrimoine paléontologique de l'Antarctique. L'Argentine a indiqué qu'elle avait élaboré des affiches et des brochures éducatives distribuées à Ushuaia ainsi qu'aux bases scientifiques argentines les plus visitées en Antarctique.

(144) Le Comité a remercié l'Argentine pour son document et pour avoir fourni le support aux Membres en vue d'une diffusion et d'un retour d'information ultérieurs. Il s'est félicité de la précieuse contribution à la préservation du patrimoine paléontologique et a encouragé la poursuite de l'engagement sur ce sujet. L'IAATO a noté ses efforts en matière de protection des fossiles grâce à la diffusion d'informations par le biais de réunions d'information avec le personnel, les visiteurs et les équipages.

(145) L'Espagne a présenté le document d'information IP 76 : *Report of the management group for Antarctic Specially Managed Area (ASMA) No. 4 Deception Island for the period 2022/23* [Rapport du groupe de gestion de la Zone spécialement gérée de l'Antarctique (ZSGA) n° 4, île de la Déception, pour la période 2022/23], préparé conjointement avec

l'Argentine, le Chili, la Norvège, le Royaume-Uni et les États-Unis. Le document rend compte de l'échange d'informations sur la ZSGA n° 4. Il a mis en avant les travaux conjoints menés par l'Argentine et l'Espagne, en particulier l'observation accrue des plates-formes volcaniques. Les coauteurs ont remercié l'IAATO pour ses contributions aux travaux du groupe de gestion et ont rendu compte des discussions concernant la pollution dans la zone de port Foster et des mesures d'atténuation possibles en cas de hausse des niveaux de pollution.

(146) Le Comité a remercié les coauteurs du rapport et les a félicités pour leur travail.

(147) La Nouvelle-Zélande a présenté le document d'information IP 90 : *The need for increased protection of Antarctica's inland waters* [La nécessité d'une protection accrue des eaux intérieures de l'Antarctique], préparé conjointement avec l'Espagne et le Royaume-Uni, qui soulignait le fait que la disponibilité d'eau liquide était le moteur physique le plus important de la biodiversité terrestre de l'Antarctique. Elle a remarqué que les activités humaines avaient eu des impacts significatifs sur les eaux intérieures de l'Antarctique à la fois directement et indirectement, et a souligné la nécessité d'une protection renforcée. Elle a en outre noté le fait que, parmi les plans de gestion des 75 ZSPA actuelles, seules deux ZSPA ont été désignées explicitement pour protéger les systèmes d'eaux intérieures avec quatorze ZSPA supplémentaires y faisant référence. Le document suggère qu'une protection plus stratégique des eaux intérieures pourrait être renforcée par : l'utilisation des régions biogéographiques de conservation de l'Antarctique (RBCA) pour assurer une couverture représentative ; l'utilisation de produits de télédétection à très haute résolution pour identifier les zones susceptibles d'être éventuellement incluses dans la protection des eaux intérieures ; l'identification d'objectifs visant à protéger des catégories représentatives de masses d'eau intérieures ; et le fait d'envisager la désignation de nouvelles ZSPA par une approche collaborative, y compris les zones où l'accès est restreint pendant des périodes de temps significatives pour agir comme des investissements stratégiques dans l'habitat et la diversité biologique pour les générations futures.

(148) Le Comité a remercié les coauteurs et souligné la vulnérabilité et l'importance des masses d'eau intérieures de l'Antarctique et la nécessité d'une protection accrue. Le Comité s'est félicité des efforts de collaboration sur les écosystèmes des eaux intérieures et des échanges de travaux de recherche qui avaient eu lieu entre les Membres.

(149) Le Comité a pris acte des documents d'informations supplémentaires suivants, présentés au titre de ce point de l'ordre du jour :

- IP 130 rev. 1 *Deployment of the first permanent Argentine Volcano Monitoring Network in Deception Island* [Déploiement du premier réseau permanent argentin de surveillance des volcans sur l'île de la Déception] (Argentine).

Point 10 : Conservation de la faune et de la flore de l'Antarctique

10a) Quarantaine et espèces non indigènes

(150) Les États-Unis ont présenté le document de travail WP 3 *Surveillance et coordination pour la prévention et la détection de la grippe aviaire hautement pathogène en Antarctique*, qui a suscité des inquiétudes concernant le plus grand déclenchement mondial de grippe aviaire hautement pathogène (GAHP). Les États-Unis ont souligné que la GAHP était une maladie virale hautement contagieuse qui évoluait rapidement et pouvait avoir des conséquences dévastatrices sur les populations d'oiseaux de l'Antarctique. Ils ont noté que l'Organisation mondiale de la santé animale (OMSA) considérait la GAHP comme une menace très sérieuse et s'attendait à ce qu'elle se propage davantage. Ils ont déclaré que le risque que la GAHP atteigne l'Antarctique était très élevé. Ils ont souligné la nécessité de réduire la menace d'introduction ou de propagation anthropique de la GAHP par la surveillance des colonies de faune et de flore sauvages pour détecter des signes de GAHP, tout en prenant des précautions lors du travail près de la faune et de la flore sauvages et en maintenant le

plus haut niveau de biosécurité, comme le rappellent les recommandations du Groupe de travail sur la santé de la faune et flore sauvages de l'Antarctique (AWHWG) du SCAR aux programmes nationaux de recherche antarctique et aux voyagistes. Ils ont également décrit les procédures mises au point aux États-Unis pour détecter et prévenir l'introduction ou la propagation de la GAHP entre les colonies d'oiseaux marins et de mammifères marins. Les États-Unis ont encouragé les Parties à élaborer et à mettre en œuvre des procédures destinées à empêcher l'introduction ou la propagation de la GAHP par leurs programmes nationaux de recherche antarctique et à partager les informations sur les détections de la GAHP en Antarctique. En outre, ils ont recommandé que le SCAR fournisse des mises à jour au CPE sur les impacts potentiels de la GAHP sur les oiseaux et les mammifères indigènes de l'Antarctique.

(151) Le Comité a remercié les États-Unis pour leur rapport et pour avoir porté à son attention cet important sujet d'actualité. Le Comité a reconnu les risques potentiels de propagation de GAHP dans l'Antarctique et les grands dangers qu'elle représentait pour les colonies d'oiseaux et les mammifères de l'Antarctique. De nombreux Membres ont souligné la nécessité de coordonner les efforts et d'élaborer une réponse collective, opportune et efficace pour prévenir les conséquences dramatiques potentielles de la GAHP en Antarctique. Les Membres ont souligné l'importance d'améliorer le partage rapide d'informations et de renforcer la surveillance. Le Comité a encouragé les Membres à utiliser le sous-forum des autorités compétentes pour échanger des informations afin de faciliter la coordination et la collaboration pour relever ce défi urgent.

(152) Le SCAR a indiqué qu'il fournirait d'autres mises à jour sur les impacts potentiels de la GAHP sur les oiseaux et les mammifères de l'Antarctique, comme l'a demandé le Comité. Il s'est aussi référé à son document d'information IP 101 : *Heightened Risk of Avian Influenza in the Antarctic Treaty Area,* [Risque accru de grippe aviaire dans la Zone du traité sur l'Antarctique] préparé conjointement avec l'IAATO et le COMNAP, qui rend compte des travaux entrepris pour développer des conseils pratiques afin d'identifier les cas suspects de GAHP et d'atténuer ou éliminer les risques associés au contact humain direct. Il a en outre mentionné la création d'un groupe de collaboration sous la direction du groupe de travail du SCAR sur la santé de la faune et flore sauvages en Antarctique pour se concentrer sur ces questions pour la saison à venir, et a encouragé une large participation d'experts du CPE à ces travaux.

(153) Plusieurs Membres ont partagé leurs expériences sur les lignes directrices et les protocoles destinés à empêcher l'introduction et la propagation de la GAHP, ainsi que leurs procédures nationales de délivrance de permis, les actions pour éviter la propagation du virus, la surveillance des navires et les mesures d'atténuation possibles. Les Membres ont souligné l'importance d'une coordination rapide sur le partage d'informations sur la détection précoce des cas suspects et ont suggéré d'agir en partant du principe que le virus se propagerait inévitablement en Antarctique. Les Membres se sont également félicités de la poursuite des discussions sur la cartographie des épidémies et ont noté que cela devrait inclure les épidémies suspectées et confirmées.

(154) Le Chili s'est référé à son document d'information IP 122 *Implementation for Behavioral Protocol in Antarctica and Monitoring for the Highly Pathogenic Avian Influenza (HPAI) Virus in the Magallanes Region* [Mise en œuvre du protocole comportemental en Antarctique et surveillance du virus de la grippe aviaire hautement pathogène (GAHP) dans la région de Magallanes], qui a fourni un rapport sur la présence de la GAHP au Chili, et plus particulièrement dans la région de Magallanes, et son impact sur la faune et flore sauvages, y compris les labbes, les mammifères marins et les manchots. Le Chili a souligné l'urgence d'aborder ce sujet et a appelé à une collaboration entre toutes les parties concernées dans la préparation et la réponse aux épidémies potentielles. Le Chili a indiqué qu'il élaborait des lignes directrices et des mesures préventives qu'il partagerait avec plaisir avec les autres Membres.

(155) La République de Corée s'est référée à son document d'information IP 23 rev. 1 : *Need for Rapid Detection of Avian Influenza Virus in Antarctic Wildlife* [Nécessité d'une détection

rapide du virus de la grippe aviaire dans la faune et la flore sauvages antarctique], qui décrit ses protocoles préventifs. Elle a tout particulièrement mis en évidence le kit de diagnostic rapide qui serait utilisé par les expéditions antarctiques coréennes à partir de la prochaine saison antarctique et a proposé le déploiement d'efforts de collaboration entre les Parties. Ce kit pourrait être utilisé pour la détection préliminaire du virus de la grippe aviaire sur site. Les échantillons positifs ou suspectés d'être positifs seraient analysés et les épidémies potentielles pourraient être vérifiées au sein des installations désignées en l'espace d'une ou deux semaines.

(156) Le Royaume-Uni a attiré l'attention du Comité sur son document d'information IP 39 : *United Kingdom procedures for preventing the introduction or spread of Highly Pathogenic Avian Influenza in Antarctica* [Procédures du Royaume-Uni pour éviter l'introduction ou la propagation de la grippe aviaire hautement pathogène en Antarctique], qui résume les procédures suivies par les expéditions britanniques au cours de la saison 2022-23.

(157) Le Comité s'est félicité de toutes les informations partagées sur des expériences nationales précieuses et des exemples de procédures de prévention de l'introduction ou de la propagation de la grippe aviaire dans l'Antarctique. Il s'est félicité des contributions, les jugeant particulièrement utiles dans le cadre d'une future collaboration entre les autorités compétentes et pour promouvoir les procédures préventives auprès des programmes nationaux et d'autres parties prenantes.

(158) Le COMNAP a fait remarquer qu'il continuait de partager de manière proactive des conseils sur la GAHP avec les programmes nationaux qui préparaient des recommandations spécifiques aux programmes. Le COMNAP a indiqué qu'il poursuivrait le partage d'informations et que les protocoles préventifs coopératifs seraient au centre de sa prochaine réunion annuelle.

(159) L'IAATO a noté que les risques associés à la GAHP concernaient également les phoques. Elle a également indiqué que l'IAATO avait mis au point des procédures de biosécurité renforcées pour éviter la propagation de la GAHP à la suite de discussions avec le groupe de travail du SCAR sur la santé de la faune et de la flore sauvages de l'Antarctique. Celles-ci s'ajoutent aux procédures de biosécurité existantes avant la saison 2022-2023. L'IAATO a noté qu'elle avait également mis à jour ses procédures sur la découverte d'un évènement de mortalité élevée ou inhabituelle, jointes au document d'information IP 51 *IAATO Operational Procedures for responsible wildlife watching –An update* [Procédures opérationnelles de l'IAATO pour une observation responsable de la faune et la flore sauvages – Une mise à jour].

(160) À l'appui des recommandations du document de travail WP 3, le Comité a encouragé les Membres à prendre les précautions nécessaires afin d'éviter l'introduction et la propagation de la GAHP en Antarctique, et d'améliorer l'échange d'informations et s'est félicité de la volonté du SCAR de fournir des informations actualisées sur les impacts potentiels de la GAHP sur les oiseaux et les mammifères indigènes de l'Antarctique.

Avis du CPE à le RCTA sur la prévention et la détection de la grippe aviaire hautement pathogène en Antarctique

(161) Le Comité a informé la RCTA qu'il considérait qu'une épidémie de grippe aviaire en Antarctique est probable et pourrait constituer une menace préjudiciable pour la faune et la flore sauvages de l'Antarctique.

(162) Le Comité a donc informé la RCTA qu'il était convenu :

- d'encourager les Parties et les autres parties prenantes à élaborer et à mettre en œuvre des procédures de surveillance, de prévention et de riposte à l'introduction, à la propagation ou aux épidémies potentielles de GAHP ;

- d'encourager les Parties à partager les informations sur les détections de GAHP en Antarctique, y compris l'emplacement des foyers suspectés et confirmés, les espèces et le nombre approximatif d'individus touchés, ainsi que les symptômes observés ; et
- de demander au SCAR de fournir des mises à jour au CPE sur les impacts potentiels de la GAHP sur les oiseaux et les mammifères indigènes de l'Antarctique.

---

(163) L'Australie a présenté le document de travail WP 14 *Examen des lignes directrices et des accords de l'Organisation maritime internationale (OMI) et du Système du traité sur l'Antarctique (STA) concernant l'encrassement biologique des navires et la gestion des eaux de ballast* et a fait référence au document IP 9 *Topic Summary: CEP Discussions on Ship Biofouling and Ballast Water Management* [Résumé : Discussions du CPE sur l'encrassement biologique des navires et la gestion des eaux de ballast], les deux préparés conjointement avec la Nouvelle-Zélande et le Royaume-Uni. Ces documents présentaient les résultats d'un examen des directives et accords de l'OMI et du STA sur l'encrassement biologique des navires et la gestion des eaux de ballast, en se fondant sur un rapport d'avancement présenté lors de la XXIVe réunion du CPE. Les auteurs ont recommandé au CPE d'examiner les informations présentées dans le rapport, d'envisager de demander au COMNAP et à l'IAATO de fournir des conseils actualisés sur les pratiques de gestion de l'encrassement biologique des navires et des eaux de ballast employées par leurs membres, et d'encourager la surveillance des espèces marines non indigènes. L'Australie a remercié le COMNAP, l'IAATO et le SCAR pour leur précieuse contribution pendant les discussions.

(164) Le Comité a remercié les auteurs pour ces informations, en prenant note du fait que les risques associés aux espèces marines non indigènes étaient une question hautement prioritaire pour le CPE. Le Comité a appelé les Membres à mieux comprendre ces risques et a remercié les Observateurs pour leurs conseils continus et actualisés sur la question.

(165) L'IAATO et le COMNAP sont convenus de fournir un rapport lors de la 27e réunion du CPE (2025) sur les pratiques de gestion de l'encrassement biologique des navires et des eaux de ballast ainsi que sur les technologies employées par leurs membres. Le SCAR a confirmé que l'éditeur du portail des environnements en Antarctique avait été en contact avec des experts pour élaborer un nouveau résumé d'information sur les voies d'introduction d'espèces non indigènes. Le COMNAP a également fait remarquer que les Parties ont un rôle clé à jouer, en particulier mais pas exclusivement en tant que passerelles maritimes, puisque les protocoles nationaux de biosécurité et l'inspection des navires jouent un rôle central dans la protection.

(166) Le Comité a approuvé les recommandations du document de travail WP 14 et a remercié le COMNAP, l'IAATO et le SCAR d'avoir soutenu ses travaux sur cette importante question.

Avis du CPE à la RCTA sur les lignes directrices et les accords relatifs à l'encrassement biologique des navires et la gestion des eaux de ballast

(167) Le Comité a informé la RCTA que, dans le cadre de ses travaux sur l'encrassement biologique des navires et la gestion des eaux de ballast, il avait envisagé un examen des lignes directrices et des accords de l'Organisation maritime internationale (OMI) et du Système du traité sur l'Antarctique (STA) concernant ces questions, préparé conjointement par l'Australie, la Nouvelle-Zélande et le Royaume-Uni, et était convenu :

- de demander au COMNAP et à l'IAATO de fournir des conseils actualisés lors de la XXVIIe réunion du CPE (2025) sur les pratiques de gestion de l'encrassement biologique des navires et des eaux de ballast employées par leurs membres ;

- d'encourager la surveillance des espèces marines non indigènes afin d'améliorer la compréhension des risques et d'éclairer l'examen des mesures de biosécurité marine, conformément aux besoins identifiés dans le plan de travail quinquennal, le PTRCC et le Manuel sur les espèces non indigènes ; et
- d'attirer l'attention du SC-CAMLR sur les travaux en cours du CPE sur l'encrassement biologique des navires et la gestion des eaux de ballast à la lumière des objectifs et des responsabilités partagés pour la gestion des risques liés aux espèces non indigènes dans la région de l'Antarctique.

---

(168) La Pologne a présenté le document d'information IP 41, intitulé *Monitoring and eradication of a non-native grass,* Poa annua, *from the Western Shore of Admiralty Bay, King George Island, South Shetland Islands - 2022/2023 update* [Surveillance et éradication d'une graminée non indigène, la *Poa annua L.*, sur le littoral occidental de la baie de l'Amirauté, île du Roi-George, îles Shetland du Sud – mise à jour 2022-2023]. Le document fournissait des informations sur la surveillance et les progrès de l'éradication des graminées non indigènes *Poa annua* sur la côte ouest de la baie de l'Amirauté, île du Roi-George, pendant la saison 2022-23. La Pologne a attiré l'attention sur les inspections de la ZSPA n° 128 qui n'avaient pas identifié la présence de la graminée.

(169) La Pologne a présenté le document d'information IP 42 rev. 1 : *Report of a finding of* Trichocera maculipennis *in Antarctic Specially Protected Area 128* [Rapport de la découverte de *Trichocera maculipennis* dans la zone spécialement protégée de l'Antarctique n° 128]. Rappelant que des larves et des individus imago de l'espèce *Trichocera maculipennis* (diptères) ont été identifiés pour la première fois dans le système des eaux usées de la station antarctique polonaise d'Arctowski en 2017, la Pologne a indiqué qu'elle avait introduit des mesures de surveillance et de contrôle systématiques pour éradiquer les diptères. La Pologne a indiqué qu'elle avait identifié des diptères dans deux sites de la ZSPA n° 128 au cours de la saison 2022-23. La Pologne a indiqué qu'au cours de l'été prochain, elle surveillerait d'autres emplacements pour déterminer si les diptères se trouvaient à d'autres stades de développement dans des emplacements sans rapport avec l'infrastructure de la station. Elle a également souligné la nécessité d'élaborer des procédures pour prendre en compte le scénario d'espèces non indigènes au-delà des zones des stations, en particulier parmi toutes les parties actives sur l'île du Roi-George.

(170) Le Chili s'est référé à son document de contexte BP 16 : *New findings on the presence of non-native insects on South Shetland Islands* [Nouvelles découvertes sur la présence d'insectes non indigènes sur les îles Shetland du Sud], préparé conjointement avec la République de Corée et l'Uruguay. Il a noté que les deux espèces *Trichocera maculipennis* et *Psychoda albipennis* ont été identifiées dans des milieux semi-naturels à l'extérieur des stations de l'île du Roi-George. Il a également noté qu'un coléoptère non identifié, une espèce de punaise de lit *Lygaeus alboornatus,* a été trouvé dans la station, et que d'autres insectes avaient été collectés dans les îles Doumer et Greenwich. Le Chili a noté que cela pourrait impliquer une voie possible pour l'expansion de ces insectes non indigènes, ainsi qu'une diversification des espèces qui pourraient s'établir dans la Zone du traité sur l'Antarctique. Le Chili a exhorté les Parties à renforcer les mesures de prévention, de surveillance et de contrôle des insectes non indigènes et à mettre au point conjointement un plan d'éradication.

(171) Le Comité a remercié la Pologne, le Chili, la République de Corée et l'Uruguay pour leurs importants documents. Il a attiré l'attention sur la propagation préoccupante des espèces non indigènes et sur l'appel à revoir les procédures nationales et à prendre des mesures de

collaboration pour empêcher la propagation des espèces non indigènes, en particulier sur l'île du Roi-George.

10b) Espèces spécialement protégées

(172) Les États-Unis ont présenté le document de travail WP 9 intitulé : *Les États-Unis reconnaissent le manchot empereur comme espèce menacée et offrent une protection supplémentaire aux manchots empereurs*. Les États-Unis ont rappelé que, lors de la XXIVe réunion du CPE, de nombreux Membres avaient exprimé leur intention de mettre en œuvre le projet de Plan d'action pour les espèces spécialement protégées de l'Antarctique (WP 34 de la XLIVe RCTA) comme moyen d'orienter l'action relative à la gestion des manchots empereurs. Ils ont signalé le fait que le *United States Fish and Faune and Wildlife Service* avait examiné les meilleurs avis scientifiques, technologiques et commerciaux disponibles, et avait indiqué que des diminutions importantes de la population mondiale de manchots empereurs d'ici 2050 étaient probables. On s'attendait à ce que les déclins varient à travers le continent, avec des colonies à certains endroits qui devraient décliner de plus de 90 % en raison de la perte de glace de mer. Le *U.S. Fish and Wildlife Service* avait donc déterminé que le manchot empereur répondait à la définition d'une espèce menacée en vertu de la loi sur les espèces en voie de disparition, et les États-Unis avaient inscrit le manchot empereur sur la liste des espèces menacées en novembre 2022. À la lumière de cela, les États-Unis ont recommandé que le CPE encourage les Membres à :

1) noter que leur législation nationale peut contribuer à la protection des espèces antarctiques menacées ;
2) mettre en œuvre le projet de Plan d'action pour les espèces spécialement protégées de l'Antarctique pour le manchot empereur, joint au WP 34 de la XLIVe RCTA ; et
3) indiquer les résultats des recherches récentes sur le statut du manchot empereur à la 26e réunion du CPE dans le but de reconsidérer la recommandation à la RCTA de désigner le manchot empereur comme espèce spécialement protégée en vertu de l'annexe II au Protocole.

(173) Le Comité a remercié les États-Unis pour son document. De nombreux Membres les ont également félicités d'avoir utilisé leur législation nationale pour inscrire le manchot empereur sur la liste des espèces menacées. La plupart des Membres ont exprimé leur déception que le Comité n'ait pas été en mesure de désigner le manchot empereur comme une espèce spécialement protégée au cours de la XXIVe réunion du CPE. Ces Membres ont noté que les meilleures données scientifiques disponibles, précédemment présentées par le SCAR (XLIIIe RTCA-WP 37), ainsi que d'autres données scientifiques disponibles, démontraient que le manchot empereur était vulnérable et justifiait sa désignation en tant qu'espèce spécialement protégée conformément à l'annexe II du Protocole au traité sur l'Antarctique relatif à la protection de l'environnement et aux procédures convenues.

(174) L'Inde a informé le CPE de la loi indienne sur l'Antarctique, qui avait été adoptée par le Parlement mais n'était pas encore entrée en vigueur, et contenait des dispositions pour la protection des espèces spécialement protégées actuelles ainsi que de toute espèce spécialement protégée qui pourrait être approuvée par le CPE à l'avenir.

(175) La Chine a indiqué que les conclusions qu'elle avait tirées du projet de Plan d'action pour les espèces spécialement protégées de l'Antarctique pour les manchots empereurs n'appuyaient pas leur désignation en tant qu'espèce spécialement protégée, et plus particulièrement : la population de manchots empereurs était stable depuis 20 à 30 ans ; le manchot empereur a été impacté par la réduction de la glace de mer due au changement climatique, sur lequel notre influence est limitée, plutôt qu'à l'activité humaine en

Antarctique ; et le manchot empereur était très peu menacé par les activités humaines, tant dans l'environnement marin que terrestre.

(176) Plusieurs Membres ont souligné le fait que, en dépit des fluctuations des tendances de la population de manchots empereurs, les meilleures données scientifiques disponibles et le projet de Plan d'action pour les espèces spécialement protégées de l'Antarctique pour les manchots empereurs indiquaient que la population devrait diminuer de manière significative, en particulier en raison de la perte de glace de mer due au changement climatique. De nombreux Membres ont donc appelé à poursuivre les efforts pour protéger l'espèce au titre de l'annexe II du Protocole au traité sur l'Antarctique relatif à la protection de l'environnement. Certains Membres ont également appelé à la ratification du traité sur la haute mer car, selon eux, celui -ci pourrait être un autre moyen de protéger le manchot empereur.

(177) Les Membres sont convenus que la législation nationale peut contribuer à la protection des espèces antarctiques menacées. Certains Membres ont relevé les limitations de leurs instruments juridiques et la nécessité d'envisager d'autres approches. De nombreux Membres ont encouragé les Membres qui en étaient capables à travailler à l'élaboration d'une législation nationale contribuant à la protection des espèces antarctiques menacées. L'Australie s'est référée à son document d'information IP 89 *Draft Specially Protected Species Action Plan for the Emperor Penguin: complementary actions by Australia* [Projet de plan d'action pour les espèces spécialement protégées pour le manchot empereur : actions complémentaires de l'Australie]. Le document décrivait les actions de l'Australie qui étaient conformes au projet de plan d'action (XLIVe RCTA-WP 34). Conformément aux recommandations du document de travail WP 9, elle a également indiqué que des travaux préliminaires étaient en cours pour envisager d'inscrire le manchot empereur comme espèce menacée en vertu de la législation environnementale nationale australienne.

(178) L'IAATO a indiqué qu'un examen de routine de ses propres procédures de visite des colonies de manchots empereurs était en cours, comme indiqué dans le document d'information IP 51, qui avait également été présenté par le projet de plan d'action. L'IAATO a renforcé les procédures pertinentes pour les opérations réalisées à la fois dans des zones reculées et à partir de navires, y compris les procédures relatives à la distance par rapport à la faune et flore sauvages et à la biosécurité, aux opérations en vol et à la gestion des visiteurs. Elle s'est félicitée de la poursuite du partage d'informations pour promouvoir la conservation, notant que cela contribuait également à informer de la gestion responsable des activités propres à l'IAATO.

(179) De nombreux Membres ont exprimé se sont félicités de voir de nombreux Membres et Observateurs utiliser le projet de plan d'action pour guider les actions liées à l'espèce, et ont encouragé une action continue et accrue des Membres et Observateurs pour faire avancer les actions dans le projet de plan d'action.

(180) Les Membres sont convenus de rendre compte des résultats des recherches récentes sur le statut du manchot empereur et ont remercié le SCAR pour ses contributions continues à cet égard.

(181) Le Royaume-Uni a présenté le document de travail WP 52 : *Une évaluation sur cinq ans des impacts sur les manchots empereurs d'une faible étendue de glace de mer* préparé conjointement avec la France, l'Allemagne et les États-Unis. Notant le fait que la glace de mer était cruciale pour les manchots empereurs en tant que plateforme de reproduction et de mue, les auteurs ont indiqué que les modèles actuels liés aux projections du GIEC suggéraient que les populations de manchots empereurs diminueraient considérablement d'ici la fin du siècle et pourraient devenir quasi éteintes. Le Royaume-Uni a souligné le fait que, au cours de la période de cinq ans évaluée (2018-2022), 42 % des colonies de manchots empereurs avaient probablement connu un échec de reproduction total ou partiel en raison de la désagrégation de la banquise côtière au cours d'au moins un an. Le Royaume-Uni a indiqué que des éléments de l' évaluation seraient bientôt publiés dans le journal *Nature Communications Earth and Environment*, et que d'autres publications étaient en cours de préparation. À la lumière des conclusions de l'évaluation, les auteurs

ont recommandé que : le CPE encourage les Membres à rendre compte de leur mise en œuvre du projet de Plan d'action pour les espèces spécialement protégées de l'Antarctique, joint au document WP 34 de la XLIVe RCTA, ainsi que sur leurs mesures existantes et prévues pour améliorer la préservation du manchot empereur ; et que le SCAR et/ou les Membres intéressés rendent compte des résultats de recherches récentes sur l'état de la population de manchots empereurs et l'étendue de la banquise autour de l'Antarctique afin d'éclairer l'examen futur par la RCTA de la désignation du manchot empereur comme espèce spécialement protégée en vertu de l'annexe II au Protocole.

(182) L'ASOC a noté que son membre WWF avait été heureux de soutenir le travail présenté dans le document de travail WP 52 pendant de nombreuses années, et a souligné qu'il était essentiel que les manchots empereurs soient désignés comme espèce spécialement protégée.

(183) Le Comité a remercié les auteurs du document de travail WP 52 d'avoir porté le document à son attention. Il les a également remerciés d'avoir partagé les résultats de l'étude présentée dans le document, qui appuient les conclusions partagées par le SCAR dans le document WP 37 de la XLIIIe RCTA. De nombreux Membres ont noté que l'étude démontrait clairement que les changements dans la banquise constituaient une menace pour les espèces de manchots empereurs et ont indiqué qu'il était nécessaire d'adopter une approche de précaution et de considérer l'espèce comme menacée. La plupart des Membres ont soutenu les recommandations du document et, rappelant la discussion sur le WP 9, ont encouragé la poursuite des travaux en vue de la désignation du manchot empereur comme espèce spécialement protégée dès que possible. Le Comité s'attendait à ce que la question soit réexaminée dans un proche avenir.

(184) La Fédération de Russie a évoqué la surveillance des manchots empereurs près de la station de Mirny. Elle a noté que la réduction de la superficie de la couverture de glace et la désagrégation plus précoce de la banquise côtière avaient un impact négatif sur la survie des oiseaux, ainsi que sur le nombre d'oiseaux nicheurs. Ainsi, les observations locales avaient montré que les facteurs déterminants affectant la colonie n'étaient pas anthropiques, mais naturels.

(185) Le SCAR a noté que la glace de mer avait atteint un niveau record en 2023, comme indiqué dans le document de travail WP 42. Il a également mis en avant son évaluation du manchot empereur comme étant vulnérable au changement climatique en cours et projeté, ce qui justifiait par conséquent sa protection en tant qu'espèce spécialement protégée. Le SCAR a attiré l'attention sur le portail des environnements en Antarctique, qui a récemment publié trois résumés pertinents sur la glace de mer, notamment sur son importance biologique, ses tendances et ses projections futures. Il a noté le fait que la conférence du SCAR contenait également des informations pertinentes sur l'utilisation de la technologie satellitaire pour surveiller à la fois les populations de manchots empereurs et la glace de mer. Le SCAR a noté que, bien que la découverte récente de nouvelles colonies de manchots empereurs ait fourni des estimations actualisées de la population, cela n'a pas modifié la tendance à la baisse prévue de la population. Le SCAR a indiqué qu'il continuerait à rendre compte des recherches récentes pour éclairer les futures discussions sur la désignation du manchot empereur en tant qu'espèce spécialement protégée.

10c) Autres questions relevant de l'annexe II

(186) L'Argentine a présenté le document d'information IP 124 *Comprehensive approach to the study of the Emperor Penguin colony in Snow Hill Island* [Approche globale de l'étude de la colonie de manchots empereurs sur l'île Snow Hill], qui rendait compte des travaux menés par l'Argentine pour mieux appuyer l'étude et développer davantage les outils de protection de la colonie de manchots empereurs sur l'île Snow Hill. L'Argentine a noté qu'une telle activité scientifique avait auparavant été difficile en raison de contraintes logistiques, mais que des progrès étaient récemment devenus possibles grâce à la création d'un nouveau refuge. En outre, l'Argentine a fait part de son intérêt à développer davantage

une ligne directrice pour les visiteurs de la colonie de manchots de l'île Snow Hill et a invité d'autres Membres à collaborer sur la question.

(187) Le Comité a remercié l'Argentine pour les informations présentées et pour son invitation à travailler en collaboration sur la question.

(188) L'IAATO a noté qu'elle avait établi des directives spécifiques pour les visites de la colonie de manchots de l'île Snow Hill, comme indiqué dans le document d'information IP 51. Elle a souligné le fait que ces lignes directrices avaient été élaborées sur la base du document de travail WP 44 de la XL ^e^RCTA, qui avait également été rédigé par l'Argentine, et a exprimé sa gratitude pour l'aide de l'Argentine dans leur élaboration.

(189) Le Comité a pris acte des documents d'informations suivants, présentés au titre de ce point de l'ordre du jour :

- IP 33 *Scientific use of Remotely Piloted Aircraft Systems (RPAS) in Antarctica: a review* [Utilisation scientifique des systèmes d'aéronefs pilotés à distance (RPAS) en Antarctique : un examen] (Portugal, Allemagne, Royaume-Uni).
- IP 51 *IAATO Operational Procedures for responsible wildlife watching – An update* [Procédures opérationnelles de l'IAATO pour une observation responsable de la faune et de la flore sauvages – mise à jour] (IAATO).
- IP 52 *IAATO Deep Field and Air Operations Biosecurity Procedures – An update* [Procédures de biosécurité des opérations dans des zones reculées et aériennes de l'IAATO – mise à jour] (IAATO).
- IP 63 *Update : Managing the Effects of anthropogenic noise in the Antarctic – Steps towards the development of an underwater noise protection concept for Antarctica* [Mise à jour : Gestion des effets du bruit anthropique dans l'Antarctique – Étapes vers le développement d'un concept de protection contre le bruit sous-marin pour l'Antarctique] (Allemagne).
- IP 139 *Cuantificación de la Contaminación por Macro y Microplásticos en el Área de Influencia de la Estación Científica Pedro Vicente Maldonado-Isla Greenwich (2023-2025)* [Quantification de la pollution par les macro et microplastiques dans la zone d'influence de la station scientifique Pedro Vicente Maldonado – Île Greenwich (2023-2025)] (Équateur).

Point 11 : Surveillance continue de l'environnement et rapports

(190) Les Pays-Bas ont présenté le document de travail WP 17 *Surveillance environnementale : un cadre international*, préparé conjointement avec la France et la Belgique. Constatant que la surveillance a longtemps été considérée comme essentielle pour mieux évaluer les changements environnementaux possibles et déterminer les impacts des activités humaines, et que la surveillance environnementale était une obligation en vertu de l'article 3.2 du Protocole au traité sur l'Antarctique relatif à la protection de l'environnement, les Pays-Bas ont attiré l'attention du Comité sur la nécessité d'un cadre international de surveillance. Les Pays-Bas ont pris note du fait que plusieurs Parties ont entrepris des efforts de surveillance, mais ont observé que les efforts déployés à ce jour pourraient ne pas fournir une vue d'ensemble adéquate de l'évolution de l'environnement de l'Antarctique. Ils ont remarqué l'absence d'un mécanisme de coordination et de ressources adéquates pour la surveillance. Les auteurs ont recommandé que le Comité discute de la question et établisse un GCI pour élaborer une proposition concrète d'un cadre international de surveillance environnementale, en établissant les paramètres de quoi et où surveiller, en tenant compte de l'importante question du cumul.

(191) Le Comité a remercié les Pays-Bas, la France et la Belgique pour leur document. Il a souligné l'importance des programmes de surveillance environnementale pour évaluer les changements environnementaux et les impacts humains, et plusieurs Membres ont mis en

avant leur expérience à cet égard. Les Membres ont noté qu'une surveillance coordonnée permettrait de prendre des décisions mieux informées, tant au niveau national qu'international. Les Membres ont également noté qu'une approche coordonnée et systématique était bénéfique pour la surveillance globale en Antarctique et les évaluations d'impact environnemental.

(192) Plusieurs Membres ont suggéré qu'un système de surveillance intégré pour l'ensemble du continent pourrait être difficile à mettre en place, soulignant le fait que la surveillance environnementale prenait du temps et était coûteuse, et qu'il existait des différences dans les approches et les types de surveillance entrepris par les différents Membres. Examinant les voies possibles pour aller de l'avant, les Membres ont soulevé une série d'éléments à prendre en compte, notamment : l'importance d'examiner les efforts de surveillance passés et actuels et de définir des objectifs spécifiques ; identifier les lacunes dans les connaissances et les indicateurs et outils de surveillance appropriés ; et la tenue d'ateliers pour promouvoir l'engagement inclusif des Membres.

(193) L'ASOC a suggéré qu'une voie à suivre pourrait consister à développer un réseau de ZSPA par le biais d'une planification systématique de la conservation, notant que les ZSPA pourraient servir de zones de référence pour la surveillance et soutenir les efforts visant à démêler les impacts multiples.

(194) L'IAATO a noté qu'elle avait soutenu des programmes de surveillance à long terme pendant de nombreuses années et qu'il était difficile de distinguer les impacts directs du tourisme des éventuels impacts causés par d'autres activités humaines ou le changement climatique. Elle a signalé qu'elle étendait ses propres capacités de surveillance, notamment en mettant en œuvre un programme de surveillance du site pour recueillir des données de référence qui évolueraient au cours des années à venir.

(195) Après un examen plus approfondi, le Comité est convenu d'établir un GCI pour discuter de l'élaboration d'un cadre international pour la surveillance environnementale. Le Comité est convenu que l'organisateur et les Membres contributeurs pourraient examiner si un atelier informel, virtuel ou en personne, pouvait être utile pour les discussions du GCI dans un effort pour accroître la participation des Membres et des Observateurs.

Avis du CPE à la RCTA sur un cadre international pour la surveillance de l'environnement

(196) Le Comité est convenu d'informer la RCTA qu'il avait mis en place un GCI pour discuter de l'élaboration d'un cadre international pour la surveillance de l'environnement avec les mandats suivants :

- s'entendre sur les méthodes de travail ;
- identifier et analyser les activités de surveillance existantes et les données disponibles ;
- discuter des objectifs de surveillance de l'environnement nécessaires pour répondre aux exigences du Protocole au traité sur l'Antarctique relatif à la protection de l'environnement et élaborer un cadre initial de paramètres qui, sur la base des valeurs environnementales et de l'impact cumulatif, nécessiteraient une surveillance pour atteindre ces objectifs ;
- rédiger un rapport sur une analyse initiale des écarts entre le portefeuille de surveillance existant et ce qui est requis ;
- le GCI travaillerait entre les sessions et ferait rapport à la XXVIe réunion du CPE.

(197) Le Comité a salué la proposition de l'Uruguay d'assurer le rôle de responsable du GCI.

---

(198) Le Royaume-Uni a présenté le document de travail WP 41 *Surveillance des impacts de l'activité humaine en Antarctique*. Il a rappelé que la XXIVe réunion du CPE avait accepté les recommandations du document de travail WP 22 de la XLIVe RCTA, qui avait recommandé que les Parties encouragent la mise en place de programmes de surveillance pour évaluer les impacts des activités humaines liés au tourisme. En réponse, le document de travail WP 41 a résumé certains des programmes que le Royaume-Uni avait entrepris ou soutenus pour informer du développement d'approches et d'outils pour la gestion des activités de protection de l'environnement de l'Antarctique. Le document mettait en lumière un projet qui avait été entrepris pour évaluer l'utilité de l'imagerie satellitaire pour surveiller les impacts humains sur certains des sites les plus visités de l'Antarctique. Sur cette base, le Royaume-Uni a décrit les prochaines étapes proposées pour développer une approche visant à évaluer l'utilisation des images récoltées au moyen des aéronefs commandés à distance (RPAS) pour surveiller les impacts des activités humaines sur les sites touristiques très fréquentés. Il a recommandé que le CPE : prenne acte du résumé des programmes dirigés ou soutenus par le Royaume-Uni qui pourraient fournir des données pour la surveillance future des impacts des activités humaines en Antarctique ; continue de partager des informations sur ses propres programmes relatifs à la surveillance des impacts humains sur l'environnement de l'Antarctique ; discute de la meilleure façon de rassembler les informations sur les programmes de surveillance existants ; et prenne note des résultats d'un projet récent visant à évaluer l'utilisation de l'imagerie satellitaire pour surveiller les impacts de l'activité humaine et envisage de contribuer au projet de continuation proposé pour évaluer l'utilisation de la collecte d'images via RPAS pour surveiller les impacts des activités humaines sur plusieurs sites touristiques très fréquentés.

(199) Le Comité a remercié le Royaume-Uni pour son travail de préparation du document de travail WP 41 et pour ses efforts de surveillance des impacts des activités humaines en Antarctique. Le Comité a généralement appuyé les recommandations du document. Plusieurs Membres ont souligné la nécessité d'une définition claire de ce qui était surveillé ainsi que l'importance des approches méthodologiques sur place. De nombreux Membres ont partagé leur expérience avec les activités de surveillance en cours, se référant aux initiatives pertinentes décrites dans les documents WP 17, IP 61, IP 62, et XLIIe RCTA-IP 154 et XLIVe RCTA-WP 22, entre autres, ainsi que la conférence du SCAR sur les sciences fondées sur la technologie satellitaire. Le Comité a souligné l'importance du partage continu des informations liées à la surveillance et à la collecte de données relatives aux impacts de l'activité humaine dans l'Antarctique, et l'importance de la surveillance comme base pour les évaluations d'impact sur l'environnement.

(200) Le SCAR et plusieurs Membres ont noté qu'une première étape importante consisterait à comprendre le travail de surveillance actuel entrepris par les Membres et à identifier comment cela pourrait être utilisé pour comprendre les lacunes et atteindre les objectifs. Le SCAR a souligné le fait que l'utilisation de l'imagerie satellitaire serait de plus en plus importante pour surveiller les efforts à l'avenir, et a déclaré qu'il continuerait de dialoguer avec les Membres sur cette question.

(201) Le SCAR a présenté le document de travail WP 18 : *Contribution à l'information pour documenter le Rapport sur l'état de l'environnement en Antarctique (REEA) : une possible nouvelle initiative du SCAR*, qui décrit les résultats d'un récent atelier du SCAR visant à examiner la possible transmission d'informations pour éclairer des éléments du Rapport sur l'état de l'environnement en Antarctique (REEA). Il a proposé que la nouvelle initiative du REEA qui en résulterait rassemble une variété de connaissances existantes pertinentes qui pourraient être utilisées pour créer des cartes Web, identifier les lacunes dans les connaissances et effectuer des évaluations, et il a noté que le Portail des environnements antarctiques du SCAR pourrait être une plateforme appropriée pour un tel outil. Le SCAR a recommandé que le Comité : prenne note des récents ateliers du SCAR organisés pour examiner la meilleure manière pour la communauté scientifique de contribuer au REEA ; examine la proposition du SCAR de développer un mécanisme pour la fourniture d'informations pertinentes pour le REEA ; et demande l'avis des Membres du CPE d'une part, concernant l'utilité de cette proposition et, d'autre part, si elle est jugée bénéfique,

quelles informations seraient les plus utiles au Comité pour lui permettre de fournir des avis à la RCTA sur l'état de l'environnement en Antarctique.

(202) Le Comité a remercié le SCAR pour son document. Il a accueilli favorablement sa proposition d'élaborer un mécanisme pour le REEA, notant sa pertinence pour les travaux du CPE, notamment en ce qui concerne la surveillance de l'environnement et la fourniture de conseils à la RCTA. Les Membres ont souligné l'utilité de cette initiative pour l'ensemble du programme de travail du CPE, y compris pour développer une approche systématique de la surveillance de l'environnement, ainsi que pour développer davantage le Système de zones protégées de l'Antarctique.

(203) Les Membres ont noté le fait que le portail des environnements en Antarctique du SCAR pourrait être une plateforme utile pour la diffusion des rapports et ont souligné que les rapports devraient être présentés dans un format facilement compréhensible par les décideurs.

(204) Le Comité a noté qu'il serait utile de recevoir un exemple de rapport du SCAR pour évaluer pleinement le caractère pratique et l'utilité du mécanisme proposé pour fournir des informations sur le REEA.

(205) Le SCAR a présenté le document de travail WP 49 rev. 1 *Système d'observation côtière et terrestre de l'Antarctique (ANTOS)* préparé conjointement avec la Nouvelle-Zélande, l'Australie, l'Italie, la République de Corée et les États-Unis. Dans le document, il a été pris note du fait que le Système d'observation côtière et terrestre de l'Antarctique (ANTOS) visait à établir un réseau d'instruments à l'échelle du continent pour recueillir des données sur une série de paramètres qui pourraient être utilisés pour identifier et suivre la variabilité et les changements environnementaux, et tout particulièrement les données de nature biologique. Des sites ANTOS étaient en cours d'établissement dans un certain nombre d'environnements autour de l'Antarctique, avec 13 sites potentiels identifiés à ce jour, et les résultats seraient recueillis dans une base de données open source développée par l'Institut coréen de recherche polaire. Le SCAR a expliqué que les précieuses informations recueillies via ANTOS aideraient à assurer une connaissance basées sur les informations les plus récentes des changements dans les environnements et les écosystèmes côtiers et terrestres, et à fournir une compréhension plus complète des changements qui se produisent dans la région de l'Antarctique.

(206) Le Comité a remercié les auteurs et s'est félicité des objectifs d'ANTOS, reconnaissant qu'il s'agissait d'un outil de suivi précieux doté d'un potentiel considérable. Plusieurs Membres ont exprimé leur enthousiasme à l'annonce des progrès réalisés dans le développement d'ANTOS et ont rappelé leur soutien et leur participation de longue date au projet. Les Membres ont exprimé leur volonté de s'engager dans l'ANTOS et ont décrit les diverses manières dont leurs programmes et projets nationaux de recherche antarctique contribuaient et continueraient de contribuer au système.

(207) Le Portugal a présenté le document d'information IP 32 *Mercury in Antarctic marine ecosystems,* [Le mercure dans les écosystèmes marins de l'Antarctique] préparé conjointement avec la Bulgarie, la France, l'Allemagne, le Japon et le Royaume-Uni. Le document décrit les informations scientifiques les plus récentes sur le mercure total dans les réseaux alimentaires marins de l'Antarctique. Le Portugal a souligné le fait que le mercure était l'un des éléments existants les plus toxiques, qu'il était hautement bioaccumulable dans les organismes et bio amplifié le long des réseaux alimentaires, mais a noté que les informations pour la région de l'Antarctique manquaient. Il a encouragé un plus grand échange d'informations entre les Membres, davantage de recherches sur la surveillance et une utilisation accrue de méthodologies coordonnées liées au mercure et à d'autres contaminants à l'état de traces.

(208) L'Allemagne a présenté le document d'information IP 59 *International Science & Infrastructure for Synchronous Observation (Antarctica InSync)* [Science et infrastructures internationales pour l'observation synchrone (Antarctica InSync)], préparé conjointement avec l'Australie, la France, l'Italie, la Norvège, le Royaume-Uni et les États-Unis. Elle a

proposé la mise en place d'une mission d'observation scientifique synchrone pour permettre une évaluation circumpolaire des liens entre la glace, l'océan, le climat et l'environnement, y compris les pressions humaines et leurs solutions telles que la protection marine. L'Allemagne a noté que les questions et besoins scientifiques importants actuels avaient été identifiés dans l'analyse prospective du SCAR et le plan d'action pour l'océan Austral, et que ceux-ci pourraient être traités en déployant des efforts conjoints ambitieux et coordonnés. L'Allemagne a invité tous les Membres intéressés à soutenir cette initiative scientifique internationale visant à renforcer la collaboration, les connaissances, le partage de données et la sensibilisation afin d'attirer l'attention sur le rôle de l'Antarctique et de l'océan Austral dans l'avenir de l'humanité.

(209) La France a ajouté que, bien que l'initiative *InSync* se concentre sur l'océan Austral, toutes les infrastructures, marines ou terrestres, pourraient être incluses dans l'initiative, quels que soient leur taille, leur type ou leur emplacement. Elle a noté qu'*Antarctique InSync* offrait une excellente opportunité aux chercheurs en début de carrière et encourageait les Membres à faciliter leur participation.

(210) Le SCAR s'est félicité de l'importante proposition d'une mission d'observation scientifique synchrone. Il a noté les projets du SCAR accueillant un Centre de collaboration de la Décennie des Nations Unies (DCC), tel que décrit dans le document IP 104, qui créerait un réseau international permettant à des groupes tels qu'*Antarctica InSync* de communiquer et de collaborer à l'appui des objectifs de la Décennie des océans des Nations Unies.

(211) Le Comité a remercié les auteurs de cette initiative et noté l'enthousiasme des Membres et des Observateurs à contribuer à son développement.

(212) Les États-Unis ont présenté le document d'information IP 65 *Environmental Field Reviews: Supporting Monitoring Obligations and the Environmental Impact Assessment Feedback Process* [Soutenir les obligations de surveillance et le processus de retour d'information sur l'évaluation de l'impact environnemental], qui décrivait un programme d'examen environnemental sur le terrain qui évaluait les projets actifs et les campements éloignés pour identifier les problèmes potentiels, les domaines à améliorer et les alternatives d'atténuation. Il comprenait un tableau pour faciliter l'identification des priorités et certaines activités de suivi pertinentes.

(213) Le SCAR a présenté le document d'information IP 75 *Antarctic Environments Portal* [Portail des environnements en Antarctique] (SCAR), qui fournissait une mise à jour sur la gestion et le fonctionnement du portail des environnements en Antarctique, y compris des exemples de la façon dont les articles du portail étaient liés à des questions d'intérêt prioritaire pour le CPE. Le SCAR a également remercié les Membres ayant apporté un soutien financier au développement du portail, accueilli favorablement les commentaires sur le contenu du portail et encouragé la discussion avec les Membres sur la manière de développer et de soutenir le portail à l'avenir.

(214) Le Comité a remercié le SCAR pour son précieux travail de gestion du portail et l'a encouragé à poursuivre son excellent travail. Il a noté qu'il y avait eu plusieurs références au portail tout au long des discussions du comité et a encouragé les Membres à continuer de soutenir le portail, y compris par des contributions financières lorsque cela était possible.

(215) Le SCAR a présenté le document d'information IP 100 *Anthropogenic noise in Antarctic terrestrial environments* [Bruit anthropique dans les environnements terrestres de l'Antarctique], qui rendait compte des sources, des méthodes de surveillance et des impacts sur la faune et la flore sauvages du bruit anthropique terrestre en tant que domaine émergent de la recherche antarctique. Il a noté que la préparation de ces travaux avait été soutenue par le programme de bourses SCAR ANT-ICON-SCATS. Le SCAR a noté que, bien qu'il y ait un ensemble substantiel de recherches concernant le bruit de source anthropique en Antarctique, la grande majorité de ces travaux se concentrait sur les environnements marins et sur des questions telles que les impacts du bruit sous-marin sur la faune et la flore sauvages marines. En revanche, beaucoup moins d'attention avait été accordée aux effets spécifiques du bruit anthropique terrestre sur le paysage sonore de l'Antarctique et ses

valeurs environnementales, scientifiques, sauvages et esthétiques, y compris, par exemple, les impacts sur les oiseaux volants, les manchots et les phoques. Le SCAR a noté que ces impacts pourraient potentiellement être importants, allant des réponses comportementales et physiologiques des organismes aux cas de mortalité dans certaines circonstances extrêmes. Soulignant la possible importance de la question pour la conservation de l'Antarctique et l'évaluation des impacts et effets sur l'environnement, le SCAR a invité tous les Membres à tourner leur attention sur ce sujet et ce domaine de recherche potentiel.

(216) Le Comité a remercié le SCAR pour son document et pour avoir attiré son attention sur ce manque de connaissances et s'est également félicité de la création de programmes tels que la bourse SCAR ANT-ICON-SCATS pour favoriser la liaison entre la science et la gestion. Notant l'exemple positif de la Pologne en matière de surveillance des niveaux de bruit terrestre (BP 11), divers participants ont affirmé l'importance de ce sujet et offert leur soutien à la poursuite des recherches dans ce domaine.

(217) L'Espagne a présenté le document d'information IP 135 *Monitorización de embarcaciones turísticas y no gubernamentales en el entorno de la Isla Decepción* [Surveillance des embarcations touristiques et non gouvernementales dans les environs de l'île de la Déception], qui résume les résultats d'une analyse du mouvement des navires touristiques et non gouvernementaux à l'aide de trois outils différents autour de l'île de la Déception. Elle a démontré que la détection des yachts pouvait être considérablement améliorée en combinant les données de plusieurs systèmes de surveillance.

(218) Le Comité a pris acte des documents d'informations suivants, présentés au titre de ce point de l'ordre du jour :

- IP 61 *Current initiatives for a structured sample and data collection of environmental contamination in the Antarctic* [Initiatives en cours pour un échantillonnage structuré et une collecte de données sur la contamination environnementale dans l'Antarctique] (Allemagne, Australie, Italie, Portugal, Suède, Royaume-Uni, États-Unis).
- IP 62 *Tourism monitoring in Antarctica – Report on the progress in developing a concept for the analysis of the impacts of tourism on the assets to be protected in the Antarctic* [Suivi du tourisme en Antarctique – Rapport sur les progrès en matière de développement d'un concept d'analyse des impacts du tourisme sur les biens à protéger en Antarctique] (Allemagne).
- IP 78 *Plastic Pollution in the Southern Ocean* [Pollution plastique dans l'océan Austral] (SCAR).

(219) Le Comité a pris acte des documents de contexte suivants, présentés au titre de ce point de l'ordre du jour :

- BP 8 *Report on the RPAS monitoring program at Arctowski Station for 2021-2023* [Rapport sur le programme de surveillance des RPAS à la station Arctowski pour la période 2021-2023] (Pologne).
- BP 11 *Scope of environmental monitoring conducted in relation to the ongoing renovation of the Arctowski Polish Antarctic Station* [Portée de la surveillance de l'environnement menée dans le cadre de la rénovation en cours de la station antarctique polonaise Arctowski] (Pologne).
- BP 15 *Ongoing Italian projects on the assessment of chemical contamination in Antarctica* [Projets italiens en cours sur l'évaluation de la contamination chimique en Antarctique] (Italie).

Point 12 : Rapports d'inspection

(220) Le Comité a pris acte des documents d'information suivants, présentés au titre de ce point de l'ordre du jour :

- IP 46 *Report of Informal UK Government Inspection of Base A, Port Lockroy* [Rapport d'inspection informelle du gouvernement britannique de la base A, Port Lockroy] (Royaume-Uni).

Point 13 : Questions diverses

(221) La Finlande a présenté le document de travail WP 36 *Adoption des principes de rédaction non sexistes dans le Système du traité sur l'Antarctique*, préparé conjointement avec le Royaume-Uni, l'Espagne, l'Allemagne, la Nouvelle-Zélande, la Norvège et la France. Elle a pris note de l'augmentation significative de la participation des femmes à la science et à la recherche sur l'Antarctique. Elle a également rappelé le fait que, à plusieurs reprises, les Membres avaient souligné l'importance de l'égalité et de l'inclusivité, et rendu compte de leur engagement à promouvoir l'inclusivité et la diversité dans leurs programmes antarctiques. Les auteurs ont proposé que le CPE demande au Secrétariat d'examiner tous les documents pertinents du CPE qui se rapportent à la coopération actuelle et future en vue de garantir l'utilisation d'un langage non sexiste dans ces documents.

(222) Le Comité a remercié les auteurs pour cet important document. Il a reconnu l'importance d'utiliser une approche non sexiste du langage et a noté que les modifications approuvées par le Comité lors de cette réunion concernant le Règlement intérieur du CPE comprenaient des modifications destinées à assurer l'usage d'un langage non sexiste. De nombreux Membres ont noté que cette proposition était conforme à leurs politiques, programmes et objectifs nationaux. Certains Membres ont souligné le fait que les différences contextuelles entre les langues officielles devraient être reconnues lorsque la neutralité de genre était appliquée aux textes. La Fédération de Russie a noté que l'Organisation des Nations Unies avait préparé un manuel pour l'inclusivité dans ses six langues officielles, et a noté que ces documents pourraient donner de bonnes recommandations au Secrétariat dans son examen.

Avis du CPE à la RCTA sur l'amélioration du langage non sexiste dans le Système du traité sur l'Antarctique

(223) Le Comité est convenu d'informer la RCTA qu'il encourageait les Membres et les Observateurs à continuer de promouvoir l'inclusivité, l'équité et la diversité dans leurs activités antarctiques, et à utiliser un langage inclusif non sexiste et respectueux dans la documentation orale et écrite, les rapports et les autres formes de communication.

(224) Le Comité est également convenu de charger le Secrétariat d'examiner, dans la limite des ressources existantes, tous les documents pertinents du CPE qui se rapportent à la coopération actuelle et à venir, en vue d'assurer l'usage d'un langage non sexiste dans ces documents.

---

(225) L'OMM a présenté le document d'information IP 28 *Further Plans of the Year of Polar Prediction in the Southern Hemisphere (YOPP-SH) and Completion of the Polar Prediction Project* [Nouveaux plans de l'Année de la prévision polaire dans l'hémisphère sud (YOPP-SH) et achèvement du Projet de prévision polaire] (OMM), qui résumait les activités récentes entreprises dans la région de l'Antarctique dans le cadre du Projet de prévision polaire (PPP) du Programme mondial de recherches sur la prévision du temps. Bien que le PPP se soit officiellement conclu le 31 décembre 2022, les activités se poursuivraient en 2023 dans trois domaines clés : l'Année de la prévision polaire dans l'hémisphère sud (YOPP-SH) ; le projet d'intercomparaison et d'amélioration des modèles (MIIP) ; et le groupe PPP Applications de la recherche sociétale et environnementale (PPP-SERA). En outre, le programme de recherche a fait approuver une nouvelle activité, l'analyse et la prévision couplées polaires pour les services, qui commencerait en 2024.

(226) Le Portugal a présenté le document d'information IP 34 *Topics and target audiences on education and outreach activities by the Antarctic Treaty Parties: a review* [Examen des thèmes et publics cibles des activités d'éducation et de sensibilisation des Parties au traité sur l'Antarctique], préparé conjointement avec la Belgique, la Bulgarie, le Chili, l'Espagne, le Royaume-Uni et l'OMM. L'examen a révélé que, depuis 1961, 200 articles de la RCTA avaient été produits concernant l'éducation et la sensibilisation sur des sujets clés tels que la science, la faune et la flore sauvages, la biodiversité et l'environnement, le public cible principal étant le grand public, y compris les écoles et les universités. Depuis le premier atelier de la RCTA sur l'éducation et la sensibilisation en 2015, et la création ultérieure du GCI sur l'éducation et la sensibilisation, le nombre de documents de la RCTA sur l'éducation et la sensibilisation a encore augmenté, tout comme le niveau de partage d'informations par les Parties. Il est en outre ressorti de l'examen que les documents actuels de la RCTA abordaient de nouveaux thèmes pertinents, notamment l'équité, la diversité et l'inclusion, et impliquaient les prochaines générations de scientifiques et d'éducateurs.

(227) Le Portugal a présenté le document d'information IP 35 *Conclusions of the UN Ocean Conference 2022 in Lisbon, Portugal* [Conclusions de la Conférence des Nations Unies sur les océans 2022 à Lisbonne, Portugal], préparé conjointement avec la France, la Suède et l'OMM, qui a rendu compte de la deuxième Conférence des Nations Unies sur les océans à l'appui de la mise en œuvre de l'Objectif de développement durable 14 des Nations Unies. La Conférence, qui a adopté une déclaration intitulée « Notre océan, notre avenir, notre responsabilité », comprenait plusieurs événements relatifs à l'Antarctique et à l'océan Austral. La France et le Costa Rica se sont déclarés disponibles pour accueillir la troisième Conférence des Nations Unies sur les océans et ont accueilli favorablement les contributions relatives à la région de l'Antarctique et aux travaux du Système du traité sur l'Antarctique pour les futures conférences des Nations Unies sur les océans.

(228) La France a présenté le document d'information IP 74 *The Ice Memory Programme* [Le Programme mémoire de glace], préparé conjointement avec l'Italie, qui a fourni une mise à jour sur le Programme mémoire de glace et répondu aux questions soulevées par les Parties lors des réunions précédentes. En réponse aux questions posées précédemment par le Comité, les auteurs ont rendu compte, entre autres, de leurs évaluations des risques et procédures existantes liées à la prévention de l'introduction d'espèces non indigènes dans l'environnement de l'Antarctique. Ils ont également noté le fait que l'empreinte carbone de la logistique du Programme mémoire de glace en Antarctique est estimée être trois fois inférieure à celle du stockage des carottes de glace dans des congélateurs commerciaux.

(229) Le Comité a pris acte des documents d'information suivants, présentés au titre de ce point de l'ordre du jour :

- IP 20 *Renewal of the Norwegian Troll Research Station, Dronning Maud Land* [Rénovation de la station de recherche Norwegian Troll, terre de la Reine-Maud] (Norvège).
- IP 104 *Update on the Southern Ocean contribution to the United Nations Decade of Ocean Science for Sustainable Development* [Mise à jour sur la contribution de l'océan Austral à la Décennie des Nations unies pour les sciences océaniques au service du développement durable] (SCAR, Belgique, Pays-Bas, OMM).

(230) Le Comité a pris acte des documents du Secrétariat suivants, présentés au titre de ce point de l'ordre du jour :

- SP 8 *Examen de l'utilisation du SEEI*
- SP 9 *Développements sur le site Web du STA concernant la préparation et la soumission des documents de réunion*

Point 14 : Élection des membres du Bureau

(231) Le Comité a réélu Anoop Kumar Tiwari en tant que vice-président pour un second mandat de deux ans, et l'a félicité pour sa nomination à ce poste. Le Dr Tiwari a également été reconduit en tant qu'animateur du GSPG.

(232) Le Comité a élu Patricia Ortúzar, d'Argentine, à la présidence du CPE et l'a félicitée pour sa nomination.

(233) Le Comité a chaleureusement remercié et félicité Birgit Njåstad pour son excellent travail et ses importantes contributions au cours de ses deux mandats à la présidence.

Point 15 : Préparation de la prochaine réunion

(234) Le Comité a adopté l'ordre du jour provisoire de la 26e réunion du CPE (Annexe 3).

Point 16 : Adoption du rapport

(235) Le Comité a adopté son rapport.

Point 17 : Clôture de la réunion

(236) La présidente a clos la réunion le jeudi 1er juin.

Plan de travail quinquennal du CPE

Question / Pression sur l'environnement : Introduction d'espèces non indigènes	
Priorité : 1	
Actions : 1. Continuer de développer des lignes directrices pratiques et des ressources pour tous les opérateurs antarctiques. 2. Mettre en œuvre les actions connexes identifiées dans le cadre du Programme de travail en réponse au changement climatique. 3. Examiner les évaluations des risques spatialement explicites et différenciés par activité pour atténuer les risques posés par les espèces terrestres non indigènes. 4. Élaborer une stratégie de surveillance pour les zones à haut risque d'établissement d'espèces non indigènes. 5. Porter une attention accrue aux risques posés par le transfert intra-antarctique de propagules.	
Période intersessions 2023-2024	• Démarrer des travaux pour élaborer une stratégie de réponse à l'introduction d'espèces non indigènes, y compris des réponses appropriées aux maladies de la faune. • Afin d'aider le Comité à évaluer l'efficacité du Manuel, demander un rapport au COMNAP sur la mise en œuvre des mesures de quarantaine et de biosécurité par ses membres.
26e réunion du CPE 2024	• Discuter des travaux intersessions concernant l'élaboration d'une stratégie de réponse à inclure dans le Manuel sur les espèces non indigènes, et la mise en œuvre des mesures de quarantaine et de biosécurité par les membres du COMNAP. • Le SCAR présentera des informations sur le mécanisme existant pour aider à l'identification des espèces non indigènes.
Période intersessions 2024-2025	• Demander au SCAR de dresser une liste des sources d'information et des bases de données disponibles sur la biodiversité pour aider les Parties à déterminer quelles espèces indigènes sont présentes sur les sites antarctiques et ainsi aider à identifier l'ampleur et la portée des introductions actuelles et futures. • Élaborer des lignes directrices de surveillance généralement applicables. Développer une surveillance plus détaillée ou spécifique au site peut être nécessaire pour des emplacements particuliers.

	• Demander un rapport aux Parties et Observateurs sur l'application des lignes directrices de biosécurité par leurs membres.
27e réunion du CPE 2025	• Discuter des travaux intersessions concernant l'élaboration de lignes directrices de surveillance à inclure dans le Manuel sur les ENI. • Examiner les rapports des Parties et des Observateurs sur l'application des lignes directrices en matière de biosécurité par leurs membres.
Période intersessions 2025-2026	• Débuter des travaux pour évaluer le risque d'introduction d'espèces marines non indigènes.
28e réunion du CPE 2026	• Discuter des travaux intersessions sur les risques posés par les espèces marines non indigènes.
Période intersessions 2026-2027	• Élaborer des lignes directrices spécifiques pour réduire la libération d'espèces non indigènes avec le rejet d'eaux usées. • Examiner les progrès et le contenu du Manuel des espèces non indigènes du CPE.
29e réunion du CPE 2027	• Décision du CPE sur la nécessité d'opérer une révision / mise à jour du Manuel sur les espèces non indigènes, par le biais de travaux intersessions.
Période intersessions 2027-2028	• Le cas échéant, travaux intersessions pour réviser le Manuel sur les espèces non indigènes.
30e réunion du CPE 2028	• Examen par le CPE du rapport du GCI, le cas échéant, et envisager l'adoption par la RCTA d'une version révisée du Manuel des espèces non indigènes à travers une Résolution.

Besoins scientifiques en matière de connaissances et d'informations :

- Identifier les régions et habitats terrestres et marins menacés d'introduction d'espèces non indigènes.
- Identifier les espèces indigènes menacées de délocalisation, ainsi que les vecteurs et les voies de transfert intracontinental.
- Synthétiser les connaissances sur la biodiversité, la biogéographie et la biorégionalisation de l'Antarctique et entreprendre des études de base pour déterminer quelles espèces indigènes sont présentes.
- Identifier les voies d'introduction d'espèces non indigènes marines (y compris les risques associés aux évacuations des eaux usées).
- Évaluer les risques et les voies d'introduction de micro-organismes susceptibles d'avoir un impact sur les communautés microbiennes existantes.
- Surveiller les espèces non indigènes dans les environnements terrestres et marins (y compris l'activité microbienne près des sites de traitement des eaux usées).
- Identifier les techniques pour répondre rapidement aux introductions d'espèces non indigènes.

• Identifier les voies d'introduction d'espèces non indigènes sans aucune intervention humaine directe.

Question / Pression sur l'environnement : Tourisme et activités des ONG	
Priorité : 1	
Actions : 1. Fournir des conseils à la RCTA comme demandé. 2. Recommandations anticipées de la RETA en matière de tourisme embarqué.	
Période intersessions 2023-2024	• Développer un cadre pour la réalisation de pré-évaluations pour les activités nouvelles, innovantes ou particulièrement préoccupantes. • Poursuite des travaux sur la méthodologie basée sur la sensibilité des sites.
26e réunion du CPE 2024	• Passer en revue les conclusions des discussions portant sur les pré-évaluations pour les activités nouvelles, innovantes ou particulièrement préoccupantes. • Discuter de la méthodologie basée sur la sensibilité des sites à l'essai. • Examiner le rapport du SCAR et d'autres organes concernant les valeurs de la vie sauvage et leurs applications pratiques. • Rapport du SCAR sur la capacité de charge.
Période intersessions 2024-2025	
27e réunion du CPE 2025	
Période intersessions 2025-2026	
28e réunion du CPE 2026	
Période intersessions 2026-2027	
29e réunion du CPE 2027	
Période intersessions 2027-2028	
30e réunion du CPE 2028	

Besoins scientifiques en matière de connaissances et d'informations :
• Surveillance cohérente et dédiée des impacts du tourisme. • Surveiller les sites ouverts aux visiteurs couverts par les Lignes directrices relatives aux sites.

Question / Pression sur l'environnement : Conséquences du changement climatique sur l'environnement	
Priorité : 1	
Actions : 1. Examiner les conséquences du changement climatique sur la gestion de l'environnement de l'Antarctique. 2. Mettre en œuvre le Programme de travail en réponse au changement climatique.	
Période intersessions 2023-2024	• Le groupe subsidiaire mène les travaux conformément au plan de travail convenu. • Planification d'un atelier quinquennal conjoint SC-CAMLR / CPE.
26e réunion du CPE 2024	• Point permanent de l'ordre du jour. • Examiner le rapport du groupe subsidiaire, y compris les mises à jour du PTRCC.
Période intersessions 2024-2025	• Atelier quinquennal conjoint SC-CAMLR / CPE.
27e réunion du CPE 2025	• Examiner les résultats de l'atelier conjoint SC-CAMLR / CPE pendant la période intersessions 2024-2025.
Période intersessions 2025-2026	
28e réunion du CPE 2026	
Période intersessions 2026-2027	
29e réunion du CPE 2027	
Période intersessions 2027-2028	
30e réunion du CPE 2028	

Besoins scientifiques en matière de connaissances et d'informations : • Mieux comprendre les changements actuels et à venir dus au changement climatique pour le milieu terrestre (y compris aquatique) biotique et abiotique. • Surveillance à long terme des changements du milieu terrestre (y compris aquatique) biotique et abiotique dus au changement climatique. • Continuer à élaborer des outils biogéographiques afin de fournir une base d'information solide pour la protection et la gestion de la région antarctique à l'échelle régionale et continentale, en tenant compte du changement climatique, y compris identifier le besoin de réserver des zones témoins pour les recherches futures et définir les zones présentant une résilience au changement climatique. • Identifier et donner la priorité aux régions biogéographiques de l'Antarctique les plus menacées par le changement climatique. • Comprendre et être en mesure de prévoir les changements dans les environnements marins et côtiers, ainsi que leurs répercussions. • Surveillance à long terme des changements dans les environnements marins et côtiers biotiques et abiotiques dus au changement climatique. • Évaluer l'impact de l'acidification des océans sur les biotes et les écosystèmes marins. • Comprendre l'état, les tendances, la vulnérabilité et la répartition des populations des principales espèces antarctiques. • Comprendre l'état, les tendances, la vulnérabilité et la répartition de l'habitat. • Observations et modélisation de l'océan Austral pour comprendre le changement climatique. • Identifier les zones qui peuvent être résilientes au changement climatique. • Surveiller les colonies de manchots empereurs, y compris en utilisant la télédétection et des techniques complémentaires, pour identifier les tendances des populations et les refuges aux changements climatiques potentiels.

Question / Pression sur l'environnement : Traitement des plans de gestion de zones protégées / gérées nouveaux et révisés	
Priorité : 1	
Actions : 1. Affiner le processus d'examen des plans de gestion nouveaux et révisés. 2. Mettre à jour les lignes directrices existantes. 3. Développer des lignes directrices relatives à la préparation de ZSGA.	
Période intersessions 2023-2024	• Le GSPG effectue les travaux conformément au plan de travail convenu.
26e réunion du CPE 2024	• Examiner le rapport du GSPG.

Période intersessions 2024-2025	• Le GSPG effectue les travaux conformément au plan de travail convenu.
27e réunion du CPE 2025	• Examiner le rapport du GSPG.
Période intersessions 2025-2026	• Le GSPG effectue les travaux conformément au plan de travail convenu.
28e réunion du CPE 2026	• Examiner le rapport du GSPG.
Période intersessions 2026-2027	• Le GSPG effectue les travaux conformément au plan de travail convenu.
29e réunion du CPE 2027	• Examiner le rapport du GSPG.
Période intersessions 2027-2028	• Le GSPG effectue les travaux conformément au plan de travail convenu.
30e réunion du CPE 2028	• Examiner le rapport du GSPG.

Besoins scientifiques en matière de connaissances et d'informations :

- Surveillance pour évaluer l'état des valeurs dans la ZSPA n° 107 île de l'Empereur.
- Utiliser des techniques de télédétection pour surveiller les modifications de la végétation au sein des ZSPA.
- Surveillance à long terme des valeurs biologiques dans les ZSPA.

Question / Pression sur l'environnement : Mise en œuvre et amélioration des dispositions de l'annexe I relatives aux EIE

Priorité : 1

Actions :

1. **Affiner le processus d'examen des EGIE et conseiller la RCTA en conséquence.**
2. **Élaborer des lignes directrices pour évaluer les impacts cumulatifs.**
3. **Examiner les lignes directrices pour l'EIE et envisager une politique plus large et d'autres questions.**
4. **Examiner l'application d'une évaluation environnementale stratégique en Antarctique.**

Période intersessions 2023-2024	• Discuter des changements à apporter à la base de données des EIE en vue de présenter des propositions au Secrétariat. Discuter des mécanismes pour apporter des réponses aux commentaires émis via les GCI ou d'autres moyens dans les évaluations globales d'impacts sur l'environnement. • Examiner les éventuelles modifications requises pour la base de données des EIE afin d'améliorer son utilité.

	• Mettre sur pied un GCI chargé d'examiner les projets d'EGIE, comme demandé. • Les Membres et les Observateurs travaillent pour faire progresser et coordonner les informations qui aideront à l'élaboration d'orientations sur l'identification et l'évaluation des impacts cumulatifs. • Les Membres travaillent sur de nouvelles orientations à propos des procédures pour émettre des commentaires relatifs aux EGIE. • Discussions informelles intersessions pour faire avancer les travaux visant à améliorer l'efficacité du système d'EIE de l'Antarctique.
26e réunion du CPE 2024	• Examen des rapports du GCI sur le projet d'EGIE, selon les besoins. • Examiner les résultats des discussions intersessions pour faire avancer les travaux visant à améliorer l'efficacité du système d'EIE de l'Antarctique. • Examen du résumé thématique des discussions du CPE sur les impacts cumulatifs. • Examiner l'évaluation du Secrétariat de la mise en œuvre de l'article 3 (6) sur la prise en compte des commentaires reçus dans les EGIE finales.
Période intersessions 2024-2025	• Mettre sur pied un GCI chargé d'examiner les projets d'EGIE, comme demandé. • Les Membres et les Observateurs travaillent pour faire progresser et coordonner les informations qui aideront à l'élaboration d'orientations sur l'identification et l'évaluation des impacts cumulatifs.
27e réunion du CPE 2025	• Demander au SCAR de fournir des conseils sur la façon de faire un sondage sur la condition environnementale de référence et prendre en compte ses conseils au moment opportun. • Examen des rapports du GCI sur le projet d'EGIE, selon les besoins.
Période intersessions 2025-2026	• Mettre sur pied un GCI chargé d'examiner les projets d'EGIE, comme demandé. • Les Membres et les Observateurs travaillent pour faire progresser et coordonner les informations qui aideront à l'élaboration d'orientations sur l'identification et l'évaluation des impacts cumulatifs.
28e réunion du CPE 2026	• Inviter les Parties à fournir des commentaires sur l'utilité de l'ensemble révisé des *Lignes directrices pour l'évaluation d'impact sur l'environnement en Antarctique* dans la préparation des EIE.

	• Examen des options pour préparer des orientations en matière d'identification et d'évaluation des impacts cumulatifs. • Examen des rapports du GCI sur le projet d'EGIE, selon les besoins.
Période intersessions 2026-2027	• Mettre sur pied un GCI chargé d'examiner les projets d'EGIE, comme demandé.
29e réunion du CPE 2027	• Examen des rapports du GCI sur le projet d'EGIE, selon les besoins.
Période intersessions 2027-2028	• Mettre sur pied un GCI chargé d'examiner les projets d'EGIE, comme demandé.
30e réunion du CPE 2028	• Examen des rapports du GCI sur le projet d'EGIE, selon les besoins.

Question / Pression sur l'environnement : Fonctionnement du CPE et planification stratégique	
Priorité : 2	
Actions : 1. Tenir le plan de travail quinquennal à jour sur la base de l'évolution des circonstances et des besoins de la RCTA. 2. Identifier les opportunités d'amélioration de l'efficacité du CPE. 3. Examiner les objectifs à long terme pour l'Antarctique (sur 50 à 100 ans). 4. Examiner les possibilités d'améliorer les relations de travail entre le CPE et la RCTA.	
Période intersessions 2023-2024	• Le GCI poursuivra les discussions relatives aux priorités stratégiques et au plan de travail quinquennal.
26e réunion du CPE 2024	• Examiner les résultats de GCI sur les priorités stratégiques et le plan de travail quinquennal.
Période intersessions 2024-2025	
27e réunion du CPE 2025	
Période intersessions 2025-2026	
28e réunion du CPE 2026	
Période intersessions 2026-2027	

29e réunion du CPE 2027	
Période intersessions 2027-2028	
30e réunion du CPE 2028	

Question / Pression sur l'environnement : Réparation ou restauration des dégâts causés à l'environnement	
Priorité : 2	
Actions : 1. Répondre aux requêtes complémentaires émises par la RCTA concernant la réparation et la réhabilitation, le cas échéant. 2. Suivre les avancées dans la création d'un inventaire des sites de l'Antarctique ayant fait l'objet d'activités antérieures. 3. Examiner les lignes directrices pour la réparation et réhabilitation. 4. Les Membres élaborent des lignes directrices pratiques et des ressources de soutien à inclure dans le Manuel de nettoyage. 5. Continuer à développer des pratiques de bioremédiation et de réparation à inclure dans le Manuel de nettoyage.	
Période intersessions 2023-2024	• Révision continue du Manuel. Travail des Parties sur le développement de nouvelles techniques ou de lignes directrices.
26e réunion du CPE 2024	• Incorporation de nouveaux outils et lignes directrices approuvés par le Comité à mesure qu'ils deviennent disponibles.
Période intersessions 2024-2025	• Révision continue du Manuel. Travail des Parties sur le développement de nouvelles techniques ou de lignes directrices.
27e réunion du CPE 2025	• Révision continue du Manuel et incorporation de nouveaux outils et lignes directrices à mesure qu'ils deviennent disponibles.
Période intersessions 2025-2026	• Révision continue du Manuel. Travail des Parties sur le développement de nouvelles techniques ou de lignes directrices.
28e réunion du CPE 2026	• Révision continue du Manuel et incorporation de nouveaux outils et lignes directrices à mesure qu'ils deviennent disponibles.

Période intersessions 2026-2027	• Révision continue du Manuel. Travail des Parties sur le développement de nouvelles techniques ou de lignes directrices.
29e réunion du CPE 2027	• Révision continue du Manuel et incorporation de nouveaux outils et lignes directrices à mesure qu'ils deviennent disponibles.
Période intersessions 2027-2028	• Révision continue du Manuel. Travail des Parties sur le développement de nouvelles techniques ou de lignes directrices.
30e réunion du CPE 2028	• Révision continue du Manuel et incorporation de nouveaux outils et lignes directrices à mesure qu'ils deviennent disponibles.
Besoins scientifiques en matière de connaissances et d'informations : • Recherche en vue de documenter la détermination d'objectifs environnementaux de qualité et adaptés à la réparation ou la remise en état des dommages environnementaux causés en Antarctique. • Techniques visant à empêcher la mobilisation des contaminants tels que la déviation des fontes de neige et barrières de retenue. • Techniques pour l'assainissement sur place et *ex situ* des sites contaminés par des déversements de carburant ou d'autres substances dangereuses.	

Question / Pression sur l'environnement : Surveillance et rédaction de rapports sur l'état de l'environnement	
Priorité : 2	
Actions : 1. Déterminer les indicateurs et outils environnementaux clés. 2. Établir un processus de déclaration à la RCTA. 3. Le SCAR doit apporter des informations au COMNAP et au CPE.	
Période intersessions 2023-2024	• Le SCAR envisage d'effectuer un échantillonnage et une collecte de données systématiques sur la contamination chimique dans l'Antarctique. • GCI – éléments constitutifs du cadre de suivi international.
26e réunion du CPE 2024	• Examiner le rapport de suivi rédigé par le Royaume-Uni sur la ZSPA n° 107. • Examiner la recommandation du SCAR concernant un échantillonnage et une collecte de données systématiques sur la contamination chimique dans l'Antarctique. • Examiner les résultats du GCI – éléments constitutifs du cadre de suivi international.

Période intersessions 2024-2025	
27e réunion du CPE 2025	
Période intersessions 2025-2026	
28e réunion du CPE 2026	
Période intersessions 2026-2027	
29e réunion du CPE 2027	
Période intersessions 2027-2028	
30e réunion du CPE 2028	

Besoins scientifiques en matière de connaissances et d'informations :

- Surveillance à long terme des changements du milieu terrestre (y compris aquatique) biotique et abiotique dus au changement climatique.
- Surveillance à long terme des changements dans les environnements marins et côtiers biotiques et abiotiques dus au changement climatique.
- Surveiller les populations d'oiseaux pour façonner des mesures de gestion futures.
- Utiliser des techniques de télédétection pour surveiller les modifications de la végétation au sein des ZSPA et plus largement.
- Surveiller les colonies de manchots empereurs, en utilisant la télédétection et des techniques complémentaires, pour identifier les refuges aux changements climatiques potentiels.
- Surveillance à long terme des valeurs biologiques dans les ZSPA.
- Surveillance à long terme pour vérifier ou détecter les impacts sur l'environnement associés aux activités humaines.
- Surveillance à long terme et observations soutenues des changements environnementaux.
- Surveillance cohérente et dédiée des impacts du tourisme.
- Surveillance systématique et régulière des sites ouverts aux visiteurs couverts par les Lignes directrices relatives aux sites.
- Suivi à long terme des indicateurs biologiques sur les sites visités par les touristes.

Question / Pression sur l'environnement : Gestion et protection de l'espace marin	
Priorité : 2	
Actions : 1. Coopération entre le CPE et le SC-CAMLR sur des questions d'intérêt commun. 2. Coopérer avec la CCAMLR sur la biorégionalisation de l'océan Austral et d'autres intérêts communs et principes convenus. 3. Identifier et appliquer des processus de protection marine spatiale. 4. Examiner la connectivité entre la terre et l'océan, et les actions complémentaires qui pourraient être prises par les Parties en ce qui concerne les ZMP.	
Période intersessions 2023-2024	
26e réunion du CPE 2024	• Continuer à examiner les avis relatifs à la Résolution 5 (2017).
Période intersessions 2024-2025	
27e réunion du CPE 2025	
Période intersessions 2025-2026	
28e réunion du CPE 2026	
Période intersessions 2026-2027	
29e réunion du CPE 2027	
Période intersessions 2027-2028	
30e réunion du CPE 2028	

Question / Pression sur l'environnement : Lignes directrices spécifiques au site pour les sites visités par les touristes
Priorité : 2

Actions :

1. Examiner régulièrement la liste des Lignes directrices relatives aux sites et déterminer si des lignes directrices doivent être développées pour d'autres sites.
2. Révision régulière de toutes les Lignes directrices relatives aux sites existants pour s'assurer qu'elles sont correctes et à jour, notamment en incluant des mises à jour par précaution, le cas échéant.
3. Fournir des conseils à la RCTA au besoin.
4. Passer en revue le format des Lignes directrices relatives aux sites.

Période intersessions 2023-2024	• Examiner le développement des lignes directrices sur les courts séjours d'une nuit afin de garantir l'application uniforme des bonnes pratiques et de réduire le plus possible les impacts sur l'environnement antarctique.
26e réunion du CPE 2024	• Le Comité examinera le résultat des discussions sur un nouveau modèle de mise en page pour les Lignes directrices pour les visites de sites. • Point permanent de l'ordre du jour ; les Parties rendront compte de leur examen des Lignes directrices relatives aux sites.
Période intersessions 2024-2025	• Élaboration d'un répertoire de photos pour faciliter la révision régulière des Lignes directrices relatives aux sites.
27e réunion du CPE 2025	• Point permanent de l'ordre du jour ; les Parties rendront compte de leur examen des Lignes directrices relatives aux sites.
Période intersessions 2025-2026	
28e réunion du CPE 2026	
Période intersessions 2026-2027	
29e réunion du CPE 2027	
Période intersessions 2027-2028	
30e réunion du CPE 2028	

Besoins scientifiques en matière de connaissances et d'informations :

- Surveillance à long terme pour évaluer l'état et le rétablissement de la végétation sur l'île de Barrientos.

• Surveillance systématique et régulière des sites ouverts aux visiteurs couverts par les Lignes directrices relatives aux sites.

Question / Pression sur l'environnement : Aperçu du système des zones protégées	
Priorité : 2	
Actions : 1. Appliquer l'analyse des domaines environnementaux (ADE) et les régions biogéographiques de conservation de l'Antarctique (RBCA) pour améliorer le système des zones protégées. 2. Maintenir et développer la base de données des zones protégées. 3. Évaluer dans quelle mesure les ZICO de l'Antarctique sont ou devraient être représentées dans la série de ZSPA.	
Période intersessions 2023-2024	• Mener des travaux pour faire progresser les actions approuvées par le Comité émanant des discussions de l'atelier sur les zones protégées. • Le SCAR fournira des conseils sur les critères de sélection qui pourraient être appliqués aux ZICO identifiées ou à d'autres zones pour la conservation des oiseaux lors de l'examen de la désignation des ZSPA.
26e réunion du CPE 2024	• Le Comité prendra en compte l'avis du SCAR sur les critères de sélection qui pourraient être appliqués aux ZICO identifiées ou à d'autres zones pour la conservation des oiseaux lors de l'examen de la désignation des ZSPA. • Évaluation des progrès effectués dans les travaux visant à faire avancer les actions approuvées par le Comité émanant des discussions de l'atelier sur les zones protégées.
Période intersessions 2024-2025	• Mener des travaux pour faire progresser les actions approuvées par le Comité émanant des discussions de l'atelier sur les zones protégées.
27e réunion du CPE 2025	• Évaluation des progrès effectués dans les travaux visant à faire avancer les actions approuvées par le Comité émanant des discussions de l'atelier sur les zones protégées.
Période intersessions 2025-2026	
28e réunion du CPE 2026	
Période intersessions 2026-2027	
29e réunion du CPE 2027	

Période intersessions 2027-2028	
30e réunion du CPE 2028	
Besoins scientifiques en matière de connaissances et d'informations : • Continuer à élaborer des outils biogéographiques afin de fournir une base d'information solide pour la protection et la gestion de la région antarctique à l'échelle régionale et continentale, en tenant compte du changement climatique, y compris identifier le besoin de réserver des zones témoins pour les recherches futures et définir les zones présentant une résilience au changement climatique. • Utilisation des techniques de télédétection pour surveiller les changements dans la végétation au sein des ZSPA et plus largement, pour alimenter la poursuite du développement du système de zones protégées en Antarctique.	

Question / Pression sur l'environnement : Désignation et gestion des sites et monuments historiques	
Priorité : 2	
Actions : 1. Tenir la liste et examiner les nouvelles propositions au fur et à mesure qu'elles se présentent. 2. Examiner les questions stratégiques si nécessaire, y compris les questions relatives à la désignation de SMH par rapport aux dispositions de nettoyage du Protocole. 3. Revoir la présentation de la liste des SMH dans le but d'améliorer la disponibilité des informations.	
Période intersessions 2023-2024	• Élaborer des directives supplémentaires concernant l'inscription des SMH sans emplacement connu. • Examiner de quelle manière les évaluations d'impact sur l'environnement peuvent faire partie de l'évaluation de sites et monuments historiques.
26e réunion du CPE 2024	• Tenir compte des lignes directrices concernant la liste des SMH sans emplacement connu. • Examiner les propositions relatives aux EIE et au processus d'inscription des SMH.
Période intersessions 2024-2025	
27e réunion du CPE 2025	

Période intersessions 2025-2026	
28e réunion du CPE 2026	
Période intersessions 2026-2027	
29e réunion du CPE 2027	
Période intersessions 2027-2028	
30e réunion du CPE 2028	

Question / Pression sur l'environnement : Connaissance de la biodiversité	
Priorité : 2	
Actions : 1. Maintenir la sensibilisation aux menaces qui pèsent sur la biodiversité existante. 2. Le CPE examinera d'autres avis scientifiques sur les perturbations de la faune.	
Période intersessions 2023-2024	• Discussions informelles intersessions sur l'évaluation de la protection des phoques de l'Antarctique. • Poursuivre des discussions informelles sur les recommandations du document de travail WP 34 de la XXIVe réunion du CPE.
26e réunion du CPE 2024	• Rapport sur les discussions informelles intersessions sur l'évaluation de la protection des phoques de l'Antarctique.
Période intersessions 2024-2025	
27e réunion du CPE 2025	
Période intersessions 2025-2026	
28e réunion du CPE 2026	

Période intersessions 2026-2027	
29e réunion du CPE 2027	
Période intersessions 2027-2028	
30e réunion du CPE 2028	

Besoins scientifiques en matière de connaissances et d'informations :

- Recherche sur les impacts environnementaux des systèmes d'aéronefs pilotés à distance (RPAS), en particulier sur les réponses de la faune, notamment :
  - un éventail d'espèces, y compris les oiseaux marins volants et les phoques ;
  - les réactions tant comportementales que physiologiques ;
  - les effets démographiques, y compris les nombres de reproducteurs et le taux de reproduction ;
  - les conditions environnementales ambiantes, comme le vent et le bruit ;
  - les effets des RPAS de différentes tailles et caractéristiques ;
  - la contribution du bruit des RPAS à la perturbation de la faune sauvage ;
  - des comparaisons avec des sites de contrôle et des perturbations humaines ; et
  - effets d'accoutumance.
- Collecte et soumission de nouvelles données spatialement explicites sur la biodiversité.
- Recherche sur les impacts du bruit sous-marin sur les mammifères marins de l'Antarctique.
- Synthèse des connaissances disponibles sur la biogéographie, la biorégionalisation et l'endémisme au sein de l'Antarctique.
- Des études spécifiques aux sites, ponctuelles et portant sur des espèces spécifiques pour comprendre les impacts découlant des interactions entre les activités humaines et la faune sauvage et appuyer les lignes directrices fondées sur des données probantes pour éviter les perturbations.
- Inventaire des grottes de glace du mont Erebus et des communautés microbiennes.
- Dénombrements réguliers de la population et recherches pour comprendre l'état et les tendances de la population de pétrels géants du Sud.

Question / Pression sur l'environnement : Sensibilisation et éducation
Priorité : 3
Actions : 1. Examiner les exemples actuels et identifier les occasions permettant d'élargir la portée des actions d'éducation et de sensibilisation.

2. Encourager les Membres à échanger des informations sur leurs expériences dans ce domaine. 3. Mettre en place une stratégie et des lignes directrices pour l'échange d'information entre les Membres dans les domaines de l'éducation et de la sensibilisation dans une perspective à long terme.	
Période intersessions 2023-2024	
26e réunion du CPE 2024	
Période intersessions 2024-2025	
27e réunion du CPE 2025	
Période intersessions 2025-2026	
28e réunion du CPE 2026	
Période intersessions 2026-2027	
29e réunion du CPE 2027	
Période intersessions 2027-2028	
30e réunion du CPE 2028	

Question / Pression sur l'environnement : Protection des valeurs géologiques exceptionnelles	
Priorité : 3	
Actions : 1. Envisager d'autres mécanismes de protection des valeurs géologiques exceptionnelles.	
Période intersessions 2023-2024	

26e réunion du CPE 2024	
Période intersessions 2024-2025	
27e réunion du CPE 2025	
Période intersessions 2025-2026	
28e réunion du CPE 2026	
Période intersessions 2026-2027	
29e réunion du CPE 2027	
Période intersessions 2027-2028	
30e réunion du CPE 2028	

Annexe 2

Procédure pour l'examen par le CPE de projets d'EGIE

1. L'ordre du jour de chaque réunion du CPE comprend un point relatif à l'examen des projets d'EGIE transmis au CPE conformément au paragraphe 4 de l'article 3 de l'annexe I du Protocole.
2. Le CPE examinera, au titre de ce point de l'ordre du jour, tout projet d'EGIE et fournira un avis à la RCTA sur ces projets conformément à l'article 12 et à l'annexe I du Protocole.
3. Les promoteurs sont encouragés à informer le président du CPE, dès que possible, de leur intention de soumettre un projet d'EGIE, afin que le président du CPE puisse prendre les dispositions nécessaires pour les discussions intersessions sur le projet d'EGIE en temps opportun.
4. Conformément au paragraphe 4 de l'article 3 de l'annexe I du Protocole, les promoteurs doivent diffuser les projets d'EGIE au moins 120 jours avant la Réunion consultative du traité sur l'Antarctique (RCTA) qui suit. Pour faciliter la traduction, en conformité avec les dispositions du paragraphe 8 des présentes lignes directrices, les promoteurs sont encouragés à diffuser les projets d'EGIE, de préférence, 165 jours avant la prochaine RCTA.
5. Les promoteurs doivent soumettre le projet d'EGIE (ou un lien vers celui-ci) au Secrétariat par courrier électronique et le rendre accessible au public, dans l'une des quatre langues officielles, sur un site Web de leur choix.
6. Le Secrétariat informera immédiatement le président du CPE et publiera ensuite le projet d'EGIE (ou un lien vers celui-ci) dans la section CPE de son site Web.
7. Dès réception de la notification par le Secrétariat, le président du CPE informera immédiatement les points de contact du CPE de la disponibilité du projet d'EGIE et fournira des détails sur le site Web sur lequel les documents peuvent être consultés.
8. Dès réception du projet d'EGIE, le Secrétariat l'enverra immédiatement pour traduction dans toutes les autres langues officielles et publiera ces versions dans la section CPE de son site Web dès que possible et, dans la mesure du possible, au moins 120 jours avant la prochaine RCTA.
9. Le président proposera un organisateur pour un groupe de contact intersessions (GCI) à composition non limitée, chargé d'examiner le projet d'EGIE. L'organisateur ne devrait, de préférence, pas provenir de la Partie à l'origine du projet d'EGIE.
10. Le président accorde un délai de 15 jours aux Membres pour formuler des objections ou des commentaires, des suggestions ou bien des propositions concernant :
    i. L'organisateur proposé.
    ii. Les mandats supplémentaires au-delà des questions génériques suivantes :
        - La mesure dans laquelle l'EGIE est conforme aux exigences de l'article 3 de l'annexe I du Protocole relatif à la protection de l'environnement.
        - La question de savoir si le projet d'évaluation globale : a) a identifié tous les impacts environnementaux de l'activité proposée et b) suggère des méthodes appropriées d'atténuation (réduction ou évitement) de ces impacts.

- Si les conclusions du projet d'EGIE sont suffisamment étayées par les informations contenues dans le document.

- La clarté, le format et la présentation du projet d'EGIE.

11. Si le président ne reçoit pas de réponse dans les 15 jours, il sera considéré que les Membres sont d'accord avec l'organisateur proposé et les mandats génériques. Si le président reçoit des commentaires sur i) ou ii) énumérés ci-dessus dans le délai de 15 jours, le président doit, selon le cas, diffuser une suggestion révisée pour l'un ou les deux points. Un délai supplémentaire de 15 jours s'applique aux Membres pour répondre.
12. Toutes les discussions du GCI seront ouvertes aux membres et observateurs du CPE et auront lieu sur le forum de discussion du CPE.
13. Le droit d'un membre du CPE de soulever une question sur un projet d'EGIE au CPE et le droit d'une Partie de soulever une question à la RCTA ne sont pas affectés par sa participation ou son absence au groupe de contact intersessions à composition non limitée.
14. Le résultat des délibérations du GCI, indiquant les domaines d'accord et les domaines dans lesquels des points de vue divergents sont exprimés, sera consigné dans un document de travail soumis par l'organisateur à la prochaine réunion du CPE.

Annexe 3

Ordre du jour provisoire pour la 26e réunion du CPE

1) Ouverture de la réunion
2) Adoption de l'ordre du jour
3) Débats stratégiques sur les travaux à venir du CPE
4) Fonctionnement du CPE
5) Coopération avec d'autres organisations
6) Réparation et réhabilitation des dégâts causés à l'environnement
7) Conséquences du changement climatique pour l'environnement :
   a. Approche stratégique
   b. Mise en œuvre et examen du Programme de travail en réponse au changement climatique
8) Étude d'impact sur l'environnement (EIE) :
   a. Projets d'évaluations globales d'impact sur l'environnement
   b. Autres questions relatives aux EIE
9) Plans de gestion et de protection des zones :
   a. Plans de gestion
   b. Sites et monuments historiques
   c. Lignes directrices pour les visites de sites
   d. Gestion et protection de l'espace marin
   e. Autres questions relevant de l'Annexe V
10) Conservation de la faune et de la flore de l'Antarctique :
   a. Quarantaine et espèces non indigènes
   b. Espèces spécialement protégées
   c. Autres questions relevant de l'Annexe II
11) Surveillance continue de l'environnement et rapports
12) Rapports d'inspection
13) Questions diverses
14) Élection des membres du Bureau
15) Préparation de la prochaine réunion
16) Adoption du rapport
17) Clôture de la reunion

3. Appendices

Modifications du texte relatif à l'interdiction minière sur le site Web de l'ATS

Parfois, il est publiquement mentionné que le Protocole « expire » en 2048. Ceci est une mauvaise interprétation et n'est pas correct. Ni le Protocole, ni le traité sur l'Antarctique n'ont de date d'expiration. Pendant les cinquante premières années à compter de l'entrée en vigueur du Protocole (1998), ce dernier ne peut être modifié que par l'accord unanime de toutes les Parties consultatives au traité sur l'Antarctique. Après cette date-là (à partir de 2048), n'importe laquelle des Parties consultatives au traité sur l'Antarctique peut convoquer une conférence d'examen du fonctionnement du Protocole (art. 25.2).

Le Protocole prévoit que si une conférence d'examen est convoquée, elle peut être modifiée ou amendée à la majorité de toutes les Parties, y compris les trois quarts des Parties consultatives au moment de l'adoption du Protocole. Toute modification ou amendement n'entrera en vigueur qu'avec l'accord des 26 Parties consultatives qui ont adopté le Protocole en 1991. En outre, l'interdiction des activités liées aux ressources minérales de l'Antarctique énoncée à l'article 7 ne peut être supprimée ou modifiée que si un régime juridique contraignant sur les activités liées aux ressources minérales de l'Antarctique est en vigueur. L'introduction d'un tel régime nécessiterait un consensus.

XLV
ANTARCTIC TREATY
CONSULTATIVE MEETING
May 29 - June 8, 2023 | Helsinki - Finland

XLVe RÉUNION CONSULTATIVE DU TRAITÉ SUR L'ANTARCTIQUE
HELSINKI 28 mai - 8 juin 2023

Communiqué du pays hôte

9 juin 2023

Du 28 mai au 8 juin, la Finlande a accueilli la XLVe Réunion consultative du traité sur l'Antarctique (RCTA) ainsi que la XXVe réunion du Comité pour la protection de l'environnement (CPE). Les réunions, organisées par le ministère finlandais des Affaires étrangères, ont eu lieu à Helsinki et se sont tenues en présentiel après les réunions virtuelles et hybrides de Paris en 2021 et de Berlin en 2022. Au total, 500 délégués étaient inscrits à la XLVe RCTA. 400 y ont participé en présentiel.

La RCTA a réuni les 56 États parties au traité sur l'Antarctique, ainsi que des Observateurs et des Experts, et était présidée par Mme Päivi Kaukoranta, directrice de l'Autorité nationale de sécurité de Finlande au ministère des Affaires étrangères. Le CPE était présidé par Mme Birgit Njåstad (Norvège). Mme Tiina Jortikka-Laitinen a tenu le rôle de chef du secrétariat du pays hôte.

Mme Johanna Sumuvuori, vice-ministre finlandaise des Affaires étrangères, Mme Terhi Lehtonen, secrétaire d'État du ministère de l'Environnement, et Helena Gualinga, militante pour le climat et l'environnement, ont officiellement ouvert la conférence. Mme Sumuvuori a condamné la violation par la Russie du droit international et la guerre illégale d'une Partie consultative contre une autre, notant que cela était contraire à l'esprit du traité sur l'Antarctique. Mme Sumuvuori et Mme Lehtonen ont souligné l'importance d'agir conformément au slogan de la réunion d'Helsinki « De l'urgence à l'action » et ont appelé la communauté internationale à intensifier son action contre le changement climatique et ses impacts en Antarctique. Mme Gualinga, représentant la Jeunesse, a souligné les effets dramatiques du changement climatique à l'échelle mondiale, de la forêt amazonienne à l'Arctique et à l'Antarctique, et a rappelé la responsabilité des décideurs d'aujourd'hui envers les générations futures.

Conformément à la décision de la XLIVe RCTA à Berlin, la première session conjointe RCTA-CPE sur le changement climatique s'est tenue à Helsinki le 2 juin. La journée a commencé par une séance de lancement galvanisante, au cours de laquelle le Secrétaire général de l'Organisation météorologique mondiale, le Dr Petteri Taalas, et le Secrétaire exécutif de la CCNUCC, M. Simon Stiell, ont souligné le rôle central de l'Antarctique dans le système climatique mondial et l'importance des réductions d'émissions de GES. La conférencière principale, le Dr Valérie Masson-Delmotte, coprésidente du groupe de travail 1 du GIEC, a souligné la gravité, l'urgence et l'action et a souligné la nécessité de réponses rapides en matière de gouvernance environnementale et d'avancées de la recherche pour éclairer la prise de décision.

En conclusion des discussions sur le climat, les Parties consultatives ont adopté la *Déclaration d'Helsinki sur le changement climatique dans l'Antarctique* soulignant les implications mondiales du changement climatique et la nécessité d'une action urgente pour protéger l'Antarctique.

Les Parties ont exprimé leurs inquiétudes concernant la croissance rapide du tourisme en Antarctique et ont décidé d'établir un processus spécifique pour élaborer un cadre global de réglementation du tourisme en Antarctique. Elles ont également souligné l'importance de mettre en œuvre les mesures déjà approuvées M4 (2004) et M15 (2009) de la RCTA.

Tout au long des discussions, les Parties ont souligné l'importance de l'article 7 du Protocole relatif à la protection de l'environnement, qui interdit toute activité relative aux ressources minérales, autre que la recherche scientifique. Il a été souligné que l'interdiction de l'exploitation minière est l'une des dispositions fondamentales du Protocole, qui n'a pas de date d'expiration.

Le Comité pour la Protection de l'Environnement (CPE) a examiné un large éventail de questions et, par ses conseils aux Parties, a contribué au renforcement de la mise en œuvre du Protocole relatif à la protection de l'environnement. Ses conseils portaient sur la gestion des zones protégées, l'efficacité du Système d'évaluation de l'impact sur l'environnement, la réponse au changement climatique, la surveillance de l'environnement et la conservation de la flore et de la faune de l'Antarctique. Le Comité s'est déclaré très préoccupé par le fait qu'une épidémie de grippe aviaire dans l'Antarctique pourrait constituer une menace préjudiciable pour la faune sauvage de l'Antarctique et a conseillé les Parties sur l'importance de développer et de mettre en œuvre des actions préventives appropriées. Le CPE continuera à travailler pour promouvoir l'efficacité du Comité et améliorer le travail de celui-ci.

La Finlande et l'Argentine ont coorganisé la session thématique sur la mise en œuvre harmonisée du Code polaire de l'OMI. Des discussions se sont tenues sur la nécessité de continuer à accorder la priorité à la mise en œuvre harmonisée et à l'application efficace du Code polaire de l'OMI dans le plan de travail stratégique pluriannuel. En outre, les propriétaires et les exploitants de navires dans les eaux arctiques et antarctiques ont été appelés à respecter et à mettre pleinement en œuvre les exigences du Code polaire.

La réunion d'Helsinki a souligné le nombre croissant de femmes dans l'élaboration des politiques, les sciences et les opérations en Antarctique et a souligné l'importance de l'égalité et de l'inclusion dans la mise en œuvre du traité sur l'Antarctique. De nombreuses Parties ont annoncé leur engagement à promouvoir l'inclusivité et la diversité dans leurs programmes nationaux de recherche antarctique. La réunion a également affirmé qu'il était important que les parties, observateurs et experts utilisent un langage inclusif non sexiste et respectueux dans la documentation orale et écrite, les rapports et autres formes de communication.

La prochaine RCTA sera organisée par l'Inde du 20 au 30 mai 2024.

Ordre du jour préliminaire de la RCTA 46, groupes de travail et répartition des points de discussion

Plénière

1) Ouverture de la réunion
2) Élection des membres du Bureau et création de groupes de travail
3) Adoption de l'ordre du jour, répartition des points de discussion aux groupes de travail et prise en considération du plan de travail stratégique pluriannuel
4) Fonctionnement du Système du Traité sur l'Antarctique : Rapports des Parties, des Observateurs et des Experts
5) Rapport du Comité pour la protection de l'environnement
6) Fonctionnement du Système du Traité sur l'Antarctique :
    a. Requête du Canada pour devenir une Partie consultative

Groupe de travail 1 : Politique, juridique, institutionnel

6) Fonctionnement du Système du Traité sur l'Antarctique :
    b. Questions diverses
7) Fonctionnement du Système du Traité sur l'Antarctique : Questions liées au Secrétariat
8) Responsabilité
9) Prospection biologique en Antarctique
10) Échange d'informations
11) Questions éducatives
12) Plan de travail stratégique pluriannuel :
    a. Priorités politiques, juridiques et institutionnelles

Groupe de travail 2 : Science, opérations, tourisme

12) Plan de travail stratégique pluriannuel :
    b. Priorités scientifiques, opérationnelles et touristiques
13) Sécurité et opérations en Antarctique
14) Inspections effectuées en vertu du Traité sur l'Antarctique et du Protocole relatif à la protection de l'environnement
15) Questions scientifiques, défis scientifiques futurs, coopération et facilitation scientifiques
16) Répercussions du changement climatique sur la gestion de la zone du Traité sur l'Antarctique
17) Tourisme et activités non gouvernementales dans la zone du Traité sur l'Antarctique, y compris les questions relatives aux autorités compétentes

Groupe de travail spécial 3 : Élaboration d'un cadre pour le tourisme

18) Élaboration d'un cadre touristique

Plénière

19) Préparation de la 47e Réunion
20) Autres questions
21) Adoption du rapport final
22) Clôture de la reunion

PARTIE II

Mesures, Décisions et Résolutions

1. Mesures

Mesure 1 (2023)

Zone gérée spéciale de l'Antarctique n° 1 (baie de l'Amirauté, île du Roi-George) : Plan de gestion révisé

Les Représentants,

Rappelant les articles 4, 5 et 6 de l'Annexe V au Protocole au traité sur l'Antarctique relatif à la protection de l'environnement qui disposent de la désignation des Zones spécialement protégées de l'Antarctique (« ZSPA ») et de l'approbation des Plans de gestion pour ces zones ;

Rappelant

- La Recommandation X-5 (1979), qui désignait la côte ouest de la baie de l'Amirauté comme Site présentant un intérêt scientifique particulier (« SISP ») n° 8, et la Décision 1 (2002), qui renommait et renumérotait le site en Zone spécialement protégée de l'Antarctique (« ZSPA ») n° 128 ;
- la Recommandation XIII-16 (1985), qui ajoutait le Site et monument historiques (« SMH ») n° 51 « tombe de Puchalski » à la Liste des Sites et monuments historiques (« la Liste ») ;
- la Mesure 2 (2006) qui désignait la baie de l'Amirauté, île du Roi-George comme ZGSA 1, dans laquelle sont situées la ZSPA n° 128 et le SMH n° 51, et adoptait un Plan de gestion pour la zone ;
- la Mesure 14 (2014) qui adoptait un Plan de gestion révisé pour la ZSGA n° 1 ;

Notant la Mesure 4 (2014) qui adoptait un Plan de gestion révisé pour la ZSGA n° 128 ;

Notant que le Comité pour la protection de l'environnement a approuvé un Plan de gestion révisé pour la ZGSA n° 1 ;

Désireux de remplacer le Plan de gestion existant pour la ZGSA n° 1 par le Plan de gestion révisé ;
Recommandent à leurs gouvernements d'approuver la Mesure ci-après conformément au paragraphe 1 de l'Article 6 de l'Annexe V au Protocole au traité sur l'Antarctique relatif à la protection de l'environnement :

Que :

1. le Plan de gestion révisé pour la Zone spécialement gérée de l'Antarctique n° 1 (baie de l'Amirauté, île du Roi-George), en annexe à la présente Mesure, soit approuvé ; et que

2. le Plan de gestion pour la Zone spécialement gérée de l'Antarctique n° 1 annexé à la Mesure 14 (2014) soit révoqué.

Mesure 2 (2023)

Zone spécialement protégée de l'Antarctique n° 108 (île Green, îles Berthelot, péninsule Antarctique) : Plan de gestion révisé

Les Représentants,

Rappelant les articles 3, 5 et 6 de l'Annexe V au Protocole au traité sur l'Antarctique relatif à la protection de l'environnement qui disposent de la désignation des Zones spécialement protégées de l'Antarctique (« ZSPA ») et de l'approbation des Plans de gestion pour ces zones ;

Rappelant

- la Recommandation IV-9 (1966) qui désignait l'île Green, îles Berthelot, péninsule Antarctique, comme Zone spécialement protégée (« ZSP ») n° 9 ;
- la Recommandation XVI-6 (1991) qui adoptait un Plan de gestion pour la zone ;
- la Décision 1 (2002), qui renommait et renumérotait la ZSP n°9 en ZSPA n° 108 ;
- les Mesures 1 (2002), 1 (2013) et 1 (2018) qui adoptaient des Plans de gestion révisés pour la ZSPA n° 108 ;

Rappelant que la Recommandation IV-9 (1966) a été désignée comme caduque par la Décision 1 (2011) et que la Recommandation XVI-6 (1991) n'est pas entrée en vigueur et a été retirée par la Décision 3 (2017) ;

Notant que le Comité pour la protection de l'environnement a approuvé un Plan de gestion révisé pour la ZSPA n° 108 ;

Désireux de remplacer le Plan de gestion existant pour la ZSPA n° 108 par le Plan de gestion révisé ;

Recommandent à leurs gouvernements d'approuver la Mesure ci-après conformément au paragraphe 1 de l'article 6 de l'Annexe V au Protocole au traité sur l'Antarctique relatif à la protection de l'environnement :

Que :

1. le Plan de gestion révisé pour la Zone spécialement protégée de l'Antarctique n° 108 (île Green, îles Berthelot, péninsule Antarctique), annexé à la présente Mesure, soit approuvé ; et que

2. le Plan de gestion pour la Zone spécialement protégée de l'Antarctique n° 108 annexé à la Mesure 1 (2018) soit révoqué.

Mesure 3 (2023)

Zone spécialement protégée de l'Antarctique n° 117 (île Avian, baie Marguerite, péninsule Antarctique) : Plan de gestion révisé

Les Représentants,

Rappelant les articles 3, 5 et 6 de l'Annexe V au Protocole au traité sur l'Antarctique relatif à la protection de l'environnement qui disposent de la désignation des Zones spécialement protégées de l'Antarctique (« ZSPA ») et de l'approbation des Plans de gestion pour ces zones ;

Rappelant

- la Recommandation XV-6 (1989), qui désignait l'île Avian, baie Marguerite, péninsule Antarctique comme Site présentant un intérêt scientifique particulier (« SISP ») n° 30 et annexait un Plan de gestion pour le site ;
- la Recommandation XVI-4 (1991), qui redésignait le SISP n° 30 comme Zone spécialement protégée (« ZSP ») n° 21 et qui mettait en annexe un Plan de gestion pour la zone ;
- la Décision 1 (2002), qui renommait et renumérotait la ZSP n° 21 en ZSPA n° 117 ;
- les Mesures 1 (2002), 2 (2013) et 2 (2018) qui adoptaient des Plans de gestion révisés pour la ZSPA n° 117 ;

Rappelant que les Recommandations XV-6 (1989) et XVI-4 (1991) ne sont pas entrées en vigueur et ont été déclarées caduques par la Décision 1 (2011) ;

Notant que le Comité pour la protection de l'environnement a approuvé un Plan de gestion révisé pour la ZSPA n° 117 ;

Désireux de remplacer le Plan de gestion existant pour la ZSPA n° 117 par le Plan de gestion révisé ;

Recommandent à leurs gouvernements d'approuver la Mesure ci-après conformément au paragraphe 1 de l'Article 6 de l'Annexe V au Protocole au traité sur l'Antarctique relatif à la protection de l'environnement :

Que :

1. le Plan de gestion révisé pour la Zone spécialement protégée de l'Antarctique n°117 (île Avian, baie Marguerite, péninsule Antarctique), annexé à la présente Mesure, soit approuvé ; et que
2. le Plan de gestion pour la Zone spécialement protégée de l'Antarctique n° 117 annexé à la Mesure 2 (2018) soit révoqué.

Mesure 4 (2023)

Zone spécialement protégée de l'Antarctique n° 122 (hauteurs Arrival, péninsule Hut Point, île de Ross) : Plan de gestion révisé

Les Représentants,

Rappelant les articles 3, 5 et 6 de l'Annexe V au Protocole au traité sur l'Antarctique relatif à la protection de l'environnement qui disposent de la désignation des Zones spécialement protégées de l'Antarctique (« ZSPA ») et de l'approbation des Plans de gestion pour ces zones ;

Rappelant

- la Recommandation VIII-4 (1975), qui désignait les hauteurs Arrival, péninsule Hut Point, île de Ross, comme Site présentant un intérêt scientifique particulier (« SISP ») n° 2 et annexait un Plan de gestion pour le site ;
- les Recommandations X-6 (1979), XII-5 (1983), XIII-7 (1985), XIV-4 (1987), la Résolution 3 (1996) et la Mesure 2 (2000), qui prorogeaient la date d'expiration du SISP n° 2 ;
- la Décision 1 (2002), qui renommait et renumérotait le SISP n° 2 en ZSPA n° 122 ;
- les Mesures 2 (2004), 3 (2011), 3 (2016) et 8 (2022) qui adoptaient des Plans de gestion révisés pour la ZSPA n° 122 ;

Rappelant que la Mesure 2 (2000) a été retirée par la Mesure 5 (2009) ;

Rappelant que les Recommandations VIII-4 (1975), X-6 (1979), XII-5 (1983), XIII-7 (1985) et XVI-4 (1987) et la Résolution 3 (1996) ont été désignées comme caduques par la Décision 1 (2011) ;

Notant que le Comité pour la protection de l'environnement (« CPE ») a approuvé un plan de gestion révisé pour la ZSPA n° 122 ;

Désireux de remplacer le Plan de gestion existant pour la ZSPA 122 par le Plan de gestion révisé ;

Recommandent à leurs gouvernements d'approuver la Mesure ci-après conformément au paragraphe 1 de l'article 6 de l'Annexe V au Protocole au traité sur l'Antarctique relatif à la protection de l'environnement :

Que :

1. le Plan de gestion révisé pour la Zone spécialement protégée de l'Antarctique n° 122 (hauteurs Arrival, péninsule Hut Point, île de Ross), en annexe à la présente Mesure, soit approuvé ; et que

2. le Plan de Gestion pour la Zone spécialement protégée de l'Antarctique n° 122 annexé à la Mesure 8 (2022) soit révoqué.

Mesure 5 (2023)

Zone spécialement protégée de l'Antarctique n° 123 (vallées Barwick et Balham, terre Victoria du Sud) : Plan de gestion révisé

Les Représentants,

Rappelant les articles 3, 5 et 6 de l'annexe V au Protocole au traité sur l'Antarctique relatif à la protection de l'environnement qui disposent de la désignation des Zones spécialement protégées de l'Antarctique (« ZSPA ») et de l'approbation des Plans de gestion pour ces zones ;

Rappelant

- la Recommandation VIII-4 (1975), qui désignait les vallées Barwick et Balham, terre Victoria du Sud comme Site présentant un intérêt scientifique particulier (« SISP ») n° 3 et à laquelle était annexé un Plan de gestion pour le site ;
- les Recommandations X-6 (1979), XII-5 (1983) et XIII-7 (1985), la Résolution 7 (1995) et la Mesure 2 (2000), qui prorogeaient la date d'expiration du SISP n° 3 ;
- la Décision 1 (2002), qui renommait et renumérotait le SISP n° 3 en ZSPA n° 123 ;
- les Mesures 1 (2002), 6 (2008), 3 (2013) et 1 (2019) qui adoptaient des Plans de gestion révisés pour la ZSPA n° 123 ;

Rappelant que les Recommandations VIII-4 (1975), X-6 (1979), XII-5 (1983) et XIII-7 (1985) et la Résolution 7 (1995) ont été désignées comme caduques par la Décision 1 (2011) ;

Rappelant que la Mesure 2 (2000) n'est pas entrée en vigueur et a été retirée par la Mesure 5 (2009) ;

Notant que le Comité pour la protection de l'environnement a approuvé un Plan de gestion révisé pour la ZSPA n° 123 ;

Désireux de remplacer le Plan de gestion existant pour la ZSPA n° 123 par le Plan de gestion révisé ;

Recommandent à leurs gouvernements d'approuver la Mesure ci-après conformément au paragraphe 1 de l'article 6 de l'Annexe V au Protocole au traité sur l'Antarctique relatif à la protection de l'environnement :

Que :

1. le Plan de gestion révisé pour la Zone spécialement protégée de l'Antarctique n° 123 (vallées Barwick et Balham, terre Victoria du Sud), en annexe à la présente Mesure, soit approuvé ; et que

2. le Plan de gestion pour la Zone spécialement protégée de l'Antarctique n° 123 annexé à la Mesure 1 (2019) soit révoqué.

Mesure 6 (2023)

Zone spécialement protégée de l'Antarctique n° 132 (péninsule Potter, île du Roi-George [Isla 25 de Mayo], îles Shetland du Sud) : Plan de gestion révisé

Les Représentants,

Rappelant les articles 3, 5 et 6 de l'Annexe V au Protocole au traité sur l'Antarctique relatif à la protection de l'environnement qui disposent de la désignation des Zones spécialement protégées de l'Antarctique (« ZSPA ») et de l'approbation des Plans de gestion pour ces zones ;

Rappelant

- la Recommandation XIII-8 (1985), qui désignait la péninsule Potter, île du Roi-George [Isla 25 de Mayo], îles Shetland du Sud comme Site présentant un intérêt scientifique particulier (« SISP ») n° 13 et à laquelle était annexé un Plan de gestion du site ;
- la Mesure 3 (1997), qui adoptait un Plan de gestion révisé pour le SISP n° 13 ;
- la Décision 1 (2002), qui renommait et renumérotait le SISP n° 13 en ZSPA n° 132 ;
- les Mesures 2 (2005), 4 (2013) et 3 (2018) qui adoptaient des Plans de gestion révisés pour la ZSPA n° 132 ;

Rappelant que la Mesure 3 (1997) n'est pas entrée en vigueur et a été retirée par la Mesure 6 (2011) ;

Notant que le Comité pour la protection de l'environnement a approuvé un Plan de gestion révisé pour la ZSPA n° 132 ;

Désireux de remplacer le Plan de gestion existant pour la ZSPA n° 132 par le Plan de gestion révisé ;
Recommandent à leurs gouvernements d'approuver la Mesure ci-après conformément au paragraphe 1 de l'article 6 de l'Annexe V au Protocole au traité sur l'Antarctique relatif à la protection de l'environnement :

Que :

1. le Plan de gestion révisé pour la Zone spécialement protégée de l'Antarctique n° 132 (péninsule Potter, île du Roi-George [isla 25 de Mayo], îles Shetland du Sud), en annexe à la présente Mesure, soit approuvé ; et que

2. le Plan de gestion pour la Zone spécialement protégée de l'Antarctique n° 132 annexé à la Mesure 3 (2018) soit révoqué.

Mesure 7 (2023)

Zone spécialement protégée de l'Antarctique n° 137 (île Northwest White, détroit de McMurdo) : Plan de gestion révisé

Les Représentants,

Rappelant les articles 3, 5 et 6 de l'Annexe V au Protocole au traité sur l'Antarctique relatif à la protection de l'environnement qui disposent de la désignation des Zones spécialement protégées de l'Antarctique (« ZSPA ») et de l'approbation des Plans de gestion pour ces zones ;

Rappelant

- la Recommandation XIII-8 (1985), qui désignait l' île Northwest White, détroit de McMurdo comme Site présentant un intérêt scientifique particulier (« SISP ») n° 18 et à laquelle était annexé un Plan de gestion pour le site ;
- la Recommandation XVI-7 (1991) et la Mesure 3 (2001), qui prorogeaient la date d'expiration du SISP n° 18 ;
- la Décision 1 (2002), qui renommait et renumérotait le SISP n° 18 en ZSPA n° 137 ;
- les Mesures 1 (2002), 9 (2008) et 7 (2013) qui adoptaient des Plans de gestion révisés pour la ZSPA n° 137 ;

Rappelant que la Mesure 3 (2001) n'est pas entrée en vigueur et a été retirée par la Mesure 4 (2011) ;

Rappelant que la Recommandation XVI-7 (1991) n'est pas entrée en vigueur et a été déclarée caduque par la Décision 1 (2011) ;

Rappelant que la XXIe réunion du Comité pour la protection de l'environnement (« CPE ») (2018) a examiné et poursuivi sans modification le Plan de gestion de la ZSPA n° 137, annexé à la Mesure 7 (2013) ;

Notant que le CPE a approuvé un Plan de gestion révisé pour la ZSPA n° 137 ;

Désireux de remplacer le Plan de gestion existant pour la ZSPA 137 par le Plan de gestion révisé ;

Recommandent à leurs gouvernements d'approuver la Mesure ci-après conformément au paragraphe 1 de l'article 6 de l'Annexe V au Protocole au traité sur l'Antarctique relatif à la protection de l'environnement :

Que :

1. le Plan de gestion révisé pour la Zone spécialement protégée de l'Antarctique n° 137 (île Northwest White, détroit de McMurdo), en annexe à la présente Mesure, soit approuvé ; et que

2. le Plan de gestion de la zone spécialement protégée de l'Antarctique n° 137 annexé à la Mesure 7 (2013) soit révoqué.

Mesure 8 (2023)

Zone spécialement protégée de l'Antarctique n° 138 (terrasse Linnaeus, chaîne Asgard, terre Victoria) : Plan de gestion révisé

Les Représentants,

Rappelant les articles 3, 5 et 6 de l'Annexe V au Protocole au traité sur l'Antarctique relatif à la protection de l'environnement qui disposent de la désignation des Zones spécialement protégées de l'Antarctique (« ZSPA ») et de l'approbation des Plans de gestion pour ces zones ;

Rappelant

- la Recommandation XIII-8 (1985) qui désignait la terrasse Linnaeus, chaîne Asgard, terre Victoria comme Site présentant un intérêt scientifique particulier (« SISP ») n° 19 et à laquelle était annexé un Plan de gestion pour le site ;
- la Résolution 7 (1995), qui prorogeait la date d'expiration du SISP n° 19 ;
- la Mesure 1 (1996), qui adoptait un Plan de gestion révisé pour le SISP n° 19 ;
- la Décision 1 (2002), qui renommait et renumérotait le SISP n° 19 en Zone spécialement protégée de l'Antarctique n° 138 ;
- la Mesure 10 (2008) et la Mesure 8 (2013), qui adoptaient des Plans de gestion révisés pour la ZSPA n° 138 ;

Rappelant que la Résolution 7 (1995) a été désignée comme caduque par la Décision 1 (2011) ;

Rappelant que la Mesure 1 (1996) n'est pas entrée en vigueur et a été retirée par la Mesure 10 (2008) ;

Rappelant que la XXIe réunion du Comité pour la protection de l'environnement (« CPE ») (2018) a examiné et poursuivi sans modification le Plan de Gestion de la ZSPA 138, qui est annexé à la mesure 8 (2013) ;

Notant que le Comité pour la protection de l'environnement a approuvé un Plan de gestion révisé pour la ZSPA n° 138 ;

Désireux de remplacer le Plan de gestion existant pour la ZSPA n° 138 par le Plan de gestion révisé ;

Recommandent à leurs gouvernements d'approuver la Mesure ci-après conformément au paragraphe 1 de l'article 6 de l'Annexe V au Protocole au traité sur l'Antarctique relatif à la protection de l'environnement :

Que :

1. le Plan de gestion révisé pour la Zone spécialement protégée de l'Antarctique n° 138 (terrasse Linnaeus, chaîne Asgard, terre Victoria), en annexe à la présente Mesure, soit approuvé ; et que

2. le Plan de gestion pour la Zone spécialement protégée de l'Antarctique n° 138 annexé à la Mesure 8 (2013) soit révoqué.

Mesure 9 (2023)

Zone spécialement protégée de l'Antarctique n° 144 (baie du Chili [baie Discovery], île Greenwich, îles Shetland du Sud) : Plan de gestion révoqué

Les Représentants,

Rappelant les articles 3, 5 et 6 de l'annexe V au Protocole au traité sur l'Antarctique relatif à la protection de l'environnement qui disposent de la désignation des Zones spécialement protégées de l'Antarctique (« ZSPA ») et de l'approbation des Plans de gestion pour ces zones ;

Rappelant

- la Recommandation XIV-5 (1987), qui désignait la baie du Chili (baie Discovery), île Greenwich, îles Shetland du Sud, comme Site présentant un intérêt scientifique particulier (« SISP ») n° 26 et à laquelle était annexé un Plan de gestion pour le site ;
- la Résolution 3 (1996) et la Mesure 2 (2000), qui prorogeaient la date d'expiration du SISP n° 26 ;
- la Décision 4 (1998), qui classait le SISP n° 26 en tant que SISP doté de zones marines d'intérêt pour la Commission pour la conservation de la faune et la flore marines de l'Antarctique ;
- la Décision 1 (2002), qui renommait et renumérotait le SISP n° 26 en ZSPA n° 144 ;
- la Mesure 4 (2005) qui prorogeait la date d'expiration du Plan de gestion pour la ZSPA n° 144 ;

Rappelant que la Recommandation XIV-5 (1987) a été désignée comme étant caduque par la Mesure 13 (2014) ;

Rappelant que la Résolution 3 (1996) a été désignée comme caduque par la Décision 1 (2011) et que la Mesure 2 (2000) n'est pas entrée en vigueur et a été retirée par la Mesure 5 (2009) ;

Rappelant que la Décision 4 (1998) a été désignée comme caduque par la Décision 9 (2005) ;

Notant que le Comité pour la protection de l'environnement a examiné la pertinence d'une protection supplémentaire offerte par le statut de ZSPA pour la baie du Chili (baie Discovery) ;

Désireux de mettre à jour le statut de la ZSPA n° 144 ;

Recommandent à leurs gouvernements d'approuver la Mesure ci-après conformément au paragraphe 1 de l'article 6 de l'Annexe V au Protocole au traité sur l'Antarctique relatif à la protection de l'environnement :

Que :

1. le Plan de gestion pour la Zone spécialement protégée de l'Antarctique n° 144 annexé à la Recommandation XIV-5 (1987) soit révoqué ; et que

2. la Zone spécialement protégée de l'Antarctique n° 144 ne fasse pas l'objet d'une désignation future.

Mesure 10 (2023)

Zone spécialement protégée de l'Antarctique n° 145 (port Foster, île de la Déception, îles Shetland du Sud) : Plan de gestion révisé

Les Représentants,

Rappelant les articles 3, 5 et 6 de l'Annexe V au Protocole au traité sur l'Antarctique relatif à la protection de l'environnement qui disposent de la désignation des Zones spécialement protégées de l'Antarctique (« ZSPA ») et de l'approbation des Plans de gestion pour ces zones ;

Rappelant

- la Recommandation XIV-5 (1987), qui désignait le port Foster, île de la Déception, îles Shetland du Sud comme Site présentant un intérêt scientifique particulier (« SISP ») n° 27 et à laquelle était annexé le Plan de gestion pour le site ;
- la Résolution 3 (1996) et la Mesure 2 (2000), qui prorogeaient la date d'expiration du Plan de gestion pour le SISP n° 27 ;
- la Décision 1 (2002) qui renommait et renumérotait le SISP n° 27 en ZSPA n° 145 ;
- la Mesure 3 (2005), qui intégrait la ZSPA n° 145 dans la Zone spécialement gérée de l'Antarctique n° 4 (île de la Déception) et adoptait un Plan de gestion révisé pour la ZSPA n° 145 ;

Rappelant que la Recommandation XIV-5 (1987) a été désignée comme caduque par la Mesure 13 (2014) ;

Rappelant que la Résolution 3 (1996) a été désignée comme caduque par la Décision 1 (2011) ;

Notant que le Comité pour la protection de l'environnement a approuvé un Plan de gestion révisé pour la ZSPA n° 145 ;

Désireux de remplacer le Plan de gestion existant pour la ZSPA n° 145 par le Plan de gestion révisé ;

Recommandent à leurs gouvernements d'approuver la Mesure ci-après conformément au paragraphe 1 de l'Article 6 de l'Annexe V au Protocole au traité sur l'Antarctique relatif à la protection de l'environnement :

Que :

1. le Plan de gestion révisé pour la Zone spécialement protégée de l'Antarctique n° 145 (port Foster, île de la déception, îles Shetland du Sud), en annexe à la présente Mesure, soit approuvé ; et que

2. le Plan de gestion pour la Zone spécialement protégée de l'Antarctique n° 145 annexé à la Mesure 3 (2005) soit révoqué.

Mesure 11 (2023)

Zone spécialement protégée de l'Antarctique n° 147 (vallée Ablation, mont Ganymède, île Alexandre) : Plan de gestion révisé

Les Représentants,

Rappelant les articles 3, 5 et 6 de l'Annexe V au Protocole au traité sur l'Antarctique relatif à la protection de l'environnement qui disposent de la désignation des Zones spécialement protégées de l'Antarctique (« ZSPA ») et de l'approbation des Plans de gestion pour ces zones ;

Rappelant

- la Recommandation XV-6 (1989), qui désignait la vallée Ablation, mont Ganymède, île Alexandre, comme Site présentant un intérêt scientifique particulier (« SISP ») n° 29 et à laquelle était annexé un Plan de gestion pour le site ;
- la Résolution 3 (1996), qui prorogeait la date d'expiration du SISP n° 29 ;
- la Mesure 2 (2000) qui prorogeait la date d'expiration du Plan de gestion pour le SISP n° 29 ;
- la Décision 1 (2002), qui renommait et renumérotait le SISP n° 29 en ZSPA n° 147 ;
- les Mesures 1 (2002), 10 (2013) et 4 (2018) qui adoptaient des Plans de gestion révisés pour la ZSPA n° 147 ;

Rappelant que la Recommandation XV-6 (1989) et la Résolution 3 (1996) ont été déclarées caduques par la Décision 1 (2011) ;

Rappelant que la Mesure 2 (2000) n'est pas entrée en vigueur et a été retirée par la Mesure 5 (2009) ;

Notant que le Comité pour la protection de l'environnement a approuvé un Plan de gestion révisé pour la ZSPA n° 147 ;

Désireux de remplacer le Plan de gestion existant pour la ZSPA n° 147 par le Plan de gestion révisé ;

Recommandent à leurs gouvernements d'approuver la Mesure ci-après conformément au paragraphe 1 de l'article 6 de l'Annexe V au Protocole au traité sur l'Antarctique relatif à la protection de l'environnement :

Que :

1. le Plan de gestion révisé pour la Zone spécialement protégée de l'Antarctique n° 147 (vallée Ablation, mont Ganymède, île Alexandre), qui est annexé à la présente Mesure, soit approuvé ; et que
2. le Plan de gestion pour la Zone spécialement protégée de l'Antarctique n° 147 annexé à la Mesure 4 (2018) soit révoqué.

Mesure 12 (2023)

Zone spécialement protégée de l'Antarctique n° 149 (cap Shirreff et île San Telmo, île Livingston, îles Shetland du Sud) : Plan de gestion révisé

Les Représentants,

Rappelant les articles 3, 5 et 6 de l'Annexe V au Protocole au traité sur l'Antarctique relatif à la protection de l'environnement qui disposent de la désignation des Zones spécialement protégées de l'Antarctique (« ZSPA ») et de l'approbation des Plans de gestion pour ces zones ;

Rappelant

- la Recommandation IV-11 (1966) qui désignait le cap Shirreff et île San Telmo, île Livingston, îles Shetland du Sud, comme Zone spécialement protégée (« ZSP ») n° 11 ;
- la Recommandation XV-7 (1989) qui abrogeait la ZSP n° 11 et la désignait comme Site présentant un intérêt scientifique particulier (« SISP ») n° 32 et à laquelle était anné un Plan de gestion pour le site ;
- la Résolution 3 (1996) et la Mesure 2 (2000), qui prorogeaient la date d'expiration du SISP n° 32 ;
- la Décision 1 (2002), qui renommait et renumérotait le SISP n° 32 en ZSPA n° 149 ;
- les Mesures 2 (2005), 7 (2011), 7 (2016) et 16 (2022) qui adoptaient des Plans de gestion révisés pour la ZSPA n° 149 ;

Rappelant que la Recommandation XV-7 (1989) et la Mesure 2 (2000) ne sont pas entrées en vigueur et que la Mesure 2 (2000) a été retirée par la Mesure 5 (2009) ;

Rappelant que la Recommandation XV-7 (1989) et la Résolution 3 (1996) ont été déclarées caduques par la Décision 1 (2011) ;

Notant que le Comité pour la protection de l'environnement a approuvé un Plan de gestion révisé pour la ZSPA n° 149 ;

Désireux de remplacer le Plan de gestion existant pour la ZSPA n° 149 par le Plan de gestion révisé ;

Recommandent à leurs gouvernements d'approuver la Mesure ci-après conformément au paragraphe 1 de l'article 6 de l'Annexe V au Protocole au traité sur l'Antarctique relatif à la protection de l'environnement :

Que :

1. le Plan de gestion révisé pour la Zone spécialement protégée de l'Antarctique n° 149 (cap Shirreff et île San Telmo, île Livingston, îles Shetland du Sud), en annexe à la présente Mesure, soit approuvé ; et que

2. le Plan de gestion pour la Zone spécialement protégée de l'Antarctique n° 149 annexé à la Mesure 16 (2022) soit révoqué.

Mesure 13 (2023)

Zone spécialement protégée de l'Antarctique n° 156 (baie Lewis, mont Erebus, île de Ross) : Plan de gestion révisé

Les Représentants,

Rappelant les articles 3, 5 et 6 de l'Annexe V au Protocole au traité sur l'Antarctique relatif à la protection de l'environnement qui disposent de la désignation des Zones spécialement protégées de l'Antarctique (« ZSPA ») et de l'approbation des Plans de gestion pour ces zones ;

Rappelant

- la Mesure 2 (1997) qui désignait la baie Lewis, mont Erebus, île de Ross comme Zone spécialement protégée (« ZSP ») n° 26 et adoptait un Plan de gestion pour la zone ;
- la Décision 1 (2002) qui renommait et renumérotait la ZSP n° 26 en ZSPA n° 156 ;
- la Mesure 2 (2003) et la Mesure 13 (2013) qui adoptaient des Plans de gestion révisés pour la ZSPA n° 156 ;

Rappelant que la XIe réunion du Comité pour la protection de l'environnement (« CPE ») (2008) a examiné et poursuivi sans modification le Plan de gestion pour la ZSPA n° 156 annexé à la Mesure 2 (2003) ;

Rappelant que la Mesure 2 (1997) n'est pas entrée en vigueur et a été retirée par la Mesure 8 (2010) ;

Rappelant que la XXIe réunion du CPE (2018) a examiné et poursuivi sans modification le Plan de gestion pour la ZSPA n° 156 annexé à la Mesure 13 (2013) ;

Notant que le CPE a approuvé un Plan de gestion révisé pour la ZSPA n° 156 ;

Désireux de remplacer le Plan de gestion existant pour la ZSPA n° 156 par le Plan de gestion révisé ;

Recommandent à leurs gouvernements d'approuver la Mesure ci-après conformément au paragraphe 1 de l'article 6 de l'Annexe V au Protocole au traité sur l'Antarctique relatif à la protection de l'environnement :

Que :

1. le Plan de gestion révisé pour la Zone spécialement protégée de l'Antarctique n° 156 (baie Lewis, mont Erebus, île de Ross), annexé à la présente Mesure, soit approuvé ; et que

2. le Plan de gestion pour la Zone spécialement protégée de l'Antarctique n° 156 annexé à la Mesure 13 (2013) soit révoqué.

Mesure 14 (2023)

Zone spécialement protégée de l'Antarctique n° 165 (pointe Edmonson, baie Wood, mer de Ross) : Plan de gestion révisé

Les Représentants,

Rappelant les articles 3, 5 et 6 de l'Annexe V au Protocole au traité sur l'Antarctique relatif à la protection de l'environnement qui disposent de la désignation des Zones spécialement protégées de l'Antarctique (« ZSPA ») et de l'approbation des Plans de gestion pour ces zones ;

Rappelant

- la Mesure 1 (2006) qui désignait la pointe Edmonson, baie Wood, mer de Ross comme ZSPA n° 165 et à laquelle était annexé un Plan de gestion pour la zone ;
- les Mesures 8 (2011) et 7 (2017), qui adoptaient un Plan de gestion révisé pour la ZSPA n° 165 ;

Notant que le Comité pour la protection de l'environnement (« CPE ») a approuvé un Plan de gestion pour la ZSPA n° 165 ;

Désireux de remplacer le Plan de gestion existant pour la ZSPA 165 par le Plan de gestion révisé ;

Recommandent à leurs gouvernements d'approuver la Mesure ci-après conformément au paragraphe 1 de l'article 6 de l'Annexe V au Protocole au traité sur l'Antarctique relatif à la protection de l'environnement :

Que :

1. le Plan de gestion révisé pour la Zone spécialement protégée de l'Antarctique n° 165 (pointe Edmonson, baie Wood, mer de Ross), qui est annexé à la présente Mesure, soit approuvé ; et que

2. le Plan de gestion de la Zone spécialement protégée de l'Antarctique n° 165 annexé à la Mesure 7 (2017) soit révoqué.

Mesure 15 (2023)

Zone spécialement protégée de l'Antarctique n° 168 (mont Harding, montagnes Grove, Antarctique oriental) : Plan de gestion révisé

Les Représentants,

Rappelant les articles 3, 5 et 6 de l'Annexe V au Protocole au traité sur l'Antarctique relatif à la protection de l'environnement qui disposent de la désignation des Zones spécialement protégées de l'Antarctique (« ZSPA ») et de l'approbation des Plans de gestion pour ces zones ;

Rappelant

- laMmesure 2 (2008) qui désignait le mont Harding, montagnes Grove, Antarctique oriental comme ZSPA n° 168 , à laquelle était annexé un Plan de gestion pour la zone ;
- la Mesure 17 (2015) qui adoptait un Plan de gestion révisé pour la ZSGA n° 168 ;

Notant que le Comité pour la protection de l'environnement a approuvé un Plan de gestion révisé pour la ZSPA n° 168 ;

Désirant remplacer le Plan de gestion existant pour la ZSPA n° 168 par le Plan de gestion révisé ;

Recommandent à leurs gouvernements d'approuver la Mesure ci-après conformément au paragraphe 1 de l'article 6 de l'Annexe V au Protocole au traité sur l'Antarctique relatif à la protection de l'environnement :

Que :

1. le Plan de gestion révisé pour la Zone spécialement gérée de l'Antarctique n° 168 (mont Harding, montagnes Grove, Antarctique oriental), en annexe à la présente Mesure, soit approuvé ; et que

2. le Plan de gestion pour la Zone spécialement protégée de l'Antarctique n° 168 annexé à la Mesure 17 (2015) soit révoqué.

Mesure 16 (2023)

Zone spécialement protégée de l'Antarctique n° 170 (nunataks Marion, île Charcot, péninsule Antarctique) : Plan de gestion révisé

Les Représentants,

Rappelant les articles 3, 5 et 6 de l'Annexe V au Protocole au traité sur l'Antarctique relatif à la protection de l'environnement qui disposent de la désignation des Zones spécialement protégées de l'Antarctique (« ZSPA ») et de l'approbation des Plans de gestion pour ces zones ;

Rappelant

- la Mesure 4 (2008) qui désignait nunataks Marion, île Charcot, péninsule Antarctique comme ZSPA n° 170 et adoptait un Plan de gestion pour la zone ;
- les Mesures 16 (2013) et 5 (2018), qui adoptaient des Plans de gestion révisés pour la ZSPA n° 170 ;

Notant que le Comité pour la protection de l'environnement a approuvé un Plan de gestion révisé pour la ZSPA n° 170 ;

Désirant remplacer le Plan de gestion existant pour la ZSPA n° 170 par le Plan de gestion révisé ;

Recommandent à leurs gouvernements d'approuver la Mesure ci-après conformément au paragraphe 1 de l'article 6 de l'Annexe V au Protocole au traité sur l'Antarctique relatif à la protection de l'environnement :

Que :

1. le Plan de gestion révisé pour la Zone spécialement protégée de l'Antarctique n° 170 (nunataks Marion, île Charcot, péninsule Antarctique), annexé à la présente Mesure, soit approuvé ; et que

2. le Plan de gestion pour la Zone spécialement protégée de l'Antarctique n° 170 annexé à la Mesure 5 (2018) soit révoqué.

Mesure 17 (2023)

Zone spécialement protégée de l'Antarctique n° 172 (partie inférieure du glacier Taylor et Blood Falls de la vallée Taylor, vallées sèches de McMurdo, terre Victoria) : Plan de gestion révisé

Les Représentants,

Rappelant les articles 3, 5 et 6 de l'Annexe V au Protocole au traité sur l'Antarctique relatif à la protection de l'environnement qui disposent de la désignation des Zones spécialement protégées de l'Antarctique (« ZSPA ») et de l'approbation des Plans de gestion pour ces zones ;

Rappelant la Mesure 9 (2012) qui désignait la partie inférieure du glacier Taylor et Blood Falls de la vallée Taylor, vallées sèches de McMurdo, terre Victoria comme ZSPA n° 172 et à laquelle était annexé un Plan de gestion pour la zone ;

Rappelant la Mesure 6 (2018) qui adoptait un Plan de gestion révisé pour la ZSGA n° 172 ;

Notant que le Comité pour la protection de l'environnement a approuvé un Plan de gestion révisé pour la ZSPA n° 172 ;

Désirant remplacer le Plan de gestion existant pour la ZSPA n° 172 par le Plan de gestion révisé ;

Recommandent à leurs gouvernements d'approuver la Mesure ci-après conformément au paragraphe 1 de l'article 6 de l'Annexe V au Protocole au traité sur l'Antarctique relatif à la protection de l'environnement :

Que :

1. le Plan de gestion révisé pour la Zone spécialement protégée de l'Antarctique n° 172 (partie inférieure du glacier Taylor et Blood Falls de la vallée Taylor, vallées sèches de McMurdo, terre Victoria), annexé à la présente Mesure, soit approuvé ; et que

2. le Plan de gestion pour la Zone spécialement protégée de l'Antarctique n° 172 annexé à la Mesure 6 (2018) soit révoqué.

Mesure 18 (2023)

Zone spécialement protégée de l'Antarctique n° 179 (parties des montagnes occidentales Sør Rondane, terre de la Reine-Maud, Antarctique oriental) : Plan de gestion

Les Représentants,

Rappelant les articles 3, 5 et 6 de l'Annexe V au Protocole au traité sur l'Antarctique relatif à la protection de l'environnement qui disposent de la désignation des Zones spécialement protégées de l'Antarctique (« ZSPA ») et de l'approbation des Plans de gestion pour ces zones ;

Notant que le Comité pour la protection de l'environnement (« CPE ») a approuvé un Plan de gestion pour la ZSPA n° 179 ;

Reconnaissant que cette zone comprend des valeurs environnementales, scientifiques, historiques, esthétiques ou liées à son état naturel exceptionnel, ou de travaux de recherche scientifique en cours ou prévus et qu'elle devrait bénéficier d'une protection spéciale ;

Désireux de désigner certaines parties des montagnes occidentales Sør Rondane, terre de la Reine-Maud, Antarctique oriental, en tant que ZSPA n° 179, et d'approuver le Plan de gestion pour cette Zone ;

Recommandent à leurs gouvernements d'approuver la Mesure ci-après conformément au paragraphe 1 de l'article 6 de l'Annexe V au Protocole au traité sur l'Antarctique relatif à la protection de l'environnement :

Que :

1. des parties des montagnes occidentales Sør Rondane, terre de la Reine-Maud, Antarctique oriental, soient désignées en tant que Zone spécialement protégée de l'Antarctique n° 179 ; et que

2. le Plan de gestion annexé à la présente Mesure soit approuvé.

2. Décisions

Décision 1 (2023)

Règlement intérieur révisé du Comité pour la protection de l'environnement (2023)

Les Représentants,

Rappelant la Décision 2 (2011) qui adoptait le Règlement intérieur révisé du Comité pour la protection de l'environnement (« le Règlement révisé ») ;

Rappelant que l'article 15 du Règlement révisé prévoit que le Comité pour la protection de l'environnement (« CPE ») élit un Président et deux vice-présidents parmi les Parties consultatives ;

Désirant mettre à jour le Règlement révisé afin d'inclure les procédures de nomination et d'élection du Président et des vice-présidents, et de clarifier les mandats pour ces postes ;

Décident que le Règlement intérieur révisé du Comité pour la protection de l'environnement (2023) annexé à la présente Décision remplace le Règlement intérieur révisé du Comité pour la protection de l'environnement (2011) annexé à la Décision 2 (2011).

Règlement intérieur révisé du Comité pour la protection de l'environnement (2023)

Article 1

Sauf indication contraire, le Règlement intérieur de la Réunion consultative du Traité sur l'Antarctique s'applique.

Article 2

Aux fins du présent Règlement intérieur :

a) le terme « Protocole » désigne le Protocole au traité sur l'Antarctique relatif à la protection de l'environnement signé à Madrid le 4 octobre 1991 ;

b) le terme« Parties » désigne les Parties au Protocole ;

c) le terme « Comité » désigne le Comité pour la protection de l'environnement tel qu'il est défini à l'article 11 du Protocole ;

d) le terme « Secrétariat » désigne le Secrétariat du traité sur l'Antarctique.

Partie I Représentants et experts

Article 3

Chaque Partie au Protocole a le droit d'être membre du Comité et de nommer un représentant qui peut être accompagné d'experts et de conseillers possédant des compétences scientifiques, environnementales ou techniques appropriées.

Avant chaque réunion du Comité, chaque membre du Comité notifie, aussi rapidement que possible, au gouvernement du pays hôte de ladite Réunion les noms et qualités de chaque Représentant et, avant la réunion ou au début de celle-ci, les noms et qualités de chaque expert et conseiller.

Partie II Observateurs et consultation

Article 4

Sont admis au statut d'observateur auprès du Comité :

a) toute Partie contractante au Traité qui n'est pas Partie au Protocole ;

b) le Président du Comité scientifique pour la recherche en Antarctique, le Président du Comité scientifique pour la conservation de la faune et de la flore marines de l'Antarctique et le Président du Conseil des directeurs de programmes antarctiques nationaux, ou des Représentants qu'ils ont désignés ;

c) sous réserve de l'approbation spécifique de la Réunion consultative du Traité sur l'Antarctique, les autres organisations scientifiques, environnementales et techniques compétentes pouvant contribuer aux travaux du Comité.

Article 5

Avant chaque réunion du Comité, les observateurs notifient, dès que possible, au gouvernement du pays hôte de ladite réunion les noms et qualités de leur Représentant désigné pour y assister.

Article 6

Les Observateurs peuvent participer aux débats mais pas à la prise des décisions.

Article 7

Dans l'accomplissement de ses fonctions, le Comité consulte selon que de besoin le Comité scientifique pour la recherche en Antarctique, le Comité scientifique pour la conservation de la faune et de la flore marines de l'Antarctique, le Conseil des directeurs de programmes antarctiques nationaux, et d'autres organisations scientifiques, environnementales et techniques compétentes.

Article 8

Le Comité peut demander l'avis d'experts lorsqu'il le juge opportun, au cas par cas.

Partie III Réunions

Article 9

Le Comité se réunit une fois par an, en général et de préférence, à l'occasion de la Réunion consultative du Traité sur l'Antarctique et au même endroit. Avec l'accord de la RCTA, le Comité peut également se réunir entre deux réunions annuelles afin d'accomplir ses tâches.

Le Comité peut créer des groupes de contact informels à composition non limitée, chargés d'examiner des questions spécifiques et d'en faire rapport à la Réunion.

Les groupes de contact à composition non limitée constitués pour conduire des travaux pendant les périodes intersessions fonctionnent comme suit :

a) le cas échéant, le coordonnateur du groupe de contact est désigné par le Comité durant sa réunion et son nom apparaît dans le rapport final ;

b) le cas échéant, le mandat du groupe de contact est établi par le Comité et inclus dans son rapport final ;

c) le cas échéant, les modes de communication comme le courrier électronique, le forum de discussion en ligne géré par le Secrétariat et les réunions informelles sont arrêtés par le Comité et inclus dans son rapport final ;

d) les représentants souhaitant prendre part à un groupe de contact en font part au coordonnateur par le biais du forum de discussion, par courrier électronique ou par d'autres moyens appropriés ;

e) le coordinateur utilise les moyens appropriés pour informer tous les membres du groupe de la composition du groupe de contact ;

f) toute la correspondance doit être mise en temps opportun à la disposition de tous les membres du groupe de contact ; et

g) en exposant leurs observations, les membres du groupe de contact indiquent les noms de ceux qu'ils représentent.

Le Comité peut également décider de créer d'autres sous-groupes informels ou d'envisager d'autres méthodes de travail, sous forme d'ateliers et de vidéoconférences notamment.

Article 10

Le Comité peut, avec l'approbation de la Réunion consultative du Traité sur l'Antarctique, créer des organes subsidiaires selon que de besoin.

Ces organes subsidiaires fonctionnent selon les dispositions du règlement intérieur du Comité, le cas échéant.

Article 11

Le règlement intérieur qui régit l'élaboration de l'ordre du jour de la Réunion consultative du Traité sur l'Antarctique s'applique, avec les adaptations nécessaires, aux réunions du Comité.

Avant chaque réunion d'un organe subsidiaire, le Secrétariat, après avoir consulté les Présidents du Comité et de l'organe subsidiaire, élabore et diffuse un ordre du jour provisoire annoté.

Partie IV Transmission des documents

Article 12

1. Les documents de travail (WP) désignent les documents soumis aux membres du Comité car nécessitant discussions et prise de décision lors d'une réunion ainsi que les documents soumis par les Observateurs et mentionnés à l'article 4(b).

2. Les documents du Secrétariat (SP) désignent les documents préparés par le Secrétariat selon les dispositions d'un mandat établi lors d'une réunion, ou qui pourraient, d'après le Secrétaire exécutif, éclairer la réunion ou contribuer à son déroulement.

3. Les documents d'information (IP) désignent :
   - les documents soumis par des membres du Comité ou des Observateurs, mentionnés à l'article 4(b) et présentant des informations appuyant un document de travail ou pertinents pour les discussions lors d'une réunion,
   - les documents soumis par des Observateurs, mentionnés à l'article 4(a) et pertinents pour les discussions lors d'une réunion ; et
   - les documents soumis par des Observateurs, mentionnés à l'article 4(c) et pertinents pour les discussions lors d'une réunion.

4. Les documents de référence (BP) désignent les documents soumis par un participant et qui ne sont pas présentés lors de la réunion, mais soumis afin de fournir des informations de manière officielle.

5. Les procédures de transmission, de traduction et de distribution des documents figurent en annexe au Règlement intérieur de la RCTA.

Partie V Avis et recommandations

Article 13

Le Comité s'efforce de parvenir à un consensus au sujet des recommandations et avis qu'il est appelé à formuler conformément aux dispositions du Protocole.

En l'absence de consensus, le Comité inclut dans son rapport tous les points de vue formulés sur la question à l'examen.

Partie VI Décisions

Article 14

Lorsqu'une prise de décision s'impose, les questions de fond sont tranchées par consensus des membres du Comité participant à la réunion. Les décisions sur les questions de procédure sont prises à la majorité simple des membres du Comité présents et votants. Chaque membre du Comité dispose d'une voix. Le consensus détermine si une question est de nature procédurale ou non.

Partie VII Président et vice-présidents

Article 15

Le Comité élit parmi les représentants des Parties consultatives un Président et deux vice-présidents. Le Président et les vice-présidents sont élus pour un mandat couvrant deux réunions annuelles et, dans la mesure du possible, leurs mandats seront décalés.

Le Président et les vice-présidents ne peuvent exercer plus de deux mandats consécutifs. Le Président et les vice-présidents ne peuvent être des représentants de la même Partie.

Le vice-président le plus ancien en poste (en tenant compte, dans le calcul, de l'ensemble de ses précédents mandats) est nommé premier vice-président.

Au cas où les deux vice-présidents sont nommés pour la première fois lors de la même réunion, le Comité détermine celui des deux qui est nommé premier vice-président.

Les candidats aux postes de Président et de vice-présidents sont nommés conformément à la procédure suivante.

a) Au moins 180 jours avant le début de la réunion du Comité au cours de laquelle une élection sera requise, le Président émet une circulaire pour :
   - rappeler aux membres qu'il y aura une élection ;
   - si le Président ou les vice-présidents en cours arrivent à la fin de leur premier mandat, informer les membres de leur volonté d'exercer un second mandat ; et
   - solliciter des candidatures pour le(s) poste(s).

b) Les membres doivent, de préférence, soumettre leurs candidatures au Secrétariat au moins 60 jours avant le début de la réunion du Comité. Les candidats doivent :
   - compter parmi les Parties consultatives au traité sur l'Antarctique ;
   - avoir une connaissance pratique approfondie du Système du traité sur l'Antarctique, des pratiques et des travaux du Comité et des questions examinées par le Comité ;
   - avoir le soutien de leur Partie pour occuper le poste pendant au moins un mandat couvrant deux réunions annuelles du comité ; et

- se conformer à l'exigence selon laquelle le Président et les vice-présidents doivent appartenir à des Parties différentes.

c) Avant la réunion, le Président diffusera une circulaire résumant les résultats de tout appel à candidatures.

La procédure suivante doit être suivie lors des élections :

a) un quorum sera requis pour une élection valide ;

b) chaque membre disposera d'un vote (à chaque tour de scrutin, si plusieurs tours sont nécessaires) ;

c) le résultat de l'élection sera décidé à la majorité simple des membres présents et votants ;

d) dans le cas où il y aurait plus de deux candidats pour un poste, des tours de scrutin seront organisés, éliminant le candidat ayant obtenu le moins de voix à chaque tour.

Article 16

Entre autres fonctions, le Président a les pouvoirs et responsabilités suivants :

a) convoquer, démarrer, présider et clôturer chaque réunion du Comité ;

b) statuer sur les motions d'ordre soulevées à chacune des réunions du Comité, sous réserve du droit de chaque Représentant de demander que ces décisions soient soumises à l'approbation du Comité ;

c) approuver l'ordre du jour provisoire de la réunion après consultation des Représentants ;

d) signer, au nom du Comité, le rapport de chaque réunion ;

e) présenter le rapport mentionné à l'article 22 sur chaque réunion du Comité à la Réunion consultative du traité sur l'Antarctique ;

f) selon les besoins, entreprendre des travaux intersessions ; et

g) comme convenu par le Comité, représenter le Comité auprès d'autres instances.

Article 17

Lorsque le Président est dans l'impossibilité d'exercer ses fonctions, le premier vice-président assume les pouvoirs et responsabilités de la présidence.

Lorsque le Président et le premier vice-président sont dans l'impossibilité d'exercer leurs fonctions, le deuxième vice-président assume les pouvoirs et responsabilités du Président.

Article 18

En cas de vacance de la présidence entre deux réunions, le premier vice-président assume les pouvoirs et responsabilités de la présidence jusqu'à l'élection d'un nouveau Président.

Si les postes de Président et de premier vice-président deviennent vacants entre les réunions, le second vice-président assume les pouvoirs et responsabilités du Président jusqu'à l'élection d'un nouveau Président.

Article 19

Le Président et les vice-présidents entrent en fonction à la fin de la réunion du Comité au cours de laquelle ils ont été élus.

Partie VIII Moyens administratifs

Article 20

En règle générale, le Comité et ses organes subsidiaires utilisent, durant leurs réunions, les moyens administratifs mis à disposition par le gouvernement du pays hôte.

Partie IX Langues

Article 21

Les langues officielles du Comité et, s'il y a lieu, des organes subsidiaires mentionnés à l'article 10 sont l'anglais, l'espagnol, le français et le russe.

Partie X Registres et rapports

Article 22

Le Comité présente un rapport sur chacune de ses réunions à la Réunion consultative du traité sur l'Antarctique. Le rapport traite de toutes les questions examinées au cours des réunions, y compris aux réunions intersessions, et de celles abordées le cas échéant par les organes subsidiaires, et il reflète les points de vue exprimés. Le rapport comprend également une liste complète des documents de travail, des documents d'information et des documents de référence officiellement diffusés. Le rapport est présenté à la Réunion consultative du traité sur l'Antarctique dans ses langues officielles. Il est diffusé aux Parties et aux Observateurs présents à la réunion, avant d'être rendu public.

Partie XI Amendements

Article 23

Le Comité peut adopter des amendements au présent règlement intérieur, sous réserve de l'approbation de la Réunion consultative du traité sur l'Antarctique.

Décision 2 (2023)

Rapport programme et budget du Secrétariat

Les Représentants,

Rappelant la Mesure 1 (2003) sur la mise en place du Secrétariat du traité sur l'Antarctique (« le Secrétariat ») ;

Gardant à l'esprit le Règlement financier du Secrétariat du traité sur l'Antarctique, en annexe de la Décision 4 (2003) et modifié par la Décision 6 (2005) ;

Rappelant la Décision 4 (2009) concernant, entre autres questions, le Fonds d'urgence pour la traduction ;

Notant des frais de traduction accrus à venir ;

Décident :

1. d'approuver le Rapport financier vérifié pour 2021/22, annexé à la présente Décision (annexe 1) ;
2. de prendre note du rapport 2022/23 du Secrétariat, qui comprend le Rapport financier provisoire pour 2022/23, annexé à la présente Décision (annexe 2) ;
3. de prendre note du profil budgétaire prévisionnel quinquennal pour la période 2024/25-2028/29, et d'approuver le Programme du Secrétariat pour 2023/24, qui comprend le budget pour l'exercice 2023/4 et le budget prévisionnel 2024/25, annexé à la présente Décision (annexe 3) ;
4. d'augmenter le Fonds de réserve pour la traduction à 50 000 $; et
5. de demander que le Secrétaire exécutif du Secrétariat ouvre le débat, lors du forum de la Réunion consultative du Traité sur l'Antarctique, sur un sujet destiné à informer les Parties consultatives des problèmes financiers.

« 2023 – 1983 / 2023 – 40 ANS DE DÉMOCRATIE »

Presidencia de la Nación
Sindicatura General de la Nación

ANNEXE I

Avis de l'auditeur

Monsieur le Secrétaire
du Secrétariat du traité sur l'Antarctique
Maipú 757, 4° piso
CUIT 30-70892567-1
Réf. : XLVe RCTA – XXVe réunion du CPE Réunion consultative du traité sur l'Antarctique, 2023 – Helsinki, Finlande.

1. Rapport sur les états financiers

Nous avons vérifié les états financiers du Secrétariat du traité sur l'Antarctique, qui comprennent le compte de résultat, l'état de la situation financière, le tableau de variation des fonds propres, le tableau des flux de trésorerie et les notes explicatives pour l'exercice allant du 1er avril 2021 au 31 mars 2022.

2. Responsabilité de la direction pour les états financiers

Le Secrétariat du traité sur l'Antarctique, constitué en vertu de la loi argentine n° 25.888 du 14 mai 2004, est chargé de préparer et de présenter les états financiers figurant en annexe, conformément aux principes comptables fondés sur les opérations de trésorerie et dans le respect des normes internationales de comptabilité et des normes spécifiques aux Réunions consultatives du traité sur l'Antarctique. Cette responsabilité consiste en l'élaboration, la mise en œuvre et le maintien du contrôle interne de la préparation et de la présentation des états financiers de telle sorte que ces états financiers soient exempts de fraude ou d'erreur, ainsi qu'en la sélection et la mise en œuvre de politiques comptables appropriées et l'élaboration d'une comptabilité prévisionnelle raisonnable pour les circonstances.

3. Responsabilité de l'auditeur

Notre responsabilité est d'émettre une opinion sur lesdits états financiers sur la base de l'audit effectué.

L'audit a été effectué conformément aux normes internationales d'audit et à l'annexe à la décision 3 (2012) de la XXXIe Réunion consultative du traité sur l'Antarctique, qui décrit les tâches de l'audit externe.

Ces normes requièrent le respect de règles d'éthique ainsi que la planification et l'exécution de l'audit de manière à apporter la garantie raisonnable que les états financiers sont exempts d'erreurs majeures.

Un audit implique par ailleurs l'exécution de procédures dont le but est de réunir des éléments de preuve concernant les montants et leurs affectations dans les états financiers. Les procédures choisies dépendent du bon jugement de l'auditeur, notamment de l'évaluation de risques d'erreurs importantes dans les états financiers.

Dans le cadre de l'évaluation des risques, l'auditeur prend en compte le contrôle interne pertinent concernant l'élaboration et la présentation objective des états financiers réalisé par l'organisation afin de concevoir des procédures adéquates adaptées aux circonstances.

L'audit consiste en outre à évaluer l'adéquation des principes comptables utilisés, à offrir une opinion visant à déterminer le caractère raisonnable des calculs comptables appliqués par la direction ainsi qu'à évaluer la présentation générale des états financiers.

Nous pensons que les éléments de preuve ainsi recueillis constituent une base suffisante et pertinente pour émettre notre avis d'audit.

« 2023 – 1983 / 2023 – 40 ANS DE DÉMOCRATIE »

Presidencia de la Nación
Sindicatura General de la Nación

4. Avis

Selon nous, les états financiers du Secrétariat du traité sur l'Antarctique figurant en annexe pour l'exercice clos le 31 mars 2022 ont été préparés, dans tous les aspects importants, dans le respect des normes comptables internationales, des normes spécifiques aux Réunions consultatives du traité sur l'Antarctique et des principes comptables fondés sur les opérations de trésorerie.

5. Autres sujets

Les informations sur la Note 1 des états financiers ci-joints révèlent que ceux-ci ont été préparés par le Secrétariat du traité sur l'Antarctique conformément aux dispositions du Règlement financier annexé à la décision 4 (2003), qui diffèrent, en termes d'évaluation spécifique et de présentation, des normes comptables en vigueur dans la Ville autonome de Buenos Aires, en République argentine.

En outre, les informations mentionnées au paragraphe précédent reflètent les écarts de conversion de devises enregistrés au cours d'un exercice dans un contexte de forte dévaluation du cours légal en République argentine.

6. Informations supplémentaires requises par la loi

Conformément à l'analyse présentée au point 3, nous signalons que les états financiers mentionnés émanent de registres qui ne sont pas transcrits sur des livres comptables en vertu des normes argentines en vigueur.

Nous signalons également que, selon la comptabilité au 31 mars 2022, les dettes envers le Système unique de Sécurité sociale d'Argentine en pesos argentins, et conformément aux calculs effectués par le Secrétariat, s'élevaient à 1 361 317,5 $ (11 200,39 USD), et en cette date aucune somme en pesos argentins n'était due.

Il convient de noter que les relations de travail sont régies par le Statut du personnel du Secrétariat du traité sur l'Antarctique.

Ville autonome de Buenos Aires, 3 avril 2023

SINDICATURA GENERAL DE LA NACIÓN

Ariel Maximiliano Bozzano
Contador Público (U.B.A.)
C.P.C.E.C.A.B.A. – T°379 – F°044

Annexe I - Rapport final pour la période 2021-2022

1. **État des produits et charges de tous les fonds pour la période du 1er avril 2021 au 31 mars 2022 et données comparatives de l'exercice précédent.**

		Budget	
PRODUITS	**31/3/2021**	**31/3/2022**	**31/3/2022**
Contributions (Note 10)	1 378 097	1 378 097	1 378 097
Fonds général (Note 1.11)	-	-	-
Autres produits (Note 2)	734	1 000	975
Total des produits	1 378 831	1 379 097	1 379 072
CHARGES			
Salaires et traitements	678 136	706 510	707 463
Services de traduction et d'interprétation	22 840	220 000	240 184
Frais de voyage et d'hébergement	10 230	30 000	26 532
Technologie de l'information	46 011	53 850	45 873
Impression, édition et reprographie	1 801	16 500	12 517
Services généraux	35 295	48 808	34 206
Communications	13 827	19 900	16 543
Frais de bureaux	12 711	18 500	14 618
Administration	6 750	9 000	6 228
Frais de représentation	169	4 000	770
Financement (Note 9)	54 571	55 000	19 104
Total des charges	882 340	1 182 068	1 124 040
DOTATION DE FONDS			
Fonds de licenciement de personnel	25 813	26 768	26 768
Fonds de remplacement de personnel	-	-	-
Fonds de roulement	-	-	-
Fonds pour frais de traduction imprévus	-	-	-
Total dotation de fonds	25 813	26 768	26 768
Total de charges et de dotations	908 153	1 208 836	1 150 808
(Déficit) / Excédent de l'exercice	470 678	170 261	228 264

Ce tableau doit être lu avec les Notes 1 à 10 jointes

Annexe I - Rapport final pour la période 2021-2022

2. État de la situation financière au 31 mars 2022, comparativement à l'exercice précédent

	31/3/2021	31/3/2022
ACTIF		
Actif courant		
Trésorerie et équivalents de trésorerie (Note 3)	1 541 947	2 131 016
Contributions dues (Note 10)	128 674	141 963
Autres débiteurs (Note 4)	31 971	1 122
Autres éléments d'actif courant (Note 5)	86 424	49 953
Total actif courant	1 789 016	2 324 055
Actif non courant		
Actif immobilisé (Notes 1.3 et 6)	88 999	89 722
Total actif non courant	88 999	89 722
Total actif	1 878 015	2 413 777
PASSIF		
Passif courant		
Comptes créditeurs (Note 7)	36 748	29 232
Contributions perçues à l'avance (Note 10)	387 197	660 495
Fonds volontaire spécial pour objectifs spécifiques (Note 1.9)	9 461	24 171
Salaires et contributions à verser (Note 8)	33 096	32 611
Total passif courant	466 502	746 509
Passif non courant		
Fonds de licenciement de personnel (Note 1.4)	70 129	96 897
Fonds de remplacement de personnel (Note 1.5)	50 000	50 000
Fonds pour frais de traduction imprévus (Note 1.6)	30 000	30 000
Fonds de cessation involontaire d'emploi (Note 1.7)	80 291	80 291
Fonds de remplacement d'éléments d'actif immobilisé (Note 1.8)	22 702	23 426
Total passif non courant	253 122	280 614
Total passif	719 624	1 027 123
ACTIF NET	1 158 391	1 386 655

Ce tableau doit être lu avec les Notes 1 à 10 jointes

Annexe I - Rapport final pour la période 2021-2022

3. État de la variation de l'actif net au 31 mars 2022, comparativement à l'exercice précédent.

Représenté par	Actif net 31/3/2021	Produits	Charges et Acquisitions	Autres produits	Actif net 31/3/2022
Fonds général	928 439	1 378 097	(1 150 808)	975	1 156 703
- évaluation du personnel					0 00
- couvrir fonds pour frais de traduction imprévus					0 00
- constituer un fonds de cessation involontaire d'emploi					0 00
Fonds de roulement (Note 1.9)	229 952				229 952
Actif net	1 158 391				1 386 655

Ce tableau doit être lu avec les Notes 1 à 10 jointes

Annexe I - Rapport final pour la période 2021-2022

4 Tableau des flux de trésorerie pour la période du 1er avril 2021 au 31 mars 2022, comparativement à l'exercice précédent.

Flux de trésorerie et équivalents de trésorerie		**31/3/2022**		**31/3/2021**	
Trésorerie et équivalents de trésorerie au début de l'exercice		1 541 947		1 203 852	
Trésorerie et équivalents de trésorerie en fin d'exercice		2 131 016		1 541 947	
Augmentation nette de trésorerie et équivalents de trésorerie			589 069		338 095
Causes des flux de trésorerie et équivalents de trésorerie					
Activités d'exploitation					
Contributions perçues	977 611			816 731	
Paiement de salaires et traitements	(707 064)			(676 725)	
Paiement de services de traduction	(233 224)			(15 880)	
Paiement de voyage, d'hébergement, etc.	(21 731)			-	
Paiement d'impression, d'édition, de reprographie	(12 517)			(1 801)	
Paiement de services généraux	(27 721)			(38 692)	
Autres paiements aux fournisseurs	(85 316)			(67 207)	
Flux net de trésorerie et équivalents de trésorerie résultant des activités d'exploitation		(109 964)			16 426
Activités d'investissement					
Acquisition d'éléments d'actif immobilisé	(1 983)			(16 172)	
Flux net de trésorerie et équivalents de trésorerie résultant des activités d'investissement		(1 983)			(16 172)
Activités de financement					
Contributions perçues à l'avance	660 495			387 197	
Paiement pour cessation d'emploi et remplacement	-			-	
Préparation de la RCTA	-			-	
Encaissement art. 5.6 Règlement du personnel	208 453			167 620	
Paiement art. 5.6 Règlement du personnel	(170 370)			(165 545)	
Paiement à l'avance loyer net	15 200			13 532	
Mouvement net de l'AFIP	17 445			(38 593)	
Produits / (charges) divers	975			4 272	
Flux net de trésorerie et équivalents de trésorerie résultant des activités de financement		732 198			368 483
Activités en devises étrangères					
Perte nette	(31 182)			(30 643)	
Flux net de trésorerie et équivalents de trésorerie résultant des activités en devises étrangères		(31 182)			(30 643)
Augmentation nette de trésorerie et équivalents de trésorerie			589 069		338 095

Ce tableau doit être lu avec les Notes 1 à 10 jointes

Notes afférentes aux états financiers au 31 mars 2021 et 2022

1 BASE POUR L'ÉLABORATION DES ÉTATS FINANCIERS

Les présents états financiers sont exprimés en dollars américains, conformément aux lignes directrices établies dans le Règlement financier, Annexe à la décision 4 (2003). Ces états ont été préparés conformément aux normes internationales d'informations financières (IFRS) du Conseil des normes internationales de comptabilité (en anglais, IASB). Le critère de comptabilisation est le calcul cumulé.

1,1 Coût historique

Les présents états financiers ont été élaborés conformément à la convention du coût historique, sauf autre disposition expressément mentionnée.

1,2 Bureaux

Les bureaux du Secrétariat sont fournis par le ministère des Affaires étrangères, du Commerce international et du Culte de la République argentine. Ces locaux sont exemptés du paiement de loyer et de charges communes.

1,3 Actif immobilisé

Tous les biens sont estimés selon leur coût historique, moins l'amortissement cumulé. L'amortissement est calculé linéairement à des taux annuels estimés suffisants pour éteindre leurs valeurs à la fin de la durée de vie utile. La valeur résiduelle des biens d'usage dans leur ensemble n'excède pas leur valeur d'utilisation économique.

1,4 Fonds de licenciement de personnel

Conformément au Règlement du personnel, article 10.4, le fonds est suffisamment doté pour indemniser le personnel exécutif à raison d'un mois de salaire de base par année de service.

1,5 Fonds de remplacement de personnel

Ce fonds sert à couvrir les frais de déplacement du personnel exécutif du Secrétariat à destination et en provenance du Secrétariat.

1,6 Fonds pour frais de traduction imprévus

Conformément à la décision 4 (2009), le Fonds a été créé pour couvrir les frais de traduction issus de l'augmentation inattendue du volume de documents déposés à la RCTA à des fins de traduction.

1,7 Fonds de cessation involontaire d'emploi

Se conformer à l'article 10.5 du Règlement du personnel du Secrétariat du traité sur l'Antarctique pour les membres du personnel des services généraux.

1,8 Fonds de remplacement d'éléments d'actif immobilisé

Conformément aux normes IAS, les éléments de l'actif dont la durée de vie utile s'étend au-delà de l'exercice en cours doivent être signalés comme éléments d'actif dans
l'état de la situation financière. Jusqu'en mars 2010, la contrepartie était un ajustement au niveau du fonds général. À partir d'avril 2010, la contrepartie de ces éléments de l'actif doit être présentée comme passif sous cette rubrique.

1,9 Fonds de roulement

Conformément au Règlement financier, article 6.2 (a), le fonds ne peut dépasser un sixième (1/6) du budget de l'exercice financier en cours. Aucune dotation n'a été apportée à ce fonds pendant l'exercice en cours.

1,10 Fonds spécial volontaire pour objectifs spécifiques

Art. 82 du rapport final de la XXXVe RCTA, concernant la réception de contributions volontaires par les Parties. Le Fonds de contributions volontaires correspond
à l'argent utilisé pour payer les loyers et les dépenses communes de l'année fiscale.

1,11 Fonds général

Ce fonds est constitué afin de comptabiliser les produits et charges du Secrétariat.

Notes afférentes aux états financiers au 31 mars 2021 et 2022

		31/3/2021	31/3/2022
2	**Autres produits**		
	Intérêts perçus	-	-
	Escomptes obtenus	734	975
	Total	734	975
3	**Trésorerie et équivalents de trésorerie**		
	Trésorerie en dollars	1 530	1 480
	Trésorerie en pesos argentins	150	159
	Compte spécial à la BNA en dollars	1 521 302	2 116 254
	Compte à la BNA en pesos argentins	18 964	13 123
	Investissements	-	-
	Total	1 541 947	2 131 016
4	**Autres débiteurs**		
	Règlement du personnel, art. 5.6	31 971	1 122
5	**Autres éléments d'actif courant**		
	Paiements anticipés	31 738	18 178
	TVA à encaisser	50 456	27 500
	Autres charges à récupérer	4 230	4 275
	Total	86 424	49 953
6	**Actif immobilisé**		
	Livres et abonnements	16 704	17 341
	Équipements de bureau	40 227	40 227
	Mobilier	52 436	52 436
	Matériel informatique et logiciels	143 719	150 937
	Coût initial total	253 086	260 940
	Amortissements cumulés	(164 087)	(171 218)
	Total	88 999	89 722
7	**Comptes fournisseurs**		
	Commerciaux	3 219	3 503
	Frais cumulés	33 359	25 742
	Autres	170	-13
	Total	36 748	29 232
8	**Salaires, apports et contributions à verser**		
	Rémunérations	9 500	9 900
	Apports et contributions	23 596	22 711
	Total	33 096	32 611
9	**Financement**		
	Différence de change liée aux paiements	22 723	13 328
	Différence de change décaissement Argentine	15 264	2 056
	Différence de change remboursement TVA	16 584	3 720
	Total	54 571	19 104

Notes afférentes aux états financiers au 31 mars 2021 et 2022

10 Contributions dues, engagées, annulées ou reçues à l'avance.

Contributions Rubriques	Dues 31/3/2021	Engagées incluses	Annulées $	Dues 31/3/2022	Anticipées 31/3/2022
Afrique du Sud		46 119	46 119		46 119
Allemagne		52 217	52 229		-
Argentine		60 347	60 347		-
Australie		60 347	60 372		60 335
Belgique		40 021	40 021		40 009
Brésil	100 749	40 021	84 948	55 822	-
Bulgarie		33 923	33 923		-
Chili		46 119	-	46 119	-
Chine		46 119	46 144		-
Équateur		33 923	33 923		-
Espagne		46 119	46 119		-
États-Unis d'Amérique		60 347	60 347		60 347
Fédération de Russie		46 119	46 119		-
Finlande		40 021	40 021		-
France		60 347	60 347		60 347
Inde		46 119	46 119		-
Italie		52 217	52 217		52 216
Japon		60 347	60 347		-
Norvège		60 347	60 347		60 327
Nouvelle-Zélande		60 347	60 347		60 322
Pays-Bas		46 119	46 119		46 119
Pérou	27 926	33 923	61 849		33 965
Pologne		40 021	40 021		40 021
République de Corée		40 021	40 021		40 021
République tchèque		40 021	40 021		-
Royaume-Uni		60 347	60 347		60 347
Suède		46 119	46 129		-
Ukraine		40 021	40 033		-
Uruguay		40 021	-	40 021	-
Total	128 674	1 378 097	1 364 894	141 962	660 495

Albert Lluberas Bonaba
Secrétaire exécutif

Roberto A. Fennell
Directeur financier

Rapport financier provisoire 2022/23

LIGNES DE CRÉDIT	États financiers vérifiés 2021/22	Budget 2022/23	États financiers provisoires 2022/2
REVENUS			
Contributions annoncées	$ 1 378 097	$ 1 378 097	$ 1 378 097
Contributions volontaires	$ -	$ -	$ -
Autres revenus	$ 975	$ 3 500	$ 2 069
Total revenus	**$ 1 379 072**	**$ 1 381 597**	**$ 1 380 166**
DÉPENSES			
SALAIRES			
Exécutif	$ 303 468	$ 313 825	$ 313 825
Personnel général	$ 388 841	$ 405 842	$ 406 124
Personnel de soutien de la RCTA	$ 8 900	$ 15 220	$ 13 288
Stagiaire	$ -	$ 1 200	$ -
Heures supplémentaires	$ 6 254	$ 12 000	$ 9 081
Montant total Salaires	$ 707 463	$ 748 087	$ 742 318
TRADUCTION ET INTERPRÉTATION			
Traduction et interprétation	$ 240 184	$ 310 000	$ 337 155
DÉPLACEMENTS			
Déplacements, hébergement, indemnités, divers	$ 26 532	$ 108 500	$ 95 853
TECHNOLOGIES DE L'INFORMATION			
Matériel	$ 9 799	$ 11 000	$ 12 826
Logiciels	$ 3 451	$ 3 500	$ 2 945
Développement	$ 22 752	$ 26 000	$ 24 117
Maintenance matérielle et logicielle	$ 3 870	$ 3 500	$ 3 156
Support	$ 6 000	$ 8 000	$ 4 880
Total Technologies de l'information	$ 45 873	$ 52 000	$ 47 924
IMPRESSION, ÉDITION ET COPIE			
Rapport final	$ 11 401	$ 12 000	$ 8 356
Autres publications	$ 1 117	$ 2 500	$ 1 465
Total Impression, édition et copie	$ 12 517	$ 14 500	$ 9 821
SERVICES GÉNÉRAUX			
Conseil juridique	$ 571	$ 3 500	$ 4 725
Services de paie	$ 8 194	$ 8 400	$ 8 400
Audit externe	$ 11 619	$ 11 618	$ 11 428
Nettoyage, maintenance et sécurité	$ 2 774	$ 8 000	$ 7 354
Formation	$ 2 599	$ 7 000	$ 3 712
Banque	$ 7 558	$ 7 900	$ 7 380
Location de matériel	$ 892	$ 1 000	$ 740
Total Services généraux	$ 34 206	$ 47 418	$ 43 739
COMMUNICATION			
Téléphone	$ 3 068	$ 2 500	$ 4 045
Internet	$ 4 091	$ 4 500	$ 4 822
Hébergement Web	$ 9 180	$ 10 000	$ 5 991
Affranchissement	$ 204	$ 1 000	$ 299
Total Communication	$ 16 543	$ 18 000	$ 15 157

	États financiers vérifiés 2021/22	Budget 2022/23	États financiers provisoires 2022/23
BUREAU			
Papeterie et consommables	$ 3 111	$ 2 500	$ 3 342
Livres et abonnements	$ 303	$ 1 000	$ 795
Assurance	$ 3 198	$ 3 500	$ 2 800
Mobilier	$ 1 476	$ 1 500	$ 2 130
Matériel de bureau	$ 1 100	$ 3 000	$ 150
Amélioration de bureau	$ 5 430	$ 4 500	$ 3 800
Total Bureau	$ 14 618	$ 16 000	$ 13 017
ADMINISTRATION			
Fournitures de bureau	$ 741	$ 2 500	$ 750
Transport local	$ 2 380	$ 1 000	$ 70
Divers	$ 1 197	$ 2 200	$ 2 378
Fournisseurs	$ 1 910	$ 2 500	$ 2 194
Total Administration	$ 6 228	$ 8 200	$ 5 392
REPRÉSENTATION			
Représentation	$ 770	$ 4 000	$ 1 365
FINANCEMENT			
Gain / perte de change	$ 13 328	$ 11 500	$ 23 460
Échange de paiements du pays hôte (gain)/perte	$ 2 033	$ 5 800	$ 22 184
Remboursements nets de TVA (gain)/perte	$ 3 720	$ 8 000	$ 10 760
Total Financement (gain)/perte	$ 19 081	$ 25 300	$ 56 404
SOUS-TOTAL DES DÉPENSES	**$ 1 124 017**	**$ 1 352 005**	**$ 1 368 145**
CRÉDITS DES FONDS			
Fonds de roulement	$ -	$ -	$ -
Fonds de remplacement du personnel	$ -	$ -	$ -
Fonds de licenciement du personnel	$ 26 768	$ 29 592	$ 29 592
Cessation de service involontaire	$ -	$ -	$ -
Fonds de réserve pour la traduction	$ -	$ -	$ -
Total Crédits des fonds	$ 26 768	$ 29 592	$ 29 592
TOTAL DÉPENSES ET CRÉDITS	**$ 1 150 785**	**$ 1 381 597**	**$ 1 397 737**
Excédent / (Déficit) pour la période	**$ 228 287**	**$ -**	**$ (17 571)**

ACTIVITÉ DU FONDS

		États financiers vérifiés 2021/22		Mouvements nets 2022/23		États financiers provisoires 2022/23
FONDS GÉNÉRAL						
Solde de départ vérifié	$	1 156 703				
Sur fonds de cessation de service involontaire			$	(1 204)		
Sur fonds de réserve pour la traduction			$	(30 000)		
Excédent/(déficit) pour la période en cours			$	(17 571)		
Solde final provisoire					**$**	**1 107 928**
FONDS DE ROULEMENT						
Solde de départ vérifié	$	229 952				
Solde final provisoire			$	-	**$**	**229 952**
*) **FONDS DE REMPLACEMENT DU PERSONNEL**						
Solde de départ vérifié	$	50 000				
Solde final provisoire			$	-	**$**	**50 000**
*) **FONDS DE LICENCIEMENT DU PERSONNEL**						
Solde de départ vérifié	$	96 897				
Crédits de la période en cours			$	29 592		
Solde final provisoire					**$**	**126 489**
) **CESSATION DE SERVICE INVOLONTAIRE						
Solde de départ vérifié	$	80 291				
Du fonds général			$	1 204		
Solde final provisoire					**$**	**81 495**
***) **FONDS DE RÉSERVE POUR LA TRADUCTION**						
Solde de départ vérifié	$	30 000				
Traduction de l'EEC « Base Petrel »			$	(30 000)		
Du fonds général			$	30 000		
Solde final provisoire					**$**	**30 000**
RÈGLEMENT FINANCIER 6.3						
Fonds général	$	1 156 703	$	(48 775)	$	1 107 928
****) Cotisations impayées	$	(141 962)			$	(181 983)
Excédent de trésorerie	**$**	**1 014 741**			**$**	**925 945**

*) Décision 1 (2006)

**) Décision 3 (2019)

***) Décision 4 (2009)

****) Cotisations impayées au 31 mars 2022 et au 31 mars 2023

Programme du Secrétariat 2023/2024

Introduction

Le présent programme de travail présente les activités proposées au Secrétariat pour l'exercice financier 2023-2024 (du 1er avril 2023 au 31 mars 2024).

Le programme est axé sur les activités régulières du Secrétariat, notamment les préparatifs de la XLVIe RCTA, la publication des rapports, les diverses tâches attribuées au Secrétariat en vertu de la Mesure 1 (2003) et les diverses tâches demandées lors des dernières RCTA. Le programme et les chiffres connexes du budget 2023-2024 se fondent sur le budget prévisionnel pour l'exercice financier 2023-2024 (D1 [2022]).

Soutien aux activités intersessions

Au cours des dernières années, la RCTA et le CPE ont produit un volume important de travaux intersessions, principalement par le biais de groupes de contact intersessions (GCI) et de forums de discussions informelles. Le Secrétariat continuera d'apporter son soutien à ces discussions, publiera des rappels réguliers des discussions en cours et fournira régulièrement des mises à jour détaillées sur l'état d'avancement de ces discussions sur le forum. Le Secrétariat maintiendra des contacts étroits avec les présidents des groupes de travail de la RCTA afin de fournir une assistance pour la préparation de la prochaine réunion.

Concernant le CPE, le Secrétariat continuera de travailler avec la Présidente du CPE et les organisateurs du Groupe subsidiaire chargé de la réponse au changement climatique (GSRCC) et du Groupe subsidiaire chargé des plans de gestion (GSPG). Le Secrétariat continuera également de participer à des appels vidéo réguliers coordonnés par la Présidente du CPE pour faciliter les travaux intersessions du CPE et préparer la prochaine réunion.

Prise en charge prévue pour les 46 RCTA (2024) et 47e RCTA (2025)

Le gouvernement indien et le Secrétariat du Traité sur l'Antarctique organiseront conjointement la 46e RCTA et la 26e réunion du CPE, qui auront lieu en 2024. Les responsabilités du Secrétariat du pays hôte et du Secrétariat du Traité sur l'Antarctique sont décrites dans le Manuel d'organisation, mis à jour chaque année par le Secrétariat du Traité sur l'Antarctique. Les tâches principales du Secrétariat lors de la réunion sont la gestion des documents, l'encadrement des services techniques, l'organisation des services de traduction et d'interprétation, l'assistance aux présidents, ainsi que le soutien à la compilation et la publication du Rapport final. Le secrétariat du pays d'accueil gère l'organisation de la salle, la mise à disposition de services techniques, l'externalisation des services de rapporteur et les fonctions sociales.

Les services de traduction et d'interprétation comprennent la traduction des documents avant, pendant et après la réunion, et l'interprétation pendant les sessions. Le Secrétariat organisera également les services de prise de notes pendant la réunion et se chargera de la compilation et de l'édition des rapports de la RCTA et de la réunion du CPE. Le Secrétariat créera également une rubrique sur son site Web afin de mettre les documents et autres supports pertinents à la disposition des délégués pour qu'ils s'inscrivent en ligne à la réunion.

Le Secrétariat poursuivra également ses démarches d'aide au gouvernement italien dans le cadre de l'organisation de la 47e RCTA (2025) pour discuter de questions telles que la disposition et la capacité des bureaux et des salles de réunion, l'assistance informatique et audiovisuelle et la planification des événements.

Coordination et contact

Outre le maintien d'échanges réguliers par courrier électronique et par téléphone avec les Parties et les institutions internationales du Système du Traité sur l'Antarctique, la participation aux réunions est un outil important pour maintenir la coordination et la communication. Par conséquent, le Secrétaire exécutif assistera à la 42e réunion de la CCAMLR (2023) et le Secrétaire exécutif adjoint participera à la 35e réunion de l'AGA du COMNAP (2023), toutes deux devant se tenir à Hobart, en Australie.

Sur la base des précieuses expériences de l'année écoulée, le Secrétariat sera prêt à organiser des sessions de formation et de discussion virtuelles avec les délégués, à la demande des Parties, pour encourager l'utilisation du SEEI, expliquer les nouvelles fonctionnalités et échanger des points de vue sur la manière de l'améliorer davantage. Le Secrétariat se tient également prêt à aider les Parties à tout moment en ce qui concerne les services fournis via le site Web, la gestion de l'information, les documents, les contacts et les activités intersessions, entre autres.

Site Web et systèmes d'information

Développement du site Web du Secrétariat

Le Secrétariat entamera un processus visant à redéfinir les catégories et les sujets actuellement utilisés pour classer les mesures de la RCTA dans la base de données du Traité sur l'Antarctique afin de faciliter la recherche et le filtrage des mesures. Sur la base des commentaires des utilisateurs et des enquêtes fournies lors de la réunion, le Secrétariat apportera également des améliorations à la plateforme de dépôt de documents à la RCTA et au CPE ainsi qu'aux outils de la page de réunion tels que les notifications et les événements.

Outils de cartographie

Le Secrétariat continuera d'explorer la possibilité d'utiliser la plateforme d'information géographique en ligne existante pour représenter une variété de contenus géoréférencés déjà présents dans ses bases de données ou qui pourraient résulter de nouvelles exigences en matière d'échange d'informations. Dans ce sens, il est prévu de développer des cartes permettant de visualiser la coopération scientifique et les sites antarctiques affectés par les activités passées.

Échange d'informations et Système électronique d'échange d'informations (SEEI)

Le Secrétariat continuera d'aider les Parties à publier leurs documents d'échange d'informations, et de traiter les informations téléchargées via la fonction « Téléchargement de fichiers ». En outre, le Secrétariat augmentera la production de tutoriels et/ou de programmes de formation sur le SEEI pour faciliter l'engagement des Parties, encourager l'utilisation des produits du SEEI et comprendre les besoins particuliers des Parties lors de l'utilisation du système.

Le Secrétariat élaborera également de nouveaux outils pour visualiser clairement et rapidement l'état des informations téléchargées/publiées par les Parties dans chaque section du SEEI.

Refonte et amélioration de la base de données de contacts

Cette nouvelle interface repensée, comprenant de nouvelles fonctionnalités pour l'inscription en ligne aux réunions, continuera d'être améliorée grâce aux contributions précieuses des utilisateurs via leurs commentaires.

Le Secrétariat continuera d'offrir une assistance directe aux Parties afin de faciliter la mise à jour de la base de données, la modification ou la suppression des coordonnées de contact qui ont changé ou sont devenues obsolètes.

Publications

Rapport final de la RCTA et Rapport du CPE

Pour la XLVe RCTA à Helsinki, le Secrétariat a préparé la traduction, en temps voulu et dans les quatre langues du Traité, du document officieux de la présidente du CPE sur l'avis du CPE à la RCTA. Après la réunion, le Secrétariat traduira, publiera et distribuera le rapport final de la XLVe RCTA et ses annexes dans les quatre langues du Traité, conformément aux procédures de transmission, de traduction et de distribution des documents de la RCTA et de la réunion du CPE et aux autres exigences établies par la RCTA (Rapport final de la XXXIIe RCTA, paragraphe 72).

Le Rapport final sera disponible sur le site du Secrétariat et des versions papier seront envoyées par courrier et par le biais de canaux diplomatiques. Des copies papier seront également disponibles à l'achat auprès de détaillants en ligne. Le Secrétariat ajustera ses procédures internes pour continuer à améliorer la qualité éditoriale du rapport, y compris le formatage des documents avant et après la réunion.

Autres publications

Le Secrétariat publiera une édition mise à jour du *Règlement intérieur de la Réunion consultative du Traité sur l'Antarctique et du Comité pour la protection de l'environnement* dans les quatre langues du Traité. Ce livre sera disponible sur le site Web du Secrétariat et des copies papier seront également disponibles auprès de détaillants en ligne du monde entier. Le Secrétariat est prêt à produire une nouvelle édition du *Recueil des principaux documents du système du Traité sur l'Antarctique* dans les quatre langues du Traité, si nécessaire.

Documentation et informations publiques

Documents de la RCTA

Le Secrétariat poursuivra ses efforts pour compléter ses archives des Rapports finaux et autres documents de la RCTA ainsi que des autres réunions du Système du Traité sur l'Antarctique dans les quatre langues du Traité. Nous voudrions réitérer notre invitation aux Parties à rechercher leurs dossiers pour parvenir à constituer une archive complète au Secrétariat. Veuillez contacter le Secrétariat pour obtenir une liste détaillée des documents manquants.

Le Secrétariat mettra à disposition sur son site Web des documents supplémentaires découlant de la XLVe RCTA, y compris des rapports d'Observateurs et d'Experts ainsi que d'autres documents, conformément aux dispositions établies par la RCTA (rapport final de la XXXIIe RCTA, paragraphe 72).

Glossaires et Directives éditoriales

Le Secrétariat va maintenir son glossaire des termes et des expressions de la RCTA afin de produire une nomenclature dans les quatre langues officielles du Traité. Le Secrétariat mettra à jour ses directives éditoriales, visant à normaliser le travail des rapporteurs, des traducteurs, des relecteurs et de son personnel. Le Secrétariat mettra à jour son glossaire technique en ligne à usage interne, dans le but d'améliorer la cohérence de la traduction des documents de la RCTA.

Banque d'images

Le Secrétariat prévoit d'améliorer l'interface de la banque d'images actuelle, dans le but de renouveler son aspect visuel et de proposer de nouveaux outils de recherche, de sélection et de téléchargement de matériel photographique existant.

Nous aimerions renouveler notre appel à fournir au Secrétariat des documents photographiques originaux qui seront publiés dans la banque d'images sous une licence Creative Commons. Nous aimerions particulièrement recevoir des photographies correspondant aux réunions du Traité sur l'Antarctique avant la création du Secrétariat, ainsi que celles relatives aux travaux de terrain menés par les Parties en Antarctique, dans le but de se conformer aux règlements établis par la RCTA et le CPE, tels que les activités d'inspection.

De même, le Secrétariat a rendu disponible une section de la banque d'images destinée à la collecte et à la diffusion publique de vidéos au format numérique. Avec un critère similaire à celui appliqué à la banque d'images fixes, nous aimerions recevoir des vidéos relatives aux réunions consultatives, comme les vidéos de présentation diffusées chaque année par le pays hôte de la réunion suivante lors de la séance plénière de clôture.

La Section Outils pour les délégués du site Web du Secrétariat propose aux délégués un formulaire de dépôt de matériel photographique.

Personnel

Au 1er avril 2023, le personnel du Secrétariat se composait comme suit :

Fonction	Depuis	Rang	Échelon	Mandat
Cadres				
Secrétaire exécutif	1-09-2017	E1	5	31-08-2025
Secrétaire exécutif adjoint	15-07-2019	E3	3	31-07-2023
Personnel général				
Responsable de communication	1-11-2004	G1	6	
Agent de soutien technique (à temps partiel)	1-02-2020	G2	3	
Fonctionnaire des finances (à temps partiel)	1-12-2008	G2	6	
Rédacteur	1-02-2006	G2	6	
Informaticien	1-02-2019	G3	4	
Spécialiste en communication (à temps partiel)	1-10-2010	G4	6	
Chef de bureau	15-11-2012	G4	6	
Agent de propreté (à temps partiel)	1-07-2015	G7	6	

Le 30 juin 2023, le Fonctionnaire des finances (G2-IV), M. Alan Fennell, prendra sa retraite et sera remplacé par la comptable (G3-I), Mme Gabriela Russo. Ce changement prévu a été expliqué dans la section « Feuille de route pour de nouvelles actions » du « Rapport sur le processus d'examen des rôles et responsabilités du personnel du Secrétariat du Traité sur l'Antarctique » distribué aux Parties lors de la XLIVe RCTA (2022) à Berlin. En raison de certains chevauchements nécessaires, ce changement entraînera une légère augmentation de la ligne des salaires du personnel général pour l'exercice 2023-2024, mais une diminution plus importante pour cette même ligne à partir de l'exercice 2024-2025 compte tenu du niveau de salaire inférieur et du premier échelon d'ancienneté du nouveau poste.

Aucun autre changement n'est prévu dans les postes du Secrétariat.

Questions financières

Le budget de l'exercice financier 2023-2024 et le budget prévisionnel de l'exercice financier 2024-2025 sont inclus dans l'annexe 1.

Projet de budget pour l'exercice financier 2023-2024

La répartition des fonds sur les différentes lignes de crédit reste très conforme à la prévision formulée l'année dernière. Seuls de petits ajustements aux dépenses prévues pour l'exercice 2023-2024 ont été introduits pour refléter la hausse des coûts en dollars américains, tant au niveau local qu'international, et l'impact éventuel de nouvelles dévaluations sur la ligne Financement.

Comme expliqué ci-dessus, certains chevauchements dans le poste de comptable entraîneront une légère augmentation de la ligne des salaires de personnel général pour l'exercice 2023-2024, mais une diminution plus importante pour cette même ligne pour l'exercice 2024-2025.

Le coût de la vie a continué de fortement augmenter en Argentine en 2022. Le taux d'inflation (*Índice de Precios al Consumidor*) pour 2022 publié par l'INDEC (*Instituto Nacional de Estadística y Censos de la República Argentina*) était de 94,80 %, et n'a été compensé qu'en partie par une hausse du dollar américain par rapport au peso argentin de 70,07 %. L'inflation mondiale a également augmenté au cours de cette période, affectant l'économie et déclenchant des augmentations de salaires dans toutes les Parties consultatives[1].

Par conséquent, et en gardant une approche extrêmement conservatrice inférieure des augmentations salariales moyennes pour la plupart des Parties consultatives en 2022, le Secrétaire exécutif propose d'augmenter les salaires de 2,9 %.

L'échelle salariale proposée est fournie à l'annexe 3.

Malgré l'impact de ces facteurs, grâce à une gestion prudente, nous avons su établir un budget présentant un déficit modéré de seulement 27 920 USD. Ce déficit a facilement pu être couvert par l'excédent existant du Fonds général.

Des rapports trimestriels sur l'exécution du budget seront fournis aux Parties conformément à la Décision 1 (2022).

Fonds

Fonds de roulement

Conformément à l'alinéa (a) de l'Article 6.2) du Règlement financier, le fonds de roulement doit être maintenu à 1/6e du budget du Secrétariat (s'élevant actuellement à 229 952 USD).

Fonds de licenciement du personnel

Le fonds de licenciement du personnel sera crédité de 33 620 USD, conformément à l'Article 10.4 du Statut du personnel (Voir annexe 1).

Fonds de réserve pour la traduction

Le Secrétariat demandera que le montant de 30 000 USD attribué à ce Fonds par D4 (2009) soit augmenté à 50 000 USD pour mieux couvrir les augmentations imprévues du volume de documents soumis à la RCTA pour traduction, compte tenu des coûts et des volumes actuels, et du besoin de traduction de documents volumineux tels que les projets d'EGIE.

Prévision de budget pour l'exercice financier 2024-2025

Il est prévu que la plupart des activités courantes du Secrétariat continuent pendant l'exercice 2023-2024, y compris les réunions en personne en 2024 en Inde et, par conséquent, à moins que le programme ne subisse de profonds changements, aucune modification majeure des postes budgétaires n'est prévue.

---

[1]Données du FMI sur l'inflation mondiale jusqu'en octobre 2022 (IMF Global inflation data up to October 2022)

Cependant, les ajustements à la hausse en dollars américains pour les coûts locaux en Argentine devraient affecter les coûts opérationnels tandis que l'inflation mondiale devrait entraîner une augmentation des coûts pour les voyages ainsi que la traduction et l'interprétation.

Par conséquent, le budget prévisionnel pour cette période devrait afficher un déficit d'environ 45 000 USD, qui devrait être couvert par l'excédent accumulé du Fonds général.

Les contributions pour l'exercice financier 2024-2025 ne seront pas augmentées. L'annexe 2 présente le barème des contributions pour l'exercice financier 2024-2025.

Profil budgétaire quinquennal prévisionnel 2024/25-2028/29

Selon des hypothèses raisonnables, le profil budgétaire permet une augmentation nominale de zéro dans les contributions jusqu'à 2028-2029, comme exposé dans le document Profil budgétaire quinquennal présenté séparément par le Secrétariat.

Budget 2023/24 et Prévisions 2024/25

LIGNES DE CRÉDITS		États financiers provisoires 2022/23		Prévisions 2023/24		Budget 2023/24		Prévisions 2024/25
REVENUS								
Contributions annoncées	$	1 378 097	$	1 378 097	$	1 378 097	$	1 378 097
Contributions volontaires	$	-	$	-	$	-	$	-
Autres revenus	$	2 069	$	3 500	$	6 500	$	6 000
Total revenus	**$**	**1 380 166**	**$**	**1 381 597**	**$**	**1 384 597**	**$**	**1 384 097**
DÉPENSES								
SALAIRES								
Exécutif	$	313 825	$	319 574	$	328 898	$	332 909
Personnel général	$	406 124	$	410 187	$	420 371	$	407 819
Personnel de soutien de la RCTA	$	13 288	$	16 000	$	14 900	$	16 000
Stagiaire	$	-	$	1 200	$	600	$	1 200
Heures supplémentaires	$	9 081	$	12 000	$	10 000	$	10 500
Montant total Salaires	**$**	**742 318**	**$**	**758 961**	**$**	**774 769**	**$**	**768 428**
TRADUCTION ET INTERPRÉTATION								
Traduction et interprétation	**$**	**337 155**	**$**	**312 000**	**$**	**313 500**	**$**	**325 000**
DÉPLACEMENTS								
Déplacements, hébergement, indemnités, divers	**$**	**95 853**	**$**	**111 300**	**$**	**106 900**	**$**	**114 000**
TECHNOLOGIES DE L'INFORMATION								
Matériel	$	12 826	$	11 000	$	11 000	$	11 000
Logiciels	$	2 945	$	3 500	$	3 500	$	3 500
Développement	$	24 117	$	27 500	$	25 500	$	26 500
Maintenance matérielle et logicielle	$	3 156	$	3 500	$	3 500	$	3 500
Support	$	4 880	$	8 000	$	7 000	$	7 500
Total Technologies de l'information	**$**	**47 924**	**$**	**53 500**	**$**	**50 500**	**$**	**52 000**
IMPRESSION, ÉDITION ET COPIE								
Rapport final	$	8 356	$	12 500	$	10 000	$	11 000
Autres publications	$	1 465	$	3 000	$	2 500	$	3 000
Total Impression, édition et copie	**$**	**9 821**	**$**	**15 500**	**$**	**12 500**	**$**	**14 000**
SERVICES GÉNÉRAUX								
Conseil juridique	$	4 725	$	4 000	$	3 000	$	3 500
Services de paie	$	8 400	$	8 400	$	8 400	$	8 400
Audit externe	$	11 428	$	11 618	$	11 428	$	11 428
Nettoyage, maintenance et sécurité	$	7 354	$	8 000	$	8 000	$	8 000
Formation	$	3 712	$	7 000	$	6 000	$	7 000
Banque	$	7 380	$	8 000	$	8 000	$	8 500
Location de matériel	$	740	$	1 000	$	1 000	$	1 000
Total Services généraux	**$**	**43 739**	**$**	**48 018**	**$**	**45 828**	**$**	**47 828**
COMMUNICATION								
Téléphone	$	4 045	$	2 500	$	3 500	$	4 000
Internet	$	4 822	$	4 500	$	4 500	$	5 000
Hébergement Web	$	5 991	$	10 000	$	8 500	$	9 000
Affranchissement	$	299	$	1 000	$	700	$	700
Total Communication	**$**	**15 157**	**$**	**18 000**	**$**	**17 200**	**$**	**18 700**

	États financiers provisoires 2022/23	Prévisions 2023/24	Budget 2023/24	Prévisions 2024/25
BUREAU				
Papeterie et consommables	$ 3 342	$ 2 500	$ 3 000	$ 3 300
Livres et abonnements	$ 795	$ 1 000	$ 1 000	$ 1 000
Assurance	$ 2 800	$ 3 500	$ 3 300	$ 3 700
Mobilier	$ 2 130	$ 1 500	$ 1 500	$ 2 000
Matériel de bureau	$ 150	$ 3 500	$ 3 000	$ 3 500
Amélioration de bureau	$ 3 800	$ 4 000	$ 4 000	$ 4 000
Total Bureau	**$ 13 017**	**$ 16 000**	**$ 15 800**	**$ 17 500**
ADMINISTRATION				
Fournitures de bureau	$ 750	$ 3 000	$ 2 000	$ 2 500
Transport local	$ 70	$ 700	$ 700	$ 800
Divers	$ 2 378	$ 2 700	$ 2 700	$ 3 200
Fournisseurs	$ 2 194	$ 3 000	$ 2 500	$ 3 000
Total Administration	**$ 5 392**	**$ 9 400**	**$ 7 900**	**$ 9 500**
REPRÉSENTATION				
Représentation	**$ 1 365**	**$ 4 000**	**$ 4 000**	**$ 4 000**
FINANCEMENT				
Gain / perte de change	$ 23 460	$ 11 500	$ 16 000	$ 15 000
Échange de paiements du pays hôte (gain)/perte	$ 22 184	$ 4 800	$ 6 500	$ 5 000
Remboursements nets de TVA (gain)/perte	$ 10 760	$ 7 700	$ 7 500	$ 7 500
Total Financement (gain)/perte	**$ 56 404**	**$ 24 000**	**$ 30 000**	**$ 27 500**
SOUS-TOTAL DES DÉPENSES	**$ 1 368 145**	**$ 1 370 679**	**$ 1 378 897**	**$ 1 398 456**
CRÉDITS DES FONDS				
Fonds de roulement	$ -	$ -	$ -	$ -
Fonds de remplacement du personnel	$ -	$ -	$ -	$ -
Fonds de licenciement du personnel	$ 29 592	$ 29 108	$ 33 620	$ 30 951
Cessation de service involontaire	$ -	$ -	$ -	$ -
Fonds de réserve pour la traduction	$ -	$ -	$ -	$ -
Total Crédits des fonds	**$ 29 592**	**$ 29 108**	**$ 33 620**	**$ 30 951**
TOTAL DÉPENSES ET CRÉDITS	**$ 1 397 737**	**$ 1 399 787**	**$ 1 412 517**	**$ 1 429 407**
Excédent / (Déficit) pour la période	**$ (17 571)**	**$ (18 190)**	**$ (27 920)**	**$ (45 310)**

SOLDE FONDS

Fonds de roulement	$ 229 952	$ 229 952	$ 229 952	$ 229 952
Fonds de remplacement du personnel	$ 50 000	$ 50 000	$ 50 000	$ 50 000
Fonds de licenciement du personnel	$ 126 489	$ 153 728	$ 160 109	$ 191 060
Cessation de service involontaire	$ 81 495	$ 80 291	$ 83 858	$ 83 858
Fonds de réserve pour la traduction	$ 30 000	$ 30 000	$ 30 000	$ 30 000

Barème des contributions pour l'exercice financier 2024/25

Partie	Cat.	Mult.	Variable	Fixe	Total
Argentine	A	3,6	$ 36 587	$ 23 760	$ 60 347
Australie	A	3,6	$ 36 587	$ 23 760	$ 60 347
Belgique	D	1,6	$ 16 261	$ 23 760	$ 40 021
Brésil	D	1,6	$ 16 261	$ 23 760	$ 40 021
Bulgarie	E	1	$ 10 163	$ 23 760	$ 33 923
Chili	C	2,2	$ 22 359	$ 23 760	$ 46 119
Chine	C	2,2	$ 22 359	$ 23 760	$ 46 119
République tchèque	D	1,6	$ 16 261	$ 23 760	$ 40 021
Équateur	E	1	$ 10 163	$ 23 760	$ 33 923
Finlande	D	1,6	$ 16 261	$ 23 760	$ 40 021
France	A	3,6	$ 36 587	$ 23 760	$ 60 347
Allemagne	B	2,8	$ 28 456	$ 23 760	$ 52 217
Inde	C	2,2	$ 22 359	$ 23 760	$ 46 119
Italie	B	2,8	$ 28 456	$ 23 760	$ 52 217
Japon	A	3,6	$ 36 587	$ 23 760	$ 60 347
République de Corée	D	1,6	$ 16 261	$ 23 760	$ 40 021
Pays-Bas	C	2,2	$ 22 359	$ 23 760	$ 46 119
Nouvelle-Zélande	A	3,6	$ 36 587	$ 23 760	$ 60 347
Norvège	A	3,6	$ 36 587	$ 23 760	$ 60 347
Pérou	E	1	$ 10 163	$ 23 760	$ 33 923
Pologne	D	1,6	$ 16 261	$ 23 760	$ 40 021
Fédération de Russie	C	2,2	$ 22 359	$ 23 760	$ 46 119
Afrique du Sud	C	2,2	$ 22 359	$ 23 760	$ 46 119
Espagne	C	2,2	$ 22 359	$ 23 760	$ 46 119
Suède	C	2,2	$ 22 359	$ 23 760	$ 46 119
Ukraine	D	1,6	$ 16 261	$ 23 760	$ 40 021
Royaume-Uni	A	3,6	$ 36 587	$ 23 760	$ 60 347
États-Unis	A	3,6	$ 36 587	$ 23 760	$ 60 347
Uruguay	D	1,6	$ 16 261	$ 23 760	$ 40 021
Total promis					**$ 1 378 097**

Grille des salaires 2023/24

Annexe A

GRILLE DES SALAIRES DU PERSONNEL EXÉCUTIF

(en dollars américains)

2023/24		ÉCHELONS														
Niveau		I	II	III	IV	V	VI	VII	VIII	IX	X	XI	XII	XIII	XIV	XV
E1	A	$ 141 315	$ 143 943	$ 146 573	$ 149 203	$ 151 833	$ 154 461	$ 157 090	$ 159 721							
E1	B	$ 176 642	$ 179 929	$ 183 216	$ 186 504	$ 189 791	$ 193 077	$ 196 363	$ 199 652							
E2	A	$ 118 995	$ 121 233	$ 123 471	$ 125 707	$ 127 945	$ 130 181	$ 132 417	$ 134 655	$ 136 893	$ 139 130	$ 141 366	$ 141 620	$ 143 828		
E2	B	$ 148 743	$ 151 540	$ 154 339	$ 157 134	$ 159 930	$ 162 725	$ 165 521	$ 168 319	$ 171 118	$ 173 912	$ 176 708	$ 177 025	$ 179 785		
E3	A	$ 99 229	$ 101 386	$ 103 545	$ 105 704	$ 107 864	$ 110 022	$ 112 181	$ 114 340	$ 116 498	$ 118 656	$ 120 815	$ 122 110	$ 123 404	$ 125 534	$ 127 662
E3	B	$ 124 035	$ 126 733	$ 129 432	$ 132 131	$ 134 830	$ 137 527	$ 140 226	$ 142 926	$ 145 622	$ 148 320	$ 151 019	$ 152 637	$ 154 255	$ 156 918	$ 159 577
E4	A	$ 82 280	$ 84 278	$ 86 280	$ 88 274	$ 90 276	$ 92 272	$ 94 268	$ 96 270	$ 98 270	$ 100 266	$ 102 266	$ 102 823	$ 104 794	$ 106 765	$ 108 736
E4	B	$ 102 850	$ 105 348	$ 107 851	$ 110 343	$ 112 845	$ 115 342	$ 117 835	$ 120 336	$ 122 837	$ 125 331	$ 127 832	$ 128 528	$ 130 992	$ 133 456	$ 135 920
E5	A	$ 68 218	$ 70 007	$ 71 793	$ 73 583	$ 75 368	$ 77 155	$ 78 945	$ 80 727	$ 82 518	$ 84 306	$ 86 089	$ 86 669			
E5	B	$ 85 272	$ 87 509	$ 89 742	$ 91 978	$ 94 211	$ 96 445	$ 98 680	$ 100 910	$ 103 147	$ 105 382	$ 107 613	$ 108 335			
E6	A	$ 54 004	$ 55 721	$ 57 438	$ 59 158	$ 60 874	$ 62 591	$ 64 311	$ 66 028	$ 67 744	$ 68 789	$ 69 464				
E6	B	$ 67 503	$ 69 652	$ 71 796	$ 73 947	$ 76 092	$ 78 239	$ 80 390	$ 82 535	$ 84 681	$ 85 986	$ 86 829				

Note : La ligne B est le salaire de base (indiqué à la ligne A) avec un supplément de 25 % pour les coûts salariaux (fonds de retraite et primes d'assurance, subventions d'installation et de rapatriement, indemnités d'éducation, etc.) et correspond au salaire total auquel le personnel d'encadrement a droit conformément au règlement 5.1.

Annexe B

GRILLE DES SALAIRES DU PERSONNEL GÉNÉRAL

(en dollars américains)

		ÉCHELONS														
Niveau		I	II	III	IV	V	VI	VII	VIII	IX	X	XI	XII	XIII	XIV	XV
G1		$ 67 667	$ 70 823	$ 73 982	$ 77 138	$ 80 428	$ 83 858									
G2		$ 56 389	$ 59 019	$ 61 650	$ 64 281	$ 67 024	$ 69 882									
G3		$ 46 989	$ 49 181	$ 51 375	$ 53 567	$ 55 853	$ 58 237									
G4		$ 39 159	$ 40 986	$ 42 813	$ 44 640	$ 46 544	$ 48 531									
G5		$ 32 349	$ 33 859	$ 35 368	$ 36 879	$ 38 454	$ 40 097									
G6		$ 26 516	$ 27 752	$ 28 989	$ 30 227	$ 31 518	$ 32 863									
G7		$ 14 334	$ 14 953	$ 15 574	$ 16 194	$ 16 841	$ 17 516									

Décision 3 (2023)

Renouvellement du contrat de l'auditeur externe du Secrétariat

Les Représentants,

Rappelant le Règlement financier du Secrétariat du traité sur l'Antarctique annexé à la Décision 4 (2003), et plus particulièrement l'article 11 (audit externe) ;

Conscients que le Secrétariat du traité sur l'Antarctique (« le Secrétariat ») effectue la majorité de ses transactions financières en Argentine, et que les règles détaillées de tenue de livres et de comptabilité sont spécifiques à chaque pays ;

Notant la proposition de l'Argentine de désigner la *Sindicatura General de la Nación* (« SIGEN ») comme auditeur externe du Secrétariat ;

Décident :

1. de désigner la *Sindicatura General de la Nación* comme auditeur externe du Secrétariat pour les exercices financiers 2021/22 à 2024/25, conformément à l'article 11.1 du Règlement financier du Secrétariat du traité sur l'Antarctique ; et
2. d'autoriser le Secrétaire exécutif à négocier un contrat avec la *Sindicatura General de la Nación* pour effectuer des audits externes annuels pour les années susmentionnées conformément à l'article 11.3, l'annexe à la présente Décision, qui énumère les tâches à accomplir et les limites budgétaires fixées par la Réunion consultative du traité sur l'Antarctique.

Tâches à accomplir par l'auditeur externe

Fournir des rapports d'audit externe couvrant les exercices financiers 2021/22 à 2024/25 conformément à l'article 11.3 du Règlement financier annexé à la Décision 4 (2003).

Le rapport d'audit doit couvrir :

– la mise en œuvre des règlements adoptés par la Réunion consultative du traité sur l'Antarctique (RCTA) ;

– les contrôles internes – Règlements et procédures ;

– le contrôle interne des processus administratifs, des paiements, de la garde des fonds et des actifs ;

– la budgétisation ;

– les rapports de budget comparatifs ;

– l'analyse de l'efficacité des dépenses ;

– le suivi de l'exécution budgétaire ;

– l'analyse de la mise en place de nouvelles unités territoriales ;

– le contrôle et la déclaration des contributions ;

– la création et la supervision du Fonds général, du Fonds de roulement, du Fonds pour les réunions futures, du Fonds de remplacement du personnel, du Fonds de licenciement du personnel et d'autres fonds détenus par le Secrétariat du traité sur l'Antarctique (« le Secrétariat ») ;

– les comptes de revenus et de dépenses ;

– les fonds fiduciaires ;

– la garde de fonds – investissements ;

– le contrôle comptable conformément à l'article 10 de la Décision 4 (2003) ;

– la rédaction d'un Rapport de vérificateur externe ;

– d'autres questions qui peuvent être nécessaires pour assurer une gestion financière fiable du Secrétariat.

Le rapport financier provisoire pour chaque exercice financier doit être soumis par le Secrétaire exécutif à la *Sindicatura General de la Nación* (« SIGEN ») au plus tard le 1er juin de l'année au cours de laquelle l'exercice financier se termine et le rapport vérifié final doit être soumis par SIGEN au Secrétaire exécutif au plus tard le 1er septembre de l'année au cours de laquelle se termine l'exercice financier.

Décision 4 (2023)

Mise à jour des exigences en matière d'échange d'informations

Les Représentants,

Tenant compte des articles III(1)(a) et VII(5) of du Traité sur l'Antarctique ;

Conscients des obligations du Protocole au Traité sur l'Antarctique sur la protection de l'environnement (« le Protocole ») et de ses annexes sur l'échange d'informations ;

Conscients également des décisions de la Réunion consultative du Traité sur l'Antarctique (« RCTA ») concernant les informations à échanger par les Parties ;

Désireux de voir l'échange d'informations entre les Parties mené de la façon la plus adéquate et la plus opportune possible ;

Désirant également que les informations à échanger par les Parties soient facilement identifiées afin d'en maximiser l'utilité ;

Rappelant la Décision 4 (2012), qui décrétait que les Parties utiliseront le Système électronique d'échange d'informations (« SEEI ») pour échanger des informations conformément au Traité sur l'Antarctique et au Protocole et à ses annexes, et qui précisait que les Parties continueraient de travailler avec le Secrétariat du traité sur l'Antarctique (« le Secrétariat ») pour parfaire et améliorer le SEEI ;

Notant que la Décision 4 (2012) exige des Parties qu'elles mettent régulièrement à jour les sections pertinentes du SEEI tout au long de l'année, afin que ces informations soient mises à disposition et accessibles aux Parties dès que possible ;

Désireux d'apporter des modifications à la liste récapitulative jointe à la présente Décision, aux sections 2.1.1. *Plans pour le futur* et 2.1.2. *Activités scientifiques de l'année précédente* (catégorie « Rapport annuel »), et d'ajouter une nouvelle section 3.5 *Accords de coopération* (catégorie « Informations permanentes ») ;

Décident :

1. que l'Annexe à la présente Décision constitue une liste consolidée des informations dont il a été convenu que les Parties s'échangeront ;

2. que le Secrétariat modifiera le SEEI pour refléter les informations contenues dans l'Annexe à la présente Décision ; et

3. que l'Annexe à la Décision 5 (2022) est caduque.

Exigences en matière d'échange d'informations

1. Information de pré-saison

Les informations suivantes sont à soumettre le plus tôt possible, de préférence avant le 1er octobre, et en tout cas avant le début des activités.

1.1 Informations opérationnelles

1.1.1 Expéditions nationales

A. Stations

Noms des stations (en indiquant la région, la latitude et la longitude), le caractère saisonnier, la période d'exploitation (saisonnière), le statut, la population maximale et le soutien médical disponible.
Noms des refuges (en indiquant la région, la latitude et la longitude), les installations médicales et la capacité d'hébergement. Autres activités principales de terrain, par ex. des traversées scientifiques (en indiquant les lieux).

B. Navires non militaires

Noms des navires non militaires, force des glaces, pays d'immatriculation, nombre de voyages, dates de départ prévues, zones d'opération, ports de départ et d'arrivée à destination et en provenance de l'Antarctique, et but du voyage. Nombre maximal des membres de l'équipage, nombre maximal de passagers.

C. Aéronefs non militaires

Type d'avion non militaire, nombre de vols prévus, période des vols ou dates de départ prévues pour des vols intercontinentaux et but du vol. Nombre maximal de membres d'équipage, nombre maximal de passagers.

D. Fusées-sondes

Coordonnées du lieu de lancement, temps et date/période, direction de lancement, altitude maximale envisagée, zone d'impact, type et caractéristiques techniques des missiles, objectifs et noms des projets de recherche.

E. Militaires

- Nombre de militaires (officiers et enrôlés) en expédition.
- Nombre et types d'armement.
- Informations sur l'équipement militaire, le cas échéant, non comprises au paragraphe 3.2.D ci-après, y compris le nom du site, les coordonnées (latitude et longitude), le type d'équipement et son objectif.
- Navires : nom du navire militaire, force des glaces, nombre de voyages, dates de départ prévues, zones d'opération, ports de départ et d'arrivée à

destination et en provenance de l'Antarctique, et but du voyage. Nombre maximal de membres d'équipage, nombre maximal de passagers.

- Aéronef : type d'avion militaire, nombre de vols prévus, période des vols ou dates de départ prévues pour des vols intercontinentaux et but du vol. Nombre maximal de membres d'équipage, nombre maximal de passagers.

1.1.2 Expéditions non gouvernementales[i]

A. Opérations à bord de navires

Nom de l'opérateur, nom du navire, nombre maximal de membres d'équipage, nombre maximal de passagers, pays d'immatriculation, nombre de voyages, responsable de l'expédition, dates envisagées de départ, ports de départ et d'arrivée à destination et en provenance de l'Antarctique, zones d'opérations y compris les noms de sites de visite envisagés et les dates envisagées pour chacune de ces visites, type d'activité, si ces visites comprennent ou non un débarquement, (facultatif) la durée du débarquement et le nombre de visiteurs qui participent à chacune des activités spécifiques.

B. Opérations terrestres

Nom de l'expédition, nom de l'opérateur, méthode de transport vers, depuis et au sein de l'Antarctique, type d'aventure/activité, emplacement(s) des activités et/ou itinéraires, dates de l'expédition, nombre de personnes impliquées, adresse de contact, adresse du site Web.

C. Activités aériennes

Nom de l'opérateur, type d'avion, nombre de vols, période des vols, date de départ par vol, lieu de départ et d'arrivée par vol, itinéraire de chaque vol, objectif de chaque vol et nombre de passagers.

D. Refus d'autorisations

Nom du navire et/ou de l'expédition, nom de l'opérateur, date, motif du refus.

1.2 Visite de Zones protégées

Nom et nombre de zones protégées, nombre de personnes ayant permis de visite, date/période et but.

2. Rapport annuel

Les informations suivantes sont à soumettre le plus tôt possible, après la fin de la saison estivale, mais en tout état de cause, avant le 1er octobre, avec la période de déclaration allant du 1er avril au 30 mars.

2.1. Informations scientifiques

2.1.1. Plans pour le futur[ii]

Détails de plans scientifiques stratégiques ou pluriannuels, ou un lien vers la section Priorités scientifiques clés correspondante du site Web du STA, ou point de contact pour une version papier. Liste de participations envisagées dans des programmes/projets scientifiques majeurs, internationaux, de collaboration.

2.1.2. Activités scientifiques de l'année précédente

Liste des projets scientifiques entrepris l'année précédente dans le cadre de disciplines scientifiques (en indiquant le(s) emplacement(s), le principal responsable, les coordonnées de l'institution responsable, le nom ou numéro du projet, la discipline, et la principale activité/les commentaires, ainsi que, de manière facultative, jusqu'à 5 mots-clés définissant le projet, coopération internationale, le cas échéant, indiquant le pays et l'institution impliqués dans chaque cas.

2.2. Informations opérationnelles

2.2.1. Expéditions nationales

Mise à jour des informations données au paragraphe 1.1.1.

2.2.2. Expéditions non gouvernementales

Mise à jour des informations données au paragraphe 1.1.2. plus, pour le paragraphe 1.1.2.A et B : nombre total de passagers transportés à chaque voyage, nombre total de membres d'équipage à bord à chaque voyage et activité combinée pour les paragraphes A, B et C. Informations sur les incidents inhabituels pour les paragraphes A, B et C, y compris le type d'incidents inhabituels survenus (personnes, environnement et/ou matériels/biens affectés), date, lieu, qui a fourni l'aide et point de contact pour plus d'informations sur l'incident (opérateur ou un membre du Programme national ou une autorité considérée comme compétente).

2.3. Informations sur le permis

2.3.1. Visites de Zones protégées
Mise à jour des informations énoncées au paragraphe 1.2.

2.3.2. Prélèvements et interférences nuisibles avec la flore et la faune
Numéro du permis, période du permis, espèce, emplacement, quantité, sexe, âge et objectif[iii].

2.3.3. Introduction d'espèces non indigènes
Numéro du permis, période du permis, espèce, emplacement, quantité, but[iv], enlèvement ou élimination.

2.4. Informations environnementales

2.4.1. Conformité au Protocole[v]
Description de la mesure, date d'effet.

2.4.2. Plans d'urgence
Titre de plan(s) d'urgence en cas de déversements d'hydrocarbures ou d'autres urgences environnementales, copies (PDF) ou point de contact pour les versions imprimées.

2.4.3. Liste des EIIE et EGIE[vi]
Liste des EIIE/EGIE entreprises au cours de l'année indiquant l'activité proposée, (éventuellement) la période/durée, le lieu, le niveau d'évaluation et la décision prise.

2.4.4. Rapport d'activités de suivi[vii]
Nom de l'activité, localisation, procédures mises en place, informations significatives obtenues, mesures prises en conséquence.

2.4.5. Plans de gestion des déchets
Titre, nom du site/navire, copie (PDF) ou point de contact pour la version imprimée. Rapport sur la mise en œuvre des plans de gestion de déchets au cours de l'année.

2.4.6. Mesures adoptées afin de mettre en œuvre les dispositions de l'annexe V[viii]
Description des mesures.

2.4.7. Procédures relatives aux EIE
Description des procédures nationales appropriées.

2.4.8. Prévention de la pollution marine[ix]
Description des mesures.

3. Informations permanentes

Les informations suivantes peuvent être mises à jour à tout moment.

3.1. Installations scientifiques

3.1.1 Stations/observatoires d'enregistrement automatique

Nom du site, coordonnées (latitude et longitude), altitude (m), paramètres enregistrés, fréquence d'observation, numéro de référence (p.ex., numéro d'OMM).

3.2 Informations opérationnelles

A. Stations

Nom de stations (indiquant la région, la latitude et la longitude), le statut, le caractère saisonnier, la date fixée, l'hébergement et les installations médicales.
Noms des refuges (en indiquant la région, la latitude et la longitude), les installations médicales et la capacité d'hébergement.

B. Navires non militaires
Nom des navires non militaires, pays d'immatriculation, force de la glace, nombre maximal de membres d'équipage, nombre maximal de passagers.

C. Aéronefs non militaires
Type d'aéronef non militaire, nombre maximal de membres d'équipage, nombre maximal de passagers.

D. Militaires
- Nombre de militaires (officiers et soldats)

- Nombre et types d'armements.
- Informations sur l'équipement militaire, le cas échéant, non signalées au préalable dans le SEEI, y compris le nom du site, ses coordonnées (latitude et longitude), le type d'équipement et son objectif.
- Navires : nom du navire militaire, force de la glace, nombre maximal de membres d'équipage, nombre maximal de passagers.
- Aéronef : type d'avion militaire, nombre maximal de membres d'équipage, nombre maximal de passagers.

3.3 Informations environnementales

3.3.1 Plans de gestion des déchets
Titre du plan, site/navire, copie (PDF) ou point de contact pour la version imprimée.

3.3.2 Plans d'urgence
Titre de plan(s) d'urgence en cas de déversements d'hydrocarbures ou d'autres urgences environnementales, copies (PDF) ou point de contact pour les versions imprimées.

3.3.3 Inventaire des activités passées
Nom de station/base/campement éloigné/ traversée/aéronefs accidentés/etc., coordonnées (latitude et longitude), période de déroulement de l'activité, description/but des activités entreprises, description du matériel ou constructions restantes.

3.3.4 Conformité au Protocole[X]
Description de la mesure, date d'effet.

3.3.5 Procédures liées aux EIE
Identiques à celles décrites au paragraphe 2.4.7.

3.3.6 Prévention de la pollution marine
Identiques à celles énoncées au paragraphe 2.4.8.

3.3.7 Mesures prises pour la mise en œuvre des dispositions de l'annexe V
Identiques à celles décrites au paragraphe 2.4.6.

3.4 Autres informations

3.4.1 Législation nationale pertinente
Description de lois, règlements, actes administratifs ou autres mesures, date d'entrée en vigueur/de promulgation, en donnant une copie (PDF) ou d'un point de contact pour la version imprimée.

3.5 Accords de coopération

Accords formels de coopération antarctique (ou polaire) existants avec d'autres Parties. Le cas échéant, indiquer pour chaque cas : a) l'intitulé de l'accord ; b) l'objet de l'accord (général, scientifique, logistique, gestion environnementale, autres) ; c) la description (facultatif) ; d) l'année de signature (facultatif) ; e) la durée de l'accord (facultatif) ; f) la copie (PDF) ou le lien vers le document (facultatif).

----

i La communication d'informations sur les expéditions non gouvernementales sera possible au plus tôt après la fin des processus nationaux, la description relative au délai étant la suivante : « dès que possible à la fin des processus nationaux, de préférence avant la date cible pré-saisonnière, à savoir le 1er octobre, et non après le début de l'activité »

ii La communication optionnelle d'informations sur les plans pour le futur sera possible à tout moment, par exemple lorsque les plans nationaux sont complétés ou mis à jour.

iii Objectif concernant l'article 3 de l'annexe II au Protocole.

iv Objectif concernant l'article 4 de l'annexe II au Protocole.

v Nouvelles mesures adoptées l'année précédente conformément à l'article 13 du Protocole au traité sur l'Antarctique relatif à la protection de l'environnement, notamment l'adoption de lois et de réglementations, de mesures administratives et de mesures d'exécution.

vi La communication d'informations sur les EIIE et les EGIE est souhaitée « dès que les processus nationaux sont complétés tout en maintenant le délai existant pour la transmission des informations par les Parties ».

vii La surveillance relative aux activités sujettes aux évaluations préliminaires et globales d'impact sur l'environnement (mentionnées dans le Protocole, annexe I, art. 6.1 c)

viii Informations sur les mesures prises pour mettre en œuvre l'annexe V, notamment les inspections de sites et toute mesure prise afin de faire face à des cas d'activités contrevenant aux dispositions des plans de gestion d'une ZSPA ou ZSGA

ix Mesures pour garantir que tout bâtiment de guerre, navire auxiliaire ou autre navire détenu ou exploité par un État et utilisé, pour l'instant, uniquement pour des actes de services gouvernementaux non commerciaux de manière conforme, dans la mesure où cela est raisonnable et possible, à l'Annexe.

x Mesures adoptées conformément à l'article 13 du Protocole au traité sur l'Antarctique relatif à la protection de l'environnement, notamment l'adoption de lois et de réglementations, de mesures administratives et de mesures d'exécution.

Décision 5 (2023)

Plan de travail stratégique pluriannuel pour la Réunion consultative du traité sur l'Antarctique

Les Représentamts,

Réaffirmant les valeurs, les objectifs et les principes repris dans le traité sur l'Antarctique et son Protocole relatif à la protection de l'environnement ;

Rappelant la Décision 3 (2012) sur le Plan de travail stratégique pluriannuel (« le Plan ») et ses principes ;

Gardant à l'esprit le fait que le Plan est complémentaire à l'ordre du jour de la Réunion consultative du traité sur l'Antarctique (« RCTA ») et que les Parties et autres participants à la RCTA sont encouragés à contribuer comme d'habitude aux autres questions inscrites à l'ordre du jour de la RCTA ;

Décident :

1. d'adopter le Plan annexé à la présente Décision ; et

2. que le Plan annexé à la Décision 3 (2022) est caduc.

Plan de travail stratégique pluriannuel

	Priorité	XLVe RCTA (2023)	Intersessions	46e RCTA (2024)	Intersessions	47e RCTA (2025)	Intersessions	48e RCTA (2026)
1.	Envisager une démarche coordonnée pour sensibiliser les États non parties dont les ressortissants ou les avoirs sont actifs en Antarctique et les États qui sont Parties au traité sur l'Antarctique, mais pas encore au Protocole	La RCTA identifiera et contactera les États non parties dont les ressortissants sont actifs en Antarctique	Coordination à envisager au sein du forum en ligne de l'autorité compétente	La RCTA identifiera et contactera les États non parties dont les ressortissants sont actifs en Antarctique				
2.	Contribuer aux activités d'éducation et de sensibilisation coordonnées à l'échelle nationale et internationale dans la perspective du traité sur l'Antarctique	Examen du rapport du GCI sur l'éducation et la sensibilisation par le GT1	GCI sur l'éducation et la sensibilisation.	Examen du rapport du GCI sur l'éducation et la sensibilisation par le GT1				
3.	Partager et discuter des priorités scientifiques stratégiques afin d'identifier et de poursuivre les opportunités de	Les Parties, les Observateurs et les Experts sont encouragés à rendre compte des activités liées à la promotion des conséquences du		Les Parties envisagent d'évaluer les progrès par rapport aux recommandations et aux actions prioritaires identifiées par le				

	Priorité	XLVᵉ RCTA (2023)	Intersessions	46ᵉ RCTA (2024)	Intersessions	47ᵉ RCTA (2025)	Intersessions	48ᵉ RCTA (2026)
	collaboration ainsi que le renforcement des capacités en science, en particulier en ce qui concerne le changement climatique	changement climatique en Antarctique		rapport de synthèse décennal de l'ACCE 2022 et par la session conjointe CPE/RCTA de 2023 sur le changement climatique				
4.	Faire entrer en vigueur l'annexe VI et poursuivre la collecte d'informations relatives à la réparation et à la réhabilitation suite aux dégâts causés à l'environnement et à d'autres questions pertinentes pour documenter les négociations futures sur la responsabilité	La RCTA évaluera l'état d'avancement vers l'entrée en vigueur de l'annexe VI en vertu de l'article IX du traité sur l'Antarctique, ainsi que les éventuelles actions nécessaires et propices à encourager les Parties à approuver l'annexe VI en temps voulu. La RCTA examinera les implications des limites de responsabilité prévues dans d'autres instruments internationaux pertinents pour l'éventuelle modification future des limites de l'article 9 de	L'Australie coordonnera un processus intersessions informel sur le forum de la RCTA	La RCTA évaluera l'état d'avancement vers l'entrée en vigueur de l'annexe VI en vertu de l'article IX du traité sur l'Antarctique, ainsi que les éventuelles actions nécessaires et propices à encourager les Parties à approuver l'annexe VI en temps voulu.				

	Priorité	XLVe RCTA (2023)	Intersessions	46e RCTA (2024)	Intersessions	47e RCTA (2025)	Intersessions	48e RCTA (2026)
		l'annexe VI. La RCTA prendra une décision en 2025 sur la mise en place d'un calendrier pour la reprise des négociations relatives à la responsabilité, conformément à l'article 16 du Protocole au traité sur l'Antarctique relatif à la protection de l'environnement, ou plus tôt si les Parties le décident au vu de l'état d'avancement vers l'approbation de la Mesure 1 (2005) – consulter la Décision 2 (2022).						
5.	Évaluer les progrès du CPE dans ses travaux actuels visant à définir les bonnes pratiques, à améliorer les outils existants et à élaborer d'autres outils de protection de l'environnement,	Le GT1 étudiera les avis du CPE et discutera des considérations de principe de l'examen des Lignes directrices de l'évaluation d'impact sur l'environnement (EIE)	Échanger les meilleures pratiques en matière d'EIE	Le GT1 étudiera les avis du CPE et discutera des considérations de principe de l'examen des Lignes directrices de l'évaluation d'impact sur l'environnement (EIE)				

	Priorité	XLVe RCTA (2023)	Intersessions	46e RCTA (2024)	Intersessions	47e RCTA (2025)	Intersessions	48e RCTA (2026)
	y compris les procédures d'évaluation d'impact sur l'environnement							
6.	Avancer dans la mise en œuvre de la Résolution 4 (2022), y compris les questions liées au développement et/ou au renforcement des activités de recherche et à la diffusion de leurs résultats	Mise à jour du COMNAP sur son travail avec les programmes nationaux en vue d'utiliser des méthodes cohérentes pour quantifier et publier les économies réalisées grâce à l'efficacité énergétique, lesquelles contribuent à la fois (a) à réduire l'empreinte carbone et (b) à réduire la consommation de carburant		Les Parties partageront des informations sur leurs expériences sur la vulnérabilité des infrastructures, les protocoles de biosécurité, les moyens d'augmenter l'efficacité énergétique et la réduction des déchets et des émissions				
7.	Modernisation des stations antarctiques dans le contexte du changement climatique	Les Parties continueront à partager des informations et des expériences sur les aspects environnementaux, sécuritaires et culturels de leurs activités de construction		L'ATS fournira un résumé des documents soumis sur la modernisation des stations antarctiques de 2016 à 2023. Les Parties continueront de partager des informations sur la modernisation des				

	Priorité	XLVe RCTA (2023)	Intersessions	46e RCTA (2024)	Intersessions	47e RCTA (2025)	Intersessions	48e RCTA (2026)
				stations antarctiques. Les Parties évalueront la performance de cette priorité.				
8.	Contribuer à renforcer la mise en œuvre cohérente du Code polaire	Les Parties devront partager des documents sur les expériences nationales de mise en œuvre du Code polaire. Une session dédiée sera organisée pour améliorer et aider à la mise en œuvre harmonisée du Code polaire.		Les Parties continueront de partager des documents sur les expériences nationales de mise en œuvre du Code polaire. Les Parties soumettront des documents sur la manière dont elles promeuvent la mise en œuvre du Code polaire auprès des différentes parties prenantes de leurs clusters maritimes nationaux. Les Parties discuteront des moyens possibles de coopérer avec les États du conseil de l'Arctique et d'autres États du pavillon majeurs pour partager les informations et les meilleures pratiques		Les Parties évalueront les progrès de cette priorité.		

	Priorité	XLVe RCTA (2023)	Intersessions	46e RCTA (2024)	Intersessions	47e RCTA (2025)	Intersessions	48e RCTA (2026)
				dans la mise en œuvre du Code polaire.				
9.	Promouvoir l'amélioration des levés hydrographiques en Antarctique	Les Parties discuteront des voies et moyens de mettre en œuvre les résolutions existantes sur l'hydrographie (voir IP 4 de la XLIIIe RCTA, 2021) Les Parties, l'IAATO et l'OHI transmettront des rapports sur les progrès en matière d'hydrographie.		Les Parties informeront de leurs priorités géographiques pour cartographier les zones inexplorées. Les Parties, l'IAATO et l'OHI transmettront des rapports sur les progrès en matière de produits hydrographiques. Les Parties évalueront les progrès accomplis sur cette priorité.		Les Parties évalueront les progrès accomplis sur cette priorité.		
10.	Développer une approche stratégique de la gestion du tourisme en Antarctique pour s'assurer qu'il soit mené de manière sûre et respectueuse de l'environnement	Envisager les conséquences d'une activité touristique accrue pour les charges de recherche et de sauvetage, y compris sur les programmes nationaux de l'Antarctique	Envisager des options pour aider et encourager la mise en œuvre et l'entrée en vigueur de la Mesure 4 (2004) et de la Mesure 15 (2009)	Examiner les progrès de la mise en œuvre et de l'entrée en vigueur de la Mesure 4 (2004) et de la Mesure 15 (2009) Examiner tous les résultats pertinents découlant de l'atelier SAR du COMNAP en Antarctique concernant l'activité touristique				
		Discussion sur la manière dont la	Les Parties intéressées	Évaluer toute croissance du				

	Priorité	XLVe RCTA (2023)	Intersessions	46e RCTA (2024)	Intersessions	47e RCTA (2025)	Intersessions	48e RCTA (2026)
		RCTA peut identifier au mieux les stratégies de surveillance, y compris les indicateurs à même de suggérer des tendances touristiques susceptibles d'accroître les risques pour une gestion efficace ou de présenter un risque pour l'environnement de l'Antarctique.	envisageront des options pour les formulaires de rapport post-visite de la RCTA pour les activités touristiques terrestres et les activités touristiques aériennes. Discussions intersessions informelles sur l'applicabilité et l'utilisation possibles des redevances touristiques.	tourisme ou des activités non gouvernementales menées par des opérateurs non-membres de l'IAATO.				
		Les Parties et autres participants fourniront des mises à jour sur l'avancée des activités de surveillance environnementale liées au tourisme qu'ils parrainent ou mènent, ainsi que sur la surveillance de la conformité des activités touristiques		Demander conseil au CPE concernant la conception d'un programme stratégique de surveillance environnementale du tourisme, afin de soutenir une discussion sur les options de mise en œuvre		Évaluer si la série de Lignes directrices du site et d'autres outils couvrent de manière adéquate les lieux où se déroulent les activités touristiques		
				Examiner si des orientations pour les opérateurs				

	Priorité	XLVe RCTA (2023)	Intersessions	46e RCTA (2024)	Intersessions	47e RCTA (2025)	Intersessions	48e RCTA (2026)
				antarctiques sur la collecte et la fourniture de preuves de non-conformité présumée devraient être élaborées.				
11.	Améliorer la conformité aux réglementations de la RCTA relatives aux activités non gouvernementales, y compris les activités touristiques	Le Groupe de travail 1 fournira des conseils sur la meilleure façon pour les opérateurs en Antarctique de recueillir et de partager efficacement leurs preuves de non-conformité soupçonnée	Le secrétariat élaborera un guide des meilleures pratiques sur la manière de rassembler et de partager les preuves de non-conformité présumée	Les Parties approuveront un tel guide	Demander des commentaires sur le guide utilitaire	Améliorer davantage le guide		
12.	Aborder les questions d'égalité, de diversité et d'inclusion, en promouvant la pleine participation des groupes sous-représentés aux activités scientifiques et opérationnelles de l'Antarctique dans tous les domaines de l'Antarctique, y compris la science, les opérations, la	Les Parties, les Observateurs et les Experts partageront des informations sur leurs plans concernant ces questions		Les Parties, les Observateurs et les Experts partageront des informations sur leurs plans concernant ces questions		Les Parties, les Observateurs et les Experts partageront des informations sur leurs plans concernant ces questions Les Parties évalueront les progrès accomplis sur cette priorité		Les Parties, les Observateurs et les Experts partageront des informations sur leurs plans concernant ces questions

	Priorité	XLVe RCTA (2023)	Intersessions	46e RCTA (2024)	Intersessions	47e RCTA (2025)	Intersessions	48e RCTA (2026)
	politique et le droit							
13.	Renforcer la coordination sur la gestion des événements naturels dangereux dans les installations de l'Antarctique	Examiner et discuter de la manière dont les Parties peuvent gérer efficacement ces événements dans les installations en Antarctique Le COMNAP donnera des informations sur les travaux de ce groupe à la XLVe RCTA Le SCAR donnera des informations sur les activités sismiques en Antarctique	Les Parties continueront d'échanger des informations sur les stations sismiques par le biais du SEEI	Les Parties continueront d'échanger des plans pour gérer les événements naturels dangereux dans les installations de l'Antarctique Les Parties discuteront de l'endroit où envisager ces plans Inviter le COMNAP à rapporter sur les travaux de son groupe de collaboration technique		Les Parties discuteront de l'endroit où envisager ces plans Les Parties évalueront les progrès accomplis sur cette priorité		

Note : Les groupes de travail de la RCTA mentionnés ci-dessus ne sont pas permanents. Ils sont établis par consensus au début de chaque Réunion consultative du traité sur l'Antarctique

Décision 6 (2023)

Processus dédié à l'élaboration d'un cadre global systématique pour le tourisme en Antarctique et autres activités non gouvernementales

Les Représentants,

Notant qu'à l'article 2 du Protocole au traité sur l'Antarctique sur la protection de l'environnement (« le Protocole »), les Parties se sont engagées à assurer une protection globale de l'environnement de l'Antarctique et des écosystèmes dépendants et associés et ont désigné l'Antarctique comme une réserve naturelle, consacrée à la paix et à la science ;

Reconnaissant que les préoccupations associées à la croissance, à la diversification et à la conformité en matière de tourisme en Antarctique et autres activités non gouvernementales en Antarctique exigent que la Réunion consultative du traité sur l'Antarctique (« RCTA ») assume de toute urgence la responsabilité de l'action de gouvernance internationale et la renforce ;

Décident :

1. de lancer un processus spécifique pour élaborer un cadre global systématique pour la réglementation du tourisme et d'autres activités non gouvernementales en Antarctique ;

2. que le Groupe de travail spécial sur l'élaboration d'un cadre pour le tourisme établi conformément à l'article 11 du règlement intérieur de la Réunion consultative du traité sur l'Antarctique (2016) au point 18 à l'ordre du jour du rapport final de la XLVe RCTA tiendra sa première réunion de deux jours pendant la XLVIe RCTA ; et

3. d'inviter toutes les Parties consultatives à élaborer des propositions avant la convocation de cette première réunion, à échanger par les voies normales de communication diplomatique et d'autres moyens, tels que le Forum de la RCTA, afin d'assurer une bonne préparation des débats. Les Parties peuvent décider d'organiser un ou plusieurs ateliers virtuels ou hybrides informels et volontaires pour soutenir leur préparation à la première réunion.

3. Résolutions

Résolution 1 (2023)

Prise en compte des mesures d'atténuation dans l'évaluation d'impact sur l'environnement

Les Représentants,

Rappelant les principes environnementaux en vertu de l'article 3 du Protocole au traité sur l'Antarctique relatif à la protection de l'environnement (le « Protocole ») et en particulier du paragraphe 2(c) du même article, qui stipule que « les activités menées dans la Zone du traité sur l'Antarctique sont organisées et menées sur la base d'informations suffisantes pour permettre l'évaluation préalable et l'appréciation éclairée de leurs incidences éventuelles sur l'environnement en Antarctique et sur les écosystèmes dépendants et associés, ainsi que sur la valeur de l'Antarctique pour la conduite de la recherche scientifique » ;

Rappelant également les exigences de l'article 8 du Protocole et de son annexe I concernant l'évaluation d'impact sur l'environnement des activités proposées dans la Zone du traité sur l'Antarctique ;

Rappelant qu'en vertu de l'article 8 du Protocole, les activités proposées sont soumises aux procédures prévues à l'annexe I pour l'évaluation préalable de l'impact de ces activités sur l'environnement de l'Antarctique ou sur les écosystèmes dépendants ou associés selon que ces activités sont identifiées comme ayant un impact moindre qu'un impact mineur ou transitoire ; un impact mineur ou transitoire ; ou un impact supérieur à un impact mineur ou transitoire ;

Rappelant spécifiquement le paragraphe 2(g) de l'article 3 de l'annexe I au Protocole, qui exige qu'une Évaluation globale d'impact sur l'environnement comprenne « une identification des mesures, y compris des programmes de surveillance, pouvant être prises pour réduire à un niveau minimum ou atténuer les impacts de l'activité envisagée et pour détecter des impacts imprévus, ainsi que des mesures permettant de donner au plus tôt l'alerte sur tout effet négatif de l'activité et de répondre rapidement et efficacement aux accidents » ;

Reconnaissant les dispositions de l'article 1 de l'annexe I selon lesquelles les Parties examinent, conformément aux procédures nationales appropriées, les impacts environnementaux des activités proposées avant leur commencement ;

Reconnaissant que les Parties sont également encouragées à appliquer le niveau approprié d'évaluation de l'impact sur l'environnement proportionnel au niveau d'impact sur l'environnement ;

Notant qu'en vertu de la Résolution 1 (1999), la Réunion consultative du traité sur l'Antarctique (« RCTA ») a adopté des lignes directrices pour l'évaluation d'impact sur l'environnement en Antarctique ;

Notant également qu'en vertu de la Résolution 1 (2016), la RCTA a adopté des Lignes directrices révisées pour l'évaluation d'impact sur l'environnement en Antarctique (les « Lignes directrices ») ; et

Désirant veiller à ce que, conformément aux Lignes directrices, toutes les évaluations d'impact sur l'environnement des activités proposées en Antarctique comprennent des mesures d'atténuation, proportionnées à la nature de l'activité et au niveau de l'évaluation d'impact sur l'environnement ;

Recommandent à leurs gouvernements d'encourager à ce que les évaluations initiales d'impact sur l'environnement et, le cas échéant, les niveaux d'étape préliminaire de l'évaluation initiale d'impact sur l'environnement, incluent l'identification de mesures, proportionnées à la nature de l'activité et au niveau de l'évaluation d'impact sur l'environnement, pour réduire au minimum ou atténuer les impacts de l'activité proposée.

Résolution 2 (2023)

Déclaration d'Helsinki sur les changements climatiques et l'Antarctique

Nous, les Parties consultatives du traité sur l'Antarctique et les membres du Comité pour la protection de l'environnement (CPE) réunis lors de la XLVe Réunion consultative du traité sur l'Antarctique (RCTA) et la XXVe réunion du Comité pour la protection de l'environnement à Helsinki, Finlande, du 29 mai au 8 juin 2023 ;

Réaffirmant notre ferme engagement à lutter contre les effets néfastes du changement climatique en Antarctique ;

Reconnaissant le rôle essentiel de l'Antarctique et de l'océan Austral dans le système climatique mondial, et les implications des changements cryosphériques et océanographiques de l'Antarctique pour le climat mondial et l'élévation du niveau de la mer ;

Reconnaissant en outre que les observations, la modélisation et les évaluations mondiales décrivent des changements importants dans les systèmes physiques et vivants de l'Antarctique, à la fois marins et terrestres, et que les changements dans les environnements de l'Antarctique et de l'océan Austral sont liés aux facteurs d'impact climatique à l'échelle mondiale et les influencent ;

Profondément préoccupés par le fait que d'autres changements irréversibles sont susceptibles de se produire sans efforts accélérés pour réduire les émissions de gaz à effet de serre conformément à une trajectoire compatible avec le maintien de l'augmentation de la température mondiale bien en dessous de 2 degrés Celsius au-dessus des niveaux préindustriels et la poursuite des efforts pour limiter le réchauffement à 1,5 degré Celsius ;

Reconnaissant qu'en retardant davantage l'action mondiale concertée sur l'atténuation et l'adaptation au changement climatique, nous risquons de manquer la fenêtre d'opportunité pour assurer un avenir vivable et durable pour tous ;

Soulignant la nécessité d'améliorer la compréhension scientifique du changement climatique en Antarctique et de ses implications à l'échelle mondiale, ainsi que pour l'environnement de l'Antarctique, et la nécessité d'une gestion et d'une conservation adaptatives ;

Mettant en évidence la poursuite des travaux de la RCTA et du CPE sur la réponse au changement climatique, y compris, par exemple, par le biais du programme de travail sur la réponse au changement climatique PTRCC, la Résolution 4 (2015), et la Résolution 8 (2021) ;

Reconnaissant l'importante contribution du Groupe subsidiaire chargé de la réponse au changement climatique à la mise en œuvre et au suivi du PTRCC adopté par le CPE ;

Mettant en évidence qu'en 2022, la RCTA s'est félicitée du rapport du Comité scientifique pour la recherche antarctique (SCAR) sur *Antarctic Climate Change and the Environment: A Decadal Synopsis and Recommendations for Action* [Changement climatique en Antarctique et environnement : rapport de synthèse décennal et recommandations d'actions] (ACCE), et a adopté la Résolution 4 (2022) et la Décision 4 (2022) sur le sujet, y compris l'avis du SCAR selon lequel une action urgente est nécessaire pour prévenir des changements irréversibles dans l'environnement de l'Antarctique et leurs conséquences pour la planète ;

Reconnaissant les objectifs et les principes de la CCNUCC et les travaux en cours pour lutter contre le changement climatique en renforçant la mise en œuvre complète et efficace de l'accord de Paris, adopté dans le cadre de la CCNUCC ;

Rappelant la Déclaration de la RCTA de Paris 2021 et *réaffirmant* leur engagement à travailler ensemble pour mieux comprendre les changements du climat de l'Antarctique et à mettre en œuvre des actions visant à limiter les effets néfastes du changement climatique sur l'environnement en Antarctique et les écosystèmes dépendants et associés, de protéger les écosystèmes, et d'améliorer la résilience de l'Antarctique au changement climatique ;

Reconnaissant que les preuves scientifiques montrent clairement qu'avec la trajectoire actuelle des émissions de CO_2, l'atmosphère et les océans continueront de se réchauffer et les océans de s'acidifier, les schémas de circulation atmosphérique et océanique continueront de se modifier et la cryosphère continuera de perdre de la glace sous toutes ses formes, et les niveaux de la mer continueront d'augmenter ;

Profondément préoccupés par le fait que plusieurs mètres d'élévation du niveau de la mer résultant de la perte irréversible de la calotte glaciaire pendant des siècles, voire des millénaires, auraient des effets dévastateurs voire catastrophiques, en particulier sur des millions de personnes vivant dans des zones côtières à basse altitude ;

Prenant en considération la meilleure expertise disponible et les meilleures découvertes scientifiques sur le changement climatique, y compris le rapport de synthèse AR6 du GIEC : *Climate Change 2023*, publié le 20 mars 2023 ;

Conscients des outils dont disposent les Parties au traité sur l'Antarctique pour agir, tels que la recherche, la surveillance, la gestion, la protection de l'environnement, le plaidoyer et la communication, conformément aux meilleures données scientifiques disponibles ;

Nous nous engageons par la présente à :

1. accroître considérablement nos efforts pour communiquer les implications mondiales du changement climatique en Antarctique dans nos propres pays et dans les forums internationaux, et la nécessité d'empêcher les changements irréversibles en Antarctique et les implications qui en résultent pour la planète ;
2. réaffirmer l'importance des travaux en cours du Comité pour la protection de l'environnement pour soutenir les efforts déployés au sein du Système du traité sur l'Antarctique pour atténuer, se préparer et renforcer la résilience face aux impacts du changement climatique sur l'environnement, et s'engager en priorité à poursuivre la mise en œuvre et l'examen régulier du Programme de travail en réponse au changement climatique ;

3. apporter un soutien fort à la 5e Année polaire internationale (API) 2032-33 en défendant ses objectifs, et chercher à fournir des moyens suffisants pour soutenir les efforts scientifiques de ceux qui planifient les projets et la logistique de l'API, et encourager le SCAR et le COMNAP, ainsi que ses partenaires de l'API, à profiter de l'occasion pour faire un pas de plus vers la compréhension des impacts des changements climatiques et environnementaux sur l'environnement de l'Antarctique et les écosystèmes dépendants et associés, ainsi que des implications mondiales de ces changements ;

4. encourager tous les opérateurs de l'Antarctique, y compris les programmes nationaux de recherche scientifique de l'Antarctique, les opérateurs touristiques et non gouvernementaux à continuer de réduire leur empreinte carbone et à rechercher des voies et à évoluer vers des opérations neutres en carbone (« net zéro »), ainsi qu'à réduire leurs impacts sur l'environnement de l'Antarctique et ses écosystèmes associés et dépendants et de poursuivre les délibérations sur d'éventuelles recommandations politiques à cette fin ;

5. intensifier la collaboration, y compris avec le SCAR et le COMNAP, pour planifier et mettre en œuvre des efforts de recherche sur le terrain et d'échange d'informations, coordonnés à l'échelle internationale afin de faire progresser les connaissances en ce qui concerne la compréhension de l'impact du changement climatique mondial sur l'Antarctique, ainsi que le rôle mondial de l'Antarctique et de l'océan Austral dans la régulation du climat mondial et de l'élévation future du niveau de la mer, dans le cadre d'une série de scénarios d'augmentation future de la température mondiale ;

6. inviter le SCAR à continuer de fournir des mises à jour annuelles de son rapport ACCE et à reconfirmer notre engagement à tenir compte des meilleurs avis scientifiques et techniques disponibles en prenant les mesures appropriées pour respecter nos engagements pris dans le Protocole au traité sur l'Antarctique relatif à la protection de l'environnement pour la protection complète de l'environnement de l'Antarctique et les écosystèmes dépendants et associés ;

7. réaffirmer les efforts visant à accroître les connaissances sur l'environnement de l'Antarctique, ainsi que les écosystèmes dépendants et associés, y compris une meilleure évaluation du risque d'invasion par des espèces non indigènes, afin d'éclairer efficacement le processus décisionnel ;

8. viser à évaluer les risques du changement climatique pour les infrastructures et les sites et monuments historiques de l'Antarctique et à inclure des mesures d'atténuation, d'adaptation et de gestion dans les plans de gestion de la conservation pour les sites et monuments historiques de l'Antarctique, le cas échéant ;

9. travailler à l'élaboration d'un réseau systématiquement coordonné d'observation et de surveillance du climat et de l'environnement de l'Antarctique avec une distribution spatiale optimale, une comparabilité et/ou une complémentarité entre les observations où les données peuvent être utilisées dans les principaux systèmes et processus mondiaux d'observation et de modélisation ;

10. nous engager à renforcer et à mettre en œuvre tous les outils de gestion au titre du Protocole au traité sur l'Antarctique relatif à la protection de l'environnement, y

compris, entre autres, la protection et la gestion de la zone, à la lumière des effets et des changements projetés sur les environnements antarctiques résultant du changement climatique, afin d'assurer une meilleure protection de l'environnement antarctique et des écosystèmes dépendants et associés ; et

11. réaffirmer notre attachement à l'article 7 du Protocole au traité sur l'Antarctique relatif à la protection de l'environnement et à souligner que les activités liées aux ressources minérales de l'Antarctique autres que la recherche scientifique, y compris l'extraction de combustibles fossiles, demeurent interdites, conformément au Protocole au traité sur l'Antarctique relatif à la protection de l'environnement, qui n'a pas de date d'expiration.

Résolution 3 (2023)

Réaffirmant l'engagement continu envers l'interdiction des activités liées aux ressources minérales de l'Antarctique, autres qu'à des fins de recherche scientifique

Les Représentants,

Reconnaissant que le Protocole au traité sur l'Antarctique relatif à la protection de l'environnement (« le Protocole »), qui est en vigueur depuis plus de deux décennies, est un élément essentiel des efforts actuels pour protéger l'environnement de l'Antarctique ;

Notant que l'article 7 du Protocole interdit toute activité relative aux ressources minérales, autre que la recherche scientifique, dans la Zone du traité sur l'Antarctique ;

Prenant en compte le fait qu'en dehors du Système du traité sur l'Antarctique, beaucoup croient à tort que le Protocole expirera en 2048 ;

Rappelant que le Protocole ne contient aucune date d'expiration et que l'article 25 se rapporte uniquement à la possibilité d'une conférence d'examen à la demande de toute Partie consultative au traité sur l'Antarctique après que le Protocole aura été en vigueur pendant 50 ans ;

Recommandent à leurs gouvernements :

1. de s'engager à dissiper le mythe selon lequel le traité sur l'Antarctique ou le Protocole expire, soit en 2048, soit à tout autre moment ;

2. de reconnaître les bienfaits pour l'environnement de l'Antarctique et les écosystèmes dépendants et associés qui ont résulté de l'interdiction des activités liées aux ressources minérales, autres que la recherche scientifique, en vertu de l'article 7 du Protocole ;

3. de réaffirmer leur attachement à l'article 7 du Protocole ; et

4. d'exprimer leur ferme engagement à poursuivre la mise en œuvre de cette interdiction comme une question hautement prioritaire pour parvenir à la protection globale de l'environnement de l'Antarctique et des écosystèmes dépendants et associés.

Résolution 4 (2023)

Mesures urgentes à prendre concernant certaines activités touristiques et non gouvernementales

Les Représentants,

Préoccupés par l'augmentation continue et substantielle du nombre et de la diversité d'activités touristiques et non gouvernementales en Antarctique ;

Reconnaissant que les préoccupations associées à la croissance, la diversification, la surveillance, la conformité et la gouvernance en relation avec le tourisme antarctique et d'autres activités non gouvernementales en Antarctique poussent la Réunion consultative du traité sur l'Antarctique (« RCTA ») à prendre des mesures urgentes ;

Reconnaissant la volonté des Autorités nationales compétentes (« ANC ») d'améliorer l'harmonisation de l'évaluation et des normes, et pour traiter les problèmes découlant d'activités nouvelles ou rarement menées, et d'activités potentiellement risquées, telles qu'exprimées au sein du forum de discussion des ANC et rapportées dans le document d'information IP 91 (2023) ;

Rappelant la Résolution 2 (2022), qui adoptait et mettait à jour les listes de sites sujets aux Lignes directrices pour les visites de site (« Lignes directrices pour les visites de sites ») ;

Rappelant la Mesure 15 (2009) et les « Principes généraux du tourisme en Antarctique » adoptés par la Résolution 7 (2009) ;

Rappelant également la Résolution 2 (2004) « Lignes directrices pour l'es aéronefs à proximité des concentrations d'oiseaux en Antarctique » ;

Recommandent à leurs gouvernements :

1. de recommander aux opérateurs qui organisent des activités touristiques ou d'autres activités non gouvernementales dans la Zone du traité sur l'Antarctique, pour lesquelles une notification préalable est requise conformément à l'article VII(5) du traité sur l'Antarctique, à interrompre sauf en cas d'urgence et dans le but d'améliorer la sécurité humaine :

    a. toute activité hors navire en Antarctique à partir de navires transportant plus de 500 passagers afin de clarifier l'objectif de la Mesure 15 (2009) ;

    b. l'utilisation d'hélicoptères à des fins récréatives dans des zones de concentration d'animaux sauvages ; et

2. d'engager de nouvelles discussions sur ces actions et sur d'autres actions spécifiques dans le cadre des futures discussions concernant le tourisme.

Photo des chefs de délégation

May 29 – June 8, 2023
XLV ANTARCTIC TREATY CONSULTATIVE MEETING
Helsinki ~ Finland

www.ingramcontent.com/pod-product-compliance
Lightning Source LLC
LaVergne TN
LVHW082208051026
849532LV00012B/3715
* 9 7 8 9 8 7 8 9 2 9 2 8 6 *